Luftwaffenoffizier 21
Das Selbstverständnis des Luftwaffenoffiziers
zu Beginn des 21. Jahrhunderts

Luftwaffenoffizier 21

Das Selbstverständnis des Luftwaffenoffiziers zu Beginn des 21. Jahrhunderts

herausgegeben von
Eberhard Birk und Peter Andreas Popp
unter Mitarbeit von André Tiburcio

Schriften zur Geschichte der Deutschen Luftwaffe, Band 5
begründet und herausgegeben
von Eberhard Birk und Heiner Möllers

2016

Carola Hartmann Miles-Verlag

Bibliografische Information der Deutschen Nationalbibliothek
Die Deutsche Nationalbibliothek verzeichnet diese Publikation in der Deutschen Nationalbibliografie; detaillierte bibliografische Daten sind im Internet über www.dnb.de abrufbar.

© 2016 Carola Hartmann Miles-Verlag
www.miles-verlag.jimdo.com
email: miles-verlag@t-online.de

Herstellung: BOD - Books on Demand, Norderstedt
Titelbilder/Bildnachweis: BMVg/Bundeswehr

Printed in Germany

ISBN 978-3-945861-32-5

Inhaltsverzeichnis

Einsatzerfahrung

Erwartungshaltungen. Die Perspektive junger Offiziere der Luftwaffe

Gedanken zur Erwartung an junge Offiziere der Luftwaffe

Als ich gebeten wurde, ein Vorwort zu diesem Buch zu schreiben und damit einige Gedanken zu meiner Erwartungshaltung an junge Offiziere der Luftwaffe zu formulieren, sind mir eine Vielzahl an Gedanken und Erinnerungen an meine eigene Ausbildungszeit in der Bundeswehr wieder in den Sinn gekommen. Ich denke, dass ähnlich wie damals eine ganze Bandbreite an Motivationsgründen junge Menschen heute dazu bewegt, eine Karriere als Offizier anzustreben.

Es ist durchaus in Ordnung, wenn bei einem jungen Menschen bei der Berufswahl die Ausbildungsmöglichkeiten, die Erwartung eines interessanten und sicheren Arbeitsplatzes oder auch die besonderen Herausforderungen für außergewöhnliche Tätigkeiten, wie z.B. Kampfflugzeugführer, im Vordergrund ihrer Motivation stehen. Allerdings sollte, wenn Sie in sich hineinhören, zumindest eine Grundschwingung bei Ihnen zu verspüren sein, die Sie die Werteordnung und die Errungenschaften, die sich das deutsche Volk in den letzten Jahrzehnten hart erarbeitet hat, als verteidigenswert empfinden lässt. Nur so werden Sie in einem langen Berufsleben als Offizier vor sich selbst und Ihrem Diensteid bestehen können.

Eine Erwartungshaltung ist keine Wertschätzung, sie hat etwas Forderndes. Die Frage, ob eine Erwartungshaltung zu recht besteht, ist in der Welt von heute, in der man lieber „fordert" als etwa selber etwas zu tun, keineswegs banal. Ich meine: die einzige gerechtfertigte Erwartungshaltung an Sie ist diejenige, die Sie selbst an sich stellen. Das meinte Schiller übrigens, als er in „Wallensteins Lager" schrieb: *„Sagt mir, was hat der Soldat an Gut und Wert, wenn der Soldat sich nicht selber ehrt?"* Und zwar nicht durch Sich-selbst-toll-finden, sondern durch das, was wir geschworen haben. Durch treues Dienen nämlich. Das ist deutlich mehr als das pünktliche Erscheinen zum Dienst und das Abarbeiten der Friedensroutinen. Es ist allerdings festzustellen, dass Begriffe wie *„treu dienen"* und *„tapfer verteidigen"* in unserer sogenannten postheroischen Individualgesellschaft nur schwer zu vermitteln sind.

Über Selbstverständliches sollten wir eigentlich nicht reden müssen: nämlich, dass der Soldat dem Staat Bundesrepublik Deutschland und dem Recht und der Freiheit des Deutschen Volkes verpflichtet ist. Dass sich daraus seine besonderen Befugnisse, Befehlsgewalt, Rechte und Pflichten ergeben und dass er ihm gegebene Befehle nach bestem Wissen und Gewissen ausführt und nicht nur abhakt. Am Ende hilft aber alles nur, wenn der Soldat einen Anspruch an sich selbst hat. Hier wird Ihnen die „Innere Führung" ein wertvoller Ratgeber sein, wenn Sie diese in ihrem Kerngehalt verstehen lernen. Es geht um das schwierige Spannungsfeld, in dem sich Soldaten befinden: einerseits Befehl und Gehorsam, andererseits Rechte und Pflichten des mündigen Staatsbürgers in einer Demokratie.

Wir sollten uns nicht allzu viel darauf einbilden, dass die Offiziere der Bundeswehr in Umfragen ein höheres Ansehen genießen als die meisten anderen Berufe. Die wenigsten von uns haben dem Tod ins Auge geschaut; aber die Bereitschaft dazu wird von der Armee auch in einer postheroischen, ja pazifistischen Gesellschaft wie der unsrigen offenbar erwartet – und das drückt sich offenbar in der Wertschätzung des Soldatenberufs ganz allgemein aus. Es ist die Wertschätzung einer Gesellschaft, die ansonsten gewöhnt ist, alles kaufen zu können. Wie belastbar eine solche Wertschätzung ist, sei dahingestellt.

Das alles hat sicher auch mit einem nicht ganz einfachen Verhältnis sowohl der Bevölkerung als wohl auch der Soldaten zum Staat zu tun. Der Staat ist es aber, der den Rahmen für Aufstellung, Erhalt und Einsatz der Bundeswehr vorgibt: dass Deutschland sich aus wohl erwogenen sicherheitspolitischen Gründen vorzugsweise im Rahmen von NATO und EU militärisch engagiert, verändert den Dienst am Staat als Bezugspunkt soldatischen Tuns nicht.

Gibt es eine besondere Erwartungshaltung an den Offizier der Bundeswehr? Ja, solange sie nicht ein anderes Wort für Dünkel ist. Der Offizier ist schon heute und mehr noch in Zukunft militärischer Führer und Geführter zugleich. Beides muss man können, auch Führen ist Handwerk und Militär ein Instrument. Zugleich gilt die Forderung Clausewitz' mehr denn je, dass *„die Politik das Instrument verstehe, dessen sie sich bedienen will."* Eine zeitlose Aufforderung an uns Soldaten, sich nicht auf das Handwerkliche zu beschränken. Der Offizier ist letztlich dort besonders gefragt, wo es um zwei Fragen geht: *„Was macht Sinn?"* und *„Wen muss ich mitnehmen?"*.

Gibt es eine besondere Erwartungshaltung an den Offizier der Luftwaffe? Ja, nämlich an die als *„Fachmann für Führung und Einsatz von Luftstreitkräften".* Fliegen tun alle Teilstreitkräfte – der Luftwaffe geht es um mehr, nämlich um die Überwachung, Sicherung und Beherrschung des Luftraums. Dass wir das können, glaubt uns Offizieren der Luftwaffe aber keiner schon unserer schönen blauen Uniform wegen – der Anspruch der besonderen Kompetenz zum Planen und Führen von Luftoperationen muss auch mit wirklichem Können erfüllt werden.

10

Mit zunehmendem Dienstalter wird Ihnen mehr und mehr Verantwortung übertragen, der Sie nach bestem Wissen und Gewissen gerecht werden müssen. Wenn Ihnen Soldaten unterstellt werden, insbesondere in der Funktion eines Disziplinarvorgesetzten gilt: Kümmern Sie sich um die Ihnen anvertrauten Leute! Das Abarbeiten der WDO reicht hier bei Weitem nicht.

Mir ist wichtig, an dieser Stelle noch ein paar Worte zur Kameradschaft zu verlieren.

Kameradschaft ist der Kitt einer militärischen Gemeinschaft, sie darf nicht verwechselt werden mit „Kumpeligkeit" unter gleichgesinnten Alters- oder Dienstgradkreisen. Wir müssen darauf bauen können, dass einem Kameraden in Not oder Schwierigkeiten geholfen wird, egal welcher Dienstgrad betroffen ist oder ob uns der Betroffene sympathisch ist. Nicht umsonst hat der Gesetzgeber der Kameradschaft einen eigenen Paragraphen im Soldatengesetz gewidmet.

Ist das alles nicht zu viel verlangt? Mag sein! Kein militärischer Führer ist perfekt, und die Besten versuchen es erst gar nicht zu sein. Ich wiederhole es noch einmal: haben Sie vor allem eine Erwartungshaltung an sich selbst! Seien Sie Offizier der Luftwaffe und Gentleman. Ein Gentleman zeichnet sich im Kern nicht dadurch aus, dass er mit einer Hummerzange umgehen kann – sondern dass er einen bestimmten Anspruch an sich selber als Offizier der Luftwaffe hat!

Aufgaben und Herausforderungen, die auf die Bundeswehr und die Luftwaffe aufgrund der globalen Entwicklungen zukommen, werden unter Umständen noch weitaus fordernder werden, als die Generation der Offiziere vor Ihnen zu bewältigen hatte und hat. Leider ist die Bundeswehr nicht in allen Bereichen auf diese Herausforderungen ausreichend vorbereitet.

25 Jahre Friedensdividende haben ihre Spuren in personeller und materieller Ausstattung, Ausbildung, Training und damit bei Fähigkeiten und Kapazitäten hinterlassen. Haben Sie den Mut, Ihre Vorgesetzten in geeigneter Weise auf erkannte Defizite hinzuweisen und auf deren Abstellung hinzuarbeiten. Dazu werden Sie oft eine hohe Frustrationsschwelle und Standvermögen brauchen, doch es lohnt sich; jeder kleine Schritt in die richtige Richtung ist es wert getan zu werden.

Ich wünsche Ihnen von Herzen eine erfolgreiche und erfüllte Dienstzeit als Offizier der Luftwaffe.

Mit kameradschaftlichem Gruß

Ihr

Joachim Wundrak
Generalleutnant

Einleitung und Hinführung zum Thema

Eberhard Birk / Peter Andreas Popp

Was „man" von einem Offizier verlangt, er von sich selbst, sowie seine Vorgesetzten und Untergebenen von ihm – im Frieden, Alltag, Einsatz oder Krieg –, das alles ist (wie alles andere auch) dem Wandel unterworfen. Für das, was er nicht darf oder machen sollte, trifft diese Feststellung auch zu. Es gab Zeiten, in denen versucht wurde festzuhalten, was das „Bild" des Offiziers ausmachte, meist aber blieb die Vorstellung eher diffus, als dass sie einer exakten Kodifizierung zugeführt worden wäre. Dies ist auch nicht anders zu erwarten, schließlich gibt es Selbstbilder und Fremdbilder – auch beim Militär...

Wollte man das Ergebnis einer fiktiven Umfrage unter unbeteiligten Zivilisten zugrunde legen, wäre die Bilder des Offiziers schnell skizziert: Der Offizier bildet im Frieden seine Soldaten aus und führt sie im Krieg (heute: Einsatz). Im Subtext, so wird man weiter annehmen dürfen, hat man den schneidigen Leutnant oder Hauptmann vor Augen, der den Sturmangriff gegen feindliche Stellungen führt, den sich auf langjährige Erfahrung berufenden Stabsoffizier, den Monokel tragenden adligen preußischen General mit ordensgeschmückter Brust, den in Stalingrad oder Berlin letzte Stoßtrupps befehligenden Wehrmachtsoffizier, den der SED-Parteiräson folgenden spröden NVA-Offizier mit kleinbürgerlichen Umgangsformen oder den nach zwei Wochen Truppenübungsplatz zurückkehrenden schmucklosen Verteidigungsspezialisten der Bundeswehr bis 1989/90, der nach und nach vom bewaffneten und studierten, uniformtragenden „Entwicklungshelfer" abgelöst wurde, der seinerseits – nein: auch „ihrerseits", um sich im gendermäßig korrekten Deutsch zu verstricken... – Selbstmordanschlägen „durchgeknallter Islamisten" am anderen Ende der Welt ausgesetzt ist.[1]

Hinzuzufügen ist für die letzten Jahre, dass zu diesem Bild natürlich auch die Bewährung im Einsatz gehört – incl. dem Standhalten im Gefecht. Als Konstante gilt folglich überzeitlich generell: Offiziere waren und sind als militärische Führungselite – in ihrer klassischen Trias als Ausbilder, Erzieher und

---

[1] In Anlehnung an Eberhard Birk, Abschied vom Bild des Offiziers?, in: Eberhard Birk (Hg.), Einsatzarmee und Innere Führung (= Gneisenau Blätter 6), Fürstenfeldbruck 2007, S. 62-70, hier S. 62.

Führer – der Transmissionsriemen für eine nach militärischen Gesichtspunkten einsatztaugliche Armee.

Was ebenfalls immer galt, war, dass dieses „Bild des Offiziers" stets in einem Spannungsfeld mehr oder weniger stark ausgeprägte Konturen erhielt. Dieses Spannungsfeld wurde erzeugt einerseits von dem außerhalb des genuin Militärischen liegenden Feld der Wehr-, Außen-, Sicherheits-, Verteidigungs- oder Militärpolitik eines Staates – den Erwartungen „von außen" – und andererseits von zwei militärischen Bezugsgrößen „von innen": Kriegsbild und Selbstverständnis des Offizierkorps als mehr oder weniger exklusive Korporation.[2]

Unter dem Kriegsbild versteht man dabei gemeinhin die theoretisch-konzeptionelle Annahme resp. Erwartung hinsichtlich der Form der Konfliktaustragung. Dabei bedeutet der Versuch, die Ungewissheiten der Entwicklung von Kriegsbildern zunächst durch eine Vielzahl von Beschreibungs-, Analyse- und Begegnungsbegrifflichkeiten zu operationalisieren, keine neue Herausforderung.

Betrachtet man die Militärgeschichte Europas seit der Frühen Neuzeit, so sind verschiedene eruptive gesamtgesellschaftliche Umbrüche, genauer genommen Paradigmenwechsel, außerhalb des militärischen Raumes festzustellen, die gleichwohl die Handlungsspielräume militärischen Handelns fundamental veränderten. Sowohl die Entstehung des modernen Staates mit seinen stehenden Heeren, die Französische Revolution mit der Nationalisierung des Krieges, die Industrialisierung mit ihren (rüstungs-)technologischen Quantensprüngen, aber auch die Ideologisierung des Krieges in der ersten Hälfte des 20. Jahrhunderts mit der Tendenz zum „totalen Krieg" sowie die Nuklearisierung seit 1945 und die sich abzeichnende konfessionell überlagerte Kulturalisierung seit den Zeitikonen „11/9" (Mauerfall 1989) respektive „9/11" (WTC 2001) determinierten als „Militärische Revolutionen" die jeweiligen Kriegsbilder fundamental: *„Military revolutions [...] fundamentally change the framework of war [...] Military revolutions recast society and the state as well as military organizations. They*

---

[2] Teile der Einführung greifen zurück auf Eberhard Birk, Peter Andreas Popp, Einsatz und militärhistorische (Aus)Bildung – eine Kontradiktion? Überlegungen zu Notwendigkeit und Stellenwert, Inhalt und Vermittlung von Militärgeschichte in der Bundeswehr, in: Dieter H. Kollmer (Hg.): „Vom Einsatz her denken!" Bedeutung und Nutzen von Militärgeschichte zu Beginn des 21. Jahrhunderts (= Potsdamer Schriften zur Militärgeschichte, Bd. 22), Potsdam 2013, S. 73-91.

alter the capacity of states to create and project military power. And their effects are additive.[3]

Das äußere Kennzeichen einer „Militärischen Revolution" ist demnach die Erhöhung des Grades für die Möglichkeiten der Kriegführung sich steigernden Potenzen durch sich (zufällig?) abwechselnde „harte" und „weiche" Katalysatoren wie Staat, Nation, Industrialisierung, Ideologisierung und Nuklearisierung sowie für die Gegenwart möglicherweise „Kultur".

Unter Zugrundelegung dieser Typologie fällt auf, dass eine „Entgrenzung" des Krieges insbesondere durch „weiche" Instabilitätsfaktoren (z.B. gesellschaftliche Dynamik und damit verbundenen Mentalitätswandel) erfolgte: Dies gilt für die frühneuzeitlichen, konfessionell aufgeladenen Staatsbildungskriege vor dem „klassischen" Absolutismus, der Nationalisierung im Zuge der Französischen Revolution, der Ideologisierung in der ersten Hälfte des 20. Jahrhunderts wie auch in der sich für das 21. Jahrhundert abzeichnenden Konstellation durch eine sich in asymmetrische Formen kleidende Re-Konfessionalisierung respektive sich auf die „Kultur" oder religiös begründete Werte als Movens beziehende Kriegführung.

Jede Veränderung des Kriegsbildes ging einher mit einer Veränderung des Anforderungsprofils für die Soldaten – und parallel dazu unterlag auch das „Bild des Offiziers" insbesondere im Hinblick auf die Professionalisierung einer Veränderung, gefolgt von einer Erweiterung ihres Selbstverständnisses.

In der (historischen) Regel führte dies – in der preußisch-deutschen Perspektive – zu einem Selbstverständnis oder „Bild vom Offizier", welches sich selbst als *sui generis* sah. Abgeleitet wurde dieses Selbstverständnis daraus, dass der Offizier den existentiellsten aller Berufe habe. Die Sonderstellung erwuchs quasi aus der Verpflichtung und dem Vorrecht, für „den Staat" (in seinen unterschiedlichen politischen Ausformungen) bereit zu sein, seine Soldaten in den Tod zu schicken oder selbst zu „fallen". Dies erfordert(e) in der Tat besondere militärfachliche Qualifikationen und ein besonderes Verhältnis zur (jeweiligen) Staatsidee.

Während diese Vorstellung *cum grano salis* die deutsche Militärgeschichte in allen ihren Facetten bis 1945 nachhaltig dominierte, entstand diesbezüglich im Jahre 1945 ein gewisser Traditionsbruch – nicht nur weil sich mit seiner Wendung vom konventionellen zum nuklearen das Kriegsbild vollständig veränder-

---

[3] The Dynamics of Military Revolutions 1300-2050. Ed. by MacGregor Knox and Williamson Murray, Cambridge [u.a.] 2001, S. 6 f.

te, sondern weil die Alliierten sowie die deutsche Politik und die Gesellschaft die Position des deutschen Militärs aufgrund der Vergangenheit anders konfigurierten und damit nachhaltig prägten.

Mit der Aufstellung der Bundeswehr hatten daher alle Soldaten – bei nicht wenigen verbunden mit mentalen Hemmnissen – ihr ideelles Selbstverständnis, nicht zuletzt auch aufgrund ihres Eides, an der freiheitlichen und demokratischen Grundordnung der Bundesrepublik auszurichten und für das neue Bild des deutschen Soldaten Grundtatsachen zu akzeptieren:

1. Die Bundeswehr wurde bei ihrer Entstehung 1955 in das bereits seit 1949 bestehende Verfassungsgefüge der Bundesrepublik zu ihrer Verteidigung und jener der Bündnispartner in der NATO eingebunden („Bündnis- und Verteidigungsarmee").

2. Die Bundeswehr unterliegt dem Primat parlamentarischer Kontrolle von Streitkräften in einer Demokratie („Primat der Politik" / „Parlamentsarmee").

3. Die komplett neue außen-, sicherheits- und verteidigungspolitische sowie innenpolitische Lage, aber auch die Rolle der Wehrmacht im NS-Staat und ihre Teilnahme an einem verbrecherischen Rasse- und Vernichtungskrieg machten ein neues Selbstverständnis des Bundeswehrsoldaten sowie eine neue Führungskultur im Spannungsfeld von Staat, Politik, Gesellschaft und Militär zwingend notwendig („Innere Führung"/„Staatsbürger in Uniform").

Diese Konzeption trug die Bundeswehr als „Staatsbürgerarmee" über fast fünf Jahrzehnte – mehr oder weniger integriert in der bundesrepublikanischen Friedensgesellschaft schon damals, im Schatten gesicherter Abschreckungsfähigkeit der NATO, als „Manöverarmee" an der innerdeutschen Grenze.

Spätestens mit den sicherheitspolitischen Verwerfungen trotz Ende des Kalten Krieges (Stichwort „Nine-Eleven"!) – und dies vor dem Hintergrund von Megatrends wie zum Beispiel Globalisierung und Digitalisierung – wurde deutlich, dass die Erwartungshaltung im Hinblick auf „üppige Friedensdividenden" ein hoffnungsfrohes und noch dazu absolut illusorisches (weil typisch deutsches?) Wunschdenken war.

Der Kalte Krieg hatte in weiten Teilen der Welt traditionale Konfliktmuster mit ihren ethnischen, konfessionellen und wirtschaftlichen, aber auch klassisch „nationalen" machtpolitischen Dimensionen – seinem „Namen" folgend

– eben nur eingefroren. Fortan bestimmen *Out-of-area*-Einsätze auch den Alltag der „Einsatzarmee Bundeswehr". Dies brachte für den „Staatsbürger in Uniform" die Konfrontation mit dem historisch-kulturell Ungleichzeitigen.

Zuvor kaum tiefer betrachtete und dennoch immer komplex verschränkte Grundtatsachen wie Primat der Ökonomie in der postheroischen Gesellschaft der westlichen Welt, (Re-)Privatisierung des Soldaten und des Soldatischen, Symmetrie vs. Asymmetrie und ihre Auswirkung auf das Berufsbild des Soldaten (Stichwort: „archaischer Kämpfertypus"), Sinnstiftung durch Religion und Spiritualität in fremden Kulturkreisen (Stichworte: neue Phase der Weltanschauungskriege? Rechtsstaat vs. „Kalifat"?) sowie ein schwindendes Werteund Geschichtsbewusstsein in den freiheitlich-demokratischen Staaten der „westlichen Welt" stellen zuvor ungeahnte stete Herausforderungen dar.

Der „Staatbürger im Einsatz" erlebt vor Ort die Brisanz, die der Verschmelzung von modernem Kriegsgerät, zeit(un)typischen Clanstrukturen und konfessionellen, aber auch finanziellen Interessen immanent ist. „Mittelalterliche" mentale Dispositionen und „frühneuzeitliche" Kriegsgesellschaften sowie globale Verfügbarkeit von Waffensystemen der Moderne in ihrer Vernetzung bilden auf absehbare Zeit eine fast unauflösliche „diabolische Trias".

Die Signatur der damit weit jenseits eines bloßen Phänomens neu entstandenen sicherheitspolitischen Szenarien – die „neuen Kriege"[4] – hat die Qualität der Herausforderung genauso fundamental gewandelt wie den Ort und die politischen und militärischen Methoden ihrer Begegnung. Die Bundesrepublik Deutschland wird folgerichtig in den Worten des ehemaligen Verteidigungsministers Peter Struck (SPD) *„nicht nur, aber auch am Hindukusch verteidigt"*[5].

Jahrzehntelang gültige Prinzipien – Allianzkonzentration, weitgehende Komplementarität von Sicherheitspolitik und Gesellschaft, Betonung staatlicher Bürgerpflichten, Verteidigung eines exakt definierten Territoriums –, die zuvor als unverrückbar galten, werden offensichtlich sukzessive über Bord geworfen. Die europäische Peripherie weitet sich zur globalen Perspektive: Interkulturelle Kompetenz wird eingefordert; dauerhafte Präsenz im Ausland, das nicht selten nach den Vorgaben des „Westens" regiert und verwaltet werden soll, was zu einem *De-facto*-Status von Protektoraten bzw. Provinzen füh-

---

[4] Vgl. hierzu grundlegend Herfried Münkler, Die neuen Kriege, Reinbek bei Hamburg 2002.
[5] So in einer Regierungserklärung zur Reform der Bundeswehr am 11.3.2004 vor dem Deutschen Bundestag; zit. nach »Das Parlament« vom 15./22.3.2004, S. 17.

ren kann, zeichnet die Realität genauso aus wie die Bestreitung dieses von radikalen und gemäßigten lokalen Kräften als Besatzung perzipierten Anspruchs.

Auch für die „Einsatzarmee Bundeswehr" gilt: Am Ende der *„chain of command"* seht der *„strategic corporal"*[6], der bei allen Einsätzen im „islamischkaukasischen Krisenbogen" sämtlichen Herausforderungen verantwortungsvoll begegnen soll – militärisch professionell und der jeweiligen Situation „angemessen"; und dies im Wissen um die historischen, politischen und kulturellen Implikationen seines Handelns.

Mit diesem neuen asymmetrischen oder hybriden Kriegsbild[7], das die älteren überlagert oder erweitert, verändert sich auch das Anforderungsprofil an alle Soldaten der Einsatzarmee Bundeswehr.

Doch die Bundeswehr ist nicht nur Einsatzarmee; sie bleibt mit ihrem zweiten Standbein eben auch eine Armee in Deutschland – mit politischen, gesellschaftlichen, wirtschaftlichen und finanziellen Herausforderungen, in denen ihre Soldaten und (Stabs-)Offiziere (handlungssicher) zu agieren haben.

Der Beruf des Offiziers bleibt dabei spannend – auf verschiedenen Ebenen: die verschiedenen Rollenerwartungen „von oben" aufgrund der Lebens- und Berufserfahrung einerseits, verbunden mit der Einsicht in die Komplexität des Berufsfeldes, und oft idealistischen Erwartungshaltungen „von unten" bei jungen Offizieren zu Beginn ihrer Karriere andererseits, die meist einen militärischen Kodex, basierend auf Werthaltungen respektive ein „Bild des Offiziers" als Kompass wünschen, kreieren ein Spannungsfeld.

Wer regelmäßigen Kontakt mit jungen (Ober-)Leutnanten oder Hauptleuten pflegt, merkt schnell, wie groß der Bedarf nach geistiger Orientierung ist. Daraus folgt notwendigerweise nicht, dass die TSKs oder die Bundeswehr einen Katechismus entwerfen sollten, bei dem man acht von zehn Punkten abhaken kann, um als passabler Offizier zu gelten – aber: eine grobe Zielangabe, die über den abstrakten, idealtypischen Staatsbürger in Uniform hinausgeht, wünschen sich doch sehr, sehr viele.

In diesem Zusammenhang sind übrigens auch die Initiativen junger, überwiegend Heeresoffiziere zu verorten, die mit den Büchern „Soldatentum" und

---

[6] Zu dem vom U.S.-Marine-Corps entwickelten Begriff des „strategic corporal" siehe u.a. Gen. Charles C. Krulak, The Strategic Corporal: Leadership in the Three Block War, in: Marines Magazine (January 1999), S. 26-32.
[7] Vgl. etwa Uwe Hartmann, Hybrider Krieg als neue Bedrohung von Freiheit und Frieden. Zur Relevanz der Inneren Führung in Politik, Gesellschaft und Streitkräften, Berlin 2015.

„Armee im Aufbruch" auf der Ebene „Truppenlösung" in dieses Vakuum vor-stoßen.[8] In die gleiche Richtung stoßen die zyklischen Versuche, erneut einen Säbel oder gar eine neue Galauniform in die Streitkräfte einzuführen. Dies sind die Folgen jener Wahrnehmung, dass sich Managermentalität und Mikro-Ökonomismus zu stark im Offizierkorps durchgesetzt hätten. Demnach stehen Kosten-Nutzen-Kalkulationen über einem Wertekorsett, das jungen OA und Offizieren als Orientierungshilfe dienen kann und auch soll.

Tatsächlich waren die beiden „Heeresbände" auch ein Auslöser für diesen Band. Im Rahmen der Vorbereitung eines kleinen Seminars für den Lehrgang Führungstraining (Offiziere nach dem Studium) im Juli 2015 erfuhren wir von einem einsatzerfahrenen Hörsaalleiter (Hauptmann Tiburcio) an der OSLw, dass dieser an einem Leitbild für Führungskräfte im Einsatz arbeitet. Parallel dazu fand ein dreitägiges Seminar „Politische Bildung" für zukünftige Einheits-führer der Luftwaffe in Wildbad Kreuth statt. Aus den abendlichen Gesprä-chen erwuchs so die Idee, den jungen, überwiegend Heeresoffizieren nicht das Feld „Bild des Offiziers" alleine zu überlassen.

Um nicht Gefahr zu laufen, eine Verengung des Blickwinkels vorzuneh-men, beschlossen wir schließlich, das Projekt auf eine breitere Basis zu stellen. Eine Ergänzung des Autorenkreis durch höhere und einsatzerfahrene Offiziere sowie jüngeren Hauptleuten und Leutnanten, aber auch die Bereitschaft zur Mitarbeit von erfahrenen Fachdienst- und Unteroffizieren, rundeten die Bei-träge des vorliegenden Bandes so ab, dass eben nicht nur die Perspektive jun-ger Soldaten „von unten" ein „Teil-Bild des Offiziers" schufen, sondern eine differenziertere Skizze des „Offiziers der Luftwaffe" zu Beginn des 21. Jahr-hundert zur Diskussion gestellt werden kann.

Daraus resultiert freilich, dass die vielfältigen Perspektiven und Erfahrun-gen aus unterschiedlichen Dienstteilbereichen und Lebensaltern diesen Prozess der Herausbildung nicht einfach werden lassen.

Ob sich letztlich also daraus ein Bild des Offiziers der Luftwaffe entwi-ckeln wird, liegt nicht in unserer Hand. Erkennbar ist jedoch, dass viele Offi-ziere – aufbauend auf dem „Staatsbürger in Uniform" – „etwas Konkreteres" haben wollen. Um dies vorweg klarzustellen: Die militärisch-funktionale Be-

---

[8] Martin Böcker/Larsen Kempf/Felix Springer (Hg.), Soldatentum. Auf der Suche nach Identi-tät und Berufung der Bundeswehr heute, München 2013 und Marcel Bohnert, Lukas J. Reit-stetter (Hg.), Armee im Aufbruch. Zur Gedankenwelt junger Offiziere in den Kampftruppen der Bundeswehr, Berlin 2014.

herrschung des soldatischen Handwerks in der Bundeswehr erhält weiterhin ihre Legitimation durch die Rückbindung des militärischen Selbstverständnisses an *„das Recht und die Freiheit des deutschen Volkes"*. Dieser Nukleus für den *„Staatsbürger in Uniform"* bleibt – selbstverständlich – unverrückbar und bildet nach wie vor die Basis für jegliche, unverzichtbare Identitätsbildung im Rahmen der Inneren Führung, auch im Sinne eines „Bildes des Offiziers" – einerlei ob der Bundeswehr oder des LwOffz21.

Indes: Diskussionsbeiträge leben auch von ihrer Pointierung. Unterschiedliche Grautöne in Pastell zu zeichnen, trägt nicht zur notwendigen Diskussion bei, die thematisch auf den Punkt gebracht lautet: „Wer sind wir, woher kommen und wohin gehen wir?"

Den Herausgebern ist es ein freudiges Anliegen, den Autoren erstens für ihre Bereitschaft zur Teilnahme an dieser Diskussion und zweitens für ihre professionelle Einhaltung von Vorgaben und Terminen zu danken. Darüber hinaus ist die vorbildliche Zusammenarbeit mit dem Miles-Verlag hervorzuheben.

Ohne ein Geleitwort eines wichtigen aktiven Drei-Sterne-Generals unsere Teilstreitkraft Luftwaffe aber wäre das Buch nur ein Buch geblieben, so ist es ein Statement (vornehmlich) der Offiziere der Luftwaffe zu Beginn des 21. Jahrhunderts und wird eben dadurch zum Zeugnis für das geistige Gefüge dieser Teilstreitkraft der Bundeswehr.

Rückblenden

Das Bild und die Bildung des Offiziers der Luftwaffe aus der Sicht des Historikers

Peter Andreas Popp

Vom unlängst verstorbenen Bundeskanzler Helmut Schmidt – er hatte als Offizier der Wehrmacht den Zweiten Weltkrieg an der Ostfront erlebt und lernte als wehrübender Reserveoffizier die Bundeswehr noch in der Aufbauphase kennen, bevor er von 1969 bis 1971 die Armee der westdeutschen Nachkriegsdemokratie als Verteidigungsminister führte – ist das Diktum überliefert, er habe genug dumme Offiziere erlebt. Diese Aussage datiert aus der Gründungsphase der beiden Universitäten der Bundeswehr in Hamburg und München. Das heißt, sie entstammt dem Zeitabschnitt, als die „Bonner Republik" einen Generations- und Mentalitätswechsel vollzog, der mit der Chiffre „1968" plakativ und – für manche, auch nachträglich noch –, provokant vollzogen wurde. Aus dieser Zeit stammte nicht minder Steinhoffs Bild des Offiziers.

Historisch-politische Parameter

Nun sind seit diesem Zeitpunkt einige Jahrzehnte ins Land gegangen, und es ist deshalb die Frage zu stellen, welche historisch-politischen Parameter das Bild des heutigen Offiziers der Luftwaffe prägen.

Die Bundeswehr sollte und soll noch immer ein Gegenmodell zur preußischen Armee des Kaiserreiches, zur Reichswehr der Weimarer Republik und zur Wehrmacht des nationalsozialistischen Deutschland darstellen. Sie bildet(e) ebenfalls einen Gegenentwurf zur Nationalen Volksarmee der DDR. Die Bundeswehr ist eine Armee, die das Epochenjahr 1989/90 überlebte und die seitdem eine Strukturveränderung durchläuft, die ob ihrer Modalitäten nicht wenige Soldaten mit einem unguten Gefühl beschlich und beschleicht.[1] Es sei nur

---

[1] Es ist wirklich bemerkenswert, dass anlässlich des 60. Jahrtages der Bundeswehr – anders als zehn Jahre zuvor – nur eine einzige monographische Darstellung und das noch dazu in reich bebilderter Kurzform erschienen ist. Es handelt sich um das *„Coffee-Table-Book"* von Rudolf J. SCHLAFFER und Marina SANDIG: Die Bundeswehr 1955-2015: Sicherheitspolitik und Streit. Analysen, Bilder und Übersichten, Freiburg i.Br. 2015. Vgl. hierzu: 60 Jahre Bundeswehr – 25 Jahre Armee der Einheit. Auswahlbibliographie, erarbeitet von Christina LEHMANN und Barbara ZABEL, Strausberg (Zentrum Informationsarbeit Bundeswehr, Bibliothek) 2015.

am Rande vermerkt, daß sich hinsichtlich des Auslotens der gegenwärtigen Situation ein markanter Befund auftut: *Grosso modo* sind Unteroffiziere mit Portepee und junge Offiziere, was die Wahl offener Worte betrifft, spontaner. Dünner wird die Luft, je höher der Dienstgrad steigt und das Gravitationszentrum politischer Macht geographisch auf dem Karriereweg immer näher rücken soll. Pensionierte Offiziere sind dann hinwiederum sehr offenherzig: ob aus später Einsicht oder ob aus Gründen altersspezifischer Gesundheitstherapie, sei dahingestellt.

Wenngleich: Rechtlich hat sich in der Bundeswehr von 1956 bis heute doch nicht soviel verändert. Die Eidesformel ist noch immer dieselbe, sie bildet die überzeitliche Geschäftsgrundlage für den Dienst des Soldaten und lautet gemäß Paragraph 9 Soldatengesetz: *„Ich schwöre/gelobe der Bundesrepublik Deutschland treu zu dienen, und das Recht und die Freiheit des deutschen Volkes tapfer zu verteidigen"*. Doch es hat sich sehr wohl etwas verändert. Denn lässt man die nunmehr über 60-jährige Geschichte der Bundeswehr Revue passieren, so wäre um 1969 kein Werbestratege auf der Hardthöhe auf die Idee gekommen, der Bundeswehr den Slogan *„Wir. Dienen. Deutschland."* auf die Fahne zu schreiben.[2]

Damals, in der „Bonner Republik" also, produzierte die Bundeswehr Sicherheit. Der Soldat sollte *„kämpfen können, um nicht kämpfen zu müssen"*. Sicherheit war – auch in der NATO seit dem „Harmel-Bericht" von 1967 – definiert gemäß der Formel Verteidigung plus Entspannung. Die beste Verteidigung dieser Republik war nach Aussage eines ihrer Verteidigungsminister – Hans Apel (SPD) – eine gute Sozialpolitik! Die Bundeswehr als Wehrpflichtarmee war – ideologiekritisch betrachtet – damit laut Selbstanspruch Bestandteil der ökonomisch orientierten westdeutschen Waren-, Wettbewerbs- und (Dienst-) Leistungsgesellschaft, deren Identität gerade nicht auf nationaler *Gloire* beruhte, sondern ganz utilitaristisch auf dem Credo, ein guter, sprich friedlich geläuterter Produzent von Gütern zu sein, und dies denn doch mit globalem Aktionsradius, der allerdings keinesfalls für das Militär galt. Für VN-Einsätze stand die Bundeswehr nicht zur Verfügung und die Freiheit der Bundesrepublik wurde auch nicht im Mekong-Delta (Vietnam) verteidigt.

Fundiert Martin RINK: Die Bundeswehr 1950/55 bis 1989, Berlin u.a. 2015 – freilich für die Bundeswehr der „Bonner Republik".

[2] Thorsten LOCH: Das Gesicht der Bundeswehr. Kommunikationsstrategien in der Freiwilligenwerbung der Bundeswehr 1956-1989, München 2008 (= Sicherheitspolitik und Streitkräfte der Bundesrepublik Deutschland, 8), insbes. 179ff.

Wie sollte es denn auch anders sein als dass die Bundeswehr „Sicherheit produzierte" und darin die Daseinsberechtigung fand nach der verkorksten ersten Hälfte deutscher (Militär-)Geschichte im Zwanzigsten Jahrhundert? Und was bedeutete der Eid – was wenigen ob der Amnesie hinsichtlich der Jahre der deutschen Teilung zwischen 1945/49 und 1989/90 kaum mehr bewusst ist –, *„das Rech und die Freiheit des deutschen Volkes tapfer zu verteidigen"*, wo eben dieses deutsche Volk in zwei deutschen Staaten lebte – 4/5 im westlichen Deutschland, 1/5 in der DDR? Wäre der Kalte Krieg zu einem heißen mutiert, dann wäre vor dem *„Finis Germaniae"* in nuklearer oder konventioneller Variante kurzzeitig eine Bürgerkriegssituation gegeben gewesen. Das bildete die Schizophrenie jener Jahre. Der gesunde Menschenverstand sollte gebieten, heute und in Zukunft sowohl der „Westalgie" als auch – noch schlimmer, weil mit Diktaturrelativierung gepaart – der „Ostalgie" zu entsagen.

Lassen wir dahingestellt, ob sich heute ein Bundeskanzler noch als *„leitender Angestellter der Bundesrepublik Deutschland"* bezeichnen würde, wie es Helmut Schmidt einst tat. Als *„Produzent von Sicherheit"* definiert sich die Bundeswehr jedenfalls seit Ende des Ost-West-Konfliktes nicht mehr. Vielmehr legt sie heutzutage auf ihre soziale Komponente – Stichwort *„Vereinbarkeit von Familie und Beruf"* – ganz markant Wert. Dies zeugt von der Verinnerlichung eines sozialpolitischen Credos mit der offensichtlichen Botschaft, dass die Bundeswehr weiterhin ihren Teil zur Sozialstaatlichkeit Deutschlands beizutragen gewillt ist.

Doch wird damit bewusst, dass sich der Beruf des Soldaten und hier in Sonderheit der des Offiziers von anderen Berufen erheblich unterscheidet, die im „Volksheim Bundesrepublik Deutschland" mit seiner bislang offenen Willkommenskultur und dem hohen moralischen Gestaltungsanspruch insbesondere auch auf dem Feld der Außen- und Sicherheitspolitik, Stichwort *„Friedensmacht Deutschland"*, anzutreffen sind?

Offensichtlich wird in der öffentlichen Meinung diese Frage bislang als irrelevant abgetan. Tatsache ist, dass das Bild desjenigen Offiziers, der dieser Bundesrepublik Deutschland dient, inzwischen reflektiert, dass die Bundeswehr mehr als das Doppelte an Jahren aufweist als die deutschen Vorgängerarmeen „Reichswehr" und „Wehrmacht" zusammen. Das Bild des Offiziers unterliegt heute einer Wandlung gesamtpolitischer Verhältnisse wie nie zuvor in unserer Geschichte.

Doch bleiben wir vorerst noch in der jüngeren Vergangenheit dieser Republik. Wie für deren Armee, so sollte auch für die in ihr dienenden Offiziere folgendes gelten: Sie sollten auf lichter Seite und in Kontrast stehen zu den militärischen Formationen, die gerade die deutsche Militärgeschichte in der ersten Hälfte des Zwanzigsten Jahrhunderts prägten. Die Schwierigkeiten der Traditionsbildung einer Armee, die übrigens erst 1956 offiziell Bundeswehr genannt wurde, zeugen davon. Die Bundeswehr bildete die Armee eines Staates, der jedenfalls bis 1989 nicht glaubte, einmal selbst Geschichte zu sein bzw. werden zu können: Die Bundesrepublik als „Bonner Republik" gibt es nicht mehr, wir leben nunmehr in der „Berliner Republik", die ihrerseits im Augenblick im Begriffe ist, ihr gesellschaftspolitisches Koordinatensystem markant zu verändern. Folgt daraus auch ein Wandel der sicherheitspolitischen Geschäftsgrundlage?

Darauf aus Sicht des Historikers jetzt eine eindeutige Antwort zu geben, ist absolut verfrüht. Denkmöglich ist es. Und je denkmöglicher es ist, desto höher ist die Wahrscheinlichkeit, aus der hinwiederum – Vorsicht: wir betreiben jetzt Projektion von Denkmöglichem in der Zukunft! – gegenwärtig für rein denkmöglich Befundenes auch tatsächlich eintritt.

Wenn wir das Bild des Offiziers der Bundeswehr und noch dazu fokussiert auf den Offizier der Luftwaffe in historischer Hinsicht betrachten, so müssen wir uns einer Grundtatsache bewusst sein. Von Churchill stammt bekanntlich das Diktum, jeder Staat habe eine Armee – eine eigene oder eine fremde. Für die Bundesrepublik traf ab 1955/56 beides zu. Die Bundeswehr sollte die eigene Armee sein, und zwar voll integriert in Staat und Gesellschaft. Das schloss eine gesonderte gesellschaftliche Stellung des Offiziers in rechtlicher Stellung von vornherein aus, änderte aber nichts am „Sonderstatusverhältnis" des Soldaten der Bundeswehr innerhalb der rechtsstaatlichen Ordnung der Bundesrepublik Deutschland. Die Bundeswehr war, sicherheitspolitisch betrachtet, vollständig in die NATO integriert – mit Ausnahme jener Teile des Heeres, die als Territorialheer im rückwärtigen Bereich des westlichen Sicherheitsstreifens zwischen Flensburg und Garmisch disloziert waren. Die Paradoxie nationaler Souveränität der Bundesrepublik Deutschland bestand damals darin, dass neben der Bundeswehr auf westdeutschem Boden die Truppen der westalliierten Siegermächte die Sicherheit garantierten. Im Falle der Bundesrepublik Deutschland (alt) galten Churchills Worte nur eingeschränkt.

Die Bundeswehr wäre jedenfalls ohne die Konstellation des Kalten Krieges niemals so schnell nach dem Zweiten Weltkrieg und niemals in dieser Form gegründet worden. Der heutige „Umbau" der Streitkräfte, wohin auch immer er führen mag, zeugt davon. Die Bundeswehr ist nach 1989/90 natürlich weiterhin für die Bewahrung der äußeren Sicherheit dieses Landes im Rahmen der

Nordatlantischen Allianz und in den Konditionen europäischer Verteidigungsidentität zuständig. Im Innern sind ihr gemäß Artikel 87a GG ganz enge Grenzen gesteckt.

Und trotzdem hat sich etwas verändert, erst recht nach Aufnahme des Afghanistan-Engagements. Das Heer, und darin insbesondere die Truppengattungen Panzertruppe und Artillerie, hatte in den 1990er-Jahren eine Identitätskrise durchlebt, weil aus damaligem Zeithorizont nichts mehr so war, wie es zuvor gewesen war. Die Marine kam ganz gut über die Runden. Die Zukunft Deutschland als Exportnation liegt auf der See, wobei diesmal die deutsche „*Blue Water Navy*" im Allianzrahmen „schippert". Und die Luftwaffe...? Als generell später hinzugekommene Teilstreitkraft auch andernorts erlebt diese derzeit eine Phase, die Historiker dereinst wohl kennzeichnen dürften mit dem Terminus „*Wuthering Heights*", zu Deutsch: „*Sturmhöhe*", in Anspielung auf den Titel des Romans der bedeutenden englischen Schriftstellerin Emily Brontë (1818-1848)...

Mit einem Schuss Ironie gefragt: Ist sie gar schon Teil der Postmoderne geworden nach deren Grundsatz „*Anything goes*"? Offiziell kennt die Luftwaffe jedenfalls kein „Bild des Offiziers", wie es 1969 noch von ihrem dritten Inspekteur, Generalleutnant Johannes Steinhoff, gezeichnet wurde; ungeachtet der Tatsache, dass Teile davon zu Beginn des 21. Jahrhunderts in das „Leitbild" vom „Team Luftwaffe" eingebettet worden sind.

Selbstbild und soziomentales Gefüge

Vom großen französischen Staatsmann Charles de Gaulle stammt der orientierungsgebietende Ausdruck „*Une certaine idée de la France*"; übersetzt: Eine bestimmte Vorstellung dessen, was Frankreich ist und – man ergänze! – nach seiner Ansicht auch zu sein habe. Frankreich beiseite: Ohne eine Eigendefinition derartiger Qualität ist weder eine in die Zukunft gerichtete Identitätsstiftung noch – allen Turbulenzen auf Sturmhöhe zum Trotz! – eine exakte Kursbestimmung möglich. Geometrisch gesprochen: Um die genaue Lage eines Objekts im Raum zu bestimmen, benötigt man bekanntlich noch einen dritten Punkt, der die „Peilbasis Luftwaffe" abschließt. Er sei umschrieben mit der Formel: „*Nur wer weiß, woher er kommt, der weiß, wohin er geht (oder vielleicht besser nicht hingeht)*".

Ganz gleich, ob man das Bild des Offiziers unter dem Aspekt „historisch", „gegenwärtig" oder „zukünftig" betrachtet, also den Weg vom Historiker über den Politologen/Soziologen zum Futurologen beschreitet, eines dürfte dabei schnell klar werden: Die Beschreibung dessen, was ein „Offizier" ist, muss in allen drei Fällen differenzieren zwischen Selbst- und Fremdbild. Es gibt also zwei „Zeichnungsebenen". Weniger abstrakt für den konkret orientierten Zeitgenossen formuliert: es gibt die Perspektive „der Drinnis" und der der „Draussis". Das kann zu Friktionen führen, muss es aber nicht unbedingt.

Denn da gibt es noch immer – gewissermaßen als brückenschlagendes Element zwischen den beiden Perspektiven – die sprachwissenschaftliche Herleitung des Wortes „Offizier". Sie verrät einiges, wenngleich es erscheinen mag wie eine Binsenweisheit, verbunden ihrerseits mit einer frustrierenden Erfahrung, die der Fachlehrer Militärgeschichte mit langjähriger Unterrichtspraxis (fast zwölf Jahre!) konstant macht: Auf die Frage, woher der Begriff „Offizier" denn komme, passen i.d.R. weit über 95 Prozent der Offiziere im Lehrgang „Teil 3".[3] Die Bundeswehr ist jedenfalls insofern in die Gesellschaft integriert als diese die historischen Wurzeln der westlichen Zivilisation mittlerweile total vergessen hat. Oder liegt es vielleicht auch daran, dass die Unterrichtung im Fach „Militärgeschichte" erst mit dem Epochenjahr 1789 einsetzt und es auf höheren Führungsebenen regelmäßig Überlegungen gibt, noch sehr viel näher an der „Gegenwart" zu beginnen und dabei die Luftwaffengeschichte am liebsten mit der Bundesluftwaffe gleichzusetzen...?

Dabei ist es doch so einfach, die Antwort zu geben; vorausgesetzt man kann ein wenig Latein (womit wir bei den historischen Wurzeln Europas wären). Das heißt, (1.) man verfügt als Offizier über einen bildungsbürgerlichen Hintergrund (ohne den übrigens die „Innere Führung" niemals entstanden wäre!) – oder (2.) man hätte als Nichtlateiner, im Regelfall ist bei technikorientierten Angehörigen der Luftwaffe davon ja auszugehen, aufgepasst im Englischunterricht in der Schulzeit oder in den allgemeinbildenden Lehrveranstaltungen, die an den Bundeswehruniversitäten offensichtlich nicht mit der der

---

[3] Zur Luftwaffen-Ausbildungsnomenklatur: „Teil 1" steht für die dreimonatige Grundausbildung an den Ausbildungsorten Germersheim und Roth sowie den anschließenden Offizieranwärterlehrgang von 7monatiger Dauer an der Offizierschule der Luftwaffe (OSLw) in Fürstenfeldbruck; „Teil 2" steht für das Studium an den beiden Universitäten der Bundeswehr gemäß Trimester-Einteilung sowie unter den Vorgaben der Studienreform i.S. von „Bologna" oder – für die wenigen nichtstudierenden Offiziere des Truppendienstes Luftwaffe – die Ausbildung am Arbeitsplatz; „Teil 3" verkörpert die obligatorische zehnwöchige militärische „Resozialisierung" der jungen Offiziere im Dienstgrad Leutnant/Oberleutnant an der OSLw, die freilich aus planerischen Umständen nicht immer unmittelbar an „Teil 2" im unmittelbaren Anschluss gewährleistet werden kann.

Sache gebotenen Ernsthaftigkeit aufgenommen werden, nachdem zuvor an der OSLw im Zuge verkürzter militärischer Ausbildung unter der Handlungsmaxime der *„just in time production"* des Offiziernachwuchses „Bildung" allein als „Ausbildung" – wie gesagt: verkürzt auch diese! – verstanden wird.

Versäumte oder zu versäumende Lektionen? Oder gar Entstehung eines Offiziers, den die Bundeswehr, um den eingangs zitierten Bundeskanzler Helmut Schmidt mit seiner Warnung vor „dummen Offizieren" aufzunehmen, gerade nicht gebrauchen kann? Gleichwie, und überdies immer eingedenk der Tatsache, dass man die Bedeutung einer Sache zumeist erst in der Praxis authentisch erlebt: der Befund gibt schwer zu denken.

Auf dass sich der junge Mensch als künftiger Vorgesetzter die sinnstiftende Frage *„Was mache ich eigentlicher in beruflicher Hinsicht?"* beantworte und fortan sich nicht unbewehrt, weil konzeptionslos ins Minenfeld des rauen Lebens begebe, hier die sprachwissenschaftliche Erklärung: „Offizier" leitet sich ab vom lateinischen Wort *„officium"* und in diesem hinwiederum steckt das Wort *„facere"*; zu deutsch: „machen" / „tun". Der Offizier ist damit ein handlungsorientiertes Wesen, einer der durch „Tun" Dinge bewegen will. *„Officium"* hat mehrere Bedeutungen[4]:

1) die moralische Obliegenheit, Pflicht, Verpflichtung, Verbindlichkeit, Schuldigkeit, der Dienst, der Beruf (durchaus auch i.S. von Berufung);

2) das Pflichtgefühl, die Pflichttreue / Pflichtmäßigkeit, die Unterwürfigkeit, der Gehorsam i.S. jeder pflichtmäßigen Handlungsweise oder Handlung;

3) die Dienstfertigkeit, Dienstbeflissenheit, Höflichkeit, Gefälligkeit; auch i.S. der Höflichkeits- oder Ehrenbezeigung, Ehrfurchtsbezeigung, der Ehrendienst;

4) auch im sexuellen Sinne „der Dienst" (als Beischlaf, so verwandt vom römischen Dichter Petronius mit seiner subtilen Kritik an Herrschaftspraxis und -personal Kaiser Neros);

5) der Dienst als das Amt, die Verrichtung, das Geschäft, die Amtsverrichtung, das Amtsgeschäft;

6) der Beamte (als Kollektiv), Gerichtsbeamte, Amtspersonal.

---

[4] Detailliert: Der neue Georges. Ausführliches Handwörterbuch Lateinisch-Deutsch. 2 Bde., Darmstadt 2013 (= Nachdruck in 2. Auflage der 8. Auflage Hannover 1918). Fundstelle *„officium"*, ebd., Bd. 2, Sp. 1330-1331).

Was lässt sich aus diesem Bedeutungsspektrum ableiten? Eine ganze Menge: Erstens – Offiziere sind Funktionsträger; zweitens – Offiziere sind handlungsaktiv, d.h. sie müssen entscheiden; drittens – Offiziere weisen sich durch ein hohes Maß an Affektkontrolle aus, und dies ist ganz besonders wichtig in menschlichen Extremsituationen, d.h. unter hoher positiver wie negativer emotionaler Belastung; viertens – Offiziere sind tugend- und werteorientiert; fünftens – Offiziere sind nicht unbedingt bürokratieresistent; und schließlich sechstens – Offiziere sind Repräsentanten von Macht und überdies unterliegen sie ganz besonders dem Prinzip von Befehl und (vom Gewissen geleiteten) Gehorsam.

Wie weit eignet nun Offizieren das Menschlich-individuelle, insbesondere dann wenn sie als effiziente Funktionsträger doch funktionieren sollen? Historisch wie auch aktuell politisch betrachtet, stellt dies „ein weites Feld" dar. Warum? „Das Individuelle", der Faktor „Persönlichkeit" also, lässt sich mit folgendem Raster (be)greifen. Es beschreibt die Typologie militärischer Berufsbilder in den Varianten: (1) progressiv-rational, (2) konservativ-traditional, (3) technokratisch-bürokratisch und (4) atavistisch-destruktiv. Während sich der progressiv-rationale Offizier (= Variante 1) an einem rational analytischen Kriegsbild und demokratischen Normen orientiert, sucht der konservativ-traditionale Offizier (= Variante 2) Halt am (vermeintlich statischen und überzeitlichen) „klassischen" Berufsbild. „Tradition und Geschichte" (wie im Einzelnen dann ihrerseits voneinander abgegrenzt, das sei hier dahingestellt!) gehört für den „konservativ-traditionalen" Typus zur unabdingbaren Identität des Offiziers. Nicht so in der Intensität für den progressiv-rationalen Offizier. Indes verbindet Variante 1 und Variante 2 etwas, was nicht zu unterschätzen ist: das sinnstiftungsorientierte Berufsbild.

Dieses sinnstiftungsorientierte Berufsbild wird bei den Varianten 3 und 4 durch das handlungsorientierte Berufsbild ersetzt. Während der technokratisch-bürokratisch orientierte Offizier (= Variante 3) eine deutliche Gefechtsfeld- und Technikorientierung aufweist, steht für den atavistisch-destruktiven Offizierstyp (= Variante 4) der Kampf Mann gegen Mann sowie die männerbündische Orientierung des Berufsbildes im Vordergrund. Was den Faktor „Geschichte" betrifft, so ist dieser für den technokratisch-bürokratisch orientierten Offizier gewissermaßen irrelevant, allenfalls ein schmückendes Beiwerk mit Alibicharakter. Der atavistisch-destruktive Offizierstyp hingegen bevorzugt „Geschichte" im Sinne der *„res gestae Romanorum"*, der Großtaten der Römer also. Es ist nicht verkehrt, die These aufzustellen, dass die Geschichte der

Bundeswehr sowohl vor wie nach 1989/90 für den „Offiziertyp Variante 4" zutiefst unattraktiv, weil strukturell langweilig ist, die früherer deutscher militärischer Formationen hingegen nicht.

Natürlich ist man schnell an den Grenzen der Erkenntnis angelangt, wollte man sich nur auf dieses Raster allein abstützen. Es beschreibt Idealtypen mit einer gewissen negativen Tendenzorientierung. Der Progressiv-rationale kann durchaus ein Faible für die geschichtliche Dimension seines Berufes haben; vielleicht sollte er es sogar regelrecht kultivieren, um demokratische Normen besser verinnerlichen zu können. Andererseits ist beim konservativ-traditionalen ja durchaus eine Entwicklung in Richtung Moderne gegeben. Man betrachte nur die Hinwendung des deutschen Konservativismus zur Welt der Technik insbesondere nach 1945. Und genau so verhält es sich beim Typus „Technokrat/Bürokrat". Sein Verhalten mag alles andere als spontan sein. Handlungssicherheit und damit Verlässlichkeit im Rahmen seines Aktionsraumes ist ihm nicht abzusprechen. Wie es um deren persönlichen Humor oder die Fähigkeit, sich selbst in Frage zu stellen, bestellt sein mag, tut hier nichts zur Sache. Der „atavistische Destruktivling" muss sich, gerade weil er um die Leidensfähigkeit seiner Selbst und seiner Untergebenen weiß, nicht unbedingt nach dem Kampf und Körperlichkeit bei jedem Wetter sehnen. Also Vorsicht vor Klischees!

Was ziehen diese Überlegungen für die Teilstreitkraft Luftwaffe nach sich? Die Forderung nach einer Einzelfallprüfung, wenn es um die Einschätzung einer Berufsgruppe geht, sowie die Überlegung, dass der Erfolg einer Teilstreitkraft auf dem Prinzip beruht: *„Die Mischung macht's!"* In ein- und derselben Persönlichkeit selbst können ja mehrere dieser Varianten durchaus angelegt sein. Darüberhinaus: Im Sinne der Berufszufriedenheit in Kombination mit dem individuellen Entwicklungspotenzial sollten die Tätigkeitsfelder des Offiziers hinsichtlich der Schwerpunktbildung variieren. Dabei kommt es sodann entscheidend darauf an, ob und – wenn dies in den allermeisten Fällen bejaht wird – wie früh der „Generalist" oder der „Spezialist" zu favorisieren ist. Dies hinwiederum hängt ganz entscheidend vom Aufgabenfeld ab, welches die Streitkräfte abdecken bzw. vom Grad der Kompetenz, welches die Führungsspitze zum Beispiel im Bereich der Lehre ertragen kann. Idealerweise sollte das „Team Luftwaffe" in allen Bereichen über einen hohen Kompetenzgrad verfügen und eben nicht „kästchenkundlich" sondern im übergeordneten Maßstab denken und handeln.

Mit dem „Denken" und dem „Handeln" hat es indes eine besondere Bewandtnis. Die präsentierte Typologie militärischer Berufsbilder stellt ein sinnstiftungsorientiertes dem handlungsorientierten Berufsbild diametral gegenüber. Das ist nicht unbedingt verkehrt, wenn man rekapituliert, zu welchen Zeiträumen z.B. bestimmte Unterrichtsinhalte und -methoden gelehrt werden. Derzeit setzt die Luftwaffe ja auf die kompetenzorientierte Ausbildung. Ob sie damit auf alle Zeit die pädagogische Avantgarde tatsächlich bildet, sei angesichts bildungspolitischer Ernüchterung im zivilen Bereich dahingestellt. Interessant jedenfalls ist, in welchen Bereichen tatsächlich Handlungsorientierung eindeutig vorherrscht: es sind die „Technokraten/Bürokraten" und die „Kämpfer". Übrigens: Beide Gruppen haben untereinander so ihre Verständigungsschwierigkeiten...

Doch wie ist es bestellt um die Reflexion vor, während und nach der Handlung? Die Anwendung des Führungsprozesses bedarf unbedingt der vorherigen Analyse einer in Angriff zu nehmenden Handlung. Die Herausforderung künftiger Ausbildung wird darin liegen, dem „Sinnstifter" darzulegen, dass Sinnstiftung ohne Handlung/Handeln nicht möglich ist, und andererseits dem „Bürokraten/Technokraten", dass Handlung ohne Sinn Unsinn ergibt und dies getreu dem Bonmot *„Sie trugen seltsame Gewänder"* – hoffentlich keine Uniform der Luftwaffe! – *„und irrten ziellos umher"*. Soll heißen: Das eine schließt das andere nicht aus; und dies sei besonders betont in Deutschland als dem (noch immer!) Land gutgemeinter theorieverliebter Exzesse und sodann noch besser gemeinter extremer Handlungsweisen.

„Die Dritte Dimension..."

Vorsicht allerdings ebenfalls an dieser Stelle! Auch Pragmatismus kann zur Ideologie mutieren, und dann wird es wirklich gefährlich. Zweifellos interessant, indes doch zu weit würde an dieser Stelle führen, genau untersuchen zu wollen, wie die Luftwaffe als eigene Teilstreitkraft während des Vorherrschens eines ganz bestimmten Typus „militärisches Berufsfeld" ins Leben gerufen wurde. Sie ist jedenfalls eine Teilstreitkraft, die die militärische Bühne betrat, als „Heer" und „Marine" schon jahrhundertelang das Feld beherrschten und jeweils ihren Typ des Offiziers längst ausgeprägt hatten.

Das kann entweder Segen oder Fluch oder beides zusammen sein. Die Luftwaffe stellt auf alle Fälle eine Teilstreitkraft dar, die die dritte Dimension militärisch nutzt, einen hohen Grad an Spezialisierung und Technisierung aufweist, ein von Anfang an höheres Maß an sozialer Durchlässigkeit bei der Besetzung von Spitzenpositionen bislang pflegte und einen Offiziertypus favorisiert, der seine Individualität – historisch gesehen – nicht verleugnet und sich als „*Player*" ins Team einpasst.

Was die Selbstwahrnehmung ihrer Entstehungsgeschichte betrifft, so glaubte man in der Luftwaffe der Bundesrepublik Deutschland eingangs, unreflektiert an die „Reichsluftwaffe" anknüpfen zu können – wären da nicht die technischen Herausforderungen der 1960-er Jahre (Stichwort „Starfighter-Krise") gewesen und „gewisse historische Hindernisse", die eben dies in zunehmend zeitlicher Reflexion über die „braunen Jahre" und die Luftwaffe des NS-Regimes nicht erlaub(t)en: Für deutsche Jagdflieger des Zweiten Weltkrieges gilt inzwischen eine andere Kategorisierung als für die des Ersten Weltkrieges.[5]

Diese Erkenntnis ist m.E. unter anderem aus folgenden Gründen nicht einfach gewesen: Die Gründergeneration der Bundesluftwaffe hatte im Zweiten Weltkrieg gedient und baute nun an der Verteidigung der deutschen Nachkriegsdemokratie. Die pragmatisch orientierte *U.S. Air Force* als Taufpate der Bundesluftwaffe sah – die technischen und fliegerischen Leistungen der Reichsluftwaffe vor Augen – über deren ideologische Instrumentalisierung hinweg. Und sodann kam natürlich die Frage nach dem Soldatentypus hinzu.

Mit der Beherrschung der „dritten Dimension" jenseits politischer Systemfragen geht ein alter Menschheitstraum in Erfüllung, nämlich „frei zu sein wie ein Vogel". Das ist nicht dasselbe wie „vogelfrei", trifft aber den Status des Angehörigen der Reichsluftwaffe recht gut: „Vogelfrei" war er in dem Sinne, dass das Regime auch auf ihn *„rücksichtslos"* (um ein Lieblingswort Hitlers aufzugreifen) zugriff, schließlich wurde die neugegründete Teilstreitkraft vom NS-Parteifunktionär Göring geführt. *„Frei wie ein Vogel"* war dem Umstand zu verdanken, dass der reine Techniker es besser vermag, sich dem ideologischen

---

[5] Markant die Ansprache von Generalleutnant Josef Kammhuber zur Übergabe der ersten Düsenmaschinen an die neue Luftwaffe am 24.9.1956 in Fürstenfeldbruck (Fundort: BA-MA, BL 1/14650, Tagebuch Inspekteur Lw vom 24.9.1956): *„Der 24.9.56 wird als ein historischer Tag in die Geschichte der deutschen Luftwaffe eingehen. Denn er bedeutet nicht mehr und nicht weniger als den Tag ihrer Wiedergeburt [!]. In wenigen Augenblicken werden die ersten Flugzeuge der neuen deutschen Luftwaffe mit deutscher Erkennungsnummer, Hoheitsabzeichen und deutschen Piloten am Steuer über deutsche Lande fliegen. Damit stellt sich Deutschland auch wiederum [!] in der Luft in die Reihe der freien Nationen, um gemeinsam mit ihnen die freie Welt zu verteidigen."* Zu wünschenswerten Präzisierungen auf der Grundlage der Richtlinien zur Traditionspflege vom 20.9.1982 siehe: Tradition für die Bundeswehr – neue Aspekte einer alten Debatte, hg. Eberhard BIRK, Winfried HEINEMANN und Sven LANGE, Berlin 2012.

Zugriff zu entziehen. Soll heißen: angewandte Mathematik ist zu ideologischen Zwecken verwertbar, aber an sich un-ideologisch. Warum wohl wollten viele junge Leute während des Zweiten Weltkrieges unbedingt zur Luftwaffe? Natürlich um sich einen persönlichen Freiraum zu verschaffen. Man geht bei der Luftwaffe schließlich nicht „kommisshaft" miteinander um... Übrigens war es auch für abgeschossene alliierte Piloten angenehmer, in einem Stammlager der Luftwaffe die Kriegsgefangenschaft zu verbringen. Um der Idealisierung allerdings vorzubeugen, sollte nicht unerwähnt bleiben, dass aus der Reichsluftwaffe nicht die Verschwörer des 20. Juli 1944 entstammten – der Reserveoffizier der Luftwaffe Caesar von Hofacker bildete die rühmliche Ausnahme; wohlgemerkt „Reserve"!

Soweit der kurze Exkurs, der allerdings zu der Überlegung führt, welche Faktoren denn insgesamt das Bild des Offiziers prägen. Es sind dies die Faktoren „Staat", „Gesellschaft", „Szenario(s) des Krieges", der Mensch selbst als „Individuum" (wie auch immer es sich dann im Militär entwickelt), schließlich „Geschichte" und „Tradition" sowie der Faktor „Technik". Die Luftwaffe als eigenständige Teilstreitkraft in Deutschland tritt auf den Plan, als die industrielle Revolution im Begriffe war, von der zweiten in die dritte Phase überzuwechseln, definiert durch die Automobilisierung der Gesellschaft, der Produktion synthetischer Werkstoffe und den Aufwuchs des tertiären Sektors. *Das Sein bestimmt das Bewusstsein"* heißt es, und so muss als prägendes Element für das „Bild des Offiziers" der Faktor „Mentalität(en)" unbedingt hinzugezogen werden, worunter neben „Religion" auch das Thema „Genderfragen" von Belang ist.

Zur industriellen Moderne zählt auch die Emanzipation der Frau. Die Luftwaffe von ihrem Selbstverständnis und von ihrer „Spätgeburt" her betrachtet, hat erheblich weniger Probleme als Heer und Marine, Frauen als Soldaten und Vorgesetzte zu akzeptieren. Ausnahmen bestätigen die Regel. Dasselbe gilt hinsichtlich der freiwilligen Akzeptanz anderer Genderfragen insbesondere in den letzten zehn bis fünfzehn Jahren – und dies ungeachtet der Tatsache, dass der Begriff *„Gender"* teilweise absurde Stilblüten grammatikalischer Natur zeitigt und gemeinhin den Eindruck erweckt, immer dann wenn man keine ernsthaften Probleme (pardon: „Herausforderungen") habe, wird es Zeit, sich neue zu schaffen.

Kurzum, die Gender-Frage als Aufhänger genommen und im Sinne klarer Zielansprache fortgefahren: es gibt Dinge, die sind wichtig („Gender"-Fragen sind wichtig, weil es dabei meistens um die Frage der Diskriminierung geht...).

Und es gibt Dinge, die sind dringlich, ja sogar wirklich dringlich. Sodann gilt es gemäß dem „Eisenhower-Prinzip" zu entscheiden: „Was ist was?", so dass (1.) Dringliches nicht mit Wichtigem verwechselt wird; (2.) nach Klärung dieses Sachverhalts Dringliches dann auch mit dem entsprechenden personellen und materiellen Mittelansatz gelöst wird und (3.) aus Wichtigem im Sinne perspektivischer Daseinsvorsorge gar nicht erst Dringliches entsteht.

Selbstredend setzt das klar strukturiertes Denken und sodann beherztes Handeln voraus. Zum Bild des Offiziers der Luftwaffe gehört eine dementsprechende Prägung. Sie sollte immer gefasst sein in der Trias „Bildung – Ausbildung – Erziehung". Anders formuliert: Als Offiziere der Luftwaffe haben wir es mit der „dritten Dimension" immer zu tun. Das erfordert generell Reaktionsschnelle und geistige Beweglichkeit (dies nicht zu verwechseln mit „Opportunismus"!). Luft heißt aber nicht Wind. Was die Luftwaffe am wirklich allerwenigsten brauchen kann, sind Offiziere vom Typ „Windbeutel" und „Macher", die „heiße Luft in Tüten" – auf welcher Führungsebene auch immer – wohlfeil als Lösung anbieten. Also: keine „Luftikusse"!

Der Faktor „Staatlichkeit" und seine Konsequenzen

Wie nun entsteht das „Bild des Offiziers"? Prozesshaft, wie Herkommen und Entwicklung des Berufes „Offizier" belegen, und was auch der „a-historischen" Luftwaffe mit ihrer sehr kurzen Geschichte ins Stammbuch geschrieben sei: Das Berufsbild des Offiziers als historische Größe und zugleich ausstaffiert mit professionellem Format steht in unmittelbarem Zusammenhang mit der Entwicklung des modernen Staates. Dieser kommt zaghaft auf spätestens ab dem Epochenübergang vom Mittelalter zur Neuzeit und nimmt dann immer mehr Fahrt auf. Geistige Grundlage dafür war die Wiedergeburt der Antike, wörtlich die Renaissance im Italien des 14. Jahrhunderts. Die Militärreformen eines Moritz von Oranien (1567-1625), durchgeführt während des Freiheitskampfes der Niederländer gegen die spanischen Habsburger, belegen die erstmals intensive Rezeption antiken (römischen) Militärwesens. Fortan sind drei Dinge hinsichtlich des Bildes vom Offizier besonders zu beachten.

Erstens: Das Römische Reich war kein moderner Staat, sondern ein am Schluss multiethnisches Gebilde mit zunehmender Integrationsunfähigkeit. Dessen Soldaten standen loyal zur politischen Herrschaft immer mehr unter der Maßgabe personenbezogener Loyalität, was seinerseits im Übrigen auch den Verfall der Institutionen des Reiches belegt.[6] Für das Bild des Offiziers ist von ganz entscheidender Bedeutung die Frage von Führer und Gefolgschaft, also die Frage der Autorität: Warum gehen junge Leute zum Militär? Warum streben sie dort Leitungsfunktionen an? Warum unterwerfen sich Menschen überhaupt der Führung eines anderen? Und wem schuldet der Offizier die höchste Loyalität? Ist es Gott? Ist es eine konkrete weltliche Person oder ist es eine ganz bestimmte verfassungsmäßige Ordnung? Sind es materielle Erwägungen/Gegebenheiten, die Loyalität bedingen? Oder sind es ideelle Gründe, die dafür sprechen, sein Leben (als Offizier) einer politischen Ordnung oder einer Persönlichkeit hinzugeben?

Zweitens: Die Entwicklung zum modernen Staat zeichnet sich nicht allein durch das „Dreigestirn" Staatsgebiet – Staatsvolk – Staatsmacht aus sondern insbesondere auch durch die Fähigkeit politischer Herrschaft, „Militär in Permanenz", ein „stehendes Heer" also, dank geregelter Steuereinnahmen dauernd zu unterhalten. Zum modernen Staat gehört auch die Trennung von politischer Herrschaft in „Person" und „Institution".[7] Der Weg vom Monarchen i.S. des *„der Staat bin ich"* (Ludwig XIV.) zum Monarchen als *„erstem Diener des Staates"* (Friedrich II., d.Gr.) ist alles andere als ein einfacher. Doch für die Definition von Loyalität bedeutet es, dass der Offizier in einer parlamentarischen, sprich wirklich aufgeklärten Monarchie nicht dem König als Person, sondern dem König als Institution Loyalität schuldet, wobei der Monarch seinerseits fest ins parlamentarische System eingebunden ist. Die Trennung von Regierungsamt und Person im Amt fällt in demokratisch orientierten Republiken leichter. Hier schuldet der Offizier dem Verfassungsgefüge Gehorsam, und dies fordert intellektuell dem militärischen Personal ein höheres Maß an Abstraktionsfähigkeit und damit auch an politischer Bildung i.S. der Institutionenkunde ab. Für

---

[6] Auf die Zukunft gemünzt: *„Vestigia terrent! – Die Spuren schrecken!"* – Vgl. Alexander DEMANDT: Der Fall Roms. Die Auflösung des römischen Reiches im Urteil der Nachwelt, 2., erw. und aktualisierte Neuauflage München 2014 (1984); konzis ders.: Das Ende der alten Ordnung, in: Frankfurter Allgemeine Zeitung [FAZ], Nr. 17 vom 21.01.2016, S. 6 sowie Oliver STOLL: Römisches Heer und Gesellschaft. Gesammelte Beiträge 1991-1999, Stuttgart 2001 (= Mavors Roman Army Researches, hg. Michael P. SPEIDEL, 8).

[7] Ernst KANTOROWICZ: The King's two bodies. A Study in Mediaeval Political Theology. Princeton, N.J. 1957 (dt.: Die zwei Körper des Königs. Eine Studie zur politischen Theologie des Mittelalters, München 1990). Grundlegend: Hans FENSKE: Der moderne Verfassungsstaat. Eine vergleichende Geschichte von der Entstehung bis zum 20. Jahrhundert, Paderborn u.a. 2001 sowie Wolfgang REINHARD: Geschichte der Staatsgewalt. Eine vergleichende Verfassungsgeschichte Europas von den Anfängen bis zur Gegenwart, München 1999.

den Grad der Rechtsstaatlichkeit eines Gemeinwesens, überhaupt das Vorhandensein von Rechtsstaatlichkeit, ist übrigens von schlagender Beweiskraft, ob der Soldat die Pflicht zum absoluten, also unbedingten Gehorsam hat. Kurzum: nur Diktaturen kennen den unbedingten Gehorsam.

Gerade deshalb ist es auch für den Offizier der Luftwaffe unerlässlich, sich (1.) mit dem preußischen Reformwerk von 1807ff., repräsentiert militärischerseits durch Scharnhorst, Gneisenau und Clausewitz, und (2.) mit dem „Aufstand des Gewissens", also dem militärischen Widerstand gegen Hitler und das NS-Regime aus ethischen Gründen, auseinanderzusetzen.

Wer ersteres streicht, versteht nicht, wie positiv das Gedankengut der Aufklärung – immerhin die Grundlage westlichen politischen Denkens! – im Militär wirkt bzw. wirken kann. Leistung und Leistungsethos jenseits sozialer Schranken werden mit dem Reformwerk hochgehalten! Dasselbe gilt für den Faktor „Bildung", ohne den Ausbildung und Erziehung im luftleeren Raum ohne ethischen Kompass schweben. Die preußischen (Militär-)Reformer von 1807 belegen anschaulich, dass der Beruf des Offiziers nichts zu tun hat mit dem Heischen nach Beliebtheit, und das Reformwerk zeigt überdies, welch langer Atem notwendig ist, um für notwendig Erachtetes in die Tat umzusetzen.

Wer das letztere, den „Zwanzigsten Juli", relativiert, der hat die existentielle Tiefendimension des Offizier-, überhaupt des Soldatenberufs nicht begriffen und wird sie zum Schaden der Allgemeinheit auch in Zukunft nicht begreifen. Der „Zwanzigste Juli" steht überdies für ein gänzlich un-opportunistisches Verhalten, für die Entscheidung gegen Karrierismus sowie Gleichgültigkeit gegenüber Machtmissbrauch.[8] Es geht bei diesen beiden Traditionssäulen um die Grundlagen von Demokratie als Lebensform. Und wie diese scheitert, dafür geben sowohl die Revolution von 1848/49 mit der Frankfurter Reichsverfassung wie auch die Weimarer Republik mit ihrer Verfassung frustrierende Fallbeispiele ab.

Drittens: Die letzten drei Jahrzehnte in Deutschland sind geprägt durch eine Entstaatlichung quantitativ nicht zu unterschätzender bisheriger Sphären von Staatlichkeit. Dies alles geschah unter mikroökonomischer Perspektive

---

[8] In den überzeitlich zu verstehenden Worten von Generaloberst Ludwig Beck in seiner Vortragsnotiz vom 16. Juli 1938 gegen Hitlers Kriegspolitik: „*Ihr soldatischer Gehorsam hat dort eine Grenze, wo ihr Wissen, ihr Gewissen und ihre Verantwortung die Ausführung eines Befehles verbietet.*" (= Dok. 159 bei Klaus-Jürgen MÜLLER, Armee und Drittes Reich 1933-1939, Paderborn 1987, S. 349-350).

gemäß dem Leitwert „*good governance*"; also auf die einfache Formel gebracht: „*Mehr Wirtschaft, weniger Staat*". Es handelt sich m.E. um eine Entwicklung, die hinsichtlich des erreichten Ausmaßes an Entfremdung auch in den Streitkräften gar nicht kritisch genug betrachtet werden kann. Auch die Bundeswehr weiß ja im logistischen Bereich davon nicht nur ein einziges Liedchen zu singen. Es ist der Stoff für Trauergesänge! Richtig problematisch wird es, wenn mittels Entstaatlichung von Gewalt der Soldat als Garant des staatlichen Gewaltmonopols, gleich ob i.S. innerer oder äußerer Sicherheit, davon betroffen ist. Und es geht nicht minder um die Kohärenz der „Firma Bundeswehr" wie auch um Verantwortung im monetären Bereich! Er muss sich in Sachen „Wirtschaft" natürlich auskennen, aber er ist kein staatlich besoldeter Börsenjobber. Der Soldat der Bundeswehr, und das heißt auch der Offizier der Luftwaffe, schuldet Loyalität der Bundesrepublik Deutschland als freiheitlich-demokratischem Rechtsstaat. Ihr und nur ihr allein.

Öffentlichkeit und politische Verhaltensethik

Was die reinen Militärhandwerker gerne verkennen – und man könnte dabei angesichts der vom Militär zu verursachenden Schäden durchaus von einer „Lebenslüge des Soldaten" sprechen! – ist das Faktum, dass der Soldat, und hier im Besonderen der Offizier, einen extrem politischen, also einen absolut öffentlichen Beruf bekleidet. Der Offizier steht überdies in einem ganz besonderen Sonderstatusverhältnis zum Staat hinsichtlich der Treueverpflichtung innerhalb des Ordnungsrahmens des bedingten Gehorsams. Immer dann, wenn Staat und Gesellschaft nicht konträr zueinander stehen, was oszillierend in freiheitlich-demokratischen Ordnungen immer der Fall ist, sollte gerade der Offizier trotz seines aufgrund der Führungsfunktion gesteigerten Sonderstatusverhältnisses nicht konträr zur Gesellschaft stehen.

Ein Spannungsverhältnis besteht gleichwohl, auch wenn die auf alle Dienstgradgruppen anzuwendende Formel vom „Staatsbürger in Uniform" dieses zu überbrücken oder sogar zu entschärfen versucht. Ein interessanter Befund: Noch nie in der deutschen Militärgeschichte war eine Armee so demokratisch orientiert wie die Bundeswehr, und noch nie war eine Gesellschaft wie die heutige sich demokratisch dünkende deutsche so desinteressiert am Militär. Traurig aber wahr: Für die Gesellschaft ist dies aus der Sicht eines überzeugten Demokraten, der an die Verteidigungswürdigkeit eben dieser Staats- und Gesellschaftsordnung bewusst glaubt, nicht unbedingt ein Kompliment.[9] Wohl wahr, öffentliche Meinung ist nicht gleichzusetzen mit veröffentlichter Meinung. Das sei Angehörigen der „Generation Facebook und What's App", also der Altersgruppe unter 35 plus mit ihrer ausgeprägten Sehnsucht nach immer positiver Bestätigung und nach *„Action"* ausführlich ins Stammbuch geschrieben. Entscheidend hinsichtlich des tatsächlichen Bildes des Offiziers ist, dass dieser seinen Beruf wohl wie kaum ein anderer in Deutschland öffentlich rechtfertigen muss.

Zum Selbstbild des Offiziers gehört das Vertrauen in die eigenen Fähigkeiten, das sich Verlassen-Können auf gemäß der Dienstgradhierarchie übergeordnetes, gleichrangiges oder untergebenes Personal sowie, insbesondere beim Personal der Luftwaffe ganz ausgeprägt, der Glaube an den „Vorsprung durch Technik". Es gehört jedoch zunehmend zum Erfahrungsschatz der Betroffenen, dass dieses Selbstbild zu ergänzen ist um das Prinzip Hoffnung. Denn man meint, die Technik zu beherrschen, und der Alltag zeigt, wie die (fehlerhafte) Technik den Menschen beherrscht und eine Großorganisation paralysiert – Tendenz fortschreitend.

Vielleicht liegt es daran, dass die Disposition des Luftwaffensoldaten hinsichtlich der Machbarkeit der Dinge durch „die Technik" sehr, sogar zu ausgeprägt ist? Bei der Einführung von Großgerät in die Truppe ist wahrzunehmen, wie diese Naivität stetig auf die harte Probe gestellt wird. Nicht minder anfällig ist das Personal der Luftwaffe für die Virtualität der Dinge, was früher oder später, sofern nicht deutlich in unserer Ausbildungsorganisation gegengesteuert wird, fatale Folgen haben dürfte. Das bisherige Format der Auslandseinsätze der Bundeswehr liefert dafür schon erste Hinweise. Es ist mehr als ein Gebot der Stunde, wenn das Bild des Luftwaffenoffiziers den Gedanken der Loyalität in engster Verbindung mit dem Leitwert „Autonomie des Menschen in Uniform" sowie dessen Bereitschaft zum Handeln auf Grundlage der Selbstreflexion widerspiegeln würde.

Kann andernfalls in der Luftwaffe noch „souverän" agiert werden? Wohl kaum. Und man täusche sich nicht: Der Hinweis auf die Schwierigkeiten mit der deutschen Militärgeschichte erklärt eine ganze Menge, jedoch nicht alles. Man kann nicht alles auf die Geschichte schieben! Dennoch, was erschwert – historisch betrachtet – eine breite Akzeptanz des Militärs und seines Füh-

---

[9] Siehe hierzu Michael WOLFFSOHN mit seinem wegen der Aussage, *„Unsere Bundeswehr ist eine ossifizierte Unterschichtenarmee"* Furore machenden Gastkommentars in der Tageszeitung „Die Welt", s. ebd., 23.04.2010, S. 2.

rungspersonals in Deutschland? Was zeichnet den Beruf des Soldaten in einer postheroischen Zivilgesellschaft negativ?[10]

Es ist beileibe nicht allein die NS-Zeit als alleiniger Grund anzuführen, auch wenn diese dank tagtäglicher Medienpräsenz noch immer massiv wirkt und ob der damals begangenen Grausamkeiten singulär ist. Das „Dritte Reich" steht für die rassistische Pervertierung des deutschen Nationalstaats, für Massenkonsens und Terror, für mehr als nur die „Verstrickung" der Wehrmacht in Aggression und Genozid sowie für den absoluten Werteverlust. Einen „Vorgeschmack" auf das, was mit dem 1. September 1939 („Fall Weiß", der deutsche Angriff auf Polen) und gesteigert mit dem 22. Juni 1941 („Unternehmen Barbarossa", der deutsche Angriff auf die Sowjetunion) eintreten sollte, verrät folgendes Anforderungsprofil an den Offizier im NS-Staat, artikuliert von Generaloberst Walther von Brauchitsch, Oberbefehlshaber des Heeres seit Februar 1938: *„In der Reinheit und Echtheit nationalsozialistischer Weltanschauung darf sich das Offizierkorps von niemandem übertreffen lassen. Es ist der Bannerträger, der auch dann unerschütterlich [sich erweist], wenn alles andere versagen sollte. Es ist selbstverständlich, dass der Offizier in jeder Lage den Anschauungen des Dritten Reiches gemäß handelt, auch dann, wenn solche Anschauungen nicht in gesetzlichen Bestimmungen, Verordnungen oder dienstlichen Befehlen festgelegt sind."*[11]

Wenn man nur einen kurzen Augenblick reflektiert, dass auf Grund einer solchen Befehlslage aus vom NS-Regime missbrauchten Soldaten schnell selbst willentliche Beihelfer und Mittäter bei Kriegsverbrechen werden konnten, wirkt es um so peinlicher i.S. versäumter Lektionen, warum die Bundeswehr sich mit dem Wehrmachtserbe so schwer tat.

Das von Brauchitsch gezeichnete Bild steht völlig konträr zum gewissensgeleiteten Gehorsam und dem den Auslandseinsätzen der Bundeswehr zugrunde gelegten Bild vom *„Miles protector"*, also des Soldaten als stillen Helfer und Retter in Uniform. Für letzteres liefern übrigens die drei Traditionssäulen

---

[10] Jüngst hierzu: Helden und Legenden oder: ob sie uns heute noch etwas zu sagen haben, hg. Martin W. RAMB und Holger ZABOROWSKI, Göttingen 2015.

[11] Geheimer Erlass des Oberbefehlshabers des Heeres, Generaloberst von Brauchitsch, über Erziehung des Offizierkorps, vom 18. Dezember 1938 (= Dok. 46 bei Klaus-Jürgen MÜLLER, Armee und Drittes Reich 1933-1939, Paderborn 1987, S. 180-182). Damit lag Brauchitsch völlig auf der Linie Görings. Näher zu den Einsatzvorstellungen und Lagebeurteilungen der Luftwaffe bis Kriegsbeginn s. Klaus A. MAIER, in: Das Deutsche Reich und der Zweite Weltkrieg, Bd. 2; Stuttgart 1979, S. 43-69. Des Weiteren: Horst BOOG: Luftwaffe und unterschiedsloser Bombenkrieg bis 1942, in: Luftkriegführung im Zweiten Weltkrieg, hg. im Auftrag des MGFA von Horst BOOG, Herford u.a. 1993, S. 435-468.

der Bundeswehr (1.) Preußisches Reformwerk von 1807ff.", (2.) „Aufstand des Gewissens gegen Hitler und NS-Regime" sowie (3.) die eigene Geschichte der Bundeswehr zumindest bis in die 1990er-Jahre hinein so gut wie keine Musterfolie. Will man den *„Miles protector"* pflegen, so ist ein neuer Traditionserlass unumgänglich.[12]

„Für welchen Weltgedanken kämpfen wir?", so lautet immer mehr die drängende Frage bei der Definition des Mittelansatzes für Auslandseinsätze der Bundeswehr.[13] Unbefangen die Antwort darauf geben zu können mit den Worten, es sei der kosmopolitische Charakter des deutschen Nationalstaates, wäre angesichts der Militärgeschichte bis 1945 unter Ausblendung der NS-Herrschaft sowie der Militärgeschichte zwischen 1945 und 1990 wirklich mehr als gewagt. Kosmopolitisch war weder die deutsche Geisteswelt zur Gänze noch die deutsche Sicherheitspolitik des deutschen Nationalstaates zwischen 1871 und 1932/33 gestrickt.

Allgemein betrachtet, ist das Bild des Offiziers historisch mit Grautönen versehen durch den Umstand, dass der Reichsgedanke der Realisierung der „Ideen von 1789" entgegenstand, die ihrerseits durch Napoleons Eroberungspolitik eine erhebliche Relativierung erhielten. Deutschland als Nationalstaat war eine „verspätete Nation". Die Nationalstaatsbildung von 1871 kam nicht durch eine geglückte Revolution demokratischen Charakters zustande (wie es in der Paulskirche von 1848/49 zunächst angedacht war), sondern durch preußische Politik in der Interpretation Bismarcks. Dessen Politik zielte auf Beseitigung des großdeutschen Lösungsansatzes der „deutschen Frage", also der Ausgrenzung Österreichs aus der deutschen Geschichte, in Kombination mit der Relativierung der bis dahin regional verlaufenden deutschen Militärgeschichte. Bismarcks Streben nach Reichseinheit unter preußischen Konditio-

---

[12] In den Richtlinien zur Traditionspflege von 1982 sind diese drei Säulen übrigens nicht namentlich fixiert, was sich hinsichtlich der Pflege des Bildes vom *„miles protector"* durchaus positiv auswirken könnte. Denn dadurch beweisen sie ihre Offenheit gegenüber einer (militär-) politischen Entwicklung in Richtung „Außenpolitik als Weltinnenpolitik". Die neue Einsatzrealität führt zur Zuspitzung der soldatischen Situation aufs Existentielle. Ob der Typus *„Soldier"* dann dem *„Warrior"* weicht, wird die realpolitische Wirklichkeit erweisen.

[13] Die Frage nimmt den Titel einer deutschen Propagandaschrift aus dem Ersten Weltkrieg ganz bewusst auf; vgl. Arthur Bonus: Für welchen Weltgedanken kämpfen Wir?, München 1915. Provokant deshalb, um zu zeigen, dass Deutschland bis 1945 keinen sicherheitspolitischen Ansatz verfocht, der vom Ideengehalt her eine universalistisch positive, d.h. für Nicht-Deutsche akzeptable Idee, vergleichbar den Ideen von 1789 verfocht (was auch immer französische Sicherheitspolitik bis 1940/1958 damit anstellte).

nen orientierte sich zweifellos am „Primat der Politik", dieses indes war nicht gesichert durch ein Parlaments-, sondern durch ein Königsheer. Militär wurde somit zu einem Faktor des Obrigkeitsstaates, getreu der Formulierung aus der Zeit der 1848/49er-Revolution, dass gegen Demokraten nur Soldaten helfen würden. Die bis 1935 gängigen Eidesformeln belegen es.[14]

Der Vollständigkeit halber sei vermerkt, was zwischen 1870 und 1933 den Rekurs i.S. Tradition vereitelt. Die Bundeswehr ist eine Parlamentsarmee. Militär vor der NS-Herrschaft war fixiert auf die Durchsetzung des Primats des Militärs. Deutsche Armeen waren modern hinsichtlich der Anwendung und Entwicklung von Militärtechnik, jedoch ob des Fortlebens ständischen bzw. klassenorientierten Denkens in den Köpfen der Militärs alles andere denn kompatibel mit der demokratischen Moderne. Wäre der Erste Weltkrieg deutscherseits ein reiner Verteidigungskrieg gewesen, dann wäre manches leichter. Er war es nicht. Militärisches Technokratentum getreu dem Leitwert, der Zweck heilige die Mittel sowie die Etablierung einer Militärdiktatur durch die 3. Oberste Heeresleitung, überhaupt der Kriegssozialismus in den Schützengräben, trugen zu einer Gewaltkultur bei, die für die junge Demokratie von Weimar ein erhebliches Belastungsmoment darstellen sollte. Für den Erhalt dieser rührte das Militär im entscheidenden Jahr 1932 (Stichwort: „Preußenschlag vom 20. Juli 1932") keinen Finger.

Die nun für die Zeit nach 1945 angeführten Punkte, die einen Appell i.S. eines reflektierenden Traditionsverständnisses für den Soldaten der Bundeswehr darstellen, bedeuten keine Relativierung der 3. Traditionssäule (= „Geschichte der Bundeswehr"). Sie bedeuten eine Wertschätzung des Umstandes, welches Glück wir hatten, dass der Kalte Krieg nicht zu einem heißen mutierte, und die staatliche Einheit Deutschlands europäisch und transatlantisch eingebettet vonstatten ging. Tradition gerade auch als Komponente des „Bildes vom Offizier" hat jedenfalls immer zu tun mit der Frage, die im deutschen Falle

---

[14] Vgl. Sven LANGE: Der Fahneneid. Die Geschichte der Schwurverpflichtung im deutschen Militär, Bremen 2003. Die Eidesformel der Reichswehr lautete gemäß Fahneneid der Reichswehr vom 14.8.1919: „*Ich schwöre Treue der Reichsverfassung und gelobe, dass ich als tapferer Soldat das Deutsche Reich und seine gesetzmäßigen Einrichtungen jederzeit schützen, dem Reichspräsidenten und meinen Vorgesetzten Gehorsam leisten will*". Hier war lediglich mittelbar eine Emanzipation vom Obrigkeitsstaat erkennbar – abhängig davon, wie demokratisch vom inneren Gefüge her betrachtet sich die Reichswehr entwickeln würde. Zur Präzisierung lautete denn der Fahneneid einige Monate nach der „NS-Machtergreifung" in der Fassung vom 2. Dezember 1933: „*Ich schwöre bei Gott diesen heiligen Eid, dass ich meinem Volk und Vaterland allzeit treu und redlich dienen und als tapferer und gehorsamer Soldat bereit sein will, jederzeit für diesen Eid mein Leben einzusetzen."*

lautet „Was ist des Deutschen Vaterland?" Bis 1990 ist diese Frage – wie bereits eingangs leicht angedeutet – gar nicht so einfach zu beantworten. Was heißt Nationalstaatlichkeit der deutschen Armeen nach 1949, wo die Nation moralisch diskreditiert und in Zweistaatlichkeit geteilt ist?

Auch das demokratische Deutschland – gemeint ist damit ganz gewiss nicht die DDR als zweite deutsche Diktatur im 20. Jahrhundert! – verfügte als *„postnationale Demokratie unter Nationalstaaten"* (Karl Dietrich Bracher) derart wie andere nicht das, wofür gerade das militärische Führungspersonal immer gewährleisten soll: die tatsächliche nationale Souveränität.[15] Glaubwürdig war die Bundesrepublik nur mit einer starken konventionellen Komponente in Kombination mit Atomwaffen, die die Bundeswehr in ihrem Arsenal hat(te), worüber die Bundesrepublik selbst als Nicht-Eigentümer keine Verfügungsgewalt hatte. Die Schriften des Grafen von Baudissin bereits vor 1967, dem Jahr seines Ausscheidens aus den Streitkräften, belegen dieses Dilemma sehr deutlich, indem sie die Frage aufwerfen, wie der der Bewahrung der Freiheit und Humanität verpflichtete Soldat der Bundeswehr in einem Kriegsszenario jenseits konventioneller Kriegführung überhaupt glaubhaft bestehen könne.[16]

Perspektive durch Bildung

Wie soll es mit dem Bild des Offiziers, in Sonderheit dem der Luftwaffe, weitergehen angesichts der Entwicklungen nach 1990? Die Herausforderungen seien abschließend kurz aufgeführt: Das gesellschaftliche Zusammenwachsen Deutschlands gestaltet sich weitaus schwieriger als anfangs gedacht, obwohl die Bundeswehr hierbei wirklich integrierend wirkt(e). Kann diese als Integrationselement einer multiethnisch sich entwickelnden Gesellschaft mit einer dann wohl sehr verschiedenen militärischen Gedenk- und Erinnerungskultur wirken? Sie könnte es, wenn sie sich ihrer Potenziale im Bildungsbereich wirklich bewusst wäre. Dabei ist noch gar nicht berücksichtigt, was seit Sommer 2015 auf den europäischen Kontinent an Migrationsströmen zurollt und welche

---

[15] Näher hierzu: Heinrich August WINKLER: Streitfragen der deutschen Geschichte. Essays zum 19. und 20. Jahrhundert, München 1997 (zum Diktum des Bonner Politologen und Historikers Karl Dietrich BRACHER s. ebd., Kapitel VII).

[16] Eine quellenkritische Darstellung der Schriften Wolf Graf Baudissins sowie eine historischkritische Biographie des Reformers, die diesen Namen wirklich verdiente, bilden bislang ein Desiderat der Forschung. Als „Vorarbeit" hierzu s. Wolf Graf von Baudissin 1907-1993. Modernisierer zwischen totalitärer Herrschaft und freiheitlicher Ordnung, hg. im Auftrag des MGFA von Rudolf J. SCHLAFFER und Wolfgang SCHMIDT, München 2007.

möglicherweise gravierend anderen Aufgaben außen- und innenpolitischer Natur für die Bundeswehr sich daraus ergeben. Und das hat dann hinwiederum unmittelbar zu tun mit den Fragen: Wie geht es weiter mit der europäischen Integration? Welchen Weg nimmt der Westen?

Tun wir alles, damit nicht bei Beantwortung dieser Lebensfragen destruktive Phantasie angewandt wird. Das Bild des Offiziers der Luftwaffe wird jedenfalls dadurch geprägt sein, dass dieses Land mit seiner Armee namens Bundeswehr *de facto* vor einer politischen und geradezu „kulturellen" Neugründung in Form eines neuen Gesellschaftsvertrages steht. Es wird von zwei Essentials abhängen, ob das Werk gelingt: (1.) Auf Grund der hohen Spezialisierung und Technisierung war, ist und wird das Bild des Offiziers der Luftwaffe immer als „Vielheit" geprägt. Es ist unumgänglich, eine Basis zu schaffen, die nicht wie bisher durch den „kleinsten gemeinsamen Nenner" definiert ist. (2.) Unabdingbar muss zum Bild des Offiziers neben ausbaufähigem Orientierungswissen auf breiter Ebene und hohem fachlichem Können auf praktischer Ebene mehr denn je soziale Kompetenz in Kombination mit unaufgeregter Empathiefähigkeit hinzukommen. Dazu gehört als Fundament im Sinne der Aufklärung immer Bildung, also geistiges Niveau jenseits der öden Faktenebene von „*Trivial Pursuit*". Mit Kompetenz, definiert als Handeln um des Handelns willen, hat dies jedenfalls nichts zu tun; genauso wenig wie Führung ohne klar strukturiertes Denken auf der Basis soliden Wissens diesen Namen nicht verdient.

Aus der Sicht des Historikers jedenfalls „Vorsicht" beim vorschnellen „Entfrachten" von Wissens- und damit Bildungsinhalten. Es könnten dabei nämlich Grundfertigkeiten verloren gehen, deren Relevanz sich gerade darin zeigt, wenn die Irrelevanz womöglich „amtlich" attestiert und auf Befehlsebene sanktioniert worden ist. Und dann tritt genau das ein, was Kompetenz erst recht fordert.

Unser Problem liegt doch darin, dass unsere Offiziere für Szenarios ausgebildet werden müssten, die haargenau dem Diktum des Philosophen Ernst Bloch „*Von der Gleichzeitigkeit des Ungleichzeitigen*" entsprechen. Sie können, so gesehen, für Wissen, Bildung und Entscheidungsfreude in ethischer Abwägung der Handlungsalternativen gar nicht gut genug sensibilisiert sein. Nur wenn diese Art der Ausbildung erfolgt, kann die Luftwaffe ihrem verfassungsgemäßen Auftrag unter immer schwierigeren politischen Rahmenbedingungen auch tatsächlich nachkommen. Die Entwicklung der letzten Jahre zeigt, wie sehr die Zeit drängt. Ob die gewaltige Zäsur, vor der wir gegenwärtig stehen, jedem von uns bereits gegenwärtig wirklich bewusst ist, kann mit Fug und Recht leider bezweifelt werden.

Das ist ein nachdenklich stimmender Befund, doch das muss nicht so bleiben. Gemindert kann es werden durch Luftwaffenoffiziere, die Ikarus gleich nach Höherem streben, aber dabei nicht grob fahrlässig einen Absturz billigend in Kauf nehmen: Mut zur Führung ist schließlich bedingt durch den Mut zur Erziehung. Beides beruht auf dem Wagnis der Bildung.

Ein Rückblick auf General Johannes Steinhoff und dessen „Bild des Offiziers in der Luftwaffe"

Eberhard Birk

I. Einleitung

Als die Luftwaffe ihr am 1. August 2003 per Tagesbefehl vom damaligen Inspekteur der Luftwaffe, Generalleutnant Gerhard Back, erlassenes neues Leitbild „Team Luftwaffe" erarbeitete, hielt der Schlussbericht der Arbeitsgruppe an der OSLw fest, dass damit auch das *bis dato* noch gültige, indes wenig bekannte „Bild des Offiziers" aufzuheben sei.[1] Dieses wurde am 23. Dezember 1969 vom damaligen Inspekteur der Luftwaffe, Generalleutnant Johannes Steinhoff[2], erlassen – versehen mit der Bitte, es *„jedem Offizier und Offizieranwärter der Luftwaffe auszuhändigen".*[3] Daran ist mehrerlei aufschlussreich: (1.) Soldaten aller Teilstreitkräfte benötigen neben aller militärischen Professionalität ein sinnstiftendes Leitbild;[4] (2.) die kurze Skizzierung Steinhoffs war, obwohl sie nie außer Kraft gesetzt wurde, kaum mehr bekannt[5] und (3.) die Vorstellungen eines Bildes vom Offizier unterliegen dem Wandel, weshalb sie oftmals einer „Aktualisierung" bedürfen. Dies gilt sowohl für die Bundeswehr im Allgemeinen[6] wie auch für die Luftwaffe im Besonderen.[7]

---

[1] Das Positionspapier der OSLw wurde am 8. Februar 2002 finalisiert und ging in wesentlichen Zügen in das neue Leitbild ein. Der Beitrag greift stellenweise zurück auf Eberhard Birk, Steinhoff und sein „Bild des Offiziers in der Luftwaffe". In: Eberhard Birk/Heiner Möllers/Wolfgang Schmidt (Hg.), Die Luftwaffe zwischen Politik und Technik (= Schriften zur Geschichte der Deutschen Luftwaffe, 2), Berlin 2012, S. 145-158.

[2] Zu Steinhoff vgl. Heiner Möllers, „Ein unbequemer Mann!" General Johannes Steinhoff. In: Eberhard Birk/Heiner Möllers/Wolfgang Schmidt (Hg.), Die Luftwaffe in der Moderne, Essen 2011 (= Schriften zur Geschichte der Deutschen Luftwaffe, 1), S. 141-175.

[3] Vgl. BMVg Fü L II 4 – Az 16-05-10 vom 23. Dezember 1969.

[4] Das Leitbild „Team Luftwaffe" wurde daher jedem Soldaten resp. jeder Soldatin der Luftwaffe – auch jenen, die in der im Oktober 2000 aufgestellten Streitkräftebasis dienten – ausgehändigt.

[5] Es wurde selbst in dem lange als Standardwerk geltenden Band von Donald Abenheim, Bundeswehr und Tradition. Die Suche nach dem gültigen Erbe des deutschen Soldaten, München 1989 (= Beiträge zur Militärgeschichte, 27) nicht erwähnt, obwohl er die Entwicklung des Traditions- und Selbstverständnis der Bundeswehr bis 1982 nachzeichnet.

[6] Vgl. hierzu etwa das Plädoyer des (damaligen) Generalinspekteurs der Bundeswehr, General Wolfgang Schneiderhan, im Mai 2010 bei einem Vortrag an der Führungsakademie der Bun-

Die anhaltende Dringlichkeit, Soldaten mit einem anspruchsvollen und in sich kohärenten „Bild" zu versorgen, muss stets von einer Grundtatsache ausgehen: „Bilder" transportieren Normvorstellungen und haben daher einen erzieherischen Impetus.[8] Sie schaffen einen gegenwartsbezogenen archimedischen Punkt, von dem aus sich Positionen des Selbstverständnisses und letztlich auch Traditionsvorstellungen begründen lassen.[9]

Nicht zuletzt vor dem Hintergrund der von Verteidigungsminister Thomas de Maizière gehaltenen Rede zur Einweihung des Militärhistorischen Museums der Bundeswehr in Dresden am 14. Oktober 2011 und einer darin angeregten „Traditionsdebatte",[10] die aufs engste mit einem „Bild des Soldaten" – resp. im konkreten Fall mit dem beruflichen Selbstverständnis des Offiziers – zusammenhängt, ist es interessant aufzuzeigen, wie ein vergleichbares Bündel an Herausforderungen vor 45 Jahren bereits geradezu idealtypisch in einer konzi-

---

deswehr in Hamburg; abgedruckt in: Abschiedssymposium des Fachbereichsleiters Human- und Sozialwissenschaften an der Führungsakademie Professor Dr. Elmar Wiesendahl, Hamburg 2010, S. 10-25.

[7] Im Jahre 1984 versuchte der damalige InspLw, Generalleutnant Eberhard Eimler, das „Bild des Offiziers" von Steinhoff überarbeiten zu lassen, da es nach seiner Auffassung nicht mehr zeitgemäß sei (BMVg InspL / Fü L I 1 – Az 16-05-10). Zum Wandel von Offizierbildern allgemein vgl. Eberhard Birk, Abschied vom Bild des Offiziers? In: Ders. (Hg.), Einsatzarmee und Innere Führung (= Gneisenau Blätter, 6), Fürstenfeldbruck 2007, S. 62-70. Für die Vorstellungen der Luftwaffe zu Beginn des 21. Jahrhunderts vgl. darüber hinaus: Wolfgang Frauenrath, Das Bild des Offiziers, Fürstenfeldbruck 1999 (unv. Manuskript); Winfried Gräber, Der Offizier der Luftwaffe – Umrisse eines Anforderungsprofils als erzieherische Herausforderung. In: Eberhard Birk (Hg.), Erziehung und Streitkräfte (= Gneisenau Blätter, 5), Fürstenfeldbruck 2007, S. 76-82 und Klaus-Peter Stieglitz, Der Offizierberuf in der Luftwaffe – Neue Chancen und sich ändernde Anforderungen. In: Eberhard Birk (Hg.), Militärisches Selbstverständnis (= Gneisenau Blätter, 7), Fürstenfeldbruck 2008, S. 20-28.

[8] Vgl. hierzu auch Weisung für die Luftwaffe Nr. 1101: „Erziehung in der Luftwaffe" (BMVg Inspekteur der Luftwaffe / Fü L I 1 – Az 32-01-01 vom 12. Mai 2000).

[9] Vgl. Eberhard Birk, Perspektiven für eine zukunftsorientierte Tradition der Luftwaffe. In: Heiner Möllers (Hg.), Tradition und Traditionsverständnis in der Deutschen Luftwaffe. Geschichte – Gegenwart – Perspektiven, Potsdam 2011 (= Potsdamer Schriften zur Militärgeschichte, 16), S. 49-62 sowie Eberhard Birk, Militärische Tradition. Beiträge aus politikwissenschaftlicher und militärhistorischer Perspektive (= Studien zur Zeitgeschichte, 51), Hamburg 2006 und Loretana de Libero, Tradition in Zeiten der Transformation. Zum Traditionsverständnis der Bundeswehr im frühen 21. Jahrhundert, Paderborn / München / Wien / Zürich 2006.

[10] Vgl. hierzu Eberhard Birk, Winfried Heinemann, Sven Lange (Hg.), Traditionsdebatte für die Bundeswehr, Berlin 2012.

sen Präzisierung berufsspezifischer Vorstellungen – Steinhoffs „Bild des Offiziers in der Luftwaffe"[11] – mündeten.

II.   Das Bild des Offiziers in der Luftwaffe

Steinhoff gliederte dieses als Ergebnis seiner zuvor angestellten Überlegungen in fünf Kapitel: (I.) Der Offizier in Vergangenheit und Gegenwart, (II.) Stellung des Offiziers in der Gesellschaft, (III.) Auftrag der Luftwaffe und Folgerungen für das Bild des Offiziers in der Luftwaffe, (IV.) Verwendungsbereiche der Luftwaffenoffiziere und (V.) Forderungen an die Luftwaffen-Offiziere.

In Kapitel I wird in kurzen Strichen eine TSK-übergreifende historische Entwicklung des Bildes des Offiziers unter dem Einfluss des Faktors Technik umrissen und auf den nur scheinbar banalen Sachverhalt hingewiesen, dass die Militärluftfahrt *„seit ihren Anfängen in wesentlich stärkerem Maße als alle Waffengattungen des Heeres abhängig von dem Stand und der Beherrschung der Technik"* war, gleichwohl aber überkommene *„Standesauffassungen"* sowie *„eine möglichst große Verwendungsbreite und Austauschbarkeit (…) heute im Zuge der zunehmenden Spezialisierung eine Wandlung erfahren"* müsse.

Bevor er darauf eingeht, unternimmt Steinhoff in Kapitel II eine ausführliche Positionsbestimmung in fünf Abschnitten für das Selbstverständnis des Luftwaffenoffiziers. Dabei betont er (1.) *„den Primat der Politik"* und leitet für den Offizier daher *„wachsames Interesse und tätige Verantwortung inmitten der staatlichen Gemeinschaft"* sowie *„die Pflicht, politisch mitzudenken"* ab – eine Bekräftigung der Konzeption der *„Inneren Führung"* mit ihrem Leitbild des *„Staatsbürgers in Uniform"*.

Anschließend reflektiert er (2.) den wirtschaftlichen und gesellschaftlichen Wandel unter dem Fokus *„arbeitsteilige"* Gesellschaft und dem „ständische Grenzen" überwindenden „Leistungsethos", bevor er (3.) zum *„Verhältnis zur Tradition"* ausführt: *„Tradition bedeutet Überlieferung der bleibenden, sittlich gefestigten Werte und gültigen Grunderfahrungen. Der Offizier muß überlieferte, bewährte Grundsätze und Wertvorstellungen mit den Anforderungen des Zeitgeschehens konfrontieren, um einen eigenen Standort in der Gegenwart zu gewinnen. Vom Offizier wird gefordert, daß er in geistiger Unabhängigkeit das Überlieferte auf seine Berechtigung in einer gewandelten ge-*

---

[11] Mehrere Monate später – am 4. August 1970 – folgte das „Bild des Unteroffiziers in der Luftwaffe", das in enger Anlehnung an das „Bild des Offiziers" formuliert wurde, sowie als Handreichung für die Kommandeure und Einheitsführer am 18. Dezember 1970 das Leitbild „Soldat in der Luftwaffe".

schichtlichen Lage prüft. Nur das soll in die Traditionspflege übernommen werden, was dem Offizier helfen kann, die Aufgaben von heute und morgen zu bewältigen. Der Offizier braucht dieses kritische Traditions- und Geschichtsbewußtsein für die Menschenführung und die politische Bildung.“[d2]

In den beiden folgenden Abschnitten (4 und 5) betrachtet Steinhoff die Rolle des Offiziers vor dem Hintergrund ziviler und gesellschaftlicher Aspekte. Dabei sind zwei Aussagen von zentraler Bedeutung: (1.) „Die Luftwaffe mit ihren Waffensystemen bedient sich des gleichen ,Managements‘ wie moderne technische Großbetriebe“ und (2.) „Die offene Leistungsgesellschaft hört nicht am Kasernentor auf. Veränderungen dieser Gesellschaft wirken auch in das Offizierkorps hinein.“

Nach diesem ausführlichen Betrachten der politischen und gesellschaftlichen Rahmenbedingungen leitet er in Kapitel III – als sicherheits- und verteidigungspolitische Grundlage – den Auftrages der Luftwaffe ab: Abschreckung im NATO-Verbund.

In Kapitel IV beschreibt Steinhoff auf der Basis seiner vorherigen Ausführungen das, was er für die Zukunft von den Offizieren seiner Teilstreitkraft verlangt, nicht ohne das gesamte Offizierkorps resp. seine bisherige Struktur geradezu pauschal zu kritisieren: „Das traditionelle Vorstellungsbild vom Truppenoffizier mit möglichst großer Verwendungsbreite und Austauschbarkeit entspricht nicht mehr der technologischen Entwicklung, die das Wesen der Luftwaffe in besonderem Maße bestimmt. Es entspricht darüber hinaus nicht mehr der soziologischen Struktur einer offenen, arbeitsteiligen Leistungsgesellschaft und damit dem Menschen, wie er sich in der technisch bestimmten Luftwaffe als Teil dieser Gesellschaft vorfindet.“

Steinhoff kategorisiert anschließend, ausgehend von einer Zweiteilung in Offiziere mit Führungsaufgaben und Offiziere mit Fachaufgaben, fünf neue Offiziertypen für die Luftwaffe: zwei für die Führungsaufgaben und drei für Fachaufgaben. Zu den Führungsoffizieren zählt er jene, die für das „Management im Gesamtbereich der Luftwaffe eingesetzt“ werden (i.e. Generalstabsoffiziere und Generale) sowie Offiziere, die beim „Management im Waffensystem bzw. Spezialgebiet eingesetzt“ werden – verbunden mit der Option in die Phalanx der Gene-

---

[12] Große Teile seiner Darlegungen zu den eher „weichen Dimensionen“ des Offizierberufes sind im Kern sowohl in den „Traditionserlass“ von 1982 und die „Weisung zur Intensivierung der historischen Bildung in der Bundeswehr“ vom 2. März 1994 eingeflossen; vgl. „Richtlinien zum Traditionsverständnis und zur Traditionspflege in der Bundeswehr, BMVg Fü S I 3 – Az 35-08-07 vom 20. September 1982 und „Weisung zur Intensivierung der historischen Bildung in den Streitkräften“, BMVg, GI, Fü S I 7 – Az 35-20-01 vom 2. März 1994 (= Anlage 6 in ZDv 12/1: Politische Bildung in der Bundeswehr).

ralstabsoffiziere aufzusteigen. Bei den Offizieren mit Fachaufgaben sieht er drei Kategorien vor: den *„Höheren Spezialisten"* mit akademischer Vorbildung (bis zum Dienstgrad Oberst), den *„Spezialisten"* mit Zuständigkeit *„im begrenzten Bereich eines Waffensystems bzw. Fachgebietes"* (in der Regel bis zum Dienstgrad Oberstleutnant) sowie den *„Offizier im Fachdienst"*, der bis zum Dienstgrad Hauptmann reicht.

In den daraus abgeleiteten Forderungen an die Luftwaffenoffiziere im Kapitel V listet Steinhoff klassische soldatische Tugenden, die er als *„charakterliche Merkmale"* sieht, und körperliche Voraussetzungen auf – legt jedoch auch besonderen Wert auf *„geistige Merkmale"*. Zu diesen zählt er: geistige Fähigkeiten (Präzision des Denkens, Initiative, Urteilsvermögen, Erkennen des Wesentlichen und der Zusammenhänge), naturwissenschaftlich-technisches Verständnis – und Bildung: Klarheit über den eigenen Standort, kritische Aufgeschlossenheit gegenüber Zeitproblemen, aktives Interesse und ständiges ‚Lernen-Wollen'. Verknüpft werden diese *„Merkmale"* mit speziellen Anforderungen in unterschiedlicher Gewichtung an den Offizier mit Führungsaufgaben und den Offizier mit Fachaufgaben: Fähigkeiten in der Menschenführung (soziales Verständnis, Kenntnisse der Psychologie und Pädagogik), soziologische Grundkenntnisse, Beherrschen der Führungstätigkeiten (Planung, Organisation, Koordination, Leitung, Kontrolle), wirtschaftliches Denken, Fachwissen und Überblick.

Steinhoffs neuer Grundriss schließt mit den Worten: *„Das vorstehende Bild des Offiziers in der Luftwaffe führt zu einer neuen Zusammensetzung des Offizierkorps. Auf dieses Bild werden Auswahl des Offiziernachwuchses und Aus- sowie Weiterbildung des Offiziers in der Luftwaffe ausgerichtet."*

III.   Der historische Kontext des „Bildes"

Die Vielfalt der Einflussfaktoren bedingt eine multiperspektivische Annäherung auch bei einem „Klassiker" des „Bildes vom Offizier". Das von Steinhoff erlassene „Bild des Offiziers" hat eine dreifache Vorgeschichte – eine luftwaffenspezifische, eine gesellschaftspolitische und eine diese beiden umfassende innermilitärische, die vor dem Hintergrund der Diskussionen um die Akzeptanz der Inneren Führung und des soldatischen Berufsverständnis zu verorten ist. Alle drei Aspekte sind wechselseitig miteinander verwoben. In ihrer Bündelung zum „Bild des Offiziers in der Luftwaffe" durch Steinhoff eröffnet sich auch der Zugang zum Politik- und Gesellschafts- sowie des Geschichts- und Berufsverständnis des vielfältig interessierten und engagierten Inspekteurs.[13]

Die *luftwaffenspezifische Dimension* der Entstehungsgeschichte des „Bildes vom Offizier" reflektiert insbesondere auf die neuen organisatorischen und technischen Herausforderungen, die im Zuge der Starfighter-Krise und deren Bewältigung entstanden waren.[14] Sie wurden begleitet von der Faszination USA. Die Integration der neuen deutschen Luftwaffe in die unter der Führung der USA im NATO-Verbund organisierten Ausübung von Luftmacht und insbesondere Steinhoffs Einblicke in Struktur und Ausbildung der *U.S. Air Force*, die dieser spätestens seit seiner Zeit als Deutscher Militärischer Bevollmächtigter beim Militärausschuss der NATO in Washington vom September 1960 bis zum September 1963 aus eigener Anschauung mitnahm, führten bei ihm dazu, deren „Vorbildlichkeit" für die Luftwaffe zu adaptieren.[15] Dies sollte im Zuge einer allgemeinen „Modernisierung"[16], zusammen mit der „Amerikanisierung" der Luftwaffe", ein insbesondere kulturell induziertes neues Selbst-

---

[13] Vgl. etwa seine sicherheitspolitisch-publizistischen Positionierungen wie Johannes Steinhoff, Wohin treibt die NATO? Probleme der Verteidigung Westeuropas, Hamburg 1976.

[14] Vgl. hierzu nun grundlegend Claas Siano, Der Starfighter und die Luftwaffe. Rüstung im Spannungsfeld von Politik, Wirtschaft und Militär (= Schriften zur Geschichte der Deutschen Luftwaffe, Band 4), Berlin 2016 sowie zuvor ders., Die Beschaffung des Waffensystems F-104G im Spannungsfeld von Militär, Politik und Wirtschaft. In: Luftwaffe in der Moderne, S. 177-203 und Heiner Möllers, Auswege aus der „Starfighter-Krise". General Steinhoffs Ringen um Befugnisse. In: Die Luftwaffe zwischen Politik und Technik, S. 124-144; vgl. zudem Bernd Lemke, Eine Teilstreitkraft zwischen Technik, Organisation und demokratischer Öffentlichkeit. Waffensysteme der Luftwaffe. In: Die Bundeswehr 1955 bis 2005, Rückblenden – Einsichten – Perspektiven, im Auftrag des Militärgeschichtlichen Forschungsamtes hrsg. v. Frank Nägler, München 2007 (= Sicherheitspolitik und Streitkräfte der Bundesrepublik Deutschland, 7), S. 369-396.

[15] Dies machte er auch in einem SPIEGEL-Interview öffentlich: *„Wir müssen es so machen wie die amerikanische Air Force Academy. Sie stellt jährlich nur 800 Anwärter für das Berufsoffizierkorps ein. Das sind genauso viele, wie man später Obersten braucht. Alle anderen Anwärter – jährlich 8000 – werden nur Zeitoffiziere, die nach 20 Jahren ausscheiden"* – und weiter: *„Wir müssen unser Offizierkorps so gliedern, daß 50 Prozent aller Offiziere unter 35 Jahren liegen. Andernfalls haben wir keine Kampfkraft."* Aber auch für die Auslese späterer Generale nahm er sich Anleihen von den US-Streitkräften: *„Ein Offizier prädestiniert sich zum General etwa im Dienstgrad eines Oberstleutnants. Hier muß es eine Ausbildung geben, die höchste Anforderungen stellt, mit entsprechender Wertung hinterher (...) Ich glaube, daß uns eine solche zweite Durchgangsstation fehlt, etwa dem war college der USA entsprechend, wo zum letztenmal gesiebt wird"* (DER SPIEGEL Nr. 28/1970, S. 38-44, hier S. 41 und S. 44).

[16] Vgl. Martin Rink, Die Luftwaffe in der Aufstellungsphase. Eine Verkörperung „Moderner Zeiten"? In: Luftwaffe in der Moderne, S. 125-139.

verständnis bewirken,[17] das sich auch in der Ausbildung auf allen Ebenen – inklusive dem Bestreben zur Übernahme moderner ziviler Managementprozesse – niederschlug.[18] Aber auch die Umstellung der NATO-Strategie im Jahre 1968 von der *„Massive Retaliation"* zur *„Flexible Response"* mit dem Erhöhen der nuklearen Schwelle steigerte den (konventionellen) Modernisierungs- und Professionalisierungsdruck auf die Luftwaffe.[19]

Viele der ein Jahr später im „Bild des Offiziers" aufgenommenen Zielsetzungen wurden in einer Rede Steinhoffs anlässlich des zehnjährigen Bestehens der Technischen Akademie der Luftwaffe am 11. Oktober 1968 in Neubiberg einem größeren Kreis erstmals erläutert. Dabei kritisierte der Inspekteur der Luftwaffe die im deutschen Militär nach wie vor vorherrschenden „Vorstellungen des Einheitsoffiziers und Truppenführers alter Art". Aber gerade moderne *„Waffen- und Gerätesysteme mit ihrem wachsenden Kostenaufwand für Beschaffung und Betrieb stellen ständig steigende Anforderungen an Intelligenz, Fachkenntnis und Verantwortungsbereitschaft."* Demgegenüber ständen Konservatismen, *„die viele Bestrebungen der Weiterentwicklung hemmen und belasten. Dieses Vorstellungsbild tendiert soziologisch zum Teil noch rückwärts zu Kategorien, die zum Ständestaat gehören. Es passt damit bei fortschreitender Entwicklung immer weniger zur soziologischen Struktur und zum technologischen Status der Luftwaffe."* Eine Studiengruppe, die er zuvor in die USA, Großbritannien, Frankreich und Italien entsandt hatte, hob resümierend hervor, *„daß in jenen Ländern ein Offizierstyp bevorzugt wird, der dem technischen Charakter der Waffe viel mehr entspricht als in der deutschen Luftwaffe."* Folglich müsse es als *„ein Charakteristikum neuzeitlicher Armeen"* erkannt werden, dass *„das im früheren Sinne Spezifisch-Soldatische immer mehr zurücktritt, während die zivilen Entsprechungen in den militärischen Aufgaben immer deutlicher hervortreten."*[20]

---

[17] Vgl. hierzu den Beitrag von Wolfgang Schmidt, Briefing statt Befehlsausgabe. Die Amerikanisierung der Luftwaffe 1955 bis 1975. In: Die Luftwaffe 1950 bis 1970. Konzeption, Aufbau, Integration, hrsg. von Dieter Krüger, Bernd Lemke, Heinz Rebhan und Wolfgang Schmidt, München 2006 (= Sicherheitspolitik und Streitkräfte der Bundesrepublik Deutschland, 2), S. 649-691.

[18] Vgl. hier auch Armin Graf von Rothenburg, Das Leitbild des Luftwaffenoffiziers im Generalstabsdienst. In: Wehrkunde, Jg. XVIII, 1969, S. 641ff. sowie Bernhard Krack, Die Amtszeit von General Steinhoff als Inspekteur der Luftwaffe unter besonderer Berücksichtigung luftwaffeneigener Reformvorhaben in der Ausbildung. In: Wehrausbildung 29 (1985), S. 385-391.

[19] Vgl. Dieter Krüger, Der Strategiewandel der NATO in den 1960er Jahren: Ein westdeutsches Dilemma. In: Luftwaffe in der Moderne, S. 61-69.

[20] Für sämtliche Zitate vgl. Johannes Steinhoff, Grundgedanken einer zeitgemäßen Struktur und Ausbildung des Offizierkorps der Luftwaffe. In: Information für die Truppe, Beilage, Heft

Damit wird deutlich, wie sich in Steinhoffs Berufsverständnis auch *gesellschaftspolitische Dimensionen* spiegeln. Die politischen, wirtschaftlichen und gesellschaftlichen Umbruchprozesse waren spätestens seit Mitte der 1960er Jahre unverkennbar: Das „Wirtschaftswunder" erlahmte in der Nach-Adenauer-Ära, das Ansehen der USA schwand aufgrund des Vietnamkrieges sowie der „Rassenunruhen" und über die Große Koalition (1966-69), die Auseinandersetzungen um die „Notstandsgesetzgebung" – verbunden mit den Studentenunruhen des Jahres 1968 – kam es 1969 zu einer SPD-geführten Regierung unter Bundeskanzler Willy Brandt, die sich unter dem Signet „Mehr Demokratie wagen" einer modernen Reformpolitik auf allen Feldern verschrieb. Wechselseitig verflochten mit den politischen Veränderungen war die beginnende Verschiebung der Dominanz industrieller Produktion zur heraufziehenden Dienstleistungsgesellschaft – verbunden mit einer zunächst noch zunehmenden Technologiegläubigkeit.

Aber auch bei der Bundeswehr machten sich die gesellschaftlichen Veränderungen bemerkbar: die Zahl der Freiwilligenmeldungen resp. Bewerberzahlen für die Offizier- und Unteroffizierlaufbahnen ging zurück[21] und jene der Kriegsdienstverweigerer begann zu steigen,[22] der Beruf des Offiziers wurde bei den Abiturienten nicht zuletzt aufgrund fehlender Möglichkeiten eines universitären Studiums als zunehmend unattraktiv eingestuft. Analog zu einer sich ausdifferenzierenden, rasant zunehmenden Arbeitsteilung in der bundesrepublikanischen Gesellschaft entwickelte er daher seine Vorstellung vom Offizier, der diesen Entwicklungen dadurch entsprach, dass Steinhoff – modern formuliert – auch Aspekte der *Nachwuchswerbung* und *Attraktivitätssteigerung* zu berücksichtigen hatte.

Für einen Inspekteur, der seine eigene Teilstreitkraft mit einem technikbegeisterten und modernen Leistungsethos versehen wollte, bot es sich vor diesem Hintergrund geradezu an, durch eine Abgrenzung gegenüber dem schein-

---

9, 1969. Es ist hier auch zu vermuten, dass er durch die „Studiengruppe" jene Einsichten „neutral und aktualisiert" bestätigen ließ, die er bereits 1965, als er in Paris den Posten des *Chief of Staff Allied Air Forces Central Europe* übernahm, durch vergleichende Einblicke in die Luftwaffen der Bündnispartner gewinnen konnte.

21 Vgl. Thorsten Loch, Das Gesicht der Bundeswehr. Kommunikationsstrategien in der Freiwilligenwerbung der Bundeswehr 1956-1989, München 2008 (= Sicherheitspolitik und Streitkräfte der Bundesrepublik Deutschland, 8), S. 185-189.

22 Vgl. Patrick Bernhard, Zivildienst zwischen Reform und Revolte. Eine bundesdeutsche Institution im gesellschaftlichen Wandel 1961-1982 (= Quellen und Darstellungen zur Zeitgeschichte, 64), München 2005.

bar offensichtlich vormodernen Selbstverständnis des Heeres, junge Schulabgänger zur Luftwaffe zu lotsen.[23] Er wolle *„nicht zusehen, wie wir bankrott gehen, weil der Offiziernachwuchs ausbleibt"*, war sich jedoch auch der Grenzen und Unwägbarkeiten bewusst: *„Ob das ein Allheilmittel sein wird, weiß der liebe Himmel. Aber mit dem bisherigen Einheitsbild des Offiziers, mit dem wir keinen Hund hinter dem Ofen hervorholen, landen wir in der Katastrophe."*[24]

Steinhoff nahm damit auch jene Demoskopieergebnisse wahr, die kurz danach zu einer Änderung in der Freiwilligenwerbung der Bundeswehr führten: *„Die Bundeswehr muß als Ausbildungsstätte und als Arbeitgeber für interessante und vielseitige Berufe dargestellt werden. Die Verwandtschaft zwischen Bundeswehr und Wirtschaft hinsichtlich der Aufgaben (Produktion von Sicherheit) sowie der Arbeitsmethoden (modernste Technik, Teamwork, ziviler Umgangston) sind zu betonen"* – so die Feststellung in einem Strategiepapier einer Werbeagentur für die „Nachwuchs-Werbung für die Bundeswehr 1968/69".[25] Insbesondere die Luftwaffe konnte dabei – sehr viel mehr als das Heer – aufgrund ihres höheren Technisierungsgrades eine Vorreiterrolle als attraktiver Arbeitgeber einnehmen, der zivilberufliche Qualifizierung anbieten sollte, die auch nach Ableistung der Dienstzeit in der Wirtschaft nutzbar war und somit einen sozialen Aufstieg durch den freiwilligen Wehrdienst erreichbar machte.

Im Gegensatz zu dieser „Modernität" vor dem Kasernentor – und implizit deren Erwartungshaltung hinsichtlich einer Ausgestaltung des Dienstes beim „Arbeitgeber Bundeswehr resp. Luftwaffe – existierte dahinter nach wie vor in weiten Teilen des (höheren) Offizierkorps – vornehmlich beim Heer – ein traditionales Selbstverständnis, das Anknüpfungspunkte an Reichswehr und Wehrmacht suchte.[26] Dieses sah sich durch Publikationen angegriffen, die die Legende von der „sauberen Wehrmacht" zusehends in Frage stellten.[27]

---

[23] In diesem Zusammenhang ist auch ein größeres Interview im „SPIEGEL" zu sehen: „Was werde ich dort? Was wird mir geboten?" SPIEGEL-Gespräch mit dem Inspekteur der Luftwaffe, Generalleutnant Johannes Steinhoff, vgl. DER SPIEGEL, Nr. 28/1970, S. 38-44.

[24] Beide Zitate in: DER SPIEGEL vom 16.03.1970, S. 34: „Fünf Klassen".

[25] Zit. nach Loch, Gesicht der Bundeswehr, S. 211f.

[26] Vgl. John Zimmermann, Zwischen Reformern und Traditionalisten? Die Aushandlungsprozesse zum Traditionsverständnis in der Bundeswehr. In: Heiner Möllers/Rudolf J. Schlaffer (Hg.), Sonderfall Bundeswehr? (= Sicherheitspolitik und Streitkräfte der Bundesrepublik Deutschland, 12), München 2014, S. 295-310.

[27] Vgl. Klaus-Jürgen Müller, Das Heer und Hitler. Armee und nationalsozialistisches Regime 1933-1940 (= Beiträge zur Militär- und Kriegsgeschichte, 10), München 1968 und Manfred Messerschmidt, Die Wehrmacht im NS-Staat. Zeit der Indoktrination, Hamburg 1969.

Damit wurde im Kern auch die „Schnittstelle" zur *innermilitärischen Dimension* definiert. Ihr liegt die Frage soldatischen Selbstverständnisses zugrunde: „sui generis", i.e. überzeitlich auf der Basis eines genuin handwerklich-soldatisch begründeten Tugendkatalog ohne Anbindung an ein politisches System – oder bestimmt durch den „Primat der Politik", in diesem Fall festgelegt durch den Bezug auf den wertegebundenen Rahmen der freiheitlich demokratischen Grundordnung der Bundesrepublik Deutschland?[28]

Auch wenn die „Reformer" um Baudissin sich mit ihren Vorstellungen über einen gesellschaftsintegrativen Ansatz der neuen Streitkräfte und einem an demokratischen Prinzipien orientierten Inneren Gefüge[29] gegenüber den „Traditionalisten" durchsetzen konnten,[30] so zeigten die „Nagold-Affäre" 1963, die Schilderungen des damaligen Wehrbeauftragten Hellmuth Heye 1964 über massive Verstöße gegen die Prinzipien der Inneren Führung[31], die Auseinandersetzung um den ersten Traditionserlass der Bundeswehr im Juli 1965[32] und die sogenannte „Generalsaffäre" im Zusammenhang mit dem Ö.T.V-Erlass des BMVg vom August 1966 symptomatisch den latenten Dissens zwischen Öffentlichkeit, Parlament und Militär.[33]

---

[28] Vgl. hierzu zuletzt Eberhard Birk, Vorbild oder nicht? Zum historisch-politischen Lehrwert der preußisch-deutschen Militärgeschichte. In: IF 1/2011, S. 17-25 und ders., Tradition reloaded. Die Gegenwart bestimmt die Tradition. In: IF 4/2010, S. 30-37.

[29] Zur Genese vgl. nun auch Agilolf Keßelring / Thorsten Loch, Himmerod war nicht der Anfang. Bundesminister Eberhard Wildermuth und die Anfänge westdeutscher Sicherheitspolitik. In: Militärgeschichtliche Zeitschrift 74 / 1-2 (2015), S. 60-96.

[30] Vgl. Frank Nägler, Der gewollte Soldat und sein Wandel. Personelle Rüstung und Innere Führung in den Aufbaujahren der Bundeswehr 1956 bis 1964/65 (= Sicherheitspolitik und Streitkräfte der Bundesrepublik Deutschland, 9), München 2010 sowie Rudolf J. Schlaffer/Wolfgang Schmidt (Hg.), Wolf Graf von Baudissin 1907-1993. Modernisierer zwischen totalitärer Herrschaft und freiheitlicher Ordnung, München 2007.

[31] Vgl. Abenheim, Bundeswehr und Tradition, S. 144; Heyes Vorwurf gipfelte in der Aussage, dass „der Trend zum Staat im Staate unverkennbar sei".

[32] Vgl. Abenheim, Bundeswehr und Tradition, Anlage 1.

[33] Vgl. John Zimmermann, Führungskrise in der Bundeswehr oder „Aufstand der Generale"? Die Rücktritte der Generale Trettner und Panitzki 1966. In: Die Luftwaffe zwischen Politik und Technik, S. 108-123 und Heiner Möllers, Das Ringen um Kompetenzen in der Systemkrise der Luftwaffe 1966. Anmerkungen zum Handeln von General Johannes Steinhoff. In: Das ist Militärgeschichte! Probleme – Projekte – Perspektiven. Festschrift zum 65. Geburtstag von Prof. Dr. Bernhard R. Kroener, hrsg. von Christian Th. Müller und Matthias Rogg, Paderborn 2013, S. 153-172.

Anknüpfend an die Reformideale der 1950er Jahre und auf der Grundlage einer Studie des Verteidigungsministeriums kam es 1967 zu einer neuen Ausrichtung in Hinblick auf die Bewertungskriterien für die Qualifikation des Offiziers,[34] *quasi* als Kontrapunkt zu restaurativen Bemühungen, ein traditionelles, vordemokratisches Bild des Soldaten und Offiziers mit „*sui-generis*-Charakter" zu etablieren.[35] Gerade dies führte bei der Generalität des Heeres zu großem Unbehagen, da damit die Kohäsion von Truppe und Offizierkorps als gefährdet betrachtet wurde. Spektakuläre Auftritte hoher militärischer Führer, wie z.B. die Rede des stellvertretenden Inspekteurs des Heeres, Generalmajor Hellmut Grashey, im März 1969 an der Führungsakademie der Bundeswehr, in der er die Innere Führung als „Maske" bezeichnete,[36] sowie Aktionen, wie die der „Leutnante 1970" als Reaktion auf die „Schnez-Studie" im 2. Halbjahr 1969[37] waren Höhepunkte einer Auseinandersetzung,[38] die im Vorfeld von Steinhoffs „Bild des Offiziers" für das Gesamtverständnis zu beachten sind.[39]

---

[34] BMVg – P II – Az 16-10-01 vom 01.06.67, Die Personallage der Offiziere in der Geschichte und in der Bundeswehr, Bonn 1967.

[35] Vgl. hierzu Heinz Karst, Das Bild des Soldaten, Boppard 1964 und Hans-Georg Studnitz, Rettet die Bundeswehr, Stuttgart 1967.

[36] Vgl. Abenheim, Bundeswehr und Tradition, S. 177. Grashey machte u.a. die Innere Führung an sich verantwortlich für die Missstände in der Armee. Außerdem sei diese von den Gründervätern der Bundeswehr als Reform „verkauft worden, um die Unterstützung der SPD für die Wiederaufrüstung zu gewinnen".

[37] Vgl. Klaus Heßler, Militär – Gehorsam – Meinung, Berlin 1971, S. 50ff. und S. 92ff.

[38] Generalleutnant Albert Schnez, Inspekteur Heer, gab im Juni 1969 an sechs Brigadegenerale eine Studie zum Thema „Gedanken zur Verbesserung der inneren Ordnung des Heeres" in Auftrag, die eine Analyse der inneren Ordnung des Heeres und Vorschläge zur Problembehebung zum Gegenstand hatte und im Dezember 1969 (trotz Einstufung als Verschlusssache) in die Presse gelangte. Forderungen nach Verfassungsänderungen und Grundrechtseinschränkungen, einer positiven Darstellung von Tradition und Geschichte des deutschen Soldaten, einer Reform von Bundeswehr und Gesellschaft zur Stärkung der Kampfkraft des Heeres, provozierten eine kritische Öffentlichkeit und riefen heftigen Widerstand hervor. Eine bundeswehrinterne Reaktion darauf waren die im Januar 1970 bekanntgewordenen Thesen einer Gruppe junger Leutnante der Heeresoffizierschule Hamburg, mit denen diese ihren radikalen Widerspruch zur Schnez-Studie artikulierten, als deren eigentlicher Autor Brigadegeneral Heinz Karst vermutet wurde; vgl. dazu auch Martin Kutz, Deutsche Soldaten. Eine Kultur- und Mentalitätsgeschichte, Darmstadt 2006, S. 206f.

[39] Dass Steinhoff durchaus den Reformern um den Grafen Baudissin zugerechnet werden kann, deutet die Korrespondenz zwischen beiden an; vgl. BArch, N 717/123; Steinhoff an Baudissin vom 07.07.1967, in dem Steinhoff seine Vorstellungen zur Ausbildung der Offiziere noch einmal skizziert sowie BArch, N 717/135; Steinhoff an Baudissin vom 03.05.1968: „Ihre Sorge, dass man 1956 mit den Reformen aufgehört hat, teile ich sehr. Wenngleich sich (…)

Es mag dabei vielleicht zu weit führen, neben den genannten Rahmenbedingungen der Genese von Steinhoffs „Bild des Offiziers" noch eine *biographische Dimension* zu vermuten. Indes: Der Inspekteur der Luftwaffe ergriff die Chance, mit einem eindeutigen, der Zukunft zugewandten „Bild des Offiziers der Luftwaffe" möglicherweise auch die eigene Karriere unter einer neuen Regierung zu fördern. Es ist durchaus im Bereich des Denkbaren, dass sich Steinhoff Hoffnungen darauf machen konnte, unter dem neuen Verteidigungsminister Helmut Schmidt vielleicht Generalinspekteur zu werden.[40]

Bereits vor seiner Ernennung zum Inspekteur der Luftwaffe wurde er mit viel „Vorschuss-Lorbeeren" von der Presse zum Teil ins Amt „geschrieben". Insbesondere der Artikel *„Wenn er dem Rufe folgt. General Steinhoff – kein Nachfolger, sondern ein Wegbereiter für eine neue Art der Führung"* am 2. September 1966 in DIE ZEIT[41] liest sich wie ein Vorgriff auf Zukünftiges: Steinhoff wurde als *„das letzte personelle Kapital der Luftwaffe"* beschrieben, der *„seine Karriere, auf die es in diesem Fall zum Wohle der Bundeswehr noch ankommt"*, nicht riskieren dürfe. Der gut informierte Autor prognostizierte bereits vor Steinhoffs Amtsantritt als Inspekteur, dass dieser einer „Revolution von oben" gleichkäme – und weiter: *„Seine Hauptaufgabe ist es (...) die Ignoranz und Inkompetenz rigoros auszuscheiden und die Arbeitsmethoden eines technisch versierten, modern denkenden und vom Ballast formalistischer Tradition freien militärischen Managements einzuführen. Mit anderen Worten: etwas zu schaffen, was es in der Bundeswehr bisher nicht gibt (...) Heilsame Ungeduld mit Bürokraten und Routinedenken, ein gesunder Horror vor leeren Formeln, antiquierten Regeln und Traditionskult, geschworene Feindschaft gegen restaurative Tendenzen machen ihn zu*

---

unsere Beurteilung vermutlich nicht vollkommen decken werden, so hängen mir gleich Ihnen die verlogenen Zapfenstreiche und Serenaden und das ganze patriarchalische Gehabe zum Hals 'raus. An keiner der Abschiedsorgien [für Baudissin, E.B.] habe ich teilgenommen. Ihr Tribut an die technische Welt, in der wir leben, ist meiner Meinung nach etwas zu schwach ausgefallen. Wir werden die Ausbildung und die Struktur der Bundeswehr den Erfordernissen dieser Welt anpassen müssen, wenn das alles nicht Lippenbekenntnis bleiben soll".

[40] Vgl. hierzu etwa Der SPIEGEL Nr. 2/1968, S. 12: „Nach neuestem Bonner on-dit soll der Inspekteur der Luftwaffe, Drei-Sterne-General Johannes Steinhoff, Generalinspekteur Ulrich de Maizière ablösen, weil Steinhoff als energischer gilt und nur so ein seit langem schwelender Kompetenz-Streit zwischen den beiden Generalen beigelegt werden könne." Vgl. zudem John Zimmermann, Ulrich de Maizière. General der Bonner Republik, München 2012, S. 335: De Maizière unterstellte Steinhoff einen entsprechenden „Ehrgeiz", „nicht immer ganz faire Mittel" und eine „intensive, auf seine Person abgestellte Pressearbeit".

[41] Friedrich Kühn, Wenn er dem Rufe folgt. General Steinhoff – kein Nachfolger, sondern ein Wegbereiter für eine neue Art der Führung. In: DIE ZEIT Nr. 36 vom 2. September 1966, S. 2.

einem höchst wirksamen Beweger von etabliertem Trägheitswiderstand (…) Steinhoff steht für eine neue Art der Führung. Er könnte es sein, der zu einer jüngeren Führergeneration überleitet."

Eine derartige Charakterisierung macht zweierlei deutlich: (1.) Steinhoff war hervorragend im medialen Bereich vernetzt und (2.) seine Vorstellungen über den einzuschlagenden Weg einer allgemeinen „Modernisierung" der Luftwaffe waren im Grundsatz bereits vor seiner Amtsübernahme fertig. Dies gilt wohl auch für seine Vorstellung vom zukünftigen Führungspersonal der Luftwaffe. Deshalb war auch Steinhoffs ambitiöse Vorbemerkung, die er seinem „Bild" voranstellte, programmatisch: *„Das ‚Bild der Offizier der Luftwaffe' wird zu einer Neugestaltung des Offizierbildes in der Bundeswehr beitragen."*

IV.   Fazit

Bilder des Offiziers entstanden und entstehen in einem Koordinatensystem, das insbesondere beim fundamentalen oder graduellen Wandel diverser, auf das Militär einwirkender Parameter – Politisches System, Auftrag, Kriegsbild, Technologie und Gesellschaft – als Antwort auf diese versucht, ein theoretisch-normatives Konzept zu deren Bewältigung und Gestaltung in Form eines „Bildes" zu entwerfen. Um mit „Bildern" nicht nur stets zu reagieren, benötigen sie eine gewisse Stabilität. Diese kann dadurch erzielt werden, dass ein historischer Rückblick sowie ein Antizipieren von (absehbarer) „Zukunft" aus gegenwärtigen Trends miteinander verknüpft werden.

Bei der Erstellung seines „Bildes vom Offizier in der Luftwaffe" im Jahre 1969 ging es Steinhoff darum, ein besonderes Leistungsethos in der Luftwaffe zu etablieren, das er auch dem zivilen Umfeld zuschrieb. Mit der Skizzierung der Anforderungsprofile für die von ihm vorgenommene Einteilung in fünf Offiziertypen wollte Steinhoff die Attraktivität des Offizierberufes auch insbesondere für technikaffine Abiturienten steigern. Seine Vorschläge betrachtete er als „alternativlos" und zukunftsweisend: *„Erstens gibt es keine anderen Wege als diesen, um das Offizierkorps wieder gesund und jung und effektiv zu machen. Zweitens sind alle fünf Gruppen nach der Seite durchlässig. Aber an einer Tatsache führt kein Weg vorbei, daß nämlich der, der führen will, sehr viel Voraussetzungen mitbringt und sich auf die Hosen setzen muß."*[42]

Neben der militärfachlichen Professionalisierung macht Steinhoffs „Bild des Offiziers" aber auch deutlich, dass es für einen Offizier nicht genügt, sich

---

[42] Vgl. SPIEGEL Nr. 28/1970, S. 38-44.

auf das Handwerkliche zu reduzieren. Seine Ausführung zu den Themenfeldern Politische Bildung, gesellschaftliche Integration und Tradition waren dabei genauso modern wie seine Forderungen zur – auf technischem Verständnis basierenden – Beherrschung der „dritten Dimension".[43]

Auch unter den sicherheitspolitischen Herausforderungen für den Soldatenberuf der Gegenwart bleiben letztlich viele der Axiome Steinhoffs geradezu überzeitlich gültig – und viele seiner Überlegungen lesen sich, als ob sie heute formuliert wären. Ein neues „Bild vom Offizier in der Luftwaffe" muss sich folglich, wenn es eine längere Dauer haben möchte, an jenem von Steinhoff messen (lassen). Vor dem Hintergrund einer sehr viel größeren Komplexität und der rasant sich wandelnden Rahmenbedingungen, einschließlich einem dramatisch sich in viele Richtungen geradezu exponentiell schnell veränderten „Kriegsbild", wird dies sicherlich ungleich schwieriger sein – indes: als geistige Auseinandersetzung mit den Grundlagen des beruflichen Selbstverständnisses des Offiziers in der Luftwaffe ist es eine bleibende Herausforderung.

---

[43] An dieser Stelle ist auch darauf zu verweisen, dass Steinhoffs „Bild des Offiziers" von ihm selbst eine gewisse Weiterführung erfuhr, nicht zuletzt auch deshalb, weil er das Wechselspiel von Staat, Wirtschaft, Technik, Gesellschaft und Militär eben nicht mit seinem Erlass als „erledigt" betrachtete. Im Grunde hat er viele seiner im „Bild" formulierten Einsichten und Forderungen als Grundlage für seinen Beitrag „Militär und Politik" in Meyers Enzyklopädischem Lexikon herangezogen (Johannes Steinhoff, Militär und Politik. In: Meyers Enzyklopädischem Lexikon, Mannheim, Wien, Zürich 1974, S. 241-245). Darin weist er sich als überzeugter Anhänger des Leitbildes der Inneren Führung sowie als exponierter Fachmann für Sicherheitspolitik und Militärstrategie aus.

Grundlagen

Der Offizier als Koordinator: „Nicht wirklich neu, oder?"

Markus Kurczyk

Im Folgenden will ich versuchen, vor dem Hintergrund meiner Berufs- und Einsatzerfahrungen den Zusammenhang zwischen theoretischer Ausbildung und praktischer Herausforderung des Offiziers darzustellen. So möchte ich mit diesem Beitrag eine Brücke schlagen zwischen fachlicher Qualifikation und letztlich zu erreichender Kompetenz einerseits und vorbereitender Ausbildung und ultimativer Bewährung im Einsatz andererseits.

Zunächst muss ich jedoch den gemeinsamen Abholpunkt festhalten, den wir teilen (können). Eine Reduktion auf das, was wir als Kern unserer Aufgabe als Offizier verstehen: Führen. Das tun wir, das lehren wir, das geben wir weiter.

Eine Definition des Führungsbegriffes bezeichnet Führung als „die zielbezogene Einflussnahme auf arbeitende Menschen". Wo Menschen etwas gemeinsam erreichen sollen, wird Führung damit zu einem unverzichtbaren Bestandteil des Miteinanders. Dies gilt umso mehr für hierarchisch aufgestellte Streitkräfte, in denen Führung tagtäglich durch die Organisationsstruktur vorgegeben und praktiziert werden muss. Vor dem Hintergrund der Besonderheiten belastender und mit großen Gefahren für Leib und Leben der Soldatinnen und Soldaten verbundener Einsätze, wird dabei im Vergleich zu anderen Organisationen jedoch weitaus mehr vom militärischen Führer gegenüber den Geführten gefordert. Dementsprechend ist der Führungsbegriff in den Streitkräften weiter gefasst, als die meisten, insbesondere in der Wirtschaft, gebräuchlichen Definitionen.

Führung ist, im Sinne der Bundeswehr, ein ständiger Prozess des richtungsweisenden und steuernden Einwirkens auf das Verhalten anderer Menschen, um ein Ziel durchzusetzen. Er umfasst den zielgerichteten Einsatz von Kräften und Mitteln nach Raum und Zeit und lebt von wechselseitiger Information. Kennzeichnende Merkmale militärischer Führung sind vor allem ihre Einheit, die Wechselwirkung zwischen Befehl und Gehorsam sowie Führen mit Auftrag, die persönliche Verantwortung des militärischen Führers und die Durchsetzung seines Willens in jeder Lage. So differenzieren Streitkräfte zwischen einer strukturellen und einer personalen Dimension von Führung. Menschenführung stellt dabei das Kernelement der personalen, Recht und soldatische Ordnung das der strukturellen Dimension dar. Dies sind jene Gestaltungsfelder, die unmittelbar Auswirkungen auf das Verhalten von Menschen haben und somit die Vorgesetzten in ihrer Führungsleistung am meisten fordern. Grundlage dieser modernen Menschenführung ist folglich die Kompetenz des Vorgesetzten, des militärischen Führers. Wesentliche Voraussetzungen des Erfolges sind

- Verstehen der Absicht der übergeordneten Führung,
- Kampfgemeinschaft,
- Vertrauen,
- Information.

Die Ansprüche steigen mit der Komplexität, Gefährlichkeit oder Bedeutung der Aufgabe und haben folgerichtig im sogenannten Einsatz ihre „Nagelprobe" zu bestehen. Und mit ihnen beweist sich die Kette, deren Teil wir sind. Geprägt von unseren ehemaligen Vorgesetzten; dem Gruppenführer, der uns die ersten Schritte lehrte, dem Kompaniefeldwebel, der uns im günstigen Fall Vaterfigur oder in jüngerer Zeit Mutterfigur war, dem Kommandeur, der uns unser Berufsethos nahebrachte. Nun sind wir selbst aufgerückt, Kettenglied an anderer Stelle und in unserer Verantwortung für das gegebenenfalls konkret bedrohte Leben unserer Untergebenen in unvergleichlich exponierter Funktion.

Erinnern wir uns an die wesentlichen Elemente, die für die Kampfmotivation von Soldaten ausschlaggebend sind.

- Die Überzeugung von der Legitimation des eigenen Handelns.
- Jawohl, wir sind „die Guten". Wir sind getragen von humanitären Werten.
- Das Vertrauen in unsere Fähigkeiten und unser Material.
- Ausbildung und Ausrüstung entsprechen dem Stand der Wissenschaft und Technik.
- Die (kleine) Kampfgemeinschaft.
- Wir erfahren und pflegen Kameradschaft als ständige Selbstverständlichkeit.
- Der oder die Vorgesetzten, also die unmittelbaren Führer vor Ort.

Diesem letzten Punkt will ich mich nun ausführlicher zuwenden. Der Anspruch, der an uns erhoben wird als militärische Führer – nicht zuletzt auch durch uns selbst – generiert eine Vielzahl von Schlüsselqualifikationen, denen wir gerecht werden sollen. Als solche sind z. B. Organisationstalent, Kommunikationsvermögen, Führungsqualität, Entscheidungsstärke, Flexibilität, Spontaneität, Realitätssinn, Menschenkenntnis und Kompromissbereitschaft zu nennen. Voraussetzungen zur jeweiligen Ausprägung sind Motivation, Wille, Fleiß, Zielstrebigkeit, Durchhaltevermögen, Frustrationstoleranz, Lernbereitschaft und Werteausrichtung.

Nun wird der Leser sofort bemerken, dass ihm noch ganz andere Begrifflichkeiten in den Sinn kommen. Konflikt- und Konsensbereitschaft, multikulturelle Kompetenz, Vorbildhaftigkeit, Durchsetzungsvermögen oder Kreativität, um nur einige zu nennen. Und wo bleiben militärische *„Termini Dinosaurici"* wie Gehorsam und Disziplin? Was ich damit sagen will ist, dass ich mich nicht an einer weiteren Inflationierung von Anforderungen und der damit verbundenen Katalogisierung oder gar Priorisierung von inflationären Begrifflichkeiten oder gar Kriterien beteilige, die an einen Offizier in unseren Streitkräften angelegt werden.

Der Begriff Koordination beinhaltet in seiner allgemeinen Bedeutung per Definition ein Aufeinanderabstimmen verschiedener Vorgänge, ausgerichtet auf ein bestimmtes, meist komplexes Ziel. Die hierzu erforderliche Koordinationsfähigkeit bezeichnet daher Fähigkeiten, um verschiedene Einzelaufgaben oder menschliche Aktivitäten in einem komplexen Aufgabenfeld so organisieren zu können, dass sie sich sinnvoll und zweckgerichtet ineinander fügen. Ressourcen, Arbeitsmittel und menschliche Arbeitskraft sowie die entsprechenden planerischen, gestalterischen und kooperativen Aktivitäten sind erfolgreich einzusetzen.

Schon diese Begriffsbestimmung macht überdeutlich, welche Nuancen und semantische Feinheiten in der Abgrenzungsproblematik zur eingangs beschriebenen Führungsfähigkeit zu tragen kommen würden. Für zielführender halte ich es, im Sinne einer ganzheitlichen Betrachtung – übrigens auch eine der Schlüsselqualifikationen militärischer Führer, wie ich sie noch gelernt habe – auf dialektische Finessen zu verzichten und Koordinationsvermögen als eine Subkomponente zu verstehen, die in der Wahrnehmung der Befehlsverantwortung selbstverständlich zum Tragen kommt. Dementsprechend erweisen sich koordinative Fähigkeiten grundsätzlich als sachbereichsgebunden. Sie müssen sich in jedem Anwendungsfeld unter den spezifischen Umständen bewähren.

So mag es zulässig sein, Koordination vor dem Hintergrund des *Joint-Combined*-Gedanken als Tätigkeit von gestiegener Bedeutung anzusehen: (1.) Als Reaktion auf die zunehmende virtuelle wie auch (2.) auf dem Gefechtsfeld stattfindende Vernetzung von technischen Komponenten, intranationalen Teilstreitkräften sowie multinationalen Verbänden.

Eine Fixierung auf die Koordinationsaufgabe des Offiziers gibt es jedoch aufgrund der vielfältigen Voraussetzungen zur Erlangung von Einzelfähigkeiten nach meiner Erfahrung in meiner Realität nicht. In Anbetracht der vielfältigen Einsatzerfahrungen sehe ich auch diesen vielfach proklamierten Rollenunterschied des Offiziers zwischen Friedens- oder Grundbetrieb und Einsatz nicht. Insoweit halte ich auch nicht viel von einer Rollendifferenzierung und sehe im Gegensatz hierzu die bruchfreie Beschreibung des Offiziers als militärischer Führer im Vordergrund: Meine Erwartungshaltung an den Offizier ist unabhängig von den Rahmenbedingungen allzeit gültig.

Des Weiteren umfasst nach meiner Sozialisation die Führungsaufgabe des militärischen Führers selbstverständlich vielfältige Managementaufgaben und fasst diese unter dem zutreffenden Begriff des Führens sinnvoll zusammen. Eine Beschränkung oder das Hervorheben der koordinierenden Leistung widerspricht meinem umfassenden Anspruch an den Offizier als militärischen Führer. In den 33 Jahren meines eigenen Erlebens der Bundeswehr haben sich die grundsätzlichen Anforderungen an einen militärischen Führer nicht verändert; sondern es ist die Herausforderung entstanden, diese in einem realen Umfeld auch anzuwenden. Dies schließt insbesondere auch das Versagen ein. Mein Bild des Offiziers ist geprägt durch die Konzeption der Inneren Führung, deutlich greifbar und nachvollziehbar in ihren Forderungen an einen militärischen Vorgesetzten. Innere Führung ist Grundlage für verantwortungsbewusstes Führen und Entscheiden. Damit ermöglicht sie Handeln aus Einsicht.

Der Offizier ist kein Schauspieler in verschiedenen Rollen!

Die eine Lebensrolle als militärischer Führer ist Herausforderung genug und unabhängig vom Theatergebäude, in der das Stück spielen soll oder der Inszenierung des Stückes selbst, also der Aufführung. Die Diskussion um unterschiedliche Rollen in unterschiedlichen Situationen ist weit weg von meinem eigenen Erleben. Insbesondere eine willkürliche Abgrenzung zu Managementfähigkeiten und fachlichen Fähigkeiten greife ich mit aller Überzeugung an. Diese Unterscheidung spaltet die erforderliche Homogenität von Streitkräften und ist meines Erachtens Vorwand und Ausrede zugleich. Sie ist auch Grund für das Auseinanderklaffen zwischen Alltagswelt und Einsatzrealität – mit der Folge erheblicher Defizite beim jederzeit notwendigen Wechsel zwischen den Welten.

Der Offizier zeichnet sich aus durch entschlossenes und handlungssicheres Auftreten sowie Durchsetzungsvermögen. Er ist gewillt und befähigt, seinen Auftrag, auch unter Belastungen und unter Gefährdung seines Lebens, eigenständig denkend, verantwortlich handelnd, gewissenhaft und aus Einsicht zu erfüllen. Nur so ist er in der Lage, ein diffuses und komplexes Szenario erfolgreich zu entschlüsseln und zu bewältigen, das als Konglomerat von Gefährdung von Leib und Leben, mangelnder Unterscheidbarkeit von Tätern und Opfern, der Dichotomie des Handelns von töten oder getötet werden, maximalem Stress und hoher körperlicher Belastung in dieser Form durch kein Lehrbuch vorgegeben werden kann.

Wissen, Können und Willen, die aus dem Dienstgrad und den Verwendungen erwachsenden allgemeinmilitärischen Aufgaben eines militärischen Vorgesetzten zu erfüllen, kennzeichnen ihn oder sie.

Einsicht, die uns übertragenen Aufgaben als Vorgesetzte nach besten Kräften, verantwortungsvoll und pflichtbewusst wahrzunehmen, motiviert.

Kritik am „System", an „denen da oben", entspricht gemeinhin meinem Erleben der militärischen Welt. Immer zu kurz kommt die Selbstreflektion, die Frage nach dem eigenen Tun, der Selbstverantwortung. Nur durch diese Eigenverantwortung werden die Ziele der Inneren Führung greifbar und zur eigenen Verpflichtung. Diese bestimmen den Auftrag der Offiziere zur Legitimation, Integration, Motivation und Gestaltung der inneren Ordnung unserer Streitkräfte in besonderem Maße.

Sicherlich kann vielfach in den Streitkräften eine Change-Müdigkeit beobachtet werden, der intern zunehmend mit Zynismus begegnet wird. Doch gerade von Offizieren erwarte ich hier in jedem Einzelfall eine inspirierende und motivierende Führung mit Begeisterung. Mit Genugtuung, ja Freude nahm ich unlängst komplexe akademische Ausführungen zum *„neomodernen transformationalen Führungsstil als Weiterentwicklung der Transaktionalen Führung"* auf. Das Unverständnis ob der Wortwahl lichtete sich schnell, als auch hier die folgende einfache Erkenntnis vermittelt wurde: die Modernität unserer „Inneren Führung" besteht ungebrochen. Denn es gelten die universellen Prinzipien der

Beziehung zwischen Führern und Geführten, welche da lauten: Vorbildhandeln, Inspirieren, Fördern und Entwickeln.

Wer Menschenwürde verteidigt, muss Menschen würdig behandeln. Mein Verständnis der Menschenführung beruht dabei auf Vertrauen und Führen mit Auftrag. Vertrauen ist die Voraussetzung jeden Erfolgs. Vertrauen erwirbt, wer mit Herz und Verstand führt.

Vorgesetzte müssen sich deshalb Zeit für die ihnen anvertrauten Soldatinnen und Soldaten nehmen. Sie müssen sie individuell beachten, kennen und verstehen lernen. Nur der Führer, der verlässlich abwägt bevor er entscheidet, sich verständlich erklärt, überzeugt und Transparenz in seine Handlungen bringt, wird durch die Sinnhaftigkeit seiner Befehle Gefolgschaft durch Vertrauen erzielen. Glaubwürdigkeit, Ehrlichkeit, Berechenbarkeit und Aufrichtigkeit, daran machen die Geführten im Wesentlichen ihr Vertrauen fest. Natürliche Autorität des Vorgesetzten, verbunden mit einer hohen Ausprägung der aufgeführten Führungseigenschaften, ist somit der Schlüssel für einen erfolgreichen Vertrauensgewinn. Dies gilt sowohl für den Dienst im Inland wie auch in den Einsatzgebieten. Nur wer als Führer Vertrauen besitzt, wird in belastenden, gefährlichen oder auch scheinbar ausweglosen Situationen eine Bastion für Befehl und den geforderten Gehorsam erhalten.

Dies erfordert ständige Kommunikation und Auseinandersetzung mit dem Zeitgeschehen, ebenso wie das Teilen von Entbehrungen und Gefahren. Oder einfach ausgedrückt: Wer Menschen führen will, muss Menschen mögen!

Moderne Menschenführung ist somit vertrauensorientierte Führung auf der Grundlage des bewährten Prinzips *„Führen mit Auftrag"* und ist heute wichtiger denn je. Insbesondere um schnell auf wechselnde Lagen zu reagieren, gilt es auf allen Führungsebenen, mehr als bisher Handlungsspielräume zu ermöglichen und den Geführten den Fehlerraum einzuräumen, sich zu schulen. Führen mit Auftrag bietet diese einmalige Chance, schafft Mitverantwortung und damit auch Sinnvermittlung. Führen mit Auftrag setzt jedoch zwingend voraus, dass der Auftrag präzise formuliert und unzweideutig verstanden wird. Ich selbst habe im Einsatz erfahren, dass das Wiederholen von Befehlen grundsätzlich sowohl für den Befehlsgeber als auch für den Befehlsempfänger unzweifelhaft wertvoll ist! Kommunikationsfähigkeit im Sinne der Verständlichkeit und Nachvollziehbarkeit ist nach wie vor die Kernfunktion für erfolgreiches Führen.

Jede der vielfältigen Qualifikationen des Offiziers hat in ihrer Zielsetzung wie auch in den Anforderungen unmittelbare Auswirkungen auf das Führen von Menschen:

- Der Offizier muss ein uneingeschränkt einsatzfähiger, einsatzwilliger, einsatzbereiter und belastbarer Soldat sein. Dafür muss er selbst die fachlichen Aufgaben seiner Einsatzverwendung und die für den Einsatz erforderlichen allgemeinmilitärischen Fertigkeiten beherrschen.
- Der Offizier muss fachliches Können und allgemeinmilitärische Fertigkeiten aber nicht nur beherrschen. Er muss als Vorbild durch Handeln, Haltung und Einstellung ein Modell bieten, mit dem seine Soldaten sich identifizieren können, an dem sie ihr eigenes Verhalten ausrichten können.
- Der Offizier muss abwägen, entscheiden, befehlen und durchsetzen; schlichtweg führen wollen. Er braucht soziale und kommunikative Kompetenz. Er muss informieren, erläutern, erklären, Sinn und Einsicht vermitteln, anerkennen und Kritik üben – jeweils situations- und adressatengerecht, im Kleinen des Einzelauftrags wie auch im Großen der übergeordneten Zusammenhänge, um die politische und die moralische Legitimation von Missionen vermitteln zu können.
- Der Offizier muss durch sein Gesamtverhalten Authentizität und Echtheit ausstrahlen, um eine erkennbare, dauerhafte Identität als Voraussetzung für Vertrauen und Gefolgschaft der Untergebenen zu vermitteln.

Empfehlungen zum Schluss

Meine Empfehlungen zielen wegen dieser Anforderungen zuallererst auf die Selbstverantwortung der Offiziere:

1. Handlungssicherheit in extremen Situationen

„Von der Pike auf" gelernt zu haben, das nehmen wir für uns alle selbstverständlich in Anspruch. Wenn dies aber gleichgesetzt wird mit fehlendem Weiterbildungsbemühen und somit einem ständigen Überprüfen der eigenen Kompetenzen im Wege steht, dann ist das schädlich. Mazar-e-Sharif ist nicht Afghanistan und Afghanistan ist nicht DER Einsatz. Drill ist lästig, vielleicht auch nicht modern und nicht zeitgemäß, sicherlich nur selten attraktiv. **Wer aber**

funktionieren will, wenn es darauf ankommt, für den führt kein Weg am Drill vorbei. Der Kopf muss entlastet werden, es bleibt keine Zeit nachzudenken, Abläufe müssen automatisiert werden. Wir machen zu wenig Waffenausbildung, vergessen unsere *basics*, sind nicht mal einer vernünftigen Skizze oder einer Zielansprache mächtig. Wir bewerten andererseits auswendig lernen und Sandkastenausbildung als „überflüssig". Unser Kerngeschäft (80%) müssen wir beherrschen – egal welches Szenario (20%) vor uns steht (das wir ohnehin vorher nicht kennen). Der mir begegneten Wahrnehmung in der Truppe, in den Zeiten des Kalten Krieges, den 1990er Jahren bis kurz nach Ende der Jahrtausendwende hätten wir nur „Indianerspiele" veranstaltet, ist entgegenzuhalten, dass uns das Szenario und der Bezug zu einem tatsächlichen Einsatz abhanden gekommen waren. Unser Handwerkzeug, unsere 80%, hatten wir verinnerlicht!

2. „Schuster, bleib bei Deinen Leisten..."

Unabhängig davon, was wir alle beispielsweise in Afghanistan gerne getan hätten und davon überzeugt sind, alles und das Meiste davon besser machen zu können – nicht jeder ist Kommandosoldat oder Personenschützer, wir sind keine Fallschirmjäger, keine Politiker und keine Diplomaten. Unabhängig von der sicherlich notwendigen Grundbefähigung in Teilbereichen müssen wir anerkennen, dass es für andere Aufgaben auch andere Profis gibt. Manchmal ist das, was wir zu tun haben, sicherlich nicht attraktiv; aber es muss gemacht werden und wir haben uns bewusst für unseren Beruf und damit auch für die Entbehrungen entschieden. **Offizier zu sein ist Herausforderung genug.** Daraus folgt unmittelbar meine dritte Empfehlung.

3. Jeder an seinem Platz

Der Führer als Vorbild – aber ebenengerecht. Zu oft erlebte ich Führer, die sich entweder über Verbrüderung oder durch das Messen in den falschen Disziplinen Achtung erlangen wollten. **Der Führer im Einsatz ist der, der in unklaren Situationen klare Entscheidungen treffen muss und trifft.** Auch gegen die Wünsche seiner Geführten und egal, wie viele Liegestütze er schafft. Mannschaften, Unteroffiziere, Offiziere – das wird nicht ausgewürfelt: jeder hat seinen Auftrag zu erfüllen und ist darin zu bewerten. Da gibt es keinen Vergleich, kein Besser und kein Schlechter. Wenn der Zugführer der beste

Gruppenführer ist und als solcher agiert, dann fehlt er in der Führung des Zuges.

4. Kritikfähigkeit und Vertrauen

Beschwerden werden aus meiner Beobachtung heraus immer seltener unmittelbar geäußert oder dem „normalen" Beschwerdeweg anvertraut. Weshalb ein Wehrbeauftragter oder ein Bundestagsabgeordneter, die Ministerin oder sonst jemand besser geeignet sein sollen, eine Beschwerde zu verstehen – mir erschließt sich das nicht. Führen und geführt werden im Einsatz ohne Vertrauen zueinander? Ohne die Befähigung, unterschiedliche Meinungen auszutauschen? Ich wünsche mir **Vorgesetzte und Untergebene, die das Gespräch suchen, ehrlich und offen zu- und füreinander da sind**. Das ist der Kern meines Verständnisses der Menschenführung und Führungskultur unserer Streitkräfte, Fehlerkultur in der Ausbildung und Übung. Die Konkurrenz um Beurteilungen und Übernahme zum Berufssoldaten ist Realität. Wenn es Früchte trägt, sich bei der Ausbildung und Übung zu verstecken und Herausforderungen auszuweichen, werden wir die Falschen belohnen. Wir müssen alle den Mut aufbringen, eigene Schwächen zu erkennen und erkennen zu geben, um sie abzustellen. Und wir müssen diesen Mut auch belohnen. Ja, es gibt auch negative Erfahrungen und Fehler und aus diesen lernt man wirklich. Nur über die Fehler anderer zu sprechen ist zu einfach. Wir müssen den Raum schaffen und nutzen, ohne Spott und Häme die eigene Unsicherheit ansprechen zu können.

5. Schutz und Wirkung

Ein generationenübergreifendes Thema, gerne diskutiert und vielfach beleuchtet. Bei mir mag das ganz persönlich grenzwertig ausgeprägt sein. Ich war nicht im Einsatz, um mich zu schützen, sondern in erster Linie, um Wirkung zu erzielen. Dazu gehört eben auch, den geschützten Raum aufzugeben und Risiken bewusst einzugehen. Eine Auseinandersetzung mit diesen Situationen kann ich nur empfehlen. Ich erinnere mich diesbezüglich an ein Treffen mit einer afghanischen Präsidentschaftskandidatin oder mit dem Oberbefehlshaber der afghanischen Streitkräfte in deren Lebensraum. Die Patrouille in Kabul kann die eigene Gefährdung durch Geschwindigkeit und Fahrweise nicht zu Ungunsten unbeteiligter spielender Kinder minimieren, die Absicht zum Einsatz von Spreng-/Splitter-Handgranaten im Stadtbild von Kabul ist alles andere als ein Zeichen von Mut und Stärke. Dieser Mut und diese Stärke sind nur mittelbar im Rahmen der Ausbildung trainierbar, müssen jedoch durch alle Vorgesetzte jederzeit gefordert werden. Fürsorge kann nicht bedeuten, Untergebene „in Watte zu packen", sondern setzt auch deren Fähigkeitserwerb im Sinne von Überlebensfähigkeit voraus.

6. Körperliche Leistungsfähigkeit

Sie ist für viele lästig und wird häufig bei einem einfordernden Hinweis als ehrabschneidend empfunden. Im Einsatz an der Grenze ankommend ist es aber zu spät. Es geht auch hier um Kontinuität und die persönliche Verantwortung. **Steigerung und Erhalt der körperlichen Leistungsfähigkeit kennen keine Dienstzeit und sind Fragen einer grundsätzlichen Lebens- und Berufseinstellung.** Aus eigener Erfahrung kann ich sagen, dass BFT und Sportabzeichen sicherlich keine Indikatoren zum Bestehen von Einsatzherausforderungen sind, im Übrigen auch nicht der Umfang von Oberarmen. Wenn ich priorisieren sollte, dann gäbe ich der Ausdauer den Vorzug.

7. Sprache

Wir sind ja alle so gerne multinational. Aber sind wir alle in der Lage, den jeweiligen fremdsprachlichen Anforderungen eines Auslandseinsatzes tatsächlich gerecht zu werden? Ich vertrete die Position, dass hierbei nicht auf den „Dienstgeber" (vormals den „Dienstherren") zu warten ist. Der Anstoß muss bei einem Offizier der Luftwaffe von innen kommen. Im Klartext: **Ausbildung muss sein. Doch das Inübunghalten wie auch die Verbesserung von Sprachkenntnissen gehören zu einem Gutteil in die persönliche Verantwortung jeder/jedes Einzelnen.** Ich spreche hier nicht von einer exotischen Fremdsprache. Ich spreche vom Englischen als einer Sprache, die uns so seltsam „vertraut-unvertraut" ist. Kann ich im Jahr 2016 wirklich nicht erwarten, dass ein aus der Teilstreitkraft Luftwaffe stammender militärischer Führer in der Lage ist, seinen Marschbefehl auch auf Englisch zu geben? Als Offizier der Luftwaffe sollte er dazu befähigt sein!

Abschließende Gedanken

Ich konnte nur einige, nach meinem Verständnis vorrangig relevante Empfehlungen geben, die wesentliche Teile eines Berufsbildes und Selbstverständnisses darstellen könnten. Ich tat dies aus der völlig subjektiven Sicht meiner persönlichen Erfahrungen in Ausbildung, Führung und Einsatz. Zugegeben – Koordination als Titel dieser kleinen Lektüre dürfte in diesem Zusammenhang eine Begrifflichkeit sein, die einfacher zu erfassen sein dürfte als der Satz „zweckgerichtet gestalterische Einflussnahme zur Erreichung einer beabsichtigten Wirkung."

Es sollte jedenfalls ein Beitrag sein hinsichtlich eines Berufsbildes, welches nach Orientierung verlangt und Orientierung zu geben vermag – und dies im Sinne einer Handlungsorientierung für einen Beruf, der nach menschlicher Bezugsgröße geradezu laut rufend verlangt. Wie könnte dies besser erfasst werden als kurz und bündig durch das Wort „Vorbild"? Vorbild für ein Selbstverständnis, welches zwar durch ein Berufsbild normativ gefordert werden kann, sich jedoch erst durch die eigene, individuelle – letztlich freiwillige – Verinnerlichung von Normen, Werten, Orientierungen, Einstellungen und Verhaltensdispositionen bildet. Und dafür steht die Erkenntnis zweier Persönlichkeiten, die jeweils auf ihre Weise und in ihrem jeweiligen Metier gegen Widerstände zu Vorbildern wurden: Galileo Galilei, der berühmte Naturwissenschaftler und Astronom, sowie Helmuth Karl Bernhard Graf von Moltke, für drei Jahrzehnte Chef des preußisch-deutschen Großen Generalstabes im 19. Jahrhundert. Von ersterem stammt der Satz: *„Man kann einen Menschen nichts lehren; man kann ihm nur helfen, es in sich zu entdecken"*. Für letzteren stand fest: *„Truppenführung ist eine Kunst, eine auf Charakter, Können und geistiger Kraft beruhende schöpferische Tätigkeit"*. In diesem Sinne bedarf der Offizier der Luftwaffe immer auch der kreativen Phantasie. Sie zu fördern und wachzuhalten bildet eine nicht enden wollende Aufgabe.

Der Offizier als Ausbilder, Erzieher, Führer und Kämpfer

Marc Vogt

Soll der Offizier der Luftwaffe ein Kämpfer sein oder steht das in einem inneren Widerspruch zur technisierten Organisation oder zeugt dies gar von überholtem Denken? Dieser Artikel soll und will präzisieren. Ich lege mein Rollenverständnis zum Offizier als Ausbilder, Erzieher, Führer und Kämpfer vor dem Hintergrund meiner eigenen Prägung und Einsatzerfahrung sowie der aktuell wahrgenommenen Realität im Norden MALIs dar.

Der Dreiklang des Führers, Ausbilders und Erziehers galt während meiner Zeit an der Offizierschule der Luftwaffe als Fundamentalsatz. Er wurde wiederholt und wiederholt, sollte also auf diese Weise „in Fleisch und Blut" übergehen. Hier geht es darum, zu überlegen, ob der nach jetzigem Sachstand gültigen Trias „Ausbilder – Erzieher – Führer" die Komponente „Kämpfer" hinzuzufügen ist. Wenn die Bundeswehr eine „Armee im Einsatz" sein bzw. werden soll, so ist diese Überlegung unerlässlich. Bildet der Luftwaffenoffizier als Kämpfer gar den Beitrag der „Generation Einsatz", auf dass die Luftwaffe „ihre Welt in Blau" nicht mit einer „Welt in rosarot" verwechselt?

Um es vorab zu bemerken: Ich persönlich benötige für mein soldatisches Ego den Zusatz „Kämpfer" nicht. Für mich als militärischen Führer der Luftwaffensicherungstruppe richten sich „Führen, Ausbilden und Erziehen" immer auf das Gefecht, d.h. auf den Kampf aus. Doch mir scheint des Öfteren, als würden viele genau diese Ausrichtung gerne verdrängen oder – wenn die Kraft dazu nicht reichen sollte – negieren.

Der Soldat als Kämpfer

Streitkräfte werden zur staatlich kontrollierten und legitimierten Gewaltanwendung aufgestellt und daher wird der Zusatz der „Tapferkeit" in unserem Eid gefordert. Meines Wissens kommt dies bei Beamten nicht vor. Hier genügt die „einfache Treue ohne Lebensgefahr". In letzter Konsequenz bis in den Tod dem (Rechts-)Staat zu dienen, ist die ultimative Forderung des Soldatenberufs, und der Grund dafür, warum wir unsere Aufgaben und Tätigkeiten als Soldaten in Uniform und nicht als Arbeitnehmer oder Beamte der Bundeswehr ausführen. Egal, wie spezialisiert, technisiert und fernab des „archaischen Kämpfers" unsere Tätigkeit auch sein mag, so muss uns immer klar sein, dass wir und unsere Kameraden Uniform tragen, da wir nur so rechtlich legitimiert und kontrolliert Gewalt ausüben können, und dies unter Entbehrungen und persönlicher Gefahr. Dies geschieht unabhängig davon, ob wir als Techniker, Versorger, Einsatzführer oder Pilot agieren. Uns muss bewusst sein, dass die reglementierte Anwendung von Gewalt den Einzelnen immer einem erhöhten Risiko aussetzt. Wenn diese Forderung nicht bestehen sollte, so könnte in meinen Augen unser Aufgaben- und Tätigkeitsfeld auch durch Zivilisten „beharkt" werden. Dies wäre womöglich in den meisten Fällen vielleicht sogar effizienter und würde vermutlich sogar ein Plus an Kontinuität bedeuten. Wenn wir also die Kombination von Soldat und Kämpfer nicht als Widerspruch sondern in einem inneren Zusammenhang begreifen, dann betrachten wir auf alle Fälle das Tätigkeitsprofil des Offiziers als „Führer, Ausbilder und Erzieher" in einem ganz anderen Licht.

Führen

Wir müssen als Offizier „im Kampf" führen. Dies bedeutet zumeist eben nicht, dass wir mit der Waffe in der Hand eine gegnerische Stellung stürmen. Vielmehr ist das Bild des „Kampfes" sehr vielseitig. Der Kampf an der Konsole eines FlaRak-Offiziers oder der Kampf des Logistikoffiziers zur Sicherstellung der materiellen Einsatzbereitschaft der Truppenteile im Einsatz ist für den Missionserfolg der Streitkräfte ebenso bedeutsam, wie der direkte Kampf des Infanterieoffiziers gegen den Feind. Anders gesagt, jede Truppengattung muss in der Lage sein kämpfen zu können, Leben und Überleben auf dem Gefechtsfeld sicherzustellen und trotz Gefahr und Belastung ihren Kernauftrag durchführen zu können. Die Gesamtverantwortung dafür liegt beim militärischen Führer/Offizier und ist weder teil- noch delegierbar. Gleichzusetzen im Einsatz ist immer die Auseinandersetzung mit Tod und Gewalt sowie das Erleben von Entbehrungen sowie das Teilen von Härten.

Unsere Führung als Offizier im Grundbetrieb muss also immer auf den Einsatz, auf die Herstellung der Einsatzbereitschaft, auf den kontrollierten Umgang mit Gewalt fokussiert sein. Unsere eigene Einsatzbereitschaft als Vorgesetzter muss auch immer das Üben der Führung in Extremsituationen voraussetzen. Hier müssen wir funktionieren; für diese Extremsituationen werden wir eingestellt und ausgebildet. Dabei hat der Offizier dasselbe Recht in der Ausbildung Fehler zu machen wie der junge Mannschaftssoldat. Jedoch ist das Versagen eines Mannschaftssoldaten in der Gefechtssituation durch das Prinzip der Kampfgemeinschaft auffangbar. Das klägliche Bild eines versagenden militärischen Führers jedoch ist fatal für die Kampfkraft und Moral der Truppe.

Ein Ziel jeder Ausbildung muss es daher sein, einen militärischen Führer, in unserem Falle Offizier, so zu formen, dass er/sie in der Lage ist in jeglicher Situation handlungsfähig zu bleiben und als Führer so in Erscheinung zu treten, so dass er/sie als Vorkämpfer und Vorbild wahrnehmbar ist und die Moral und Kampfkraft der Truppe stärkt. In dieser Situation dürfen wir von dem „Führen-müssen" nicht überrascht werden, sondern als Selbstverständlichkeit unserer Dienststellung und der damit verbundenen Amtsautorität sehen.

Wir müssen demnach bereit sein, uns dieser Pflicht in Ausbildung und Übung zu stellen und uns vor unseren Untergebenen zugestehen, dass auch wir noch Übung brauchen und der Begriff des lebenslangen Lernens dienstgradübergreifend zur Geltung kommt. Diszipliniertes Selbststudium scheint in Zeiten von *„Vorschriften-online"* außer Mode gekommen zu sein, bildet aber den Grundstock professionellen Auftretens und fachlichem Könnens. Das Tätigkeitsfeld des Offiziers, auch des „Offiziers online", ist nicht die Virtualität, sondern immer die Realität. Ziel eines jeden Offiziers muss es gerade deswegen unbedingt sein, das militärische Handwerk bzw. Rüstzeug zu beherrschen. Oben genannte Amtsautorität überzeugt nur anfänglich und jeder Offizier muss den Nachweis seiner Fachautorität erbringen, um daraus abgeleitet den Beweis seiner persönlichen Autorität zu erwerben, um seine Unterstellten zu überzeugen und sich seine Führungsberechtigung auch in deren Augen zu verdienen.

Stets verbunden mit der Führung ist das Tragen von Verantwortung. Dabei ist die Führungsverantwortung die Pflicht des Vorgesetzten, für die Erfüllung von Führungsaufgaben persönlich Rechenschaft abzulegen. Getragen von dem Bewusstsein dieser Verantwortung überträgt er Teilverantwortung von Durchführungsaufgaben an Untergebene durch Befehle. Er/sie muss sich bewusst sein, dass dies auch solche Aufgaben beinhaltet, die eine direkte Gefahr für Leib und Leben seiner ihm anvertrauten Soldaten und Soldatinnen nach sich ziehen kann. Die damit den Unterstellten übertragene Handlungsverantung ist einzufordern und durchzusetzen. Verantwortung für den Missionserfolg haben aber nicht der oder die Handelnde; sie ist im Rahmen der Gesamtverantwortung unteilbar mit dem Stand der Offiziere verbunden.

Ausbildung

Die Ausbildung zum Kampf beinhaltet die Kernfertigkeit des Soldaten: die Fähigkeiten zur kontrollierten und verantwortungsorientierten Anwendung von Gewalt. Sie sollte immer auf das eigentliche Kerngeschäft im Einsatz, also auf den Grund, warum nur ein Soldat diese Tätigkeit ausüben kann, ausgerichtet sein. Sie beinhaltet zumindest in der Einsatzvorbereitung auch die Ausbildung für den scheinbar undenkbaren *„Worst Case"* (wobei dieser *„Worst Case"* im Rückblick Ursache fast aller erfolgreichen Anschläge und tödlicher Angriffe war). Hier zeigt sich in meinen Augen auch wahre Fürsorge. Wer als Offizier seine Frauen und Männer so ausgebildet und vorbereitet hat, dass sie auch in der Extremsituation, wenn es um das Leben i.S. der Alternative „Leben oder Tod" geht, „funktionieren", also adäquat hinsichtlich des eigenen Lebens und dem der ihnen Anvertrauten handeln, der hat in meinen Augen wirkliche Fürsorge bewiesen.

Zu oft verwechseln wir jedoch Fürsorge mit Beliebtheit und negieren diese Verantwortung. Gerade die einsatzvorbereitende Ausbildung ist ein komplexes Handwerk, welches vom Ausbilder Flexibilität, Einfallsreichtum und Vorstellungskraft abfordert. Ein sich ständig änderndes Feindbild, Ressourcenknappheit und Bürokratie zwingen den Offizier zu flexiblem Denken, klarer Priorisierung der Auftragslage und Arbeiten mit hoher, wachsender Intensität. Priorisieren heißt hier, etwas, in diesem Falle die Einsatzausbildung, hervorzuheben und dafür andere Sachen weniger bzw. nicht zu tun.

Maßgeblich gründet Ausbildung auf Erfahrungen. Sie bildet den Kern und soll(te) das weniger Vertraute verständlich und geläufig machen. Hierbei orientiert sich die Methodik der „Einsatzvorbereitenden Ausbildung" an möglichst vollständigen und realistischen Handlungsbildern, d.h. ein im Auftrag nachvollziehbares Szenar. Erfolg der Ausbildung beruht nicht nur auf Wort und Lehre, sondern wird vom persönlichen Verhalten bestimmt. Ein im Ausbildungsstoff sicher auftretender Ausbilder erweckt Interesse für Dienst und Auftrag. Leidenschaft, Authentizität und Entschlossenheit sind weitere Zutaten im Rezept für den modernen Ausbilder einer Einsatzarmee.

Grundsätzlich ziehe ich die Truppenausbildung gemäß KoFTrA (Kombinierte Führer-Truppen Ausbildung) der Einzelschützenausbildung vor. Militärischer Erfolg ist nicht mit der Leistung eines Einzelnen verbunden, sondern ergibt sich aus der Leistung einer schlagfertigen Truppe. Taktische Weiterbildung der militärischen Führer, speziell der Offiziere, ist hierbei das Grundgerüst und deshalb unverzichtbar. Um den Alptraum des militärischen Führers als Versager zu vermeiden, muss ich dem Offizier breite Gelegenheit einräumen, sich taktisch zu schulen und sich stets weiterzuentwickeln. Denn Handlungssicherheit bei taktischen Entscheidungen erzeugt Vertrauen. Sie ebnet den Weg zur Führungskraft, der man sich, in welcher Situation auch immer, anschließt und anvertraut.

Erziehen

Erziehen zum Kämpfer beinhaltet das Erläutern und Durchsetzen der oben genannten Führung und Ausbildung. Es bedeutet im Grundbetrieb aber auch die (Selbst-)Erziehung zur Mäßigkeit in den Bedürfnissen und Forderungen. Da wir wissen, dass der Einsatz stets mit Entbehrungen verbunden ist, bereiten wir uns und unsere Untergebenen durch Genügsamkeit darauf vor. Auch in diesem Punkt wird meines Erachtens Fürsorge zu oft anders ausgelegt. Entsprechende Forderung kann ich als Vorgesetzter jedoch nur dann glaubhaft aufstellen, wenn ich sie von mir selbst auch fordere und somit vorlebe. Grundsätzlich kann ich gegenüber dem Einsatzbetrieb nicht dieselben Erwartungen/Forderungen haben wie gegenüber dem Grundbetrieb. Und das gilt es gerade im Sinne der Lebensbewahrung von Soldaten stets zu vermitteln!

Das Auftreten und Verhalten von Offizieren ist ein wesentlicher Aspekt der Selbsterziehung. Disziplin, Kommunikationsverhalten und körperliche Leistungsfähigkeit sind Punkte, auf die jeder selbst ein besonderes Augenmerk legen muss. Grundsätzlich gilt dabei, dass ich nichts von meinen Untergebenen verlangen darf, was ich nicht selbst zu tun bereit bin. Selbstbeweihräucherung und Überheblichkeit sind, wie auch das Verstecken hinter der eigenen Leistungsfähigkeit, absolut fehl am Platz.

Sicheres Auftreten, hohes Maß an fachlichem Können, Intellekt, Selbstbewusstsein und klare und deutliche Aussprache (nicht reden, sondern befehlen) sind nur ein paar wenige Eigenschaften, die mit meinem Bild eines Offiziers verbunden sind. Sicheres Auftreten in Bescheidenheit und Eigenständigkeit des Vorgesetzten machen Kompetenz deutlich und schaffen Vertrauen in die Führung. Körperliche Leistungsfähigkeit ist dabei kein schmückendes Beiwerk, sondern Substanz und Eckpfeiler unseres Berufes!

Besondere Bedeutung messe ich der Kommunikation und dem respektvollen Gebrauch des offenen Wortes bei. Der Dialog muss auf allen Ebenen gesucht werden und sowohl von dem Interesse für die Person als auch für die Sache geprägt sein. Dies ist Erziehungskern und muss daher immer wieder eingefordert werden. Wir müssen klar machen, was der jeweilige Auftrag bedeutet. Doch wir müssen gleichermaßen auf die jeweilige Person bzw. die Bedürfnisse der jeweiligen Ebene eingehen – nach unten wie auch nach oben. Wichtig dabei sind das Formulieren von eindeutigen Zielen und Vorgaben sowie gleichzeitig das Erkennen von Grenzen und Hemmnissen: Ich erwarte ehrliche und direkte Rückmeldungen. Ich verstehe den Offizier als kritikfähigen, gesprächsbereiten Menschen, der dabei den Konflikt nicht scheut.

Dieses allerdings funktioniert nur bedingt auf dem elektronischen Wege. Das persönliche Gespräch ist und bleibt unverzichtbar. Der Dienstweg hat i.S. berechenbaren Verfahrens seine Funktion, gleichwohl bildet er oftmals ein Hemmnis oder Entschuldigung für das ehrliche, nicht direkte Wort. Handeln Sie also respektvoll gerade im Sinne der Sache!

Ich möchte im Zeitalter der Ressourcenknappheit die Chance nicht ungenutzt lassen, abschließend auf einen wesentlichen Bereich der Erziehung einzugehen: dem Umgang mit dem mir anvertrauten Material. Die Funktionalität des Materials lässt sich nicht nur durch die richtige Handhabe während des Gebrauchs definieren, sondern lebt vielmehr durch eine gewissenhafte Vor- und Nachbereitung des anvertrauten Materials.

Wie von selbst geht dabei gar nichts! Hier ist Dienstaufsicht und Erziehung der Schlüssel zum Erfolg. Gleichgültigkeit und Schlampigkeit haben hier absolut keinen Platz. Trotz der Härten während der Einsätze und Übungen muss die Einsatzbereitschaft meines Materials ein Schwerpunkt meiner Aufmerksamkeit sein. Dazu muss ich meine unterstellten Soldaten und Soldatinnen erziehen, und ich muss mich im Rahmen der Kontrolle mit dem Mittel der Dienstaufsicht auch selbst davon überzeugen, dass das Material in meinem Verantwortungsbereich gewissenhaft vor- und nachbereitet wird.

„Überwachen Sie die Durchführung ihrer Befehle!" – nur das ist das alleinige Mittel, mit dem Sie ihren Anspruch auf Gehorsam Geltung verschaffen. Sehen Sie aber Dienstaufsicht nicht allein als Kontrollmechanismus, sondern gerade auch als Hilfe für den unterstellten Bereich. Suchen Sie das Gespräch mit allen Dienstgradgruppen. Dadurch bauen Sie Vertrauen auf und Hemmnisse ab!

Eigenes Verständnis

Ich selbst definiere meine Rolle als Offizier **als Führer, Ausbilder und Erzieher zum Kampf**. Diese Rolle erfüllt mich (fast) täglich mit großer Zufriedenheit sowie Stolz, und folglich liegt es auf der Hand, dass ich jeden dazu nur beglückwünschen kann, der diesen tollen verantwortungsvollen und fordernden Beruf ergriffen hat. Seien Sie dabei nicht naiv, indem Sie die Erwartung an die rundum heile Welt pflegen, die Ihnen widerspruchsfrei von oben gegeben wird. Andernfalls droht wirklich Enttäuschung und Frust oder gar die Selbstaufgabe. Nutzen Sie stattdessen Ihre Position, Ihren Freiraum und Ihre Möglichkeiten, um sich mit Ihrem unterstellten Bereich auf den Einsatz, auf die Extremsituation und – nicht minder – auf die Herausforderung „Normalfall" vorzubereiten.

Dies wird Ihnen nach meiner Erfahrung Anerkennung und, getreu dem Motto „das Wichtige kommt von unten", auch Zufriedenheit bescheren. Führen Sie mit Herz, Hirn, Humor und der notwendigen Härte. Fordern Sie nichts ein, was Sie nicht selbst bereit sind zu tun. Und stellen Sie den Auftrag, die Sache und die eingesetzten Personen über Ihre persönlichen Befindlichkeiten. Werden Sie ein kompetenter Führer, dem man gerne folgt, der durch fachliches Können brilliert und durch Auftreten und Haltung Vorbild ist. Beherrschen Sie Ihr Handwerk und führen Sie eine klare, deutliche und ehrliche Kommunikation, nach oben wie nach unten. Zeigen Sie Führungswille und Leidenschaft für Ihren Beruf und werden Sie ein authentischer Führer, der mit Mut und Entschlossenheit führt, sich seiner über die Befehlsgewalt gegebenen Macht über Menschen bewusst ist und Kameradschaft, Vertrauen und Loyalität vorlebt. Lassen Sie Ihrem unterstellten Bereich die Werte und Normen unserer Führungskultur erleben.

Dann und nur dann, so meine bisherige Erfahrung, stellt sich das ein, was ich Ihnen wirklich wünsche: Große Freude und Spaß, nicht minder Soldatenglück in all den tollen Verwendungen, die sich Ihnen als Offiziere der Luftwaffe bieten.

Der Offizier als militärischer Organisator und Manager

Lutz Mehrtens

Der erste Eindruck beim Lesen der Worte „Organisator" und „Manager" täuscht nicht: Für den Offizier der Luftwaffe ist es von markanter Bedeutung, neben den traditionellen und althergebrachten soldatischen Fähigkeiten über Qualitäten zu verfügen, die der modernen Industrie- und Dienstleistungsgesellschaft zugeschrieben werden.

Welche Entwicklungen haben dazu geführt, einen Offizier überhaupt mit diesen Begriffen in Verbindung zu bringen? Nun würde wirklich kein Mensch auf die Idee kommen, einen preußischen Offizier des 18. oder des 19. Jahrhunderts als Manager zu bezeichnen. Es müssen also Entwicklungen jüngeren Datums sein. Dieser für unser Thema substantiellen Frage folgend, werde ich zunächst die zu betrachtenden Veränderungen kurz skizzieren und sodann die für den modernen Offizier erforderlichen Qualifikationen herausarbeiten. Daraufhin wäre zu untersuchen, welche Auswirkungen das so entstandene Tätigkeitsfeld des Offiziers für die Ausbildung des Nachwuchses wohl zwangsläufig hat. Hierbei soll ein Schlaglicht auf den Weg geworfen werden, den die Offizierschule der Luftwaffe (OSLw) augenblicklich bei der Umgestaltung der Ausbildung des Offiziernachwuchses der Luftwaffe beschreitet. Angemerkt sei, dass die nun folgenden Ausführungen keinen luftwaffenamtlichen Charakter besitzen. Sie stellen vielmehr meine persönliche Sicht auf die Dinge dar und reißen die komplexe Thematik allenfalls an. So hoffe ich, dass meine Zeilen zum Nachdenken und Hinterfragen anregen. Es entspräche auf alle Fälle meinem Wunsch.

Die Begriffe **Manager und Organisator** sind mittlerweile im deutschen Sprachraum, ja sogar in unserer Alltagskultur, heimisch und recht gebräuchlich geworden. Wenn man nach einer präzisen Definition der beiden Begriffe sucht, dann stechen sogleich unterschiedliche Denkansätze ins Auge. In der Betriebswirtschaft zum Beispiel wird Management – dieser offensichtlich durch und durch angloamerikanische und damit für die industrielle Moderne stehende Begriff – für die Leitung eines Unternehmens verwandt. Das Wort ist im Kern lateinischen Ursprungs. Dahinter stehen *„manus"* (= Hand) und *„aggere"* (= treiben, tun). Der Manager ist also einer, der die Dinge mit „starker Hand" bewirkt und am Laufen hält. Für unsere militärisch orientierte Thematik möchte ich unter „**Manager**" eine Person verstehen, die organisatorische Ziele erkennt und unter Einsatz angemessener Ressourcen umsetzt.

Unter **Organisieren** will ich – erstens – das Abstimmen verschiedener Spezialrichtungen eines Systems begreifen und – zweitens – das Organisieren verschiedener Prozesse mit einem vorgegebenen Ziel (Auftrag) vor Augen zusammenfassen. Während Spezialisierung die Frage aufwirft, wie eine Aufgabe am sinnvollsten arbeitsteilig erledigt werden kann, so hat Koordination mit der Frage zu tun, auf welche Weise arbeitsteilige Prozesse effizient zu strukturieren sind.

Sucht man in der landläufigen Literatur nach Synonymen für beide Begriffe, finden sich unter anderem „Führung" und *„Leadership"*. Da wir als Offiziere die militärischen Führer sind, erscheinen uns Soldaten „Führung"/*„Leadership"* irgendwie einfach näher zu stehen. Ich halte es daher für geboten, auch diese beiden Begriffe, die ich bewusst im Weiteren ebenfalls nutzen will, ganz kurz zu beleuchten. Der Einfachheit halber will ich beide unter einer einzigen Definition betrachten. Das heißt, ich nutze sie als Begriffe gleichen Inhalts aus zwei Sprachen: Führung (*Leadership*) soll demnach als die Fähigkeit verstanden werden, anderen Menschen eine Richtung vorzugeben, sie im Sinne eines gemeinsamen Ziels zu beeinflussen, also zu motivieren und zum Handeln zu bringen, sowie diese für ihre erbrachte Leistung auch in Verantwortung zu nehmen.

Praxis und Alltag heute

Hinsichtlich des täglichen Dienstes fasse ich zwei relevante Bereiche ins Auge. Da ist zum einen der Grundbetrieb, zum anderen der besondere Auslandseinsatz. Hierbei will ich aus guten Gründen daran erinnern, dass beide für mich zwei Seiten einer einzigen Medaille sind. Beide sind also nicht voneinander zu trennen, wenngleich sie sich unterscheiden. Mit Blick auf den gewählten Titel meines Beitrags, will ich mich bewusst auf die Übereinstimmungen konzentrieren. Aspekte wie „Gefährdung von Leib und Leben", was meines Erachtens den besonderen Auslandseinsatz auszeichnet, sowie alle anderen differenzierenden Charakteristika werde ich ausklammern. Andernfalls wäre eine gesonderte und intensive Betrachtung wirklich vonnöten.

Die für mich gleich auf den ersten Blick erkennbaren Gemeinsamkeiten von Grundbetrieb und besonderem Auslandseinsatz sind (1.) die fortschreitende Spezialisierung mit einhergehendem Anwachsen der Zahl von Spezialisten für klar definierte Teilbereiche und (2.) eine umfangreiche Anzahl von mehr oder minder parallel laufenden Prozessen. Damit wären wir bereits angelangt bei der gemeinhin unter Militärs bekannten Betrachtung von Kräften, Raum und Zeit, die ihrerseits mit Hilfe von Informationen in Richtung auf ein gemeinsames Ziel, nämlich den Auftrag und dessen Erfüllung, zu organisieren, zu koordinieren und – folglich – zu managen sind. Dies verkörpert in einer Armee seit eh und je die Hauptaufgabe der Offiziere. Auf der Zeitachse betrachtet, ist es im Unterschied zu früher allerdings viel komplexer geworden.

Hatten wir es beispielsweise im 18. und 19. Jahrhundert zu Lande mit lediglich drei Truppengattungen – nämlich Infanterie, Artillerie und Kavallerie – zu tun, so sind es heute bei nur flüchtiger Betrachtung bereits fünf. Und dabei blende ich den Bereich „*Cyber Defence*" der Einfachheit halber aus. Eine Untergliederung in weitere spezielle Teilbereiche ist jedenfalls geboten. Denn jedem dieser speziellen Teilbereiche ist eine ihm unabdingbare Aufgabe im Rahmen der Gesamtoperationsführung zugewiesen.

Der heutige Einsatzraum ist längst nicht mehr wie noch vor ein paar Jahrzehnten geografisch begrenzt. Durch moderne Waffentechnologie kann der Einsatzraum eine nahezu „unendliche" Größe abbilden. Er umfasst dabei Land, Wasser, Luft- und Weltraum. Bei Einbeziehung des *Cyberspace* erfährt dieser Einsatzraum eine weitere vom militärischen Führer unbedingt in Rechnung zu stellende Dimension. Die unabdingbare Kommunikation erfolgt über zahllose elektronische Kanäle und Systeme – teils direkt, teils als ungerichtete Nachricht in einem Netzwerk.

Nach dieser zugegebenermaßen „holzschnittartigen" Betrachtung sind wir in der Lage, die an den modernen Luftwaffenoffizier als erforderlich einzustufende Qualifikation hinsichtlich seiner Management- und Organisationsfähigkeiten näher zu betrachten. Grundbetrieb und besonderer Auslandseinsatz stehen dabei immer für „komplexe Systeme", die als durchgängiges Kernmerkmal das Zusammenwirken von und das Zusammenarbeiten mit Menschen aufweisen.

Dietrich Dörners Auffassung zufolge (dargelegt in seinem Werk „*Die Logik des Misslingens. Strategisches Denken in komplexen Situationen*", Reinbek bei Hamburg 1998, Zitate im Folgenden auf S. 60) bedeutet Komplexität *„die Existenz von vielen, voneinander abhängigen Merkmalen in einem Ausschnitt der Realität*". Und der ehemalige an der Universität Bamberg lehrende Psychologe ergänzt, *„die Komplexität eines Realitätsausschnittes sei umso höher, je mehr Merkmale vorhanden und je mehr diese voneinander abhängig sind*". Je stärker also die Komplexität eines Systems ausgeprägt ist, desto höher sind die Anforderungen an die Fähigkeiten eines

Akteurs, Informationen zu sammeln und zu integrieren sowie Handlungen zu planen oder, kurzum, sich in diesen Systemen effektiv und erfolgreich zu bewegen. Die Anforderungen steigen mit dem Grad der Vernetzung, das heißt mit der Anzahl miteinander verbundener Einzelmerkmale eines Gesamtsystems. Der Grad der empfundenen Komplexität ist dabei allerdings subjektiv geprägt.

Warum ist das so? Abhängig vom Erfahrungsschatz und der Fähigkeit, komplexe Teilbereiche zu sogenannten Superzeichen zusammenzufassen, kann Komplexität reduziert werden. Als Beispiel mag hier der Vergleich zwischen einem Fahranfänger und einem erfahrenen Kraftfahrer dienen. Für den Anfänger ist das sichere Führen eines Kfz unübersichtlich und nimmt ihn vollständig in Anspruch. Mit zunehmender Erfahrung reduziert sich die persönlich empfundene Komplexität des Straßenverkehrs in dem Maße, wie er in der Lage ist, Schablonen mit bekannten Situationen abzuspeichern und bei Bedarf abzurufen. Der Begriff der Schablonen wird in der Fachliteratur ebenfalls für Kompetenzen genutzt, die auf unbekannte Situationen angewandt werden und somit Komplexität reduzieren können.

Wenn wir diese Grundannahmen komplexer Systeme auf den täglichen militärischen Dienst übertragen, stellt sich zwangsläufig die Frage nach den Kompetenzen, die der Offizier von Heute benötigt, um seine Aufgaben innerhalb dieser Systeme zu erfüllen. Es könnten dabei durchaus ganz bestimmte Kernkompetenzen herausgearbeitet werden, die möglicherweise ganz besonders hilfreich zu sein scheinen. Sie fallen neben Fachkenntnissen und den Materien, die man lehrbuchartig erlernen kann, allesamt in den Bereich der sogenannten emotionalen Intelligenz.

Wer jetzt hier allerdings den allgemein nutzbaren Zauberstab schlechthin erwartet, wird enttäuscht werden. Denn es handelt sich hierbei um Qualifikationen im Sinne einer Fähigkeit und Fertigkeit, einer Denkmethode oder eines Wissensbestands, die über rein fachliches Wissen hinausgehen. Sie werden grundsätzlich unterteilt in Methodenkompetenz, Sozialkompetenz, Selbstkompetenz und Handlungskompetenz. Die Orientierung anhand dieses Kleeblatts von Kompetenzen hilft bei der Lösung von vielfältigen Problemen materieller Natur und erweist sich – so es keine Probleme gibt – darüberhinaus auch als sinnvoll und nützlich im Umgang mit anderen Personen. Aus meiner eigenen Erfahrung sind diese Qualifikationen immens wichtig. Jeder militärische Führer sollte sich über ihren Einfluss und ihre Wirkung völlig bewusst sein, auch wenn sie nicht immer auf Anhieb genau erfassbar sind.

Beim Stichwort „Umgang mit anderen Personen" möchte ich den nächsten Schwerpunkt legen. Wenn wir ein anderes Wort hierfür setzen, dann ist es „Kommunikation". Sie ist das Hauptmerkmal der Arbeit eines Offiziers, unabhängig davon, in welchem Teilbereich er eingesetzt ist. Bei zahlreichen Befragungen unter Managern wurde „Kommunikation" nicht selten als der wichtigste Punkt überhaupt benannt.

Wenn wir uns die tägliche Arbeit von Führungskräften betrachten, worunter wir auch Offiziere subsummieren wollen, dann entfallen im Richtwert über 80% auf die Kommunikation jedweder Art, d.h. verbal, schriftlich und elektronisch. Ich persönlich bin der Meinung, der Anteil liegt sogar noch höher. Indes, es ist der Diensterfahrung des Offiziers wohl geschuldet.

Betrachten wir die kommunikative Entwicklung innerhalb „moderner" Streitkräfte näher, so ist allein in den letzten drei Jahrzehnten eine signifikante Fortentwicklung unverkennbar. Zu Beginn meiner Dienstzeit wurden Befehle direkt in der Hierarchie von oben nach unten und dies normalerweise in Papierform erteilt oder übermittelt. Von unten nach oben wurde vorgelegt oder gemeldet. Wir kennen die Begrifflichkeit ja noch immer, doch Inhalte wie auch Wege der Kommunikation haben sich mittlerweile wesentlich verändert. Die Älteren kennen noch Systeme wie den Bildschreiber, Matrizen und den „blauen Klaus", der eigentlich nichts anderes war als ein erstes digitales Telefon. Papier und schlechte Telefonverbindungen bestimmten den Alltag in der militärischen Informationsübermittlung.

Heute hingegen denken und verschieben wir Informationen in Netzwerken. Diese sind zwar noch immer von der militärischen Hierarchie geprägt, jedoch nicht mehr so ausschließlich wie noch vor wenigen Jahren. Information wird heute in hoher Quote nicht nur an nur einen Empfänger, sondern an Gruppen versandt. Die Digitalisierung von Information hat dies maßgeblich mitbewirkt. Sie bedeutet aber mitnichten die Fortsetzung des Buchdrucks mit anderen Mitteln. Sie hat die reine Informationsübermittlung und damit die laufenden Prozesse spürbar und nachhaltig beschleunigt. Dies hatte aber keineswegs nur positive Auswirkungen auf die Qualität der Information. Heute ist ein Tag im Büro ohne Netzanbindung und damit ohne Lotus Notes, Intra- und Internet zwar ein ruhiger Tag, aber ein effektives Arbeiten ist unter diesen Bedingungen der „Funkstille" nahezu nicht möglich!

Neben den eben erwähnten technischen Netzen im heutigen Büroalltag geht es aber auch darum, wie ich selbst für mich persönliche Netzwerke aufbaue. Wie also gehe ich mit (eigenen und anderen) Netzwerken um und wie bewege ich mich darin? Abschließend natürlich nicht unerwähnt die Frage „Wie nutze ich meine Netzwerke am besten?" Beides, Kommunikation und Bewegungsfähigkeit in Netzwerken, fußt auf Kriterien, die im täglichen Dienst zu beachten sind. Wie ist dies aber zu bewerkstelligen, wenn zahllose Vorgänge auf Bearbeitung warten und eine Besprechung der nächsten folgt?

Wie so häufig im Leben, so geht auch hier gar manches über Hinterfragen der Gesamtsituation einschließlich der beteiligten Personen oder Gruppen. Bei wiederkehrenden Prozessen kann ich immerhin wiederholt bestimmte Fragen für mich beantworten, die in Folge als Grundlage für Entscheidungen und Weisungen dienen. Dieser Fragenkatalog kann bedingt umrissen werden, sofern der Offizier es versteht, die Fragen je nach aktueller vorliegender Situation differenziert zu stellen. Die folgenden Fragen repräsentieren daher sozusagen einen Grundvorrat, den jeder für sich nachjustieren und ergänzen muss:

- Wer sind die anderen Beteiligten am Prozess, was sind die Teilprozesse und wie sind sie möglicherweise untereinander verzahnt?
- Wer beeinflusst wen, wie und wie stark?
- Was sind die Handlungsmöglichkeiten/Strategien aller Beteiligten und wie kann ich sie gegebenenfalls in meinem Sinne beeinflussen?
- Welche Beteiligten sind Unterstützer, wer blockiert und wer fördert Lösungsansätze?
- Welche offenen und – wichtiger noch –, welche „verdeckten" Regeln bestimmen das Verhalten der Beteiligten?
- Gibt es Teams und wie setzen sich Teams zusammen? Wie agieren die Teams unter- und miteinander?
- Welche Probleme sind sequentiell (isoliert) oder nur vernetzt verhandelbar? Sie werden entschieden nach Fragen „Warum" und „Warum Nicht".
- Welche Spieler müssen ausgeschlossen und welche müssen integriert werden?
- Lösungen bedeuten nicht Zwang sondern Einsicht, wobei das eigene Verhalten per Strategie kontrollierbar ist.

Speziell bei der Frage nach den möglichen Handlungsmöglichkeiten anderer Beteiligter kommt ein weiterer Punkt zum Tragen, den wir bislang noch nicht betrachtet haben: Die Fähigkeit zur Einnahme der Perspektive des anderen. Die Betrachtung einer Situation aus anderer bzw. anderen Perspektive(n) ermöglicht dem Betrachter die Konzentration auf Interessen anstatt auf Positionen. Ein veränderbarer Blickwinkel hilft bei dem Herausfiltern einer optimalen Lösung. Doch folgt man der Fachliteratur, so gibt es für ein System nicht die „richtige" Perspektive. Ein besseres Verständnis für eine Situation ist jedenfalls nur durch multiple Perspektivwahl erreichbar. Insgesamt sind fünf mögliche Perspektiven geläufig:

(1.) Am Anfang steht natürlich die **eigene Sicht der Dinge**. Sie fußt auf eigenen Überzeugungen, Meinungen und Werten. Die Situation scheint so zu sein wie sie ist – das ist die eigene „authentische" Realität. Persönliche und charakteristische Filter sind allerdings sehr wirksam, eigene Bewertungen auf Basis bisheriger Erfahrungen fließen maßgeblich ein.

(2.) Hieran schließt sich die **Sichtweise der anderen Seite / Person** an. Dies ist ein durchaus mit Kreativität verbundener mentaler Ausflug in die Gedankenwelt oder Positionen einer anderen Person/Gruppe. Man betrachtet, wie er oder sie etwas betrachtet oder wahrnimmt. Daraus entsteht Verständnis, wie andere denken oder fühlen. Hierin liegt auch ein erster Schritt, um Menschen zu führen.

(3.) Der nächste Schritt ist die **Perspektive aus einigem Abstand**. Es ist die Sichtweise außerhalb der eigenen und der anderen Person. Von dieser Warte aus sind Verbindungen und ggf. die Beziehung der zwei Positionen zueinander erkennbar.

(4.) Gehen wir auf die nächst höhere Ebene, so gelangen wir zur **Perspektive auf das Gesamtsystem.** Hier werden Auswirkungen auf eigene und fremde Teams sichtbar.

(5.) Der letzte Schritt bedeutet dann die **Perspektive über die Zeit**. Sie kann die Frage beantworten, wie sich die jeweiligen Positionen auf der Zeitachse entwickeln. Welche Veränderungen können entstehen? Wie wirken sie auf gegenwärtig gegebene Positionen ein? Wirken sie ggf. auch als Faktor der Veränderung?

Auch wenn die Zeit nicht immer ausreichend gegeben ist, immer alle fünf auf einmal zu durchdenken, so sollte bei der Lösungssuche mindestens die Perspektive aus Sicht der anderen „Partei" betrachtet werden. Die Einnahme einer anderen Perspektive stellt, verbunden mit den bereits genannten Kompetenzen, gleichsam einen Wirkverbund dar, der den Offizier von heute in die Lage versetzt komplexe Systeme zu beherrschen und sich darin zu bewegen.

Dies ist die Grundvoraussetzung, um effektiv und effizient zu managen oder zu organisieren.

Konsequenz und sodann die Umsetzung in der Ausbildung

Vor dem Hintergrund des bisher Beschriebenen betrachten wir nun erneut die Entwicklungen in den Bereichen „Komplexität" und „Kommunikation" in den letzten drei Dekaden. Die gravierenden Veränderungen sind derart offensichtlich, dass sich das Bild vom Offizier als militärischen Manager und Organisator geradezu von selbst ergibt; ganz im Unterschied zu früheren Zeiten. Daraus resultiert unausweichlich die Frage, welche Konsequenzen diese Erkenntnis auf die Ausbildung der jungen Offizieranwärter und den Offiziernachwuchs insgesamt hat und wie die Luftwaffe dieser Tatsache Rechnung tragen will.

Zweifellos ist kein Lehrbuch der Welt umfassend genug, um alle Aspekte und Facetten, mit denen der Offizier in seiner Dienstzeit konfrontiert werden kann, haargenau abzubilden. Evident ist auch, dass die Luftwaffe in keiner Weise den hierfür erforderlichen „totalen" Zeitansatz zum genauen Studium dieses „Lehrbuches" billigen könnte. Der Faktor „Zeit" ist natürlich eine leidige Angelegenheit. Erziehung und Ausbildung geschieht nicht „auf Knopfdruck". Doch wir sind gehalten, innerhalb einer gewissen Zeitspanne, über die gerade im Sinne der kompetenzorientierten Ausbildung hinsichtlich der sinnvollen und nützlichen Länge noch intensiver nachgedacht werden sollte – und dies unter Anhörung derer, die Lehre mit Herz und Verstand vermitteln.

Wir müssen in der Ausbildung einen Weg finden, der den Lehrgangsteilnehmern in der zur Verfügung gestellten Zeit einen Grundumfang an Werkzeugen an die Hand gibt. Diese müssen zum einen den generellen Anteil des Dienstes abbilden (= allgemein militärische Ausbildung) und zum anderen auch die jeweilige Spezialrichtung des Offiziers umfassen. Das Ganze stellt einen Balanceakt zwischen Inhalten und Dauer der Ausbildung dar, wobei immer neu austariert werden muss.

Ich habe zu Beginn meiner Ausführung bereits den Begriff „Schablone" verwandt. Diesen möchte ich hier bewusst erneut aufgreifen und seine Bedeutung wie folgt unterstreichen: Die in der Ausbildung vermittelten Schablonen (Denk- und Handlungsmuster) müssen in der weiteren Dienstzeit potenziert werden, sowohl was die Anzahl verfügbarer Schablonen als auch den Detaillierungsgrad angeht. Um hier keinen falschen Tenor hineinzubringen: Ich möchte nachdrücklich unterstreichen, dass der Begriff „Schablone" keineswegs zu flachem, unkreativem und in engen Grenzen verlaufendem Denken verführen darf. Schablonen dienen alleinig zur erforderlichen Reduzierung des subjektiv empfundenen Grades der Komplexität einer Situation, um diese handhabbar zu gestalten und ohne großen Zeitverlust einer Lösung zuzuführen.

Diese Schablonen müssen ein breites Kompetenz(en)feld abdecken. Im Rahmen der Ausbildung an der Offizierschule der Luftwaffe soll dieser Erkenntnis derzeit durch Umstellung aller Lehrgänge auf die sogenannte (bereits erwähnte) kompetenzorientierte Ausbildung Rechnung getragen werden. Des Weiteren findet diese didaktische Zugangsweise Eingang in die neu erarbeitete Vorschrift zur Ausbildung in den Streitkräften. Die Luftwaffe steht hier an der „Spitze des Fortschritts" in der Ausbildung in der Bundeswehr. Die Zeichen hierfür sind jedenfalls aus didaktischen Fachkreisen ermutigend.

Wie aber fächern wir diese als erforderlich bewerteten Kompetenzen weiter auf, um sie in der Unterrichtung wirksam und nachvollziehbar für die Lehrgangsteilnehmer vermitteln zu können? Im Bereich der Offizierausbildung der Luftwaffe werden hierfür die Schwerpunkte auf die vier Kompetenzen „Soziale Kompetenz", „Fachkompetenz", „Methodische Kompetenz" und „Selbstkompetenz" gelegt. Alle vier in Synthese sollen in die erforderliche und nicht minder geforderte „Führungskompetenz" des Offiziers münden. Und so soll jeder Lehrgangsteilnehmer im Unterricht und in der Praxis immer wieder die Möglichkeit erhalten, sich selbst auszuprobieren und demnach durch eigenes Handeln zu lernen. Hierdurch entsteht – das ist das Ziel! – Wissen in Kombination mit Handlungssicherheit, die dann später auf weitere, durchaus auch gänzlich unbekannte Situationen Anwendung finden muss.

Diese hier ansatzweise skizzierten neuen Wege werden den Lehrgangsteilnehmern auch mit Hilfe moderner Ausbildungstechnologie (MAT) vermittelt. Diese wird gegenwärtig an der Offizierschule der Luftwaffe eingerichtet. MAT umfasst die Nutzung von Intra- und Internet via *Wireless Local Area Network* (WLAN) und die Ausstattung mit Tablets für jeden Lehrgangsteilnehmer. Die Herausforderung wird darin bestehen, diese Trägermedien gewinnbringend für den Lernenden einzusetzen. Das ist eine Frage der Akzeptanz. Andererseits sollte man sich vor der naiven Vorstellung hüten, das Medium ersetze bereits die Kernbotschaft von Bildung, Erziehung und Ausbildung. Wenn es nur gewinnbringend ist für den Gerätehersteller, dann wäre das wirklich zu kurz gedacht.

Wie ich bereits andeutete, ist eine einfache „*All-inclusive*"-Schulung auf einem einzigen Lehrgang zu Beginn der Ausbildung in keiner Weise ausreichend

– weder hinsichtlich des allgemeinmilitärischen noch hinsichtlich des fachspezifischen Anteils. Jeder Offizier muss sich demnach auf das Leitmotiv vom lebenslangen Lernen einlassen und folglich neben angebotenen Weiterbildungen auch persönlich am weiteren Ausbau seiner Kenntnisse arbeiten.

Fazit und Ausblick

Auf drei Jahrzehnte zurückblickend, versuchte ich darzustellen, was sich in der Aufgabenstellung für den Offizier aus meiner Sicht verändert hat. Aus heutiger Sicht bin ich der Meinung, dass nicht alles, was neu erscheint, auch wirklich neu und gut ist. Und demzufolge ist auch nicht alles Alte schlecht und – noch weniger – deswegen heute gänzlich überholt. Wie so oft: Die Wahrheit liegt in der Mitte. Lassen wir uns deshalb auf eine Prognose ein, wie sich das ganze in den kommenden Jahren weiterentwickeln könnte.

Wie stark also wird die Komplexität zunehmen? Wird sich die Kommunikation noch einmal so grundlegend wandeln wie bisher? Für mich persönlich erscheint unabdingbar, Kompetenzen, die über das rein Fachliche hinausgehen, weiter im Schwerpunkt zu verfolgen und auszubilden. Wichtig erscheint mir vor allem auch, den jungen Menschen im Rahmen der Prägung zum Luftwaffenoffizier eine notwendige Flexibilität im Denken anzutrainieren, die sie befähigt, Fortentwicklungen in allen Bereichen zu erkennen, treffsicher zu bewerten und effektiv im Sinne der Luftwaffe zu reagieren. Daraus folgt unter anderem auch Handlungssicherheit im täglichen Dienst als militärischer Manager.

Bei allen Betrachtungen und Entwicklungen, die die Sichtweise eines Offiziers als Manager und Organisator berechtigt erscheinen lassen, komme ich in der Summe zu dem Schluss, dass sich der Kern der Aufgaben nicht wirklich verändert. Es ist das Führen von Menschen durch Vorbild, Entschlusskraft, Mut, Können und vor allem anderen durch adäquate und situationsangepasste Kommunikation. Hier jederzeit den richtigen „Kanal" zum jeweiligen Adressaten oder Adressatenkreis zu finden, ist und bleibt entscheidend für den erfolgreichen Offizier – in der Vergangenheit, in der Gegenwart und – ich wage zu behaupten – auch Zukunft.

Ein ehemaliger und zudem von mir sehr geschätzter Vorgesetzter pflegte zu sagen: *„Führen heißt sich kümmern"*. In dem Moment, als ich den ganzen Umfang dieser an sich einfachen Aussage erfasste, war mir klar, dass grundlegende Dinge immer gleich bleiben. Ich persönlich lehne daher auch immer neue aufkommende Definitionen eines „neuen" Rollenverständnisses für den Offizier ab. Zugegeben haben sich die Rahmenbedingungen im Lauf der Zeit signifikant verändert. Aber Skepsis gegenüber „Bilderstürmern" und Propheten mit Alleinvertretungsanspruch ist niemals verkehrt. Die Veränderung der Rahmenbedingungen kann und darf im täglichen Dienst wie auch in spezifischen Ausbildungsabschnitten adäquat abgebildet werden und somit auch Einfluss finden. Dennoch bleibt der Offizier im Kern das, was er immer war, heute noch ist und in Zukunft hoffentlich bleiben wird: der Führer einer ihm unterstellten Gruppe mit einem Auftrag, der in die Gesamtoperationsführung eingepasst werden muss.

Etwas Neues ist grundsätzlich an sich nichts Bedrohliches, sondern immer Teil des kontinuierlichen Wandels. Man sollte allen Entwicklungen daher zunächst offen begegnen und immer prüfen: (1.) was wirklich gut ist, (2.) was an Gutem besser modifiziert werden sollte auf der Basis praktischen Erfahrungsschatzes und (3.) ob das, was ist, scheinbar unausweichlich ist, tatsächlich hält, was es i.S. *„Weisheit letzter Schluss im schicksalhaften Gewand"* verspricht. Keine Entscheidung sollte jedenfalls isoliert von anderen getroffen werden. Alles ist in einem größeren Ganzen in einem Chancen- und Risikoverbund verzahnt. Wer Ihnen weismachen will, lediglich einen Aspekt zu ändern und alles andere unverändert zu lassen, erzählt Ihnen mit an Sicherheit grenzender Wahrscheinlichkeit nicht die ganze Wahrheit; und Sie sollten vorsichtig sein.

Um also im neuen Geflecht von Aufträgen, Netzwerken und Kommunikation bestehen zu können, muss der Offizier von heute über mehr verfügen als reines Fachwissen. Die neuen Aspekte fließen in die Ausbildung unmittelbar ein und geben den jungen Offizieren einen Grundvorrat an Handlungsmöglichkeiten an die Hand. Diese müssen aber im Laufe der dann folgenden Dienstzeit weiterentwickelt werden. Darüber hinaus gibt es unveränderliche Faktoren, die den Offizierberuf kennzeichnen. Diese sind unverändert seit geraumer Zeit gültig und werden es auch in Zukunft bleiben!

Diese grundsätzliche Linie kommt auch in einem Zitat aus der *Piccolomini*, dem zweiten Teil von Friedrich Schillers Wallenstein-Trilogie zum Ausdruck, womit ich meine Ausführungen denn auch beschließen möchte. Es ist gewissermaßen „klassisch" im überzeitlichen Sinne, und lautet: *„Und eine Lust ist's, wie er alles weckt und stärkt und neu belebt um sich herum, wie jede Kraft sich ausspricht, jede Gabe gleich deutlicher wird in seiner Nähe! Jedwedem zieht er seine Kraft hervor, die eigentümliche, und zieht sie groß, lässt jeden ganz das bleiben, was er ist; er wacht nur darüber, dass er's immer sei am rechten Ort; so weiß er aller Menschen Vermögen zu dem seinigen zu machen."*

Ein Luftwaffenoffizier in der Streitkräftebasis – Eindrücke aus der Bundeswehrgemeinsamkeit

Michael Traut

Streitkräftebasis? Warum eigentlich?

Stellen Sie sich vor, Sie sind Spitzenmanager und dürften in einem sehr großen Unternehmen die IT organisieren. Das Unternehmen – weltweit agierend und mit mehr als 200.000 Mitarbeitern – verfügt über ein kleines, gemeinsames Spitzenmanagement und über drei große, alteingesessene Abteilungen, die in völlig unterschiedlichen Themengebieten arbeiten, aber miteinander intensiv kommunizieren können müssen. Und nun die Frage: Würden Sie jeder Abteilung erlauben, für sich ein eigenes IT-System anzuschaffen und zu betreiben oder würden Sie ein gemeinsames IT-System kaufen und es, wo erforderlich, auf spezielle Bedürfnisse der Abteilungen anpassen?

Diese im wahrsten Sinne des Wortes strategische Entscheidung wurde für die IT und für weitere, große Fachgebiete der Bundeswehr vor mehr als 15 Jahren getroffen. Die drei „großen Abteilungen des Unternehmens" – Heer, Luftwaffe und Marine – betrieben zuvor jede für sich eine eigene IT, eine eigene Logistik und noch einige Dinge mehr. Und wen wundert es: Es waren stets drei verschiedene Ansätze, drei verschiedene technische Systeme, drei verschiedene Strukturen, drei verschiedene Verfahren. Da meistens keine gemeinsamen Normen festgelegt oder durchgesetzt wurden, war Kommunikation und Zusammenarbeit nicht gerade einfach.

Die Idee, einige von allen benötigte Fachgebiete zusammen zu fassen, um einfacher, schneller, effektiver und auch wirtschaftlicher zu werden, führte im Kern im Jahr 2000 zur Gründung der Streitkräftebasis. Natürlich war der Anfang schwer, da man praktisch im laufenden Betrieb drei völlig verschieden geprägte Welten zu gemeinsamem Funktionieren bringen musste. Eine große Reihe von Herausforderungen galt es zu überwinden – Technik, Standorte, Kulturen, Organisationen und Verfahren sind nur einige Schlagworte. Nicht alle waren von Anfang an überzeugt, dass diese Entscheidung richtig war – selbst dies war eine Herausforderung!

Vielleicht hat bei der Überwindung der Anfangshürden eine weitere Entscheidung geholfen, die in diesem Zusammenhang ebenfalls getroffen wurde:

Die Streitkräftebasis sollte von Anfang an die Vielfalt der traditionellen Uniformträgerbereiche Heer, Luftwaffe und Marine weiter leben. Sie sollte bewusst ein „gemischter" Organisationsbereich sein und keine vollständig „eigene" Teilstreitkraft mit eigener Uniform, vollständig eigener Ausbildung und damit wenig Austausch zu den anderen Bereichen. Von Anfang an war klar, dass die Kameraden und Kameradinnen aus Heer, Luftwaffe und Marine ihr jeweiliges Können, Wissen und ihre Kultur an einen Tisch bringen und hieraus zum Wohle aller etwas Neues, Gemeinsames zu gestalten haben.

Die Anfangsphase ist überwunden. Heute steht die Streitkräftebasis – von ihrem Dienstpostenumfang (ca. 39.700) her größer als Luftwaffe (ca. 23.300) und Marine (ca. 14.000) zusammen – mit einem breiten Spektrum an Leistungen für die gesamte Bundeswehr täglich im Einsatz. Dabei steht diese gemeinsame Leistung im Vordergrund. Es ist unerheblich, für wen in der Bundeswehr eine bestimmte Leistung erbracht wird. Wichtig ist, **dass** dies zuverlässig, schnell und effektiv im Einsatz, bei Übungen und im täglichen Betrieb erfolgt – wichtig ist, dass „der Laden läuft".

Für die zukünftigen Luftwaffenoffiziere ist das Wissen um das Aufgabenspektrum dieser SKB essentiell; schließlich leisten gegenwärtig und auch in Zukunft ca. 40 Prozent aller Luftwaffenoffiziere ihren Dienst nicht in „ihrer" Teilstreitkraft. In der Tat sind Luftwaffenoffiziere in allen Bereichen der Bundeswehr zu finden – vom Sanitätsdienst (ca. 720) über den Personalbereich (ca. 200), vom Heer (ca. 160) bis zum Bereich Ausrüstung, IT und Nutzung (ca. 250), vom BMVg (ca. 220) bis zum Bereich Infrastruktur, Umweltschutz und Dienstleistungen (ca. 80). Es gibt sogar drei Luftwaffen(stabs)offiziere in der Marine!

Der Löwenanteil der Luftwaffenoffiziere außerhalb der Luftwaffe – fast 2.300 Offiziere aller Dienstgrade – leistet jedoch seinen Dienst in der Streitkräftebasis. Damit stellen Luftwaffenuniformträger gut ein Viertel aller knapp 9.800 Offiziere in diesem Organisationsbereich. Blickt man auf die Verwendungsreihen oder fachlichen Hintergründe, so findet man viele Logistiker, IT-Spezialisten oder Offiziere aus der Aufklärung bzw. dem Nachrichtenwesen. Das bedeutet aber nicht, dass ausschließlich allein diese Fachleute vertreten sind – Verwendungen in der Streitkräftebasis bieten sich grundsätzlich für jeden Luftwaffenoffizier an!

Was ist die Streitkräftebasis?

Doch was verbirgt sich hinter dieser „unbekannten" Streitkräftebasis? Was kann und will diese Streitkräftebasis eigentlich? Und wie ist es, dort Dienst zu tun?

Man kann sich dem sehr breiten Spektrum der Streitkräftebasis mit einer relativ einfachen Daumenregel nähern: Grundsätzlich sind militärische Fähigkeiten, die man nicht sofort und eindeutig dem Heer, der Luftwaffe oder der Marine zuordnen kann, in der Streitkräftebasis zusammengefasst. Während der Betrieb und der Einsatz von Waffensystemen zu Land, zu Wasser und in der Luft den vorgenannten Teilstreitkräften obliegt und der Zentrale Sanitätsdienst der Bundeswehr sich im Wesentlichen um medizinische Versorgung kümmert, sorgt die Streitkräftebasis für Logistik, Führungsunterstützung, Militärisches Nachrichtenwesen, Geoinformationswesen, Territoriale Aufgaben in Deutschland, ABC-Abwehr, Feldjägerwesen, Zivil-Militärische Zusammenarbeit, Operative Information, Rüstungskontrolle, Militärmusik, Spitzensportförderung, Reservistenarbeit sowie für eine Reihe weiterer, streitkräftegemeinsamer Aufgaben wie Innere Führung, Aus- und Weiterbildung für alle Stabsoffiziere, Militärgeschichte und Sozialwissenschaften sowie für die Ausbildung der Jugendoffiziere, Wehrdienstberater, Personaloffiziere und im Stabsdienst. Zudem unterstehen der Streitkräftebasis viele herausgehobene Dienststellen der Bundeswehr im In- und Ausland, von Verbindungskommandos über Militärattachéstäbe an über 50 deutschen Botschaften bis zum Deutschen Militärischen Vertreter bei der NATO und EU, vom Militärhistorischen Museum bis zum Multinationalen Kommando Operative Führung.

Neben der obigen, mit teils sperrigen Begriffen belegten Aufzählung kann man eine weitere Faustregel für das Spektrum der Streitkräftebasis anwenden: Bestimmte Fähigkeiten und Leistungen, die in jedem Einsatz der Bundeswehr ungeachtet seines Charakters oder Umfangs benötigt werden, kommen von der Streitkräftebasis. Legt man die Chronologie eines beliebigen Einsatzes zu Grunde, fallen bereits weit vor seinem eigentlichen Beginn Leistungen der Streitkräftebasis ins Auge: Die Erfassung und Aufbereitung von Grundlagendaten über das Einsatzgebiet, die Verlegeplanung und -durchführung für alle Kräfte, der Aufbau eines Feldlagers und die Herstellung der Kommunikationsverbindungen. Für die Streitkräftebasis gilt daher: In jedem Einsatz dabei und „*first in, last out*". In den letzten Jahren waren durchschnittlich immer etwa ein Viertel aller in einem Einsatzland eingesetzten Soldaten Angehörige der Streitkräftebasis. Einsätze haben allerdings nicht nur im jeweiligen Einsatzland Relevanz: Über den breiten Rückgriff auf Kapazitäten im Inland – das „Reach-Back" – nehmen viele Angehörige der Streitkräftebasis von ihrem täglichen Arbeitsplatz aus mittelbar an Einsätzen teil: Ob es der Auswerter im Kommando Strategische Aufklärung oder der Spezialist im IT-Betriebszentrum der Bundeswehr oder der Logistiker in einem Materialdepot ist – der Einsatz ist stets präsent. Und das gilt nicht nur für einen Einsatz im Ausland: Durch die Verantwortung für die Territorialen Aufgaben in Deutschland hat die Streitkräftebasis die Führungs- und Koordinationsaufgabe für alle Hilfeleistungen im Inland, sei es bei der Bewältigung von Naturkatastrophen oder bei der Unterstützung in der Flüchtlingshilfe. Die Organisation hierfür reicht über alle Bundesländer bis in die Kommunen.

Die Geschichte: Unterschiedliche Organisationskulturen

Zum Verständnis der besonderen „Kultur" in einem aus allen Uniformträgern zusammen gesetzten Organisationsbereich ist es hilfreich, sich anhand einiger Aspekte die traditionell unterschiedlichen Organisationen und damit Denkweisen von Heeres-, Luftwaffen- und Marineuniformträgern zu verdeutlichen und danach die Herausforderung des Zusammenwirkens vor Augen zu führen. Die klassische Physik und die höchst unterschiedlich lange Geschichte der drei Bereiche bieten hierfür die Ansatzpunkte. Die unveränderlichen physikalischen Domänen Land, Luft und See bestimmen durch ihre Unterschiedlichkeit die Art und Ausprägung militärischer Fähigkeiten, die in diesen Domänen oder aus ihnen heraus zur Wirkung kommen können. Eine Führungsorganisation für den Einsatz von Fähigkeiten in der jeweiligen Domäne muss den dort vorherrschenden operativen Faktoren (Zeit, Raum, Kräfte, Bedrohung, Informationen) Rechnung tragen, um ihre erforderliche Führungsleistung erbringen zu können.

Die Domäne „Land" ist geprägt durch komplex strukturierte und enge Räume mit einer Vielzahl stationärer und beweglicher Ziele unterschiedlichster Art und Größe (z.B. Einzelpersonen, Fahrzeuge, Gebäude), deren militärische Klassifizierung (z.B. Freund, Feind, neutral) sehr anspruchsvoll ist. Aufklärung, Bewegung und Wirkung in der Domäne „Land" sind grundsätzlich räumlich sehr begrenzt, aber teils auch ohne anspruchsvolle technische Hilfsmittel möglich. Technische Hilfsmittel können Sichtweite, Bewegungsfreiheit und Wirkungsradius nur in den von der Topographie vorgegebenen Grenzen erweitern. Die relativ geringe Abhängigkeit von technischen Mitteln und die aus der Komplexität des Interessengebiets rührende Notwendigkeit, letztlich mit einer großen Zahl menschlicher Akteure, die überwiegend unter individueller Bedrohung stehen, militärische Wirkung zu entfalten, macht die Domäne „Land" zur ältesten, damit als „klassisch" wahrgenommenen sowie personalintensivsten Domäne. Das Heer definiert und erlangt seine Fähigkeiten daher grundsätzlich über die Aufstellung von personalstarken Formationen und Strukturen, die, mit unterschiedlichen Waffen und Gerät ausgestattet, im Zusammenwirken eingesetzt werden können. Die Führungsorganisation des Heeres ist im Wesentlichen aufgrund der personellen Führungsspannen durch die „klassische" militärische Hierarchie der Führung von Soldaten in Trupps, Gruppen, Zügen, Kompanien, Bataillonen, Regimentern, Brigaden, Divisionen und Korps geprägt. Multinationalität beginnt grundsätzlich ab der Großverbandsebene (d.h. Brigade) aufwärts.

Die Domäne „See" kann nur mit technischen Hilfsmitteln sowohl auf als auch unter ihrer Oberfläche genutzt werden. Interessengebiete enthalten grundsätzlich wenige Ziele und können erhebliche Ausmaße (Ozean) einnehmen. Bewegungshindernisse werden durch Landformationen oder nur punktuell durch angelegte Sperren dargestellt. Die eigene Bewegungsfreiheit und -geschwindigkeit wird durch die Fähigkeiten der technischen Plattform bestimmt, Aufklärung wird nur durch den Horizont begrenzt. Dem Schutz der eigenen Plattform kommt für das Überleben der gesamten Besatzung essentielle Bedeutung zu. Die Lebensbedingungen an Bord sind beengt, und – die Einsätze sind langwierig. Die über weite Entfernungen zu leistende Versorgung muss sich auf Infrastruktur oder auf eigene Plattformen abstützen. Bei der Marine steht daher die Abfolge „Waffensystem/Plattform Schiff/Boot – Besatzung – Unterstützung" im Zentrum der organisatorischen Überlegungen. Eine Führungsorganisation benötigt grundsätzlich weltweit den Blick auf die Domäne „See". Einsätze von Seestreitkräften finden – nicht zuletzt aus Gründen des essentiellen Eigenschutzes – immer in größeren Verbänden statt. Multinationalität wird bis auf Plattformebene praktiziert und ist integraler Bestandteil der taktischen und operativen Führung.

Unsere Domäne „Luft" wird im Unterschied zu den beiden anderen Domänen erst seit Ausgang des 18. Jahrhunderts überhaupt und erst seit etwa 100 Jahren signifikant militärisch genutzt. Grund hierfür ist die notwendige Hochtechnologie, die sich im genannten Zeitraum rasant entwickelt hat und die jeweils zu ihrer Zeit immer die Spitze des Fortschritts darstellte. Die Nutzung der dritten Dimension, die um Größenordnungen höhere erzielbare Geschwindigkeit und Reichweite sowie Hindernisfreiheit kennzeichnen die Domäne „Luft", die omnipräsent ist – über Land und über See. Räume und Distanzen können sehr schnell überbrückt werden; Wirkung kann sehr flexibel erzielt werden. Diese Rahmenbedingungen setzen einen Angreifer auch bei zahlenmäßiger Unterlegenheit grundsätzlich in Vorteil. Gleichwohl sind Fähigkeiten grundsätzlich nur zeitlich begrenzt und abhängig von einer komplexen eigenen Infrastruktur projizierbar. Aufgrund der ähnlichen operativen Rahmenbedingungen wurde die Domäne „Luft" in den letzten Jahrzehnten in Richtung des Weltraums erweitert.

Im Gegensatz zu den anderen Domänen setzt sich ein relativ geringer Anteil von Soldaten – im Wesentlichen eine Lfz-Besatzung – einem individuellen, gleichwohl technisch bedingt ständigen Risiko aus. Dem gegenüber ist der Aufwand zur Bereitstellung luftgestützter Fähigkeiten relativ hoch. Hohe Spezialisierung und Technisierung, Verlässlichkeit und Teamarbeit in der Bereitstellung von Luftfahrzeugen hat daher die Kultur und Organisation von Luftstreitkräften geprägt. Die Organisation der Luftwaffe ist durch Art und Anzahl ihrer fliegenden Plattformen bzw. ihrer Wirkmittel, die technische Bereitstellung dieser Plattformen sowie die Aufrechterhaltung einer Infrastrukturbasis bestimmt. Luftstreitkräfte werden weitgehend, zum Teil sogar innerhalb einer Besatzung, multinational eingesetzt, die Integration im Bündnis bestimmt große Teile der Luftwaffe.

Heutige, moderne Streitkräfte sind inzwischen in allen Domänen hoch technisiert und spezialisiert. Militärische Ziele können nur im engen Zusammenwirken vieler Fähigkeiten erreicht werden, indem die Vorteile der jeweiligen Domänen im Rahmen einer gemeinsamen operativen Planung und Führung gezielt genutzt und die eigenen Fähigkeiten synchron zur Wirkung gebracht werden. Eine weitere nur gemeinsam erbringbare Leistung ist, die an den Domänenübergängen (Land-Luft, Luft-Land, Luft-See, See-Land etc.) bestehenden Grenzen gedanklich zu überwinden und durch fortschreitende Vernetzung die Zusammenarbeit auch auf taktischer Ebene weiter zu verbessern.

Dazu kommt, dass wir über die klassischen, rein physikalischen Domänen Land, Luft und See bereits hinaus sind. Ein virtueller Raum – der *„Cyberspace"* – spielt schon heute eine wesentliche Rolle bei der Auftragserfüllung. Dabei geht es nicht nur um die Frage des Schutzes eigener Informationen in Computernetzwerken, sondern um die Frage, wie Informationen gezielt als Mittel zur Erreichung eigener Ziele eingesetzt werden können – über die unterschiedlichsten Medien. Diese hoch aktuelle Frage wird sich sicherlich in der Organisation der Bundeswehr niederschlagen – die Untersuchungen hierzu laufen. Jetzt schon klar ist, dass es sich um eine weitere Aufgabe handelt, die nur bundeswehrgemeinsam gemeistert werden kann. Damit wird sich der Anteil derer, die in streitkräfte- oder bundeswehrgemeinsamen Bereichen Dienst tun, voraussichtlich noch weiter erhöhen.

Die Synchronisierung: Orientierung am gemeinsamen Auftrag

In der Streitkräftebasis und den anderen gemischt besetzten Organisationsbereichen treffen nun Menschen aus den drei klassischen Teilstreitkräften aufeinander, die mit ihren unterschiedlichen Hintergründen, Erfahrungen und Kenntnissen einen gemeinsamen Auftrag zu erfüllen haben. Das Zusammenspiel verläuft erstaunlich reibungslos, da alle – mehr oder weniger unterbewusst – der in ihrem Kern gemeinsamen militärischen Ausbildung und Erziehung folgen. In der Theorie abstrakte soldatische Grundwerte sowie unsere Führungsphilosophie, insbesondere die Ausrichtung am Auftrag, Offenheit, Realismus und Toleranz, kommen hier täglich und sehr lebhaft zum Tragen. Im Vordergrund steht der gemeinsame Auftrag, und man kann davon ausgehen, dass alle mit ihren jeweiligen Kompetenzen, Kenntnissen und Fertigkeiten diesen erfüllen wollen. Offenheit heißt, unvoreingenommen miteinander zu sprechen; gelebter Realismus ist, die Fähigkeiten aller Teammitglieder richtig einzuschätzen und einzusetzen; gelebte Toleranz ist, niemanden „umerziehen" zu wollen und sich auf sein Gegenüber einzustellen. Besonders für Führungspersonal ist dies eine spannende und interessante Aufgabe, und es erweitert den eigenen Horizont ganz beträchtlich. Die gemeinsame Kultur, die sich dort entwickelt, ist weder eine reine Heeres-, Marine- oder Luftwaffenkultur, sie erscheint in den jeweiligen Bereichen und Dienststellen abhängig vom Auftrag und der Zusammensetzung auch in einer gewissen Bandbreite. *„Einheit in Vielfalt"* scheint aber ein gemeinsames, sehr erfreuliches Motto zu sein.

Bevor man allerdings als Mitarbeiter oder Vorgesetzter in einen streitkräftegemeinsamen Bereich geht, ist das souveräne Beherrschen des ureigenen Handwerks absolut zwingende Voraussetzung! Neben der fachlich guten Arbeit, die man stets liefern sollte, wird man immer auch als Repräsentant seiner Uniformfarbe gesehen und natürlich als Experte befragt. Der Anspruch sollte also immer sein, dass man als Offizier der Luftwaffe seine Teilstreitkraft nicht nur gut kennt, sondern dass man auch die Einsatzgrundsätze, die Führungsprinzipien, die Eigenheiten und insbesondere die Fähigkeiten unserer Luftwaffe und von Luftstreitkräften im Allgemeinen verstanden hat und – noch wichtiger – einem „Nicht-Experten" verständlich erklären kann.

Verständliches Kommunizieren setzt wiederum den berühmten „gemeinsamen Zeichensatz", das gemeinsame Vokabular und – noch viel wichtiger – das gemeinsame Verständnis militärischer Grundbegriffe und militärischer Denkweisen voraus. Das beginnt tatsächlich bei der Verinnerlichung soldatischer Grundwerte und reicht bis zur exzellenten fachlichen Kompetenz. Es ist Teil des Auftrages der Offizierschule der Luftwaffe, die zukünftigen Luftwaffenoffiziere mit diesem gemeinsamen Zeichensatz auszustatten.

Bereits mit Beginn ihrer Ausbildung sollten diese erkennen, dass die Bundeswehr auch außerhalb der Luftwaffe viele, interessante Aufgaben bietet, die auf sie zukommen können. Ohnehin gibt es in einer individuellen Laufbahn niemals ein Schwarz-Weiß, d.h. eine Karriere ausschließlich innerhalb *oder* außerhalb der Luftwaffe. Jede Laufbahn lebt vom Austausch und vom stetigen Wechsel zwischen verschiedenen Bereichen. Gerade Erfahrung in einer Bandbreite von Gebieten zu bekommen, regelmäßig neue Aufgaben zu meistern, Menschen unterschiedlichsten Hintergrunds kennen zu lernen und selbst immer dazu zu lernen, macht aus meiner Sicht einen großen Reiz unseres Berufes aus – ideal für neugierige, tatkräftige, teamfähige und dynamische (junge und auch lebenserfahrenere) Menschen, die als Offiziere unserem Land dienen (wollen)!

Und was bedeutet das für Sie? Stellen Sie sich darauf ein, als Luftwaffenoffizier nicht nur ein fachlicher und militärischer Profi in Ihrem Gebiet, sondern ein professioneller Vertreter der Luftwaffe in der Bundeswehr zu sein. Bleiben Sie neugierig und tauschen Sie sich, wann immer es geht, mit Ihren Kameradinnen und Kameraden aus Heer und Marine aus – sie wissen genauso viel über ihre „Farbe" wie Sie über die Luftwaffe. Seien Sie selbstbewusst und vertrauen Sie darauf, dass Sie als Experte für die Luftwaffe respektiert werden – das Rüstzeug dazu bekommen Sie!

Der Generalstabsoffizier der Luftwaffe

Gabriele Voyé

Immer wieder stelle ich mir nicht ungern die Frage, mit welchem Selbstverständnis der gewählte Berufsweg als Offizier beschritten wird, und was diejenigen Menschen charakterisiert, die diesen Weg beschreiten. Denn diese Fragestellung begegnet mir in regelmäßigen Abständen meines Berufslebens aus unterschiedlichsten Anlässen. In meinem Falle ganz speziell gefragt: Was bedeutet es, Generalstabsoffizier der Luftwaffe zu sein? Welches berufliche Selbstverständnis charakterisiert eigentlich das Handeln eines Generalstabsoffiziers? Mit dem folgenden Beitrag möchte ich einen aus persönlicher Sicht formulierten Impuls geben, sich mit der Berufsgruppe der Generalstabsoffiziere zu beschäftigen. Vielleicht sogar deshalb, weil der eine oder andere Leser darüber nachdenkt selbst diesen Weg anzustreben…

Von Beginn unseres Soldatenlebens an werden wir immer wieder darauf aufmerksam gemacht, dass unser Beruf weit mehr als eine bloße Tätigkeit sei, mit der man sein Auskommen verdiene. Natürlich könnte man so an den Soldatenberuf herangehen, aber ich glaube, spätestens wenn man selbst die Eidesformel nachspricht und später auch vorspricht (!) – und sich hoffentlich in beiden Fällen vorher damit in Ruhe auseinandergesetzt hat – wird man die mögliche Tragweite der Entscheidung zum Soldatenberuf erstmalig erahnen. Es gilt, die besonderen Pflichten des Soldatenberufes anzunehmen, sich damit ernsthaft auseinanderzusetzen und insbesondere Loyalität, Treue und Tapferkeit zu leben. Denn „Staat und Soldat sind durch ein System gegenseitiger Treue miteinander verbunden", so ist es im Soldatengesetz ausgeführt. Was vielleicht für den einen oder anderen antiquiert formuliert klingt, bildet einen wesentlichen Teil des Grund- und Werteverständnises unseres Berufes.

Vom Offizier…

Mit der Verleihung des Patentes steht ein Offizier dann in herausgehobenem Maße in der soldatischen Pflicht und Verantwortung. Es ist eine Verantwortung, die sich nicht teilen lässt. Sie erstreckt sich auf alle Belange des soldatischen Lebens, besonders aber auch auf die Verantwortung über den Einsatz nicht nur des eigenen, sondern des Lebens der anvertrauten Kameraden. Den Beruf des Offiziers zu leben, fordert den ganzen Menschen geistig und körperlich und ist Lebenseinstellung wie Geisteshaltung, die – so meine ich – zumindest in einigen Facetten zeitlos ist.

… zum Generalstabsoffizier

In welcher Art und Weise bringt sich nun der Generalstabsoffizier der Bundeswehr in die Streitkräfte und Gesellschaft ein, und aus welchem Selbstverständnis heraus macht er dies? Historisch betrachtet, wurde 1810 die Generalstabsausbildung erstmals in Preußen eingeführt. Hier überwog zunächst die wissenschaftliche Bildung im Verhältnis zur militärfachlichen Ausbildung. Im weiteren Verlaufe bis zum Beginn des Ersten Weltkrieges gewann die militärfachliche Ausbildung mehr und mehr an Bedeutung. In der Reichswehr wurden die angehenden Generalstabsoffiziere auf dem Lehrgang für Führergehilfen ausgebildet. Das war eine Tarnbezeichnung, denn auf Grund der Bestimmungen des Versailler Vertrages durfte die erste deutsche Demokratie über keinen Generalstab verfügen. In der von „Reichswehr" zur „Wehrmacht" umgetauften Armee des NS-Staates wurden Generalstabsoffiziere ab 1935 offiziell an der(n) Kriegsakademie(n) militärfachlich ausgebildet. Die Bundesrepublik Deutschland mit ihrer Bundeswehr nahm diesen Strang nicht auf. 1957 wurde die Generalstabsausbildung der Bundeswehr aus der Taufe gehoben, anknüpfend an das geistige Selbstverständnis der preußischen Reformer. Die Führungsakademie der Bundeswehr strebt – in gewisser Bandbreite oszillierend zwischen der rein militärfachlichen und der akademischen (Weiter-)Bildung ihrer angehenden Generalstabsoffiziere – den Angehörigen einer einwandfrei demokratieloyalen Funktionselite an, der den Primat der Politik verinnerlicht und über den Tellerrand des rein Militärischen blickend gleichwohl als effizienzorientierter Experte des Militärischen verantwortungsethisch fungiert.

Um das zu unterstreichen und für die Gegenwart zu aktualisieren, setzte sich der Lehrgang Generalstabsausbildung National (LGAN) 2008 im Rahmen einer beruflichen Selbstreflexion künftiger General-/und Admiralstabsoffiziere aus historisch, funktionaler und ethischer Sicht mit dem beruflichen Selbstverständnis des Generalstabsoffiziers auseinander. Die Thesen wurden publiziert unter dem Titel *„Der Offizier im Generalstabs-/Admiralstabsdienst. Auf dem Weg zur Verantwortungselite, LGAN 2008"* (Hamburg 2010). Meines Erachtens sind die hier dargelegten Thesen als geistiger Referenzpunkt geeignet, um immer wieder selbst über das eigene berufliche Selbstverständnis nachzudenken und den Sinn dementsprechend zu schärfen. Denn auch das Bild des Generalstabsoffiziers ist nichts Statisches, sondern folgt den gesellschaftlichen Wandlungen der Zeit!

Um in diesem Beitrag meine Gedanken zur Thematik des Generalstabsoffiziers der Luftwaffe zu entwickeln, nehme ich drei, für mich persönlich als wichtig und zeitlos empfundene begriffliche Bausteine exemplarisch als Kernsatz zur Hand:

(1)   Der Kern ist das Dienen;
(2)   Generalstabsoffiziere bilden einen integralen Bestandteil der Berufs-
        gruppe der Offiziere;
(3)   Bildung sowie persönliche Weiterentwicklung sind wesentliche Bau-
        steine des Generalstabsoffiziers.

Ad 1:   Der Kern ist das Dienen

Was in der Eidesformel als einfaches Verb erscheint, ist der große Ankerpunkt des soldatischen Lebens: das Dienen. Inhaltlich birgt es mehr als das bloße Verrichten einer Tätigkeit. Eigentlich bedeutet es eine Hingabe für die Aufgabe, aufbauend auf der eigenen Lebenseinstellung und -führung. Dienen und somit im täglichen Dienst mit gutem Gewissen sein Bestes geben, hat für mich auch sehr viel mit persönlicher Zurückhaltung und Bescheidenheit in der eigenen Darstellung zu tun; dies ist jedoch nicht zu verwechseln mit Zurückhaltung in der Sache! Im praktischen Sinn schließt „Dienen als Generalstabsoffizier" darüber hinaus mit ein, heute nicht nur streitkräftegemeinsam, multinational und militärfachlich, sondern auch gesamtgesellschaftlich und global denkend Entscheidungen vorzubereiten, sie zu tätigen, für sie einzustehen und im Sinne des Gemeinwohls zu reflektieren. Dienen bedeutet dabei auch, Demut vor der Aufgabe und Verantwortung zu haben und sich dessen bewusst zu sein, dass man in einer staatlichen Institution tätig ist, welche per Definition das Monopol zur Anwendung militärischer Gewalt hat.

Ad 2:   Generalstabsoffiziere bilden einen integralen Bestandteil der
Berufsgruppe der Offiziere

Generalstabsoffiziere sind zunächst wie alle anderen Offiziere militärische Führer und Vorgesetzte. Sie wirken militärfachlich, sie beraten ihre Vorgesetzte und sie sind natürlich sämtlichen militärischen Tugenden sowie dem Wertekanon des Staatsbürgers in Uniform gleichermaßen verpflichtet. Worin besteht also der Unterschied?

Generalstabsoffiziere sind durch ihre Prädisposition und durch entsprechend ergänzende Bildung und Ausbildung in der Lage, auch bekanntes Fachterrain zu verlassen. Sie wirken nicht nur militärfachlich, sondern darüber hinaus auch gesellschafts- und sicherheitspolitisch. Sie denken umfassend und leiten ihre Entscheidungen in beratender als auch gestaltender Funktion aus unterschiedlichsten Blickrichtungen ab. Die Komplexität und die fast immer vorhandenen unsicheren Faktoren bei der Entscheidungsfindung dürfen den Generalstabsoffizier nicht beeindrucken. Es sind vielmehr im Normalfall *gerade diese* Umfeldbedingungen, für die er durch geistige und charakterliche Eignung sowie militärfachliche Ausbildung und allgemeine Bildung über die richtigen Kompetenzen zur Entscheidungsfindung verfügt.

Im Rahmen der Generalstabsausbildung werden diese Fertigkeiten auf- und ausgebaut. Der Generalstabsoffizier muss jedoch nicht der Spezialist für jedes Detailwissen sein. Er muss in der Lage sein, zu aggregieren und Zusammenhänge zwischen den einzelnen Ereignissen oder Sachverhalten zu erkennen. Hier liegt jedoch meiner Meinung nach auch der Grund für manch karikierendes Moment, das sich im Verhältnis zwischen Generalstabs- und Truppenoffizieren zuweilen ergibt. Etwas überzeichnet dargestellt, ist das etwa so: Wo die eine Seite Kurzsichtigkeit moniert, beklagt sich die andere Seite über zu große Fernsicht und fehlende Trennschärfe in der Entscheidungsfindung. Die Lösung liegt, wie so oft, meist irgendwo in der Mitte: Beide Offiziere, der Spezialist und der Generalist, betrachten eine Sache aus unterschiedlichen Blickwinkeln und ergänzen sich im Gesamtsystem gut!

Ad 3:   Bildung sowie persönliche Weiterentwicklung sind wesentliche
        Bausteine des Generalstabsoffiziers

Bildung und lebenslanges Lernen sind für den Generalstabsoffizier absolute Voraussetzungen, um seine Tätigkeit vollends ausfüllen zu können. Dabei geht die Bildung und Weiterbildung weit über das Militärfachliche hinaus. Die bereits angesprochene Fähigkeit zum ganzheitlichen und interdisziplinären Denken auch in übergeordneten gesamtgesellschaftlichen und politischen Zusammenhängen muss kontinuierlich verfeinert werden und erweitert sich neben entsprechender Ausbildung gerade auch in der Wahrnehmung unterschiedlicher Aufgaben z.B. im multinationalen und militärpolitischen Bereich oder an den Schnittstellen zwischen militärischem und zivilen Umfeld. Ideal ist es im Werdegang des Generalstabsoffiziers, wenn sich Zeiten der extensiven praktischen Beanspruchung mit Zeiten zur inhaltlichen und persönlichen Reflexion abwechseln, um die Qualität der beruflichen Arbeit kontinuierlich weiterzuentwickeln. In diesem Zusammenhang empfinde ich es als sehr wichtig, sich selbst immer wieder der persönlichen Werte bewusst zu werden und die eigene Authentizität zu überprüfen. Denn ich denke, nur in sich ruhend und mit festem werteorientierten Ankerpunkt ist es möglich, den bestmöglichen (militärischen) Ratschlag zur Entscheidungsfindung zu geben oder die Entscheidung selbst zu treffen und zu verantworten. Insbesondere auch dann, wenn in der Sache einmal begründet widersprochen werden muss.

…und dann zum Generalstabsoffizier der Luftwaffe

Was charakterisiert nun einen Generalstabsoffizier der Luftwaffe? Auch diese Fragestellung beschäftigte mich sehr lange und sie beschäftigt mich noch immer. Selbstverständlich sind die in den vorangegangenen Abschnitten adressierten Merkmale als Grundgedanken auch für den Generalstabsoffizier der Luftwaffe charakterisierend. Darüber hinaus hat jede Teilstreitkraft eine ganz eigene Prägung und Sozialisierung ihrer Angehörigen, die sich überwiegend aus der Materie und Dimension herleiten, in welcher die Soldaten dienen.

Die Luftwaffe als jüngste der *klassischen* Teilstreitkräfte benötigte recht früh auf allen Ebenen, aber insbesondere durch die großen Innovations- und Technologiesprünge in der zweiten Hälfte des letzten Jahrhunderts technisch, funktional und humanistisch gebildetes Personal. So musste neben dem eigentlichen militärischen Handwerk das Verständnis für hoch komplexe technische Systeme und der Umgang mit ihnen entwickelt werden. Dies bedingte auch, dass neben den allgemeinen militärischen Fertigkeiten jeder Soldat vom Mannschaftssoldaten über den Unteroffizier bis hin zum Offizier als Spezialist für eine bestimmte Tätigkeit ausgebildet wurde und wird. Das Aufgabenfeld des Einzelnen ist häufig derart spezialisiert, dass der Funktionsträger nicht beliebig schnell durch einen anderen kompensiert werden kann.

Freude und Leidenschaft am Umgang mit der dritten Dimension, Mut sich darin oder dafür zu bewegen, Technikaffinität, Innovationsbegeisterung und Entscheidungsfreude sowie großes Teambewusstsein und Vertrauen auf die Teamleistung von Spezialisten über alle Hierarchiestufen hinweg kennzeichnen in Folge seit Jahrzehnten alle Luftwaffenoffiziere.

Als Generalstabsoffizier legt man diese teilstreitkraftbedingte Prägung natürlich nicht ab. Kennzeichnend für einen Generalstabsoffizier der Luftwaffe ist es aus meiner Sicht, dass die Begeisterung für die „dritte Dimension", die Gabe uneingeschränkt im Team und in Führungsfunktion zu arbeiten sowie der angemessene taktvolle menschlichen Umgang mit unterschiedlichsten

Menschen sein tägliches Handeln bestimmen. Soziale Kompetenz, Mut, Innovationsbegeisterung, Technikaffinität, dynamisches Vorwärtsdenken und Entscheidungsfreude sind für mich die Schlüsseleigenschaften, die gerade den Generalstabsoffizier der Luftwaffe prädestinieren, im zuvor beschriebenen Handlungsumfeld mit den oftmals vielen unbekannten Variablen und unterschiedlichsten Themenfeldern zielsicher, ruhig und planvoll zu wirken. Und dies, gepaart mit persönlichem Esprit, Freude und der notwendigen Gelassenheit, auch wenn es einmal unübersichtlich erscheint!

Zusammenfassend meine ich, den Generalstabsoffizier der Luftwaffe zeichnet zuvörderst aus, dass er die berufliche Identität und das Selbstverständnis der Luftwaffe mit Authentizität vorlebt und dass er die Eigenschaften der Dimension Luft sowie die Notwendigkeit von Luftmacht an seinen unterschiedlichsten Wirkungsstätten im gesellschaftlichen Raum sinnvoll und ergebnisorientiert entwickeln, anwenden und kommunizieren kann. Der Generalstabsoffizier der Luftwaffe weiß um die Vergangenheit. Doch er lebt im Hier und Jetzt. Indem er geistiger und technischer Innovation zugewandt ist, steht er immer aufgeschlossen dem gegenüber, was die Zukunft hoffentlich an Positivem bringt.

Der Offizier des militärfachlichen Dienstes als Scharnier zwischen dem Offizier des Truppendienstes und dem Unteroffizier

Björn Jantzen

Der Offizier des militärfachlichen Dienstes, ein Offizier wie jeder andere? Diese Fragestellung ist im Kontext mit der Überschrift sinnvoll, da beide „Offizierstypen" Unterschiede im Werdegang aufweisen.

Der Weg des jungen Soldaten, der sich für die Laufbahn des Offiziers des Truppendienstes entschieden hat, ist gänzlich anderer Natur als derjenige des Unteroffiziers, der Offizier des militärfachlichen Dienstes (OMilFD) werden will. Denn der künftige Offizier des Truppendienstes durchläuft nach Feststellen seiner grundsätzlichen Eignung durch das *„Assessmentcenter für Führungskräfte"* (früher: Offizierbewerberprüfzentrale [OPZ]) in Köln und der Grundausbildung zunächst eine mehrmonatige Ausbildung an der Offizierschule der Luftwaffe. In der Regel folgt danach eine akademische Ausbildung an einer der beiden Universitäten der Bundeswehr. Nach erfolgreichem Studienabschluss werden die jungen Offiziere in ihre Verbände versetzt. Im Idealfall schließt sich dann sogleich der ca. zwei Monate dauernde Lehrgang *„Offizier Teil 3"* (bis vor kurzem „Lehrgang Führungstraining" genannt). Dieser bildet, formell gesehen, den laufbahnrechtlichen Abschluss der Ausbildung zum Offizier des Truppendienstes (OTrDLw). Zum richtig vollwertigen OTrDLw wird man dann in der Tat erst in den anschließenden Truppenverwendungen sowie der weiteren Fachausbildung an den Fachschulen der Luftwaffe bzw. der Bundeswehr.

Grundlagen

Der Werdegang des OMilFD sieht „etwas" anders aus. Dessen Laufbahn bedeutet eine sogenannte Aufstiegslaufbahn. Das heißt, gestandenen Feldwebeldienstgraden, welche nicht über einen für den Offizier des Truppendienstes der Luftwaffe (OTrDLw) hinreichenden Bildungsabschluss (Hochschulreife/Fachhochschulreife) verfügen, wird damit der Aufstieg vom – besoldungstechnisch gesehen – „mittleren" in den „gehobenen Dienst" ermöglicht.

In der Regel sind es Soldaten im Dienstgrad Ober-/Hauptfeldwebel. Sie entscheiden sich entweder in realistischer Selbsteinschätzung dazu oder sie werden durch ihre Vorgesetzten identifiziert, auf dass der Laufbahnwechsel zustande kommt.

Grundsätzlich handelt es sich um fachlich sehr erfahrene und altersmäßig gereifte Dienstgrade, die sich aufgrund ihrer bisherigen Verwendungen in den diversen Bereichen der Luftwaffe eine außergewöhnlich hohe Fach- und Führungsexpertise erarbeitet haben. Als bisherige Portepeeunteroffiziere verstehen sie sich unzweifelhaft als „Meister ihres Faches" bzw. als „meisterliche Militärhandwerker". Eine Ausnahme hierbei bildet bis jetzt die Gruppe der Fahnenjunker/Fähnriche aus den Bereichen „fliegerischer Dienst" und „Einsatzführungsdienst", da diese sehr jung an Jahren in die Laufbahn OMilFD aufgenommen werden.

Was trennt und was verbindet den Offizier des militärfachlichen Dienstes mit dem Offizier des Truppendienstes Luftwaffe im Dienstbetrieb? Im Folgenden möchte ich dazu meinen persönlichen Werdegang in der Objektschutztruppe näher erläutern. Es soll damit aufgezeigt werden, welch differenzierte Ausbildung der zum OAMilFD anstehende Portepeeunteroffizier durchläuft und was es in mentaler Hinsicht bedeutet, das hohe Ziel des OMilFD zu erreichen.

Aus der Perspektive der Unteroffiziere mit und ohne Portepee bedeutet der Laufbahnwechsel vom Unteroffizier zum Offizier des militärfachlichen Dienstes gemeinhin „Verrat". Das klingt sehr grausam, denn als Soldat begeht man keinen Verrat! Hierzu muss man wissen, dass generell ein Unteroffizier zu Beginn seiner Dienstzeit nicht im Geringsten daran denkt, den Laufbahnwechsel zum OMilFD vorzunehmen. „Team Luftwaffe" hin oder her: Unteroffiziere empfinden sich im Grunde noch immer als stolze Angehörige ihres „Korps". Es gehört also für den Unteroffizier nicht zur „geplanten Kampfführung", den „abseitigen" Weg zum OMilFD einzuschlagen. Dazu kommt gewiss noch die Prägung des Unteroffiziers durch das jeweilige Führungsgrundgebiet. Denn darin ist ja der Unteroffizier professionell als militärischer Führer, Erzieher und Ausbilder „von der Pike auf" groß geworden. Dabei ist es ganz gleich, ob es sich um den Radarführungsdienst oder den Objektschutz handelt. Bei letzterem kommt natürlich noch der ausgeprägte Waffenstolz als tragendes Moment hinzu.

Prägung durch Feldwebel

Nach meiner Versetzung als Grundwehrdienstleistender von der 3. Kompanie des Luftwaffenausbildungsregiments (LwAusbRgt) in Mengen/Oberschwaben zur Luftwaffensicherungsstaffel des Jagdbombergeschwaders 32 (LwSichStff JaboG 32) stand für mich relativ schnell fest, dass ich nur zu dieser für die Luftwaffe besonderen, weil infanteristisch einzigartigen „Truppengattung" gehören wollte. Auch war mir bewusst, sicherlich durch die gewonnenen positiven Eindrücke, nicht minder durch die Ausstrahlung meiner Vorgesetzten, dass ich nicht bloßer Mannschaftssoldat bleiben wollte. Ich wollte so schnell es ging in die Laufbahn der Unteroffiziere wechseln.

Das personelle Umfeld spielte m.E. dabei eine ganz entscheidende Rolle. In meinem Fall, erstens, mein Zugführer, ein gestandener und sehr erfahrener Hauptfeldwebel. Dieser beeindruckte mich sehr durch seine persönliche Ausstrahlung und durch seine eigene Art der Führung: Er war hart, aber gerecht, und zugleich war er ein „Mann der leisen Zwischentöne", der dadurch die Lernbereitschaft der Soldaten umso mehr forderte und förderte. Zweitens, mein Gruppenführer: ein junger, sehr dynamischer Unteroffizier. Er verstand es in seiner quirligen Art, die Ausbildung interessant anzulegen und dementsprechend zu gestalten. Immer wieder motivierte er uns, wenn die insbesondere körperlich fordernde Ausbildung zum Sicherungssoldaten uns in ein „tiefes Loch" hat fallen lassen.

Das Credo meines Gruppenführers war immer, *„Ausbildung muss Spaß machen, sie soll/muss aber auch fordernd sein"*. Er begründete das mit der Verantwortung, welche er für seine ihm anvertrauten Soldaten habe. Dies war etwas, was mich grenzenlos beeindruckte. So wollte ich künftig als Soldat leben! Noch dazu schloss er sich selbst nicht aus, wenn es um Anstrengungen und Strapazen ging, welche die Gruppe erlebte, erfahren durfte und erdulden musste. Die Botschaft, die er mir hinterließ, lautete: Für den Unteroffizier gibt es hinsichtlich der Verantwortung für das Wohl seiner Gruppe keine „Extrawurst". Mit der Gruppe zu leiden, bedeutet für den Unteroffizier eben nicht den Verlust von Autorität und Glaubwürdigkeit. Unterstützt wird das Ganze durch die Kenntnis der Stärken und Schwächen jedes anvertrauten Soldaten, um einen Auftrag optimal erfüllen zu können.

Meinen damaligen Zugführer und meinen Gruppenführer vor Augen: So stelle ich mir für jetzt und in Zukunft das qualitative gute Unteroffizierkorps im „Team Luftwaffe" vor. Ich gestehe gerne, dass demgegenüber mein Staffelchef damals irgendwie neutral wirkte. Denn ich musste meinem Disziplinarvorgesetzten überdeutlich den Willen zum Laufbahnwechsel signalisieren.

Ausbildung zum Unteroffizier und Feldwebel

Noch vor Beginn des Laufbahnlehrgangs „Allgemeiner Teil Unteroffizier", in einer gesonderten Inspektion seinerzeit durchgeführt an der Technischen Schule der Luftwaffe (TSLw 1) in Kaufbeuren, und des daran anschließenden Fachlehrgangs *„Besonderer Teil Unteroffizier"* an der Infanterieschule des Deutschen Heeres in Hammelburg (jetzt: Ausbildungszentrum Infanterie), wurde ich von meiner Staffel auf „Herz und Niere" geprüft. Man nahm mich von Anfang an 100%ig in Verantwortung, Menschen zu führen und auch auszubilden; und dies, obwohl ich bislang noch keinerlei Führerausbildung in der Truppe genossen hatte.

In der Unteroffiziersausbildung nahm ich vor allem die konstruktiven Nachbesprechungen positiv auf. Sie zeig(t)en das Zweck- bzw. Unzweckmäßige auf. Die Ausbildung in der Truppe und den Schulen brachte mir auch den hohen Wert einer tatsächlich praktizierten und nicht nur mit bloßen Worten beschworenen Fehlerkultur nahe. Die Ausbildung steht und fällt mit dem Ausbildungspersonal; beginnend mit dem Hörsaalleiter bis zu den Fachlehrern. Der Lehrgang *„Allgemeiner Teil Unteroffizier"* bedeutete auch meinen ersten Berührungspunkt mit einem Offizier des militärfachlichen Dienstes.

Ein „junger", etwa dreißig Jahre alter Leutnant der Sicherungstruppe war damals als Fachlehrer für Innere Führung in der Ausbildung der angehenden Unteroffiziere eingesetzt. Bislang war ich naiverweise davon ausgegangen, dass Unteroffiziere nur von Unteroffizieren ausgebildet werden. Nur ein erfahrener Portepeeunteroffizier könne demnach Unteroffiziere so ausbilden, auf dass ein stimmiges Unteroffizierkorps tatsächlich entstehe. Und jetzt dieser „Schock": Es trat als Fachlehrer auf ein Kamerad, der einmal Unteroffizier war und einen Dienstgrad trug, der gemeinhin den „unbedarften", sprich ganz jungen Offizier definiert. Gerade in der Führerausbildung des Unteroffiziernachwuchses bedarf es des erfahrenen Offiziers. Dieser steht beispielgebend vor der Truppe, wirkt in seinem Auftreten sicher und überzeugt durch sein Können. Darüber hinaus gibt er auch seine Erfahrungen weiter und lässt diese in die Ausbildung mit einfließen. Nur dann kann der Soldat aufgrund dieser Erkenntnisse profitieren und handlungssicher werden.

Dies kann aber ein junger Leutnant des Truppendienstes nicht „rüberbringen", und so erschließt sich gerade an diesem konkreten Beispiel die Sinnhaftigkeit der Offiziere des militärfachlichen Dienstes. Hier in einem ganz bestimmten Bereich, nämlich dem der Ausbildung jungen Führernachwuchses in der Dienstgradgruppe der Unteroffiziere. Der OMilFD hat dem OTrDLw eines nämlich voraus: Er hat sich auf Grund seines Werdeganges als ehemaliger Unteroffizier das Wissen in Theorie und Praxis angeeignet, was sich letzterer erst im „Crashkurs" aneignen muss. Und so wirkt „die Last der Jahre" als Schatz der Erfahrung nur positiv.

Im späteren Feldwebellehrgang wirkten statt der OMilFD die OTrDLw als Ausbildungspersonal bzw. als Hörsaalleiter. Das ist, ebenengerecht betrachtet, sinnvoll. Doch der junge Unteroffizier bis hin zum Dienstgrad Stabsunteroffizier wird gerade im fachlichen Teil seiner Ausbildung von OMilFD unterwiesen. „Hand in Hand" arbeiten diese mit den Ausbildungsfeldwebeln, d.h. mit erfahrenen Stabsfeld-/Hauptfeldwebeln, zusammen. Gerade die OMilFD im Dienstgrad Hauptmann führ(t)en Teile der infanteristische Ausbildung federführend durch, ganz gleich ob zum Gruppenführer oder dann später zum Zugführer. Diese Kombination erhöht m.E. die Qualität der Ausbildung ganz erheblich. In der Ausbildung zum Feldwebel wirken OTrDLw als Hörsaalleiter und in der wichtigen konzeptionellen Rolle des „Planers/Organisators".

In Verantwortung

Nach Abschluss der Fachausbildung wurde ich, mittlerweile junger Feldwebel, als Gruppenführer eines Zuges (Stärke: 1/4/36) eingesetzt. Nunmehr konnte ich all das zur Gänze umsetzen, was ich bislang und in sich stimmig erlernt hatte. Die unzähligen Übungen und Aufenthalte auf Truppenübungsplätzen, aber auch das ständige Arbeiten „am Soldaten" bedeuteten eine wichtige Stärkung meines Führungsverhaltens. Eigentlich erst in dieser Zeit entwickelte sich so richtig meine persönliche Art, Menschen authentisch zu führen. Führungsverhalten – das wurde mir damals klar – reift in einem dauernden Prozess, der bewusst die Erfahrungen der Vergangenheit umsetzt.

Mit der Umgliederung der Fliegerhorstgruppe JaboG 32 im April 2002 wurde die (einzige) Sicherungsstaffel des JaboG 32 aufgelöst. Mit der Einnahme der neuen Struktur erfolgte die Aufstellung von drei Objektschutzstaffeln am Standort Lechfeld. Einhergehend mit der Aufstellung der neuen Staffeln änderte sich ebenfalls die Sollorganisation (SollOrg) der Einheiten. Neue Dienstposten wurden definiert; u.a. der des Einsatzoffiziers (EinsO), der bewusst mit einem OMilFD im Dienstgrad Leutnant/Oberleutnant zu besetzen war.

Wieso das Wort „bewusst"? Weil es aufgrund des Auftrages und der neudefinierten Ausbildung erforderlich war, diesen Dienstposten personell mit einem Soldaten zu versehen, der über ganz bestimmte Kompetenzen verfügte, zugleich aber auch die Fähigkeit besaß, bei Planung und Organisation klaren Kopf zu bewahren sowie perspektivisch zu denken. Kurzum, hier war jemand gefragt mit soliden Managerqualitäten und einer ordentlichen Portion Diensterfahrung. Erwähnen muss man hierbei die Tatsache, dass es diese „Clearing-Stelle" bzw. „Schnittstelle" vorher nicht gab. In der Vergangenheit galt irgendwie das Prinzip „freier Selbstorganisation" der Züge: sei es von dem „schlichten" Erstellen eines Dienstplanes bis hin zur Vorbereitung und Durchführung eines Aufenthaltes auf einem Truppenübungsplatz. Irgendwie lief es immer getreu der alt-bayerischen Volksweisheit *„Allweil was geht immer!"* Doch: War damit der wirkliche Erfolg auch garantiert?

Mit dem Einsatzoffizier (EinsO) kam und kommt m.E. auch weiterhin eine deutliche Verbesserung der gesamten Verfahrensabläufe, überhaupt der Grundorganisation „meiner" Staffel zustande. Dieser wirkt in der Tat als Bindeglied zwischen Chef und den Zugführern/stellvertretenden Zugführern. Zusammen mit ihnen setzt der EinsO die Schwerpunkte des Staffelchefs als verantwortlichem Einheitsführer in der Ausbildung um. Natürlich hat er dadurch innerhalb der Staffel sicherlich den Großteil an Arbeit. Für die Teileinheit bringt das den Vorteil mit sich, sich im Schwerpunkt um die Ausbildung ihrer Soldaten umfassend zu kümmern. So wirkt der EinsO als Garant für den Erfolg der Ausbildung. Es bedarf dabei einer Persönlichkeit mit Überblick, also eines Kameraden, der im positiven, d.h. transparenten Sinne den Eindruck vermittelt als „graue Eminenz im Hintergrund" immer segensreich tätig zu sein.

Durch meine Verwendung als Stellvertretender Zugführer hatte ich regelmäßig mit dem EinsO der Staffel zu tun. Vorhaben in der *Limited Combat Ready* (LCR)- oder *Combat Ready* (CR)-Ausbildung und andere Dinge mehr, mussten in direkter Justierung mit ihm besprochen und abgestimmt werden. Ich konnte mir hierdurch einen wertvollen Einblick in die Tätigkeit des EinsO verschaffen. Das wachsende persönliche Verständnis und letztlich auch die gewonnenen Erkenntnisse ließen so langsam aber sicher bei mir den Gedanken reifen, durchaus auch den Weg des OMilFD einzuschlagen. Sich dessen bewusst, dass dies den Wechsel in eine andere Laufbahn bedeutet(e) und man eine Verwendung aufgibt, die einen persönlich erfüllt hat, ließen mich aber nicht sofort handeln. Bestärkt durch den „Richtungsschuss" meines neuen Chefs, aber auch den klaren Vorstellungen davon, zukünftig der Soldat zu sein, der zusammen mit Chef und „Spieß", also im Dreiergespann, die Geschicke der Staffel führt, entschied ich mich 2005 für den Laufbahnwechsel. Eine erfolgreiche Übernahme war allerdings abhängig von meinen Beurteilungen, der Note des Feldwebellehrgangs sowie dem Ergebnis der „Allgemeinen Eignungsfeststellung" (AEF) an der USLw (durchaus vergleichbar einem *Assessment Center*).

Fachausbildung als (sinnvolles) „Pflichttor"

Nachdem die Auswahl für die Laufbahn der Offiziere des militärfachlichen Dienstes durchlaufen war, begann mein erster und zugleich längster Abschnitt in der Ausbildung zum OMilFD. Zwei Jahre Fachschule der Luftwaffe waren unumgänglich. Ziel dieser Ausbildung mit dem staatlich anerkannten Abschluss des Betriebswirtes, verbunden mit der Anerkennung der Fachhochschulreife (!), ist es, mit einer fundierten Grundlagenvermittlung in Kombination mit der Vertiefung der Allgemeinbildung den OAMilFD so weiter zu qualifizieren, dass er dem künftigen Tätigkeitsfeld in der Truppe mental und intellektuell gewachsen ist. Für viele Kameraden stellt dieser Ausbildungsabschnitt eine „Durststrecke in vielerlei Hinsicht" dar.

„Hand auf's Herz" und ohne geistige Überheblichkeit: In der Theorie klingt das alles sehr gut, doch in meinem Fall sollte gelten: „Nichts davon habe ich für meine späteren Verwendungen gebraucht". Nochmals, ich spreche an dieser Stelle ausschließlich für mich, wohl wissend, dass es für viele meiner Mitstreiter eine herausfordernde, aber sicherlich keine „verschwendete Lebenszeit" bedeutete. Die Ausbildung gliedert sich in „Unter-" und „Oberstufe". Im Jahr der Oberstufe, sprich im zweiten Jahr der Ausbildung, erfolgte dann auch die Einplanung durch das Personalamt der Bundeswehr (heute: Bundesamt für Personalmanagement der Bundeswehr). Aufgrund meines recht bald eingereichten Verwendungswunsches konnte ich für das Objektschutzregiment „Friesland" ab Juli 2008 eingeplant werden. Ich war für die dortigen Personalverantwortlichen kein Unbekannter. Die Versetzung nach Schortens bedeutete eine Punktlandung, da ich dort den Traumdienstposten Einsatzoffizier und ständiger Vertreter des Einheitsführers der 1./ObjSRgtLw erhielt.

Endlich wieder Truppe…

Mit der Versetzung zum 1./ObjSRgtLw ging der Weg zum OMilFD verzugslos weiter. Denn es folgte nur ein kurzes Einarbeiten auf dem neuen Dienstposten. Die Kürze der Stehzeit verstärkte die vielen neuen Eindrücke und auch Einblicke. In den letzten zwei Jahren meiner Abwesenheit hatte sich im „Infanteriegeschäft" vieles getan (Stichwort: Einsatz der Bundeswehr in Afghanistan). Die Schlagzahl in der Staffel war hoch, und ich selbst war geradezu im euphorischen Eifer. Ich strotzte nur so vor Motivation. Ich wollte mich doch von Anfang an gleich gewinnbringend als „der Neue" einbringen und als solcher glänzen. Klar war auch, dass ich aufgrund meiner Stellung innerhalb der Staffel zügig das „Netzwerk Chef – EinsO – Teileinheiten" aufbauen wollte, um so schnellstmöglich für mich eine Vertrauensbasis aufzubauen. Für meine Kameraden in der Staffel selbst war ich „ein unbeschriebenes Blatt", und dies trotz der Überschaubarkeit der Luftwaffensicherung in der Luftwaffe.

Doch wie eben erwähnt, es war lediglich ein kurzer Auftritt in der Staffel, da ich die Kommandierung für den Offizierlehrgang OAMilFD an der 7./OSLw sehr zeitnah erhalten hatte. Für die Dauer von viereinhalb Monaten musste ich nun an die Offizierschule der Luftwaffe, also wieder in den Süden der Republik, wechseln, um meine Ausbildung zum OMilFD abzuschließen.

Offizierlehrgang als letzte Hürde für das „Patent"

Sehr überrascht war ich über das Erscheinen meines Hörsaalleiters, ein Hauptmann des militärfachlichen Dienstes! Er war für mich schon zuvor keine unbekannte Größe gewesen (s. mein Unteroffizierlehrgang in Kaufbeuren) und jetzt wiederholte sich die Konstellation im Vorgesetztenverhältnis.

Gerade auf diesem Lehrgang der OSLw zeigte sich aber auch, wie wertvoll ein guter MilFD auf dem Dienstposten Hörsaaleiter in der 7./OSLw war bzw. ist. Nicht nur, dass dieser aufgrund seiner Erfahrungen und Fachkenntnisse den zu vermittelnden Stoff sehr gut an den Soldaten bringt. Ein „MilFDler" ist m.E. auch gut in der Lage, diese ganz spezielle Lehrgangsklientel in der 7./OSLw zu führen. Der Lehrgang selbst war, was die Inhalte anging, optimal strukturiert. Gerade Wehrrecht, das noch dazu ein Sperrfach war (und auch noch ist), bedeutete für mich einen unentbehrlichen Bestandteil. Da ich mir bewusst war, dass ich als EinsO in der Staffel auch ständiger Vertreter des Chefs war, war das für mich persönlich lehrgangstechnisch gesehen ein absoluter Schwerpunkt, da ich später bei Abwesenheit des Einheitsführers auch disziplinare Verantwortung übernehmen würde. Neben Wehrrecht wurden aber auch Innere Führung, Historisch-Politische Bildung, Menschenführung, Führungslehre und Luftwaffenlehre in der Tiefe vermittelt, was dem zukünftigen OMilFD nur zu Gute kommt.

Die Zusammensetzung des Lehrganges ist auf Seiten der künftigen OMilFD doch unterschiedlich. Um ein Beispiel zu geben: Nicht alle Kameraden sind aufgrund ihrer Vorverwendungen mit gewissen Inhalten der Führungslehre (und hier wäre im speziellen der Führungsprozess zu nennen!) ebenso vertraut wie gemeinhin mit ihrer Westentasche. Doch die Unterweisung hierin ist ein notwendiges Handwerkzeug, damit der künftige Offizier seiner Rolle als militärischer Führer gerecht werden kann. Meiner Bewertung nach war der Lehrgang zielorientiert angelegt und effizient strukturiert. Der OMilFD wurde und wird damit auf seine künftige Verwendung hin sauber vorbereitet. Mit dem bestandenen Lehrgang und dem Offizierpatent in der Hand ging es endlich wieder zurück in die Einheiten und Verbände.

Endlich Leutnant und eine Aufgabe

Nachdem ich nun zum Offizier des militärfachlichen Dienstes abschließend ausgebildet war, erfolgte im Oktober 2008 meine Beförderung zum Leutnant, und dies im Verband! Der emotionale Faktor darf dabei einfach nicht gering geachtet werden. In meinem Fall, das sei ergänzend vermerkt, war die fachliche Ausbildung, die nun an der Infanterieschule in Hammelburg noch vorzunehmen gewesen wäre, nicht mehr relevant. Denn der Zugführerlehrgang, welchen ich als Unteroffizier einst absolviert hatte, wurde als solcher anerkannt. Mir wurde die Ausbildungs- und Tätigkeitsnachweisung (ATN) *„Offizier Luftwaffensicherungstruppe Zugführer"* zugesprochen.

Mit der Beförderung erfolgte dann meine Versetzung auf den originären Dienstposten in der Staffel. Bis dahin war ich noch Schüler zur besonderen Verwendung (zbV). Und dies ist auch der Regelfall! Selbstverständlich hatte ich auch schon zuvor die Aufgaben als EinsO in der Staffel wahrgenommen. Geprägt war der „Garnisonsdienst" durch die Ausbildung der Soldaten und der ständigen Vorbereitung der Züge auf den Einsatz in Afghanistan (ISAF).

Da gerade die permanente (!) Einsatzgestellung ein Schwerpunkt des Regimentes war, musste durch den EinsO sichergestellt werden, dass die Teileinheiten bis zum Einsatzbeginn die notwendige Ausbildung erhielten. Das hieß auch, dafür Sorge zu tragen, dass gerade die Soldaten mit einer gewissen Spezialisierung ihre notwendigen Lehrgänge erhielten (z.B.: Militärkraftfahrer [MKF] Dingo, Transportpanzer [TPz] Fuchs, Richtschütze etc.). Aber auch das generelle Erhalten bzw. das Erlangen des Einsatzstatus musste gewährleistet sein – sei es die Durchführung der notwendigen Impfungen für den Einsatz oder auch die *„Einsatzorientierte Ausbildung Krisen- und Konfliktverhütung (EAKK)-Ausbildung"* in Germersheim. Das alles war mein Aufgabenfeld, verbunden mit einem enormen Organisationsaufwand auf der Grundlage umfangreicher und sauberer Stabsarbeit. Gerade die Stabsarbeit ist kennzeichnend für den EinsO einer Einheit. Er ist nicht mehr wie früher als (Portepee-)Unteroffizier der „Entscheider und Kämpfer"; vielmehr wird er nun zum effizienzorientierten „Macher" und Organisator. Dieser Rollenwechsel, tatsächlich dann erfahren, kann mitunter eine Herausforderung für den einzelnen bedeuten. Wie immer aber gilt: Man wächst in sein Tätigkeitsfeld hinein; und es läuft noch besser, wenn man dieses bewusst als Herzensangelegenheit wahrnimmt!

Auslandseinsatz

Darüber hinaus musste auch ich mich persönlich für den Auslandseinsatz in Afghanistan vorbereiten. Leider war es mir nicht vergönnt, als originärer EinsO für das 21./22. EinsKtg ISAF mit in den Einsatz zu verlegen, da der ursprüngliche Gedanke des Einheitsführers folgender war: Ich sollte während der Abwesenheit den in Schortens verbliebenen Rest der Staffel führen, welche ja nach wie vor einen Ausbildungsauftrag hatte. *„Doch erstens kommt es anders und zweitens, als man denkt"*: Anders als ursprünglich vorgesehen, musste ich kurz nach Beginn des Einsatzes für die erste Staffel (1./ObjSRgtLw) Flexibilität zeigen: Der „ALADIN"-TrpFhr für den Einsatz wurde dringend benötigt und musste unverzüglich gestellt werden. ALADIN steht für *„Abbildende luftgestützte Aufklärungsdrohne im Nächstbereich"*.

Nachdem ich den Lehrgang „ALADIN"-TrpFhr-Lehrgang an der Panzertruppenschule besucht hatte, ergab sich für mich doch noch die Möglichkeit, zusammen mit meiner Staffel in den Einsatz zu gehen. Dieser selbst bedeutete für mich eine absolute Herausforderung, da ich nicht allein mit nur einer Aufgabe betraut wurde. Hinsichtlich der Aufgabe als ALADIN-TrpFhr die Gruppen der *Objektschutzgruppe Einsatzgeschwader Masar-e-Sharif (EG MeS)* bei ihrer Aufklärung zu unterstützen, musste ich als Verbindungsoffizier (*Liaison Officer*) „den Draht" zur *4th Combat Aviation Brigade (US)* halten. Das war für mich ein gänzlich neues Bündel an Erfahrungen. Nie zuvor hatte ich auf internationaler Ebene gearbeitet. Dennoch war diese *„Combined"*-Tätigkeit hochinteressant, da ich hier einen Einblick in die professionelle Arbeit der US-Streitkräfte gewinnen konnte. Die Zusammenarbeit mit ihnen nahm für mich sehr viel Zeit in Anspruch. Sie „erfüllte" geradezu meinen ISAF-Einsatz. Darüber hinaus musste ich noch jeden sechsten Tag als EinsO und Leiter des Gefechtsstandes die Nachtschicht übernehmen. Dies entsprach meiner originären Verwendung, da ich ja mit dieser Aufgabe mehr als vertraut war. Hier galt es, eingehende Informationen zu sammeln, zu filtern, zu analysieren und für den Lagevortrag zur Unterrichtung (LVU) so aufzubereiten, dass sie letztlich für die Entscheidung der übergeordneten Führung wie auch für den Informationsstand der Kräfte im Raum zweckdienlich sind. Nicht minder war das Koordinieren der Aufträge, welche durch die Objektschutzgruppe zu erfüllen waren (militärisch: „abgebildet wurden"), ein ganz wichtiges Aufgabenfeld.

Perspektiven(wechsel)

Ende 2011 erfolgte schließlich meine die Versetzung an einen „früheren Tatort", nämlich zur 7. Inspektion der OSLw. Nun in der Verwendung als Hörsaalleiter bei der Ausbildung der OAMilFD hatte ich zum ersten Mal die Möglichkeit, diesen für meine Laufbahngruppe unerlässlichen Lehrgang aus der Perspektive des Lehrenden zu sehen. Dieser Perspektivwechsel verkörperte mehr als eine nur „interessante" Erfahrung; ebenso wie die folgende Verwendung als Fachlehrer in der Fachlehrgruppe Führungspraxis an der OSLw.

Wie lautet nun mein persönliches Resümee hinsichtlich des Um- und Aufstiegs vom Unteroffizier zum Offizier des militärfachlichen Dienstes? Die Laufbahn MilFD gewährt eine Durchlässigkeit zwischen dem Unteroffizierkorps und dem Offizierkorps. Sie stellt eine Brücke und zugleich auch irgendwie einen Kompromiss dar, um – besoldungstechnisch und laufbahnrechtlich betrachtet – vom mittleren in den gehobenen Dienst zu wechseln. Es sei klar und deutlich angesprochen: für einen Unteroffizier ist es eben nicht grundsätzlich möglich, in die Laufbahn der Truppenoffiziere aufzusteigen. Mit dem OMilFD erfährt der Unteroffizier eine persönliche Bestätigung dafür, dass er aufgrund seiner fachlichen Leistungen das Format zum Offizier hat. Er ist als Fachoffizier freilich allein dann kein „Offizier zweiter Klasse", wenn er sich selbst dazu nicht abstempelt und wenn Truppen- wie Fachoffiziere willens und fähig sind, Frontstellungen und Grabenkämpfe zu meiden.

Erwartungshaltung „von unten" – die „Feldwebel-Perspektive"

Michael Hell

„Offiziere kommen und gehen…". Während Unteroffiziere oft viele Jahre in einer Teileinheit, Einheit oder einem Verband dienen, haben Offiziere meist nur zwei bis vier Jahre Gelegenheit, ihre Teileinheit, Einheit oder ihren Verband zu führen und zu formen. Gerade junge Offiziere, die nach dem Studium ihren ersten Dienstposten als Teileinheitsführer besetzen, müssen hier innerhalb kürzester Zeit Herausforderndes leisten. Oft noch ohne große Erfahrung als Soldat sowie militärischer Fachmann oder Führer, müssen sie ihrer Teileinheit voranstehen und Entscheidungen fällen, welche durchaus Auswirkungen auf den Dienstalltag bis hin zum Privatleben der ihnen unterstellten Soldaten haben. Hierbei sind – aus der Perspektive des Unteroffiziers – die Erwartungen an den Offizier, je nach Dienstalter, Lebensalter oder Dienstgrad ganz unterschiedlich.

In meinen 25 Dienstjahren „kamen" und „gingen" über 35 TE-Führer. Davon waren 24 im Dienstgrad Oberfähnrich bis Oberleutnant meine unmittelbaren Vorgesetzten, die restlichen elf hatten die Dienstgrade Hauptfeldwebel bzw. Hauptmann bis einschließlich Oberstleutnant. Nicht gezählt werden hierbei die Chefs und Kommandeure, die letztlich darüber hinaus Einfluss auf mich bzw. das jeweilige Unteroffizierkorps (dem ich in verschiedenen Dienststellen angehört(e)), hatten oder noch haben. Die Zwischenbilanz ist „durchwachsen": Während man sich mit einigen bei zufälligen, spontanen oder bewusst geplanten Begegnungen gerne an die Zeit der gemeinsamen Auftragserfüllung und Zusammenarbeit zurückerinnert, gibt es natürlich auch diejenigen, denen man kein zweites Mal näher begegnen möchte.

Doch was erwartet der Unteroffizier von einem Offizier? Direkt formuliert: Ein ganz wichtiger, wenn nicht sogar zentraler Punkt bildet der Bereich der Auftragserfüllung. Ein Offizier, der seinem Auftrag nicht gerecht wird und versucht, durch einen eher *laissez-faire*-orientierten, wenn nicht sogar kumpelhaften Führungsstil gut anzukommen, wird möglicherweise kurzfristig „gut" im unterstellten Bereich ankommen. Auf Dauer jedoch, spätestens sobald mangelhafte Auftragserfüllung auf die Teileinheit zurückfällt, wird dieser Typ von Offizier wenig Rückhalt im Unteroffizierkorps – gleich ob Portepees oder

Nicht-Portepees – erhalten. Dies gilt auch für den gegenteiligen Führungsstil, den autoritären.

Als junger Unteroffizier…

Als junger Unteroffizier war es mir eine Herzensangelegenheit, meine Gruppe auszubilden und zu führen. Dem jungen Offizier, dem man als *„Greenhorn"* wenig bzw. oftmals gar keine Fachkenntnis zugestand und der sich dann deshalb umso intensiver in meine Auftragserfüllung einmischte, konnte ich damals wirklich absolut nichts abgewinnen. Nun gilt es aber im Sicherungszug den Auftrag und die Absicht der übergeordneten, sprich der Kompanieführung zu erkennen und umzusetzen. Mit dem heutigen Erfahrungsschatz weiß ich, dass die Absicht der vorgesetzten Entscheidungsträger mit meinen Vorstellungen grundsätzlich nicht in Widerspruch stand. Nur war mir das damals nicht immer so bewusst, was daran lag, dass die übergeordnete Führung ihre Handlungsmaximen und Vorstellungen nicht immer präzise vermittelte. Das „Warum und Wozu" der eigenen Absicht war somit nicht durchwegs erkennbar – ein Problem, dem ich im Verlauf meiner Dienstzeit noch öfter begegnen sollte.

Bei mir blieben gravierende Restfragen. Doch ich hatte das Glück, dass mein Zugführer, ein junger Oberleutnant, ein besonderes Talent hatte: Er verstand es, mit den ihm eigenen Eigenschaften, mich so zu führen, dass ich mich nicht „ausgebremst" fühlte: ich konnte mit Eifer und Elan meine Gruppe weiterhin ausbilden, führen und damit ich selbst prägen. Mehr noch, klare Aufträge mit genügend Spielraum in der Umsetzung eigener Vorstellungen ermöglichten es, dass ich mich als Unteroffizier weiterentwickeln konnte. Beispielhaft wurden Fehler klar und deutlich angesprochen. Sie mussten auch tatsächlich abgestellt werden. Dies geschah weder nach dem Zufallsprinzip noch willkürlich. Die stringente Handlungsweise des Zugführers sorgte dafür, dass Verlässlichkeit im Handeln entstehen konnte. Kritik konnte somit als helfende Dienstaufsicht wahrgenommen werden und eben nicht als unnötige Diensterschwernis. Auch Lob fand seinen Platz dort, wo es angebracht war. Für mich nimmt Lob den richtigen Rahmen dann ein, wenn es nicht überschwänglich sondern mit Maß an geeigneter Stelle verteilt wird. Was Alltag/Routine ist und gut läuft, muss hinsichtlich der Verteilung von Lob nicht als herausragende Leistung bezeichnet werden.

Das m.E. durchwegs glaubwürdige und vorbildhafte Verhalten dieses Zugführers wirkte im positiven Sinne prägend, d.h. ich kann mich auch heute noch an ihm orientieren. Im Laufe der gemeinsamen Dienstzeit im Zug entwickelte sich eine trotz aller Herausforderungen des Dienstalltages *belastbare* Kamerad-schaft. Sie fand ihre Grenzen nicht in einem durch den Dienstplan bestimmten Zeitrahmen, sondern galt über den Dienstplan hinaus. Gegenseitige Hilfe bei der Vor- und Nachbereitung des Dienstes, ein offenes Ohr für Probleme des Alltags, aber auch gemeinsame Freizeitgestaltung durfte ich als selbstverständ-lich erfahren. Hierbei blieb nicht allein mir verborgen, dass sich unser Ober-leutnant oft Rat vom stellvertretenden Zugführer, einem erfahrenen Oberfeld-webel, und unserem „Spieß", einem alten Hauptfeldwebel, holte. Er machte daraus keinen Hehl, und dies machte ihn folglich umso authentischer als Vor-gesetzten.

Festzuhalten bleibt anhand dieses Beispiels, wie notwendig für einen Vor-gesetzten die Entwicklung und Pflege folgender Eigenschaften ist: stringentes Handeln, Glaubwürdigkeit, Authentizität, überhaupt Vorbildsein in Wort und Tat; und – nicht zu vergessen – die Ausprägung von Kameradschaft im ganz normalen wie gerade auch im Dienstbetrieb unter Belastung(en) sowie jenseits dessen.

Fehlerkultur und Vertrauen

Der Umgang mit Fehlern innerhalb der Bundeswehr hat sich im Laufe der letzten gut 25 Jahre geändert. Oft scheint heute zu gelten, dass das direkte An-sprechen und Abstellen von Fehlern einen nicht mehr zeitgemäßen Führungs-stil darstelle. Oder liegt es an dem zur Verfügung stehenden Zeitrahmen, so dass Fehler bzw. Mängel einfach bewusst/unbewusst übersehen werden? Was wären dann die Konsequenzen? Am 8. Oktober 2014 in einer Aktuellen Stunde des Bundestages sprach Verteidigungsministerin Ursula von der Leyen im Zu-sammenhang mit großen Rüstungsvorhaben davon, dass im Ministerium und in der Bundeswehr eine neue „Fehlerkultur" etabliert werden müsse. Es dürfe nicht sein, dass Meldungen über Probleme die Führung des Hauses nicht er-reichen.

Um Fehler erkennen zu können, bedarf es einer klaren Optik wie auch ei-ner besonderen Nähe zu möglichen Fehlerquellen. Fehlerwahrnehmung ist nicht die Frage eines höheren Dienstgrades. Im Unterschied zu höheren Offi-zieren erkennen Unteroffiziere in der Regel sehr schnell die Fehler und Miss-stände über mehrere militärische Entscheidungsebenen hinweg. Das hat nichts zu tun mit Besserwisserei „aus der Froschperspektive" und auch nicht mit der Frage *„Wie stellt sich Klein-Moritz die Welt so vor?"*.

Vertrauen gegenüber der höheren Führung bedeutet, dass sich der Unteroffizier als „ausführendes Organ" auf Entscheidungen verlassen kann, die zuvor Offiziere getroffen haben. Er sollte davon ausgehen, dass sich derjenige, der den Befehl erteilt, zuvor mit möglichen Fehlern in der Durchführung auseinandergesetzt hat. Das heißt, soweit möglich sollten zuvor Fehlerquellen bedacht sein wie auf der anderen Seite auch Offiziere von den unterstellten Unteroffizieren erwarten sollten, auf diese hingewiesen zu werden. Nicht-Ansprache oder gar Schönreden führen ansonsten zu schnellem Autoritätsverlust infolge fehlender Glaubwürdigkeit trotz offensichtlicher Kenntnis der Missstände.

„Führen mit Auftrag und von vorn"

Von besonderer Bedeutung für die Auftragserfüllung ist das „Führen mit Auftrag", gemeinhin auch als „Auftragstaktik" bezeichnet. Sie hat sich jetzt zu beweisen angesichts des Umstandes, dass Feldwebel auf Grund ihrer zivilen Vorausbildung mittlerweile mit höherem Dienstgrad eingestellt werden oder dass bei entsprechender Diensterfahrung Haupt- oder Stabsfeldwebel den Dienstposten eines Gruppenführers besetzen; laufbahntechnisch heißt das dann „große Bündelung".

Beim „Führen mit Auftrag" kommt es entscheidend darauf an, dass der unterstellte Bereich, hier der Feldwebel, die Absicht der übergeordneten Führung kennt und somit in der Lage ist, dementsprechend gemäß Führungsprozess das eigene Handeln ableiten zu können. Dies wird sehr wohl in der Theorie und soweit möglich auch in der Praxis auf Unteroffizierlehrgängen in den Grundzügen vermittelt. Gleichwohl betrachte ich es als Pflicht eines jeden Vorgesetzten, dies dann auch im Dienstalltag zu fordern und zu fördern.

Dabei kommt einem weiteren Führungsprinzip große Bedeutung zu, der „Führung von vorn". Was ist damit gemeint? Wenn man in der Literatur nachschlägt, findet man Beispiele von Generälen, die an vorderster Front mit ihren Soldaten kämpften und auch beachtliche Erfolge erzielten. Der Offizier ist m.E. sehr gut beraten, wenn er sich gerade im normalen Dienstbetrieb, im Grundbetrieb also, nicht rarmacht. Aus der Perspektive des Portepeeunteroffiziers betrachtet, führt es sich leichter, wenn die unmittelbaren Vorgesetzten (i.d.R. die Dienstgradgruppen der Leutnante, der Hauptleute und der jungen Stabsoffiziere) bei „ihrer" Truppe sind und, sofern es ihnen einmal nicht möglich sein sollte, gleichwohl immer Verbindung zu den unterstellten Soldaten halten. Denn Anwesenheit motiviert. Ständiger Informationsaustausch durch physische Anwesenheit vermittelt dem Offizier wie auch dem Unteroffizier ein gutes Lagebild. Allerdings muss der Offizier darauf achten, dass der Blick fürs Ganze nicht schwindet oder er aus den Details nicht herauskommt.

Konkret: Ich erinnere mich hierbei gerne an zwei Vorgesetzte, die beides, nämlich sowohl das „Führen mit Auftrag" als auch das „Führen von vorn" beispielhaft vorlebten. Eingesetzt in einer Ausbildungskompanie als Gruppenführer (zu dieser Zeit waren Gruppenführer üblicherweise Unteroffizier bis Oberfeldwebel!) am Standort Budel/Niederlande, bekam ich einen neuen Zugführer. Er war ein durchaus erfahrener Oberleutnant, hatte er doch schon in einer Nachbarkompanie vier Quartale lang die Grundausbildung von Rekruten erfolgreich durchgeführt. Von ihm nun als „dem Neuen" erwartete ich, dass ich meine Gruppe unter Beachtung der gegebenen Auflagen weiterhin wie bisher ausbilden, erziehen und führen konnte. Mir war ebenfalls sehr daran gelegen, dass ich – dienstlich mittlerweile seit zwei Jahren Oberfeldwebel und privat bereits sechs Jahre schon Familienvater – als merklich Lebenserfahrener meinen Erfahrungsschatz bei der Führung des Zuges einbringen konnte. Dies wert zu schätzen, war wohl für meinen Zugführer nicht auf Anhieb einfach, denn da gab es auch noch zwei weitere Oberfeldwebel mit „ähnlich gelagertem" biographischem Hintergrund.

Regelmäßig wurde besprochen, wie man die Ausbildung des Zuges besser gestalten könne. Alle Vorschläge seitens der Gruppenführer wurden von unserem Zugführer ernsthaft gehört. Das galt auch für einen Gruppenführer, der nach meiner damaligen Wahrnehmung keinen ganz so guten Stand im Zug hatte. Hervorzuheben ist in diesem Zusammenhang, dass persönliche Vorlieben des uns vorgesetzten Offiziers keine Auswirkung auf seine Entscheidungen im Umgang mit dem Zug hatten.

Dienstaufsicht und Loyalität

Er war da und er war für uns da: Während der unmittelbaren Dienstaufsicht kam es durchaus vor, dass unser Zugführer bei den Rekruten erkannte Mängel sofort abstellte und eben nicht mit Zeitverzug „den Umweg" über uns Gruppenführer machte. Wir fühlten uns dabei nicht übergangen oder gar bloßgestellt, denn grundsätzliche Mängel in der Durchführung wurden selbstverständlich direkt mit dem jeweiligen Gruppenführer unmittelbar oder in kurzem zeitlichen Abstand (aber noch immer während des Ausbildungsabschnittes!) besprochen. Es geschah alles auf Arbeitsebene und nicht im Rahmen einer „großen Dienstbesprechung".

Nochmals: Immer waren damals die verschiedenen Führungsebenen klar. Es entstand weder bei den uns unterstellten Rekruten der Eindruck, unser Zugführer traue uns nicht, noch entstand bei uns oder bei der Kompanieführung der Eindruck, unser Zugführer ließe sich durch die Gruppenführer „fremdsteuern". Der Zugführer war immer als klarer Führer sichtbar. Dabei blieb noch genügend Raum dafür, dass der Kompaniechef, der ebenfalls häufig bei der Durchführung anwesend war, sehr wohl den einzelnen Gruppenführer individuell, d.h. nicht gefiltert durch den Zugführer, einschätzen und beurteilen konnte.

Wenn ich dagegen heute bei der Ausbildung auf unmittelbare Dienstaufsicht warte, so werde ich zumeist enttäuscht. Auf die Nachfrage, warum sich denn offensichtlich niemand für die Durchführungsebene interessiere, bekomme ich meist zur Antwort: *„Ich war an den Schreibtisch gebunden"*. Gewiss, in den letzten zwei Jahrzehnten bestimmen „faszinierende" Führungsmittel wie Lotus Notes und – mehr noch! – eine Flut von Verwaltungsbestimmungen, unzählige Besprechungen oder arbeitnehmerfreundliche Regelungen (Stichwort „Gleitzeit") den Alltagsrahmen des Militärs. Das alles ist wohlgemeint, doch der direkte Kontakt des Vorgesetzten mit den ihm unterstellten Soldaten kann dadurch nicht ersetzt werden: Ein so erlangtes umfangreiches Lagebild, wie überhaupt die Nähe des Vorgesetzten zum unterstellten Bereich auch über mehrere Führungsebenen hinweg haben als Führungsgrundlage überhaupt nicht an Bedeutung verloren. Im Gegenteil! Das „Führen mit Auftrag" in Kombination mit den Leitwerten der „Inneren Führung" sind aus Sicht des Feldwebels im 21. Jahrhundert weiterhin unverzichtbar.

Natürlich sollten militärische Hierarchien immer durch den Faktor „Loyalität" geprägt sein. Aus persönlicher Erfahrung meine ich aber, dass Loyalität keine Einbahnstraße nach oben darstellt. Manchmal wird dies jedoch auf eine harte Probe gestellt. Auch hierzu ein Beispiel aus eigenem Erleben: Mittlerweile Hauptfeldwebel geworden und selbst in der Situation stehend, von dem ein oder anderen Zugführer, aber auch vom Kompaniechef beratend gefragt zu werden, war ich als stellvertretender Zugführer in einer Grundausbildungskompanie eingesetzt. Mehrere Quartale hindurch erhielt ich in rascher Abfolge einen neuen Zugführer als unmittelbar nächsten Vorgesetzten. Das waren meist junge Oberfähnriche, frisch von der Uni kommend. Im Regelfall geht man von dort ab mit dem Dienstgrad Leutnant…

War ein Quartal vergangen, so gingen diese – ohne die Kompanie zu wechseln – in einen anderen Zug oder sie gingen „ins Bataillon". Die anfängliche Tätigkeit in „meinem" Zug bedeutete keineswegs eine „Strafversetzung". Im Gegenteil! Doch ich gebe zu, mir fiel es jenseits der dienstlich gebotenen Loyalität zunehmend schwer, diese um eine persönliche Note zu ergänzen. Der Grund dafür liegt eigentlich auf der Hand: Sich immer wieder aufs Neue damit auseinanderzusetzen, dass Personal zu rasch wechselte und demzufolge Fehler, für die man bereits selbst vor längerer Zeit Lehrgeld bezahlt hatte, trotz meiner Ratschläge vom Quasi-Dienstgradhöheren wiederholt wurden. Es nervte mich nicht minder, dass in der Teileinheitsführer-Runde der junge Vorgesetzte Entscheidungen oftmals beratungsresistent und ohne Weitblick traf. Oft genug konnte ich und musste der junge Zugführer die Erfahrung machen, dass dann „die Sache schief" gehen sollte...

Gerne gebe ich zu, dass ich mich auch hier und da selbst verwirklichen wollte. Dies ist nicht zu verwechseln mit verselbstständigen, was ja für einen stellvertretenden Zugführer durchaus möglich wäre, sofern man eine gewisse Konstante in der Führung hat.

Für sich genommen, kann ich fast jeden einzelnen meiner damaligen Zugführer unter der Rubrik „Gewinn" verbuchen. Soll heißen: Man macht eben so seine Erfahrungen… Aufbauend wirkte auf mich, dass der eine oder andere Zugführer in dem Moment, wo seine Tätigkeit als Zugführer endete, mir sagte, er habe bei/mit mir viel gelernt und fühle sich erst jetzt so richtig bereit, den Zug zu führen. Allerdings: Man sagt, „die Beständigkeit bilde der Wechsel…" Von wirklicher Kontinuität konnte aber bei diesen Verhältnissen wirklich nicht die Rede sein; mit entsprechenden mentalen Folgen. Die Summe der verschiedenen Zugführer hatte als Endergebnis, dass ich keine so rechte Freude und Befriedigung mehr an der Aufgabe empfand. Offiziere in diesem rasanten Wechsel des Dienstverhältnisses empfand ich als zunehmend nervig, ja in schlimmster Perspektive als Belastung.

Heute betrachte ich die Situation aus „geläuterter" Perspektive. Das heißt, mein damaliges Unbehagen über den schnellen Wechsel von Vorgesetzten hat sich entschieden gelegt. Doch die Herausforderung bleibt bestehen. Sie lautet: *„Wie justiert sich der Unteroffizier mit Portepee samt seiner Erfahrung auf schnell wechselnde Vorgesetzte?"* Mit seinem Erfahrungsschatz bildet der Unteroffizier mit Portepee ja eine wertvolle Ressource. Damit wird er zu einer Konstante im Führungsprozess. Doch das sollte auch „für die andere Seite", den nächsthöheren Vorgesetzten im Offiziersrang, gelten: bei personellen Entscheidungen sollte gerade im Sinne einer verlässlichen Führung immer Augenmaß und Umsicht an den Tag gelegt werden. So kommt sich der Unteroffizier dann nicht mehr als bloßes Handlungsobjekt vor. Dies gilt in übertragenem Sinn auch für weitere Belange im Dienstalltag. An dieser Stelle ist es sicher Aufgabe des Unteroffiziers mit Portepee, den jungen Offizier beim Einfinden in die neue Teileinheit bzw. Aufgabe zu unterstützen. Jedoch kann er dies nur in gewissen Grenzen leisten, denn hier ist an erster Stelle ja der Kompaniechef bzw. Kommandeur gefragt.

Einsatz und Führungskompetenz

Eine besondere Konstellation bildet natürlich der Auslandseinsatz als Handlungs- und Erfahrungsraum. Auch hierzu ein Beispiel: mein Auslandseinsatz in Bosnien-Herzegowina 2005/2006. Ich war damals eingesetzt als Hauptfeldwebel in einem *Liaison Observation Team* (LOT), gemeinhin bezeichnet als LOT-Kompanie. Stationiert war mein Zug – die restlichen drei waren über das Land verteilt – im *„Camp Rajlovac"*. Das Verhalten meines damaligen Zugführers im Dienstgrad eines Hauptmanns bzw. meines Gruppenführers im Dienstgrad Oberleutnant, führten seinerzeit dazu, dass mehrere Unteroffiziere den Einsatz an sich in Frage stellten. Das ging sogar hin bis zur Ablehnung der Einsatzmedaille. Dabei ging es nicht um den Einsatz der Bundeswehr in gerade diesem Krisengebiet als solchen, sondern um die Frage, wie wir selbst mit unserem Führungsverhalten in dieser personellen Konstellation zu einem sinnhaften Gelingen des Einsatzes tatsächlich haben beitragen können.

Was war passiert? Mein Gruppenführer hielt sich in punkto „Führung" eher zurück. Er deklarierte sein Verhalten als „kooperativen Führungsstil". In Wirklichkeit wirkte das Ganze wie ein *„laissez faire"*. Es passierte etwas, aber nicht im abgestimmten Gleichklang zwischen den beiden Trupps seiner Gruppe. Der Zugführer wirkte wie ein Fremdkörper, und dies auf schwierigem fremden Grund und Boden in Bosnien. In den Wintermonaten sollte man gerade hier die teilweise ohnedies chaotischen Verkehrsverhältnisse bei seiner Entscheidungsfindung ganz genau betrachten. Die von meinem damaligen Gruppenführer getroffene Entscheidung halte ich noch immer für einen Schlag ins Gesicht; in der Diplomatie würde man sagen „äußerst fragwürdig": *„Ich fahre heute nicht mit, ich fahre in einer Woche nach Hause* [gemeint war sein Urlaub, M.H.] *und das möchte ich unbedingt gesund erleben. Ihr könnt alleine fahren".* Ziel der Patrouille war damals der Ort Hadžići, unmittelbar gelegen an der Verbindungsstraße Sarajevo–Mostar. An diesem Tag, der mir wegen des schöner gewordenen Wetters tatsächlich auch in guter Erinnerung geblieben ist, patrouillierten zwei Bundeswehrtrupps ohne ihren unmittelbaren Vorgesetzten, weil dieser Dienstliches und Privates miteinander verwechselt hatte. Für mich und die aller meisten anderen Unteroffiziere war erstaunlicherweise nicht der Gruppenführer, sondern dessen Vorgesetzte das Problem. Keiner unternahm etwas, obwohl die Aussage des Gruppenführers mittlerweile die Runde gemacht hatte.

Eine vielfach praktizierte Führungsmaxime lautet: *„Need to know"*. Doch ist diese im Sinne der Auftragstaktik uneingeschränkt anwendbar? Unser damaliger Zugführer informierte uns über die Lage jedenfalls äußerst unzureichend. Aufgabe von LOT war es, durch „offene Informationsgewinnung" und weniger durch ganz gezieltes Ansprechen von Personen zur Verdichtung des Lagebildes beizutragen bzw. als sichtbarer Ansprechpartner für die bosnische Bevölkerung da zu sein. Für uns Angehörige des LOT-Teams war es aber beruhigender, durchs Land zu fahren, wenn man wusste, dass im nächsten Dorf beispielsweise gerade ein großes Fest oder gar eine Demonstration stattfand. Unser Zugführer hätte uns darüber informieren können. Doch Kenntnis über solche Geschehnisse bekamen wir oft erst im Nachhinein oder durch Kameraden in anderen Einheiten.

Bis heute ist mir nicht klar, warum unser Zugführer so zurückhaltend war. Der Mangel an Information und der eher schwache Gruppenführer lassen mich bis heute im Glauben, dass wir bei besserer Kenntnis der Lage (allgemein, eigen und fremd) sowie bei eindeutiger Führung unseren Auftrag weitaus besser hätten erfüllen können. Bei der damals tatsächlich gegebenen Auftragsdurchführung stand am Ende dann zwangläufig die Frage im Raum: *„Soll ich nochmal in den Einsatz gehen und wenn ja, warum?"*

Korpsgedanke und Identität

Heute im Dienstgrad eines Oberstabsfeldwebels beschäftigen mich ganz andere Gedanken. Unabhängig davon, an welchem Standort ich in den letzten zehn Jahren war (ob Fürstenfeldbruck, Straußberg, Koblenz, Stetten a.k.M., Hammelburg, Köln, Berlin, Heide und so könnte es quer durch die Bundesrepublik weitergehen...), immer traf ich auf ein besonderes Phänomen: Entscheidungen von Vorgesetzten, aber auch Vorgesetzte in Person, werden direkt kritisiert oder gar gänzlich in Frage gestellt. Man könnte jetzt auf den Gedanken kommen, dass solch ein offenes Gespräch über die Dienstgradgruppen hinweg einen besonderen Vertrauensbeweis darstelle. Dies würde aber nur dann stimmen, wenn man dieses Gespräch vielleicht zu zweit oder zu dritt führt, oder wenn man sich besonders gut kennt und nach Rat sucht.

Die angedeuteten Situationen entsprachen im Allgemeinen aber nicht dieser Art. Es waren eben keine vertrauensvollen Gespräche, oft war es eher ein Pausen-Gespräch oder es handelte sich um zufällige Begegnungen mit Wortaustausch in einer Betreuungseinrichtung. Bei solcherart Dialog kam es auch nicht besonders darauf an, welcher Personenkreis (vom Gefreiten bis zum Oberstleutnant!) per Zufall anwesend war. Ich will nicht leugnen, dass ich mich an dieser Art der Kommunikation durchaus beteiligte. Dies war auch nicht besonders schwer, letztlich waren die Themen unabhängig vom Standort immer sehr ähnlich gelagert. Die Problemlagen waren austauschbar.

Nur, „früher" war bei weitem nicht immer alles besser! Ich kann mich allerdings im Unterschied zu „heute" noch gut daran erinnern, dass innerhalb des Offiziers- bzw. Unteroffizierskorps eine gewisse Loyalität praktiziert wurde. Loyalität als Grundpfeiler der Vertrauenswürdigkeit und der Kameradschaft halte ich heute mehr denn je für angebracht. Schon der Blick ins Soldatengesetz unter der Rubrik „Pflichten des Vorgesetzten" zeigt rasch auf, wie leichtfertig Grenzen überschritten werden können.

In wie weit heute noch der Korpsgedanke gelebt wird, möchte ich jedem Leser selbst überlassen. Um es klar und deutlich anzusprechen: Ich möchte weder den Unteroffizier, der den Offizier für ein „lästiges Übel", noch den Offizier, der Unteroffiziere für reine „Erfüllungsgehilfen" hält. In einer Teilstreitkraft mit einer derart hohen technischen Prägung wie der Luftwaffe, in der die Zusammenarbeit im Team oberstes Gebot ist, halte ich sowohl das Bild vom Offizier als „lästiges Übel" als auch das Bild vom Unteroffizier als bloßem „Erfüllungsgehilfen" für antiquiert.

Ein in Funktion und Emotion stimmiges Offizier- und Unteroffizierskorps bildet nach meiner Überzeugung keinen Widerspruch zum Teamgedanken. Der Korpsgedanke darf nicht abgrenzend im absoluten Sinne wirken. Doch er bietet Identifikation. Denn er steht für das Zusammengehörigkeitsgefühl einer bestimmten Dienstgradgruppe auch im Hinblick auf Brauchtum, Werte und Tradition. Aufgabe der Vorgesetzten ist, sowohl dem Offizier- als auch dem Unteroffizierkorps militärische Heimat zu geben. Und das heißt im Hinblick auf gemeinsam betriebene Betreuungseinrichtungen, dass es „Rückzugsmöglichkeiten" für die Dienstgradgruppen geben muss, gerade um den Gedanken vom „Team Luftwaffe" immer aktiv zu halten. Und dafür sollte man sich auch die entsprechende Zeit nehmen, damit es wirklich funktioniert.

Schlussgedanke

Was erwartet nun der Unteroffizier mit oder ohne Portepee vom Offizier? Wer gehofft hat, hier eine Checkliste zu erhalten frei nach dem Motto *„how to use non-commissioned officers? / „Wie ‚benutzt‘ man Unteroffiziere"*, auf der Punkte dann nur noch abzuhaken wären und – schwuppdiewupp - *„schon habe ich den Unteroffizier, der seine Aufgabe hervorragend erfüllt"*, weil er den Wunsch des Offiziers von den Lippen ablesen kann und folglich in jeder Situation ein perfekter, weil erst damit gehorsamer Soldat ist, den muss ich leider enttäuschen. Und umgekehrt sollte aus der Perspektive der Unteroffiziere auch von dem harmonischen Gedanken Abschied genommen werden, gute Offiziere würden ohne jedweden Entwicklungsprozess *„am Fließband gebacken"* werden. Die OSLw wäre dann gewissermaßen die *„Brotfabrik der Offiziere"*. Erwartungshaltungen von Offizieren/Unteroffizieren sind das Eine, die Realität ist das Andere.

Damit die Realität eine bessere wird, bedarf es der ständigen Stammweiterbildung. Es reicht, gemünzt auf den Offizier, nicht aus, zu glauben, dass es so einfach wie folgt funktioniert: Ein Zivilist wird zunächst umworben, dann angeworben, sogleich in der Laufbahn der Unteroffiziere angenommen, und nun verrichtet er „authentisch als Unteroffizier" seinen Dienst treu dem Eid folgend *„… der Bundesrepublik Deutschland treu zu dienen und das Recht und die Freiheit des deutschen Volkes tapfer zu verteidigen…"*. Um diesem Eid wirklich folgen zu können, bedarf es weit mehr als eines guten Gehalts, hochwertiger Ausbildung, zivilberuflicher Förderung, Regelungen zur Vereinbarkeit von Familie und Dienst oder einer EU-Arbeitszeitrichtlinie zur Sicherstellung des Arbeits- und Gesundheitsschutzes bzw. Steigerung der Attraktivität.

Gewiss, jede dieser Maßnahmen bildet eine Errungenschaft, die einem modernen Arbeitsverhältnis „haargenau" entsprechen soll. Doch um nicht als Söldner mit einem „Arbeitsvertrag", sondern als Soldat, gebunden an den „Eid", in der Bundeswehr zu dienen, bedarf es doch etwas mehr als eben genannter „Sozialmaßnahmen". Es geht auch um die emotionale Seite des Soldatenberufs: Werte, Traditionen und soldatische Tugenden dienen als Antrieb und bieten zeitgleich Halt – im soldatischen Alltag sowie unter besonderer Belastung. Dies sollte der Offizier immer bedenken. Offiziere müssen Unteroffiziere auf ihrem Dienstposten wertschätzen, aber nicht zuletzt auch nach ihrem Dienstgrad, nach ihrer Dienst- und Lebenserfahrung wahrnehmen. Denn Luftwaffenunteroffiziere erwarten, dass das Offizierskorps der Luftwaffe soldatische Tugenden und Werte beispielgebend sowohl im Grundbetrieb aber auch im Einsatz vorlebt.

Erwartungshaltung „von unten" – die „Spieß-Perspektive"

Kai Bratzke

Auch für einen lebens- und diensterfahrenen „Spieß" ist es wirklich hilfreich, sich immer wieder der eigenen Position und Handlungen zu vergewissern. Dies gilt für angehende und – nicht minder – für ältere Offiziere. Der Blick in die A2-2630/0-0-2 „Leben in der militärischen Gemeinschaft" zum Beispiel befördert ein ganzheitliches Verständnis hinsichtlich eines zentralen Funktionsträgers jeder Einheit, zumal in der Truppe, und hier im Besonderen im Bereich der Offiziere, häufig die irrige Annahme vorherrscht, der „Spieß" sei allein und einzig für die ihm unterstellten Mannschaften und Unteroffiziere „da".

Besonders empfehlenswert ist die etwas genauere Beachtung der hervorgehobenen Passagen der Vorschrift.

- Grundsätzlich hat jede Einheit einen Kompaniefeldwebel. Sie/er berät ihren/seinen Disziplinarvorgesetzten in Fragen des Innendienstes,

- leitet den Innendienst und den Geschäftsbetrieb im Auftrag ihres/seines Disziplinarvorgesetzten,

- vermittelt zwischen den Soldatinnen und Soldaten der Einheit und dem bzw. der Disziplinarvorgesetzten und ist dessen wichtigste Mitarbeiterin/wichtigster Mitarbeiter bei der Wahrnehmung ihrer/seiner Aufgaben im Innendienst,

- wirkt maßgeblich bei der Erziehung und Ausbildung der Unteroffiziere und Mannschaften sowie bei der Umsetzung der Leitsätze der Inneren Führung im Bereich der Einheit mit,

- schafft die wesentlichen Voraussetzungen und trifft die notwendigen Folgemaßnahmen zur Unterstützung bei Einsätzen der Einheit.

- Als fürsorgliche Beraterin bzw. fürsorglicher Berater und zentrale Ansprechpartnerin bzw. zentraler Ansprechpartner für alle Soldatinnen und Soldaten und zivilen Mitarbeiterinnen und Mitarbeiter ihrer bzw. seiner Einheit hat der KpFw eine Schlüsselfunktion für die Gestaltung der militärischen Gemeinschaft. Ein reger Kontakt zu den Teileinheitsführerinnen und Teileinheitsführern, den Vertrauenspersonen der Einheit, den Truppenärzten, den Militärgeistlichen, der Bundeswehrverwaltung und dem Sozialdienst ist Voraussetzung für eine erfolgreiche Arbeit und Betreuung. Sie/er nimmt entscheidenden Einfluss auf das „Miteinander" in der militärischen Gemeinschaft, auf den „Ton" und das „Klima" in der Einheit.

Der KpFw steht unabhängig von der Dienstgradstruktur an der Spitze des Unteroffizierkorps der Einheit und soll durch Charakter, Können und Pflichterfüllung beispielgebend sein. Sie/er fördert den Zusammenhalt des Unteroffizierkorps.

Nehmen wir nun all die hervorgehobenen Passagen aus der „Bibel des Innendienstes" zusammen, so ergibt sich das Bild, welches auch das tagtägliche Tun des Spießes in der Praxis wiederspiegelt, nämlich, dass sie/er für **alle Angehörigen der Einheit** da ist und somit auch Allen gegenüber durch Charakter, Können und Pflichterfüllung beispielgebend ist und sein sollte.

Das innere Gefüge einer Einheit kennt weder ein „Halt" vor dem Dienstgrad noch vor dem Status eines Menschen, sind doch die Soldaten alle Kameraden und genauso wie letztlich auch die zivilen Mitarbeiter auf das gleiche Ziel verpflichtet: die Erfüllung des Auftrags. Gerade die Formung dieses inneren Gefüges ist für die jungen Offiziere von essentieller Bedeutung. Denn viele von ihnen sind es ja, die im Laufe ihrer Karriere in die Rolle des Disziplinarvorgesetzten oder dessen Stellvertreters hineinwachsen. Sie sind es, die irgendwann, mit dem Spieß zusammen, das innere Gefüge ihrer Einheit bilden, erhalten oder ausbauen müssen.

Voraussetzungen

Aus diesen Gründen hat der Spieß vielleicht ein stärkeres Augenmaß auf die Entwicklung des jungen Offiziers zu richten als auf alle anderen Soldaten, da ihm bewusst ist, in welche Positionen dieser im Laufe seiner Karriere kommen und wie entscheidend es dann sein kann, wenn diese Person frühzeitig um die wesentlichen Eigenschaften eines Vorgesetzten weiß. Dies ist unabhängig von Vorgesetzten-Funktionen in Truppe oder vom Umfeld eines nationalen oder multinationalen Stabes. Das Handeln von Offizieren hat immer Auswirkungen auf die Truppe.

Als Spieß mit mehr fast 15 Jahren Spießerfahrung, habe ich es nur äußerst selten erlebt, dass ein junger Offizier sich meines Erfahrungsschatzes nicht bewusst war. Dabei ging es mir stets darum – im Rahmen des mir Möglichen – zu verhindern, dass ein junger Offizier sich verweigert, charakterlich und im

Bereich des Führungsverhaltens hinzuzulernen. Mein Selbstverständnis war und ist es, aktiv dabei zu „helfen", ihn dazu zu bringen, (1.) „aus der Praxis für die Praxis" zu lernen, und (2.) am eigenen Leib zu erfahren, welche Entscheidungen welches Verhalten im unterstellten Bereich nach sich zieht.

Eine „Erwartungshaltung von unten nach oben" lässt sich schwerlich in Worte fassen, denn wie will man eine Erwartungshaltung definieren, die sich in erster Linie an Charaktereigenschaften wie Menschlichkeit, Offenheit, Ehrlichkeit, Loyalität, Offenherzigkeit, Bodenständigkeit, soziale Kompetenz und einem Händchen für Menschenführung orientiert?

All dies, am besten total und wenn es nicht geht, wenigstens größtenteils erwarte ich den jungen Offizier als Mensch, der (1) andere Menschen – auch und insbesondere im Einsatz – führen will und führen soll, (2) viele dieser Eigenschaften erst im Laufe seiner Karriere lernt, (3) in Vielem durch die Praxis und seine Fehler lernt, (4) nach seinem Einstellungstest die Bescheinigung erhielt, dass er das Zeug zum Menschenführer und Vorgesetzten hat, und (5) sich durch eine gewisse Erwartungshaltung wahrscheinlich selbst unter Druck setzt.

Zugegeben: Es handelt sich hier um ein ganz großes Paket an Eigenschaften, das hier vom jungen Offizier erwartet wird. Aber unterm Strich bleiben einige wenige, wichtige Dinge übrig, die nicht nur das militärische Leben wesentlich prägen können:

- sich und seinem Charakter treu bleiben,
- andere Menschen stets respektvoll behandeln,
- sich dem Leben und Neuem nicht verschließen sondern offen und wissbegierig sind,
- stetige Bereitschaft zum Lernen und zur Kompetenzerweiterung sowie
- stets ehrlich und kritikfähig sein.

Da es recht schwierig ist, eine eindeutige Erwartungshaltung an die jungen Offiziere zu richten, da jeder Mensch, jeder Charakter unterschiedlich ist, sind aus meiner Sicht die eben aufgeführten fünf Punkte im Wesentlichen das, was für alle gleich ist und auf dem in der Praxis aufgebaut werden kann.

Jeder junge Offizier bringt unterschiedliche Anlagen und Anschauungen mit, ein jeder auch seinen ureigenen Charakter mit allen seinen Stärken und Schwächen. All dies unterliegt im Laufe des Lebens und der Karriere den unterschiedlichsten Einflüssen von außen. Nur wenn man diese kennt, aber sich auch als Spieß auf die fünf Punkte einlässt und diese beherzigt, wird es in der Praxis zu einer sehr fruchtbaren Zusammenarbeit führen.

Allgemeine und militärische Führungsmaximen

Um diesen Sachverhalt noch etwas zu verdeutlichen, möchte ich an dieser Stelle eine der weltweit renommiertesten und größten Personalberatungsgruppen, die *„PageGroup"*, zitieren, die einmal die zehn wichtigsten Führungsqualitäten für Manager definiert hat, die aus meiner Sicht auch auf alle Führungskräfte in der Bundeswehr anwendbar sind und gerade auch in dem „Lernverhältnis" zwischen jung und alt wesentlich zum Erfolg beitragen können:

1. Vorbild sein

Pünktlichkeit, Zuverlässigkeit und Kompetenz – das erwarten die meisten Chefs von ihren Angestellten. Doch was Sie von Ihrem Team verlangen, müssen Sie auch selbst einhalten. Denn Sie sind für Ihre Mitarbeiter Orientierungsgröße und Vorbild!

2. Kommunikationsfähigkeit

Ein sicheres Auftreten und eine klare Sprache sind für Führungskräfte unabdingbar. Ob bei Präsentationen, in Mitarbeitergesprächen oder Meetings – Sie müssen stets den richtigen Ton finden und in der Lage sein, auf die Befindlichkeiten Ihres Gegenübers einzugehen. Auch das aktive Zuhören gehört zu einer erfolgreichen Kommunikation.

3. Flexibilität

Flexibilität zählt heute zu den wichtigsten Kompetenzen im Berufsalltag und auch Führungskräfte sollten reichlich davon mitbringen. Wer schnell auf unvorhergesehene Situationen reagiert und Lösungen findet, macht einen guten Job.

4. Verantwortungsbewusstsein

Dass eine Führungskraft Verantwortung für ein Team von Mitarbeitern übernehmen muss, ist den meisten klar. Doch ebenso wichtig ist es, Verantwortung auch abgeben zu können. Vorgesetzte müssen delegieren können, da Sie sonst Gefahr laufen, sich zu verzetteln.

5. Klare Erwartungshaltung

Nur wer klar kommuniziert, was er von den einzelnen Mitarbeitern und dem Team als Ganzes erwartet, und sich gemeinsam auf einen realistischen Zeitrahmen verpflichtet, erzielt auch gute Ergebnisse.

6. Akzeptanz von Fehlern

Bis zu einem gewissen Grad sollten Sie als Vorgesetzter Fehler akzeptieren, denn niemand ist vor ihnen gefeit. Passieren Fehler, sollten Sie sich mit dem Mitarbeiter zusammensetzen und herausfinden, wie man sie in Zukunft vermeiden kann.

7. Potenziale erkennen

Jeder Mitarbeiter hat Stärken und Schwächen. Es ist Ihre Aufgabe herauszufinden, wo diese liegen und den Mitarbeiter entsprechend seiner Kompetenzen einzusetzen.

8. Team zusammenstellen

Erfolgreich ist heute nur, wer im Team arbeitet. Sie sollten also in der Lage sein, aus Ihren Mitarbeitern ein vollständiges Puzzle zu formen, in dem jedes Puzzleteil seine Aufgabe hat und sich jeder auf jeden verlassen kann.

9. Motivation

Begeistern Sie Ihre Mitarbeiter für die gemeinsamen Ziele und feiern Sie Erfolge auch zusammen.

10. Fähigkeit zur Selbstkritik

Als Vorgesetzter muss man sich ab und zu auch selbst kritisch unter die Lupe nehmen. Einen Fehler einzugestehen, zeigt wahre Größe.

Da Offiziere aber nicht nur „Manager" sondern eben auch in erster Linie „militärische Führer" sind bzw. sein soll(t)en, gilt es, diese zehn Punkte durch ihre militärischen Varianten mit Leben zu erfüllen. Natürlich ist mir bewusst, dass jeder dabei andere Schwerpunkte setzt – und: keiner will einen „Einheitsoffizier". Deshalb ist es auch schwierig, im Einzelnen durch das Anführen von Beispielen den „perfekten" Offizier vom Reißbrett zu zeichnen. Und da ich nur einer von vielen „Spießen" in der Luftwaffe bin, mag sich mein Ideal vom „Bild des Offiziers" vielleicht stark von jenen anderer „Spieße" unterscheiden, zumal jeder von uns eben selbst auch ein anderes „Bild vom Spieß" verkörpert. Letztlich aber sollten wir vielleicht auch nicht immer nur vom idealen Offizier oder Spieß reden, da wir alle in und hinter unserer Funktion Menschen sind. Daraus folgt auch, dass es bei den unterschiedlichen Charakteren stets unterschiedlich starke Ausprägungen bei der „Erfüllung" dieser Fähigkeiten gibt.

Erfahrungswerte

Leider habe ich in meinen nun 32 Dienstjahren die Erfahrung gemacht, dass viele dieser oben genannten Eigenschaften – auch in ihrer militärischen Variante – verloren gegangen sind. Dies aber stellt kein rein militärisches Problem dar. Vielmehr hat es auch mit dem gesellschaftlichen Wandel zu tun, so dass Resignation, Gleichgültigkeit und Egoismus zum Verlust von großem Potential führen.

Dazu gehört auch eine Art Abwehrhaltung, wie man sie leider immer wieder in der Truppe vorfindet, die weder der Sache noch dem Einzelnen zuträglich ist. Arroganz und Überheblichkeit aufgrund eines höheren Bildungsstandes auf der einen Seite oder auch eine grundsätzliche Abwehrhaltung gegenüber Offizieren auf der anderen, sind völlig fehl am Platz und führen zu keinerlei konstruktiven Ergebnissen.

Diejenigen, die sich darüber beklagen, dass junge Leute „von der Straße" – zu verstehen als „militärische Laien" – zu schnell „nach oben schießen", also in Führungspositionen gelangen, denen sie dann nicht gewachsen seien, sind aus meiner Sicht nicht besser als jene, die sie durch diese Äußerungen diskreditieren. Viel zu häufig und leider immer häufiger findet man die Menschen, die sich über Missstände und Personen auslassen, aber nicht einmal im Ansatz daran denken aktiv etwas zu ändern und dies vorzuleben. Wie nun soll also der junge Offizier von diesen Menschen lernen, was einen guten Vorgesetzten ausmacht, wie sie das Vertrauen ihrer Untergebenen gewinnen und somit die wesentliche Basis für eine erfolgreiche Zusammenarbeit schaffen? Wie kann ich als „Spieß" Ansprüche an den Führungsnachwuchs stellen und meinen Erziehungsauftrag wahrnehmen, wenn ich selbst nicht in der Lage bin, die Erwartungen zu erfüllen?

Im täglichen Dienst tauchen diese Beobachtungen leider immer häufiger auf. Ebenso gilt dies aber auch für das Phänomen, dass gerade studierte junge

Offiziere frisch in die Truppe kommen und alleine aus ihrem Dienstgrad und ihrer Bildung einen Führungsanspruch ableiten, den sie geradezu als selbstverständlich einfordern. Hier stellt sich für mich als „Spieß" die Frage, ob dies lediglich auf den Charakter des Einzelnen zurück zu führen ist, ob hier die militärische Ausbildung zum Offizier einen wesentlichen Anteil daran hat, dass das akademische Studium in Trimestern hier kleine „Einzelkämpfer" hervorbringt oder ob es vielleicht ein Zusammenspiel aus Allem ist.

Fakt ist, dass – zum Glück – häufig schon nach einigen Monaten die Kehrtwende eintritt und der junge Offizier merkt, dass das von ihm gewählte Mittel nicht zum Zweck führt. Dies erfordert jedoch Offenheit und Wissbegierde und zugleich Vorgesetzte – aber es erfordert auch „Spieße", die wissen, wie man „Rohdiamanten" richtig „schleift", damit sie auch auf Dauer glänzen und nicht nach kurzer Zeit abstumpfen.

So wie es Hans-Christian Beck in seinem Buch „*Entscheiden, Führen, Verantworten*" beschreibt, bedeutet „erfolgreich führen" heute, neben hohen fachlichen Kompetenzen vorrangig situatives Führungskönnen, Teilen des Risikos im Einsatz, Führen „von vorn", Fürsorge und menschlicher, kalkulierbarer Umgang miteinander als Basis gegenseitigen Vertrauens.

Vieles davon ist erst mit einem gewissen Erfahrungsschatz umsetzbar und geht einem dann leichter von der Hand. Diesen Erfahrungsschatz bringen altgediente Kameraden – wie wir „Spieße" – mit und sind auch bereit diesen weiterzugeben. Junge Offiziere sollten sich diesen Erfahrungsschatz zu Eigen machen, ihn in ihre persönliche Entwicklung einfließen lassen und, daraus lernen. Denn letztlich geht es in der Quintessenz des Offizierberufes darum, die Führungskompetenz kontinuierlich zu verbessern.

Es zeugt also weder von persönlichem Defizit noch speziell von Führungsschwäche, wenn ein junger Offizier auf den Erfahrungsschatz älterer Kameraden zurückgreift und dadurch seinen Horizont erweitert. Schließlich beruht ja das ganze Leben eines Menschen auf diesem Prinzip: Jeder lernt im Laufe seines Lebens Unmengen von Oma, Opa, Vater und Mutter oder sogar von älteren Geschwistern. Jeder nimmt dies gerne auf, setzt es im täglichen Leben um oder verbessert das Ein oder Andere im Laufe seines Lebens.

Wie oft orientiert sich mein eigenes Tun und Handeln an dem Erfahrungsschatz eines Anderen? Wie oft frage ich im Leben andere nach einem Rat und setze diesen dann in die Tat um? Nicht anders ist es im täglichen Dienstbetrieb. Auch hier ist dieses „Rollenprinzip des Lebens" nicht ohne Grund institutionalisiert worden: der „alte Spieß" und der „junge Chef"; ein hohes Maß an

Lebens- und Diensterfahrung trifft auf moderne Führungskultur. Dies ist m.E. das Beste, was zu einem erfolgreichen Gedeihen geschaffen werden konnte, wenn man bereit ist sich darauf einzulassen und es zu nutzen. Diese Bereitschaft macht den guten, jungen Offizier aus, aber auch den guten „Spieß".

Wenn man all das bisher Zusammengetragene Revue passieren lässt, unterscheidet sich die Erwartungshaltung an den jungen Offizier nur unwesentlich von der, die im Grunde an alle anderen Angehörigen der Streitkräfte zu richten ist. Selbst im zivilen Berufsleben sind hier keine signifikanten Unterschiede zu bemerken, da es bei allem immer um den gleichen Sachverhalt geht: den Auftrag und die Schaffung des hierfür notwendigen Zusammenhalts, um dessen optimale Erfüllung zu gewährleisten.

Meine Handlungsmaxime

Abschließend seien mir noch zwei Bemerkungen in Form von Zitaten gestattet, die sowohl eine „Erwartungshaltung" als auch das Zusammenspiel im Prozess des gegenseitigen Lernens, aus meiner Sicht, nicht treffender beschreiben könnten.

Der ehemalige US-Präsident Richard Nixon, freilich als Politiker eine schillernde und stark umstrittene Persönlichkeit, sagte einmal, geradezu in Anlehnung an den Kategorischen Imperativ des preußischen Philosophen Kant: *„Die ganze Kunst der so schwierigen Menschenführung besteht darin, seine Untergebenen so zu behandeln, wie man selbst von seinem Vorgesetzten behandelt werden möchte."*

Genauso wichtig ist mir, dass die Untergebenen der Offiziere wahrnehmen und spüren können, dass dieser – als intrinsische Motivation – als Mensch die Begeisterung für den Soldatenberuf „rüberbringt" und das beherzigt, was der Hl. Augustinus schon vor über 1500 Jahren auf den Punkt gebracht hat: *„In Dir muss brennen, was Du in anderen entzünden willst."* Ich denke treffender kann man es kaum ausdrücken, und dies sei vermerkt mit drei Ausrufezeichen. Ich wünsche auf diesem Wege allen jungen Offizieren stets eine gute Hand, ein loderndes inneres Feuer und allzeit das notwendige Quantum Glück.

Einsatzerfahrung

Kommodore im Einsatz – Das Einsatzgeschwader 1 Piacenza. Führungserfahrungen im neuen Einsatzspektrum

Johann-Georg Dora

Piacenza, 21. Juli 1995 10 Uhr 31 Zulu

Ein schwülheißer, diesiger Sommertag in der oberitalienischen Poebene, 60 Kilometer südlich von Mailand, am Rande der Colli di Piacentini; 40 Minuten nach unserem Start auf dem Lechfeld südlich Augsburgs führe ich vier ECR-Tornados zum Endanflug auf den Fliegerhorst San Damiano. Aus einem *Battle Break* heraus setzen wir zur Landung an. Die offizielle Verlegung deutscher Kampfflugzeuge für den Einsatz auf dem Balkan, dem ersten wirklichen Ernstfalleinsatz nach dem Zweiten Weltkrieg, hatte begonnen.

Wir wurden erwartet von einer unübersehbaren Schar von Bild-, Ton- und TV-Journalisten aus aller Welt, die sich um uns drängten, um einen O-Ton zu erhaschen. Wochenlang hatten sie nach dem Bundestagsbeschluss die politische Dimension mehr oder weniger theoretisch diskutiert und alle möglichen Szenarien durchdekliniert. Jetzt standen sie vor der Realität: vor uns und unseren waffenstarrenden Flugzeugen; vor uns, die wir den Auftrag hatten, diese politische Entscheidung in die Tat umzusetzen. Wir standen plötzlich im Rampenlicht der Weltöffentlichkeit. Wir verkörperten ein neuentschlossenes Deutschland, das plötzlich ungewohnt agierte und sich nicht länger hinter dem hoffentlich nie eintretenden NATO-Bündnisfall „verstecken" wollte.

Es war (und ist!) nicht leicht, ungeduldige Journalisten mit unmissverständlichen, politisch nicht-missdeutbaren Beiträgen zu bedienen und zugleich professionelle Gelassenheit an den Tag zu legen; und dies in Erwartung einer hochkomplizierten Mission! Der Kommodore und seine Soldaten betraten Neuland in jeder Beziehung: Wenig bis keine Vorgaben für die Presse- und Öffentlichkeitsarbeit, ein Familienbetreuungskonzept, das erst durch unsere Vorstellungen und Erfahrungen langsam ein Gesicht erhielt, anfänglich weltfremde Organisationsvorgaben von Schreibtischen in der Etappe, schwer anwendbare, am tiefen Frieden orientierte Verwaltungsvorschriften, einschränkende Auflagen der Gastgeber-Nation, ein hoch kompliziertes, umfängliches NATO-Regelwerk für den täglichen Einsatz und eine nationale Führung zuhause, die über alle Details unterrichtet werden und mitbefinden wollte. Es ging hier weniger um unser Handwerkszeug, das wir *„aus dem FF"* beherrschten, es ging auch nicht um Bewaffnung und Ausrüstung. Da hatten wir im Vorfeld schon viele Dinge anpassen und regeln können. Jetzt wurden wir mit einer interessierten breiten internationalen Öffentlichkeit konfrontiert, die uns und unser Verhalten ständig beobachtete. Das war die Situation, in der wir in den Krieg ziehen sollten, ein Wort, das man in Deutschland damals wie heute unbedingt vermeiden wollte.

Ein Vorgesetzter und verantwortlicher Offizier kann diese Situation nur bewältigen, wenn er sich auf das Wesentliche konzentriert: Alles hat sich der erfolgreichen Bewältigung des Auftrages unterzuordnen. Es sind Menschen, die die Waffen bedienen und Menschen, die dafür sorgen, dass die Flugzeuge, mit der richtigen Munition beladen, zur rechten Zeit in die Luft kommen und hoffentlich unversehrt wieder landen. Jeder in der langen Kette der Zuständigkeiten – vom Militärgeistlichen über den Logistiker, vom Sanitätspersonal über das Waffen- und Wartungspersonal sowie das Gefechtsstandpersonal bis hin zu den Fliegenden Besatzungen – ist dabei gleichermaßen wichtig. Jeder treibt ein kleineres oder größeres Rad der Maschine. Ein erfolgreicher Kriegseinsatz funktioniert nur mit einer eingeschworenen Gemeinschaft, basierend auf gegenseitigem Vertrauen. Dieses aufzubauen und auch unter schwierigsten Bedingungen zu erhalten, ist die vordringlichste Aufgabe des Kommodores und seiner Offiziere.

Das Bild heutiger Einsatzkontingente vor Augen, muss die damalige Situation reichlich seltsam anmuten. Alles war damals für uns neu, wir betraten unbekanntes Terrain, eine ungewohnte Situation, auf die wir uns allenfalls selbst nach eigenen Vorstellungen vorbereiten konnten – von wegen: gezielte, auf Erfahrung beruhende, den Einsatz vorbereitende Ausbildung oder ausschließlich auf den Ernstfall ausgerichtete Stäbe im Heimatland, die auf jede aus dem Einsatz gestellte Frage eine prompte Antwort bereit hatten! Das alles wurde mühsam, aber erfolgreich in den folgenden Jahren aufgebaut und ich durfte bei meinen Verwendungen als Stellvertretender Befehlshaber des Einsatzführungskommandos und Stellvertreter des Generalinspekteurs in den Jahren von 2003 bis 2010 alle meine Erfahrung und Überzeugung mit einbringen in die weitere Gestaltung von Führung und Einsatz der Bundeswehr.

Rückblick ins Jahr 1994

Die politischen Ansätze zur Bewältigung der Balkankrise bezogen immer deutlicher militärische Dimensionen mit ein. Immer mehr Länder brachten seinerzeit militärische Fähigkeiten in eine unausweichlich erscheinende militärische Auseinandersetzung ein. Die diplomatischen Bemühungen scheiterten weitgehend, die im Kalten Krieg praktizierte und lange bewährte militärische Abschreckung zeigte keine Wirkung. Bürgerkriegsflüchtlinge überschwemmten zunehmend Süddeutschland. Keine 400 Kilometer südostwärts von München herrschten chaotische Zustände, verursacht von Europäern im Umgang mit Europäern. Es waren Entwicklungen und Zustände, wie wir sie in Europa lange schon für überwunden geglaubt hatten. Die Welt deutete zunehmend deutlicher mit dem Finger auf Deutschland, zusätzlich zu den zweifellos schwierigen und gefährlichen Einsätzen unserer Transportflieger auf dem Balkan auch Verantwortung im robusten militärischen Einsatz mit zu übernehmen. Die Allianz hatte eine Reihe von militärischen Mangelfähigkeiten identifiziert in den Bereichen Aufklärung und Unterdrückung der gegnerischen Luftverteidigung; und genau über diese Fähigkeiten verfügte damals die Luftwaffe – ganz im Gegensatz zu ihren europäischen Partnern – im besonderen Maße. Ein Waffengang der Bundeswehr außerhalb der NATO-Bündnisregeln aber galt im Deutschland jener Tage als kaum vorstellbar und deshalb auch politisch kaum tragbar.

Vor diesem Hintergrund erinnere ich mich noch gut an den Nikolaustag 1994 (6.12.), als ich kurzfristig zum damaligen Verteidigungsminister befohlen wurde, um ihm zu den Fähigkeiten des neuen Waffensystems Tornado ECR vorzutragen. Schnell stellte sich heraus, dass es ihm nicht um die Fähigkeiten im Allgemeinen, sondern um einen möglichen Einsatz auf dem Balkan ging. Zum Entsetzen der mitanwesenden Luftwaffengeneralität beschränkte ich meinen Vortrag keineswegs auf die Stärken des neuen Waffensystems, sondern nannte klar die noch vorhandenen Defizite in technischer Ausstattung und einsatznaher Ausbildung, ohne deren Bewältigung an einen erfolgreichen Einsatz nicht zu denken war. Die Bundeswehr hatte mit dem ECR Tornado damals zwar kein „nacktes" Flugzeug beschafft, man glaubte aber aus Kostengründen, die Erreichung der vollen Einsatztauglichkeit über mehrere Jahre strecken zu können – eine Zeit, die wir, wie sich später herausstellte, tatsächlich aber nicht hatten. Wir wurden damals schließlich – wie auch später immer wieder – „overruled by events". Ich entwickelte deshalb aus dem Stegreif heraus dem Minister einen Plan zur Erlangung einer uneingeschränkten Einsatzreife.

Um eine mögliche sorgsam vorzubereitende politische Entscheidung nicht zu gefährden, durften unsere gezielten Vorbereitungen allerdings öffentlich in keinerlei Bezug zu einem bevorstehenden Balkaneinsatz gebracht werden. Die Besprechung endete mit der unmissverständlichen Aussage des Ministers: *„Kommodore, ich weiß nicht, wann und ob es tatsächlich zum Balkaneinsatz kommen wird, aber wenn, werden wir es so machen, wie Sie es eben vorgeschlagen haben. Gnade Ihnen Gott, wenn das nicht funktioniert".* Dies war auf der einen Seite eine Art Freibrief, auf der anderen Seite aber eine große Verpflichtung.

Herausforderungen vor dem Einsatz

Zurück auf dem Lechfeld weihte ich unmittelbar meinen Stellvertreter, die Gruppenkommandeure, Staffelkapitäne und meinen engsten Mitarbeiterstab in die neue Lage ein. Sie waren jetzt gefordert, meine groben „Ministerskizzen" in die Tat umzusetzen – eine Kärrnerarbeit, wie sich schnell herausstellte, getragen von Offizieren mit großem Elan und überzeugt vom neuen Auftrag.

Binnen dreier Monate absolvierte das Geschwader mit Bravour eine taktische Überprüfung der NATO, die erstmalig eine realistische Komplettverlegung einer Einsatzgruppe in ein Einsatzland zum Gegenstand hatte. Über die Osterfeiertage 1995 übten ausgewählte Besatzungen den Luftkrieg gegen F-16 und MIG-29 Jagdflugzeuge über Sardinien unter möglichst realistischen Bedingungen. In enger Zusammenarbeit mit der Luftlande- und Transportschule in Schongau führten wir Kurzlehrgänge in Sachen „Überleben/Land" unter den aktuellen Bedingungen auf dem Balkan durch. Die Fliegenden Besatzungen machten sich mit der Handhabung der damals brandneuen GPS-Geräte aus unseren von der USAF kurzfristig entliehenen Überlebenswesten auf Bergwanderungen mit der Familie an den Wochenenden vertraut. Auf freiwilliger Basis boten wir im Geschwader Seminare des Zentrums Innere Führung zum Thema „Verwundung und Tod" an.

Ende Mai/Anfang Juni verlegte schließlich eine Einsatzgruppe des Geschwaders über Goose Bay nach Cold Lake, Alberta im Westen Kanadas, um im Rahmen der Übung *„Maple Flag"* mit AWACS und Tanker-Unterstützung unter Einspielung realistischer Bedrohungsszenarien den bevorstehenden Balkaneinsatz im Verbund mit anderen NATO-Partnern intensiv zu üben. Nach Abschluss der Übung war ich überzeugt, dass unsere Besatzungen den fordernden Einsatz gut bestehen würden: keine Rambos, sondern hoch motivierte, von ihrer Leistungsfähigkeit überzeugte Piloten und Waffensystemoffiziere, stolz auf ihr Waffensystem und ihr Land.

Man konnte es förmlich spüren, wie zurück auf dem Lechfeld bei den fliegenden Besatzungen die Anspannung täglich zunahm; wohlgemerkt keine ängstliche Nervosität sondern die Erwartung, wann es denn endlich losgehen würde. Zu diesem Zeitpunkt hatte sich bereits die Entwicklung von einer kleinen verschworenen Führungsmannschaft hin zu einer großen professionell eingespielten und verlässlichen Gemeinschaft eines Einsatzgeschwaders vollzogen.

Mit der offiziellen politischen Entscheidung und ihrer medialen Verbreitung wurde auch für die Familien unserer Soldaten der bisher eher unterschwellig wahrgenommene Ernst der Situation Wirklichkeit. Schon lange vorher war im kleinen Kreis, auch innerhalb der Luftwaffenführung, abgewogen worden, von wo aus der Balkaneinsatz durchgeführt werden sollte. Vom Lechfeld aus war der Schauplatz innerhalb von weniger als einer Stunde Flugzeit erreichbar. Alle gewohnten Kapazitäten könnten genutzt werden. Versorgung, technische Betreuung und Nachschub wären optimal. Aber dies war nicht der Verteidigungsfall, der ganz Deutschland oder Europa betraf. Wollten wir unseren Besatzungen wirklich zumuten, morgens das Haus zu verlassen, in den Krieg zu ziehen und hoffentlich abends frohgemut zu Frau und Kind heimzukehren – und das Tag für Tag, Woche für Woche? Schließlich war die Dauer des Einsatzes überhaupt nicht abzusehen!

Dies konnten und wollten wir unseren Besatzungen und ihren Familien so nicht zumuten. Denn das konnte so nicht gut gehen. Hier wäre der Kopf im Cockpit nicht frei gewesen und die Sorgen und Nöte daheim hätten nicht abgenommen – dies ist übrigens eine Situation ohne akute Gefährdung, mit der aktuell die USAF bei ihren Drohnen-Operateuren konfrontiert ist und die jede Menge Probleme aufwirft! Wir entschieden uns für eine Verlege-Option und operierten vom oberitalienischen Piacenza aus, einem der Tornadoflugplätze der italienischen Luftwaffe. Piacenza liegt gut sechzig Kilometer südostwärts von Mailand. Die Wegstrecke vom Lechfeld dorthin bedeuten bei gutem Durchkommen via San Bernadino fünf bis sechs Autostunden; landschaftlich durchaus reizvoll: zu passieren ist dabei genau die Region, wo die West- in die Ostalpen übergehen. Sicherlich war „PIA" keine ganz optimale Örtlichkeit, aber die Masse der besser geeigneten Rollbahnen auf dem „Flugzeugträger" Italien war damals schon länger an unsere alliierten Partner vergeben.

Wichtig für den optimalen Verlauf der Operation war fortan auch die Einbindung der Soldatenfamilien, überhaupt der Umgang mit den Familien unserer Soldaten. *„Nicht verrückt machen, aber wahrhaftig mögliche Folgen schildern und* *diskutieren"* war die Devise. Das wollten und konnten wir nicht den Familienvätern allein überlassen. Hier war die Autorität der Geschwader-Führung explizit gefordert. Dies war die Geburtsstunde eines von uns anfänglich alleine verantworteten Familien-Betreuungskonzeptes, dessen hauptsächliche Inhalte sich heute noch widerspiegeln im bundesweiten Betreuungskonzept.

Wir konnten nicht zulassen, dass unsere Familien ausschließlich von höchst kontrovers agierenden Medien ihre Informationen bezogen. Dies setzte wiederum gegenseitiges Vertrauen und akzeptierte Autorität voraus, ein Grundvertrauen, das wir nie enttäuschen mussten. Die größte Anfangsherausforderung für unsere Familien war die Regenbogenpresse und ihre Gier nach sogenannten *„Homestories"*. Die Ehefrauen wurden beim Einkaufen regelrecht überfallen. Die Reporter lauerten wie die Hyänen vor Kindergärten und Schulen. Wir konnten die Situation relativ schnell entschärfen, zum einen durch unsere Überzeugungsarbeit bei den Familien, dass sie sich und ihren Ehepartnern und Kinder keinen Gefallen taten mit freiwilligen öffentlichen Auftritten und durch die massive Präsenz und Durchsetzungsfähigkeit der bayerischen Polizei zum Schutze der Privatsphäre unserer Angehörigen.

Im Vorfeld der Verlegung hatten wir auch viel mit „friedensbewegten" Bürgern zu tun, die allen Ernstes glaubten, die Menschen auf dem Balkan vor uns schützen zu müssen. Noch am Tag der Verlegung versuchte eine Gruppe, die Verbindungsstraße vom Unterkunftsbereich zur Basis zu blockieren. Mein Hinweis, dass Sie am falschen Platz demonstrierten, sich erst einmal objektiv informieren sollten, und besser nach Sarajewo und Belgrad reisen sollten, traf auf ungläubiges und naives Staunen.

Gegen Drohungen in anonymen Schreiben serbischen Ursprungs, Ausspähversuche durch Personen in Fahrzeugen mit gefälschten Kennzeichen und plumpe Sabotage setzten wir uns mit aktiven Sicherungsmaßnahmen zur Wehr – inklusive automatischer Waffen, spanischer Reiter und Sandsackbarrieren weiträumig vor den Zaunanlagen und den Wachen.

Exkurs

Auch damals schon blieben die Erwartungen für eine selbstverständliche, öffentliche, für alle wahrnehmbare Erklärung unseres politisch mit großer Mehrheit beschlossenen militärischen Einsatzes enttäuschend. Vielmehr waren es in der Hauptsache die direkt beteiligten militärischen Führer, die Bundeswehr allgemein sowie Reservistenorganisationen und sicherheitspolitische Organisationen, die den Bürgern erklären durften, was und mit welcher Tragweite sein politischer Souverän gerade beschlossen hatte. Wie sollten ein Soldat und seine Familie von der Richtigkeit und Wichtigkeit seines Tuns überzeugt sein und bleiben, wenn er sich andauernd dafür rechtfertigen sollte und Gegner dieser rechtsstaatlichen Entscheidung lautstark protestierten, die Mehrheit der Bevölkerung aber schwieg? Soldaten stehen mit ihrem Leben für Entscheidungen des demokratischen Staates ein und haben dafür von allen Deutschen Respekt verdient. Wer politische Entscheidungen nicht mittragen will, sollte sich ausschließlich an die politisch Verantwortlichen wenden. Dies ist ein ungeschriebenes Gesetz in vielen Demokratien dieser Welt, Deutschland hat hier auch heute noch einen erheblichen Nachholbedarf.

Ein treffendes Beispiel für die mangelhafte Unterrichtung der Bürger durch seinen Souverän ist mir aus dem Kosovokrieg 1999 noch überdeutlich in Erinnerung. Durch den Bombenkrieg gegen Serbien, der auch viele militärische Luftoperationen der Alliierten über und durch Deutschland erforderte und zur zeitweisen Sperrung des Luftraums über der Adria führte, kam es immer wieder zu geringfügigen Verzögerungen und Umleitungen im zivilen Luftverkehr. Lautstarke Demonstrationen am FRAPORT und komplettes Unverständnis deutscher Mittelmeerurlauber waren die Folge. Keiner hatte ihnen erklärt, dass sich Deutschland im Krieg befand. Dafür muss ein Soldat zwar kein Verständnis haben, aber, auch wenn es schwer fällt, der Grad seines Engagements für Deutschland und seine gesetzlich verbrieften Rechte darf sich an diesem nachvollziehbarem Frust trotzdem nicht orientieren.

Ich habe in meiner Tätigkeit beim Einsatzführungskommando der Bundeswehr in Potsdam und später im BMVg in Berlin immer wieder erleben müssen, wie wir Soldaten unser Handeln für unser Land der Öffentlichkeit erklären und vermitteln mussten. Neben einigen wenigen Sicherheitspolitikern waren es überwiegend wir und die Reservistenorganisation, die das „freundliche Desinteresse" unserer Gesellschaft an realen sicherheitspolitischen Tatbeständen mit Informationen fütterten.

Dass es auch anders geht, durfte ich 2001 erleben, als in der Folge von „9/11" große Teile der NATO AWACS-Flotte, deren Kommandeur ich damals war, im Rahmen von Artikel 5 zur Unterstützung der dortigen Heimatluftverteidigung in die USA verlegten. Es gab keine Gelegenheit in der dortigen Öffentlichkeit, in der meine Soldaten und ich nicht mit ehrlichem Dank und Anerkennung für unseren Einsatz förmlich überschüttet wurden. Das war für den deutschen Anteil meiner Truppe eine völlig neue Erfahrung.

Initiative, Führung und Verantwortung

In den Wochen vor der Verlegung wurde immer deutlicher, dass der Einsatz auf dem Balkan in mittleren und großen Höhen geführt werden würde. Der grüne Tarnanstrich unserer Tornados war dafür, da auf den Tiefstflug ausgelegt, nicht optimal. Eine kurzfristige Umlackierung im großen Stil war aber kaum darstellbar und trotz unserer Sonderrolle nicht wirklich genehmigungsfähig. In einer Nacht- und Nebelaktion hat unsere Technische Gruppe schließlich mit Bordmitteln zehn unserer Verlege-Tornados in „luftüberlegenheitsgrau" umgefärbt. Die Reaktion des Befehlshabers beim Truppenbesuch: *„Das schaut ja gut aus und macht auch Sinn, aber wann habe ich das denn angeordnet?"* – Eine eher rhetorische Frage...

Die Luftwaffenwerften wurden umgehend angewiesen, mit Vorrang unsere Tornados umzulackieren. Ich will hier keinesfalls dem „Hierarchie vermeidenden Verhalten von Vorgesetzten" das Wort reden, aber ungewöhnliche Situationen erfordern auch ungewöhnliche Handlungen, um zeitgerecht zum Erfolg zu kommen. Dies galt auch für das Einsatzland. Es gab keine Blaupause, keine Bücher oder Erfahrungsberichte, in denen man einfach nachschlagen, keine Erfahrung, die man abrufen konnte – wie etwa bei den Sicherheitsabständen, bei der Lagerung von Munition, den Flugbetriebsbestimmungen, den Schicht- und Ruhezeiten, der Einnahme der Verpflegung, der sanitätsdienstlichen Versorgung, der Einhaltung deutscher Verwaltungsvorschriften bis hin zu Absicherung und militärischer Sicherheit.

Alle diese Vorschriften und Bestimmungen waren vorwiegend geschaffen worden für einen reibungslosen Dienstbetrieb im tiefsten Frieden zuhause. Auch ein Kommodore im Einsatz konnte dieses Paket nicht einfach ereignisorientiert wegwischen oder gar außerkraftsetzen. Langwieriges Nachfragen bei nationalen Dienststellen verbot sich, da Entscheidungen, wenn sie denn überhaupt zustande kamen, selten zeitgerecht und im Sinne des Einsatzes getroffen wurden. Ein funktionierendes Einsatzführungskommando gab es 1995 noch nicht. Hier musste ein Kommodore vor Ort lagerecht nachvollziehbare Entscheidungen treffen und damit vielleicht bestehende Bestimmungen leicht „modifizieren". Hierzu bedurfte es nicht nur gesunden Menschenverstandes, sondern auch das kurze Abwägen der Ratschläge von Fachleuten und Rechtsberatern. Letztere können dem kommandierenden Offizier aber nicht die Entscheidung abnehmen, sondern allenfalls die Tragweite von Verantwortung und ihre möglichen Folgen erläutern. Letzten Endes wirklich verantworten muss es der Führer vor Ort. Ihre Truppe merkt sehr schnell, wenn Sie Unsicherheiten zeigen oder wegen jeder Kleinigkeit sich rückversichern und nachfragen. Ihre Glaubwürdigkeit als militärischer Führer steht auf dem Spiel.

Wir führten im Einsatzgeschwader häufig Diskussionen über das richtige Vorgesetztenverhalten. Wie ist das mit der kleinen Kampfgemeinschaft? Wäre nicht das „Du" besser angebracht als das etwas auf Abstand bedachte „Sie"? Enge Kameradschaft im kleinen Kreis basiert auf persönlichem Kennen und Vertrauen und funktioniert quasi automatisch und das „Du" steht dabei außer Frage. Wer allerdings Soldaten in den Einsatz schickt und dabei auch Entscheidungen über Leben und Tod fällt, sollte immer den nötigen Abstand bewahren, Kumpanei ist hier fehl am Platze. Der Vorgesetzte muss immer als der Boss, der Alte, der Chef und nicht als der Duzfreund geachtet und respektiert werden. Ich habe es mehrfach erlebt, wie im Einsatz junge Piloten zu mir kamen und erklärten, sie möchten nicht von ihrem Kapitän oder Kommandeur geduzt werden, und es war nicht immer einfach, bei diesen Vorgesetzten Einsicht zu erlangen in die Schwächen ihres vermeintlich progressiven Führungsstils.

Es geht nicht darum, den vermeintlich unnahbaren Führer zu markieren, es geht vielmehr darum, einen Mittelweg zu finden, Verständnis zu zeigen, aber notwendige harte Entscheidungen klar und akzeptabel zu treffen und durchzusetzen. Jede Entscheidung will gut abgewogen werden und darf nicht vorschnell erfolgen. Als Pilot im Cockpit sind wir gewohnt, schnell und manchmal automatisch zu reagieren. Am Boden haben wir etwas mehr Zeit, um begründete, nachvollziehbare und möglicherweise auch justiziable Entscheidungen treffen zu können. Jedes Ding hat nicht zwei, sondern drei Seiten, pflegte ich immer zu sagen und bezog mich auf das damals noch gebräuchliche Fünfmarkstück, das vorne mit der Zahl 5 den Wert angab, mit dem Bundesadler auf der Rückseite die staatliche Herkunft, mit dem Sinnspruch „Einigkeit und Recht und Freiheit" auf dem schmalen Rand aber unsere deutsche Grundüberzeugung.

Das deutsche Führungsprinzip „Führen durch Auftrag" ist ein anspruchsvolles, forderndes Prinzip für Vorgesetzte wie Untergebene, das richtig angewendet uneingeschränkt erfolgreich ist. Es ist nämlich gar nicht so einfach als Vorgesetzter das uneingeschränkte Vertrauen in die Handlungsfähigkeit seiner Truppe zu erlangen.

Wir waren in Piacenza von Anfang an höchst komplizierten Einsatzregeln unterworfen – oder wie wir das heute neuhochdeutsch nennen: *the rules of engagement*. Dies war in der Hauptsache unserem Hauptauftrag – Unterdrückung der gegnerischen Luftverteidigung – geschuldet. Feindliches Verhalten, das einen Waffeneinsatz unsererseits legalisierte, war an viele „wenns und abers" geknüpft, Bedingungen, die zweifelsfrei erfüllt sein mussten, bevor ein HARM (*High-Speed-Anti-Radiation-Missile*, dt.: Luft-Boden-Rakete zur Bekämpfung vornehmlich bodengestützter Radaranlagen), das jeweilige Ziel finden durfte. Für diesen Überprüfungsprozess hatten unsere Besatzungen im Cockpit aber nur wenige Sekunden, da sonst sehr schnell eine Gefährdung des zugewiesenen Bereichs und der darin operierenden Flugzeuge hätte entstehen können, ganz zu schweigen von einer immanenten Eigengefährdung.

Unsere politische Führung wollte unter allen Umständen vermeiden, dass eine unserer Raketen versehentlich auf montenegrinisches oder serbisches Gebiet abgefeuert wurde, obwohl wir von dort permanent auch mit Zielbeleuchtungsradar heftig attackiert wurden. Dies hatte ich als Kommodore meinem Minister und auch dem Deutschen Bundestag gegenüber sicherzustellen. Es gab unzählige individuelle Bedrohungssituationen, aber ich musste für meinen Teil unbedingt sicher sein, dass jedes meiner Besatzungsmitglieder in jeder Situation gleich, und vor allen Dingen so wie ich es verantworten wollte und konnte, reagieren würde. Wir diskutierten zwei Tage und Nächte intensiv alle denkbaren Modelle, bis ich sicher sein konnte, das Menschenmögliche getan zu haben, um Fehlverhalten ausschließen zu können. Jede Crew musste unbedingt das Gefühl haben, das Richtige zu tun, aber auch um den nötigen Rückhalt durch ihren Kommodore bei etwaigen Fehlern zu wissen. Wir haben uns nie enttäuscht und darauf können wir alle stolz sein.

Ich habe dabei gelernt, dass es gar nicht so einfach ist, im Rahmen der Auftragstaktik seine Untergebenen einfach gewähren zu lassen. Man muss es nämlich letztlich aushalten können, dass die Besatzungen schon das Richtige tun würden. Die Zeiten der Richthofens und Bölckes, in denen der Fliegerführer ausschließlich vorneweg flog und damit den Rahmen des Handelns bestimmte, sind schon lange vorbei. Die heutige komplexe Operationsführung verlangt nach dem selbstständig im Sinne des Ganzen handelnden Individuum und dem Führungsgefechtsstand, in dem alle Informationsfäden zusammenlaufen. Das heißt aber nicht, dass sich ein Kommodore weit entfernt in einem anonymen Gefechtsstand versteckt und ausschließlich aus dem Abstand mit Computer, Funk und Telefon agieren könnte. Alles was seinen Crews abverlangt wird, muss er auch selbst mehr als im Ansatz darstellen können. Anders kann er die Lage weder realistisch beurteilen, noch erfährt seine professionelle Autorität breite, uneingeschränkte Akzeptanz.

Trotz des ehrlichen Vertrauens in die Leistungsfähigkeit meiner Besatzungen hatte die nach außen gezeigte *„Coolness"* auch ihre Grenzen: Ich gebe zu, genau wie unsere gesamte technische Truppe fieberte auch ich der vorgesehenen Rückkehrzeit unserer Einsatzflugzeuge jeden Tag aufs Neue entgegen. Mechaniker, Munitionstechniker, Sanitätspersonal, Innendienst und auch die Militärgeistlichkeit harrten auf den Containern und Erdwällen aus und zählten jeden einzelnen Tornado, der sich im Endanflug dem Flugplatz San Damiano näherte. Große Erleichterung machte sich breit, wenn alle wieder sicher heimgekehrt waren. Bei aller Routine, daran hat sich auch im Verlaufe des Einsatzes nichts geändert.

Ein wichtiges Element für unsere Soldaten war die ständige Information aus erster Hand. So hatten Gerüchte und Latrinenparolen keine Chance. Das galt für alle Vorgesetzten, aber in erster Linie für den Kommodore, dessen regelmäßige Ansprachen mit seiner persönlichen Einschätzung der Lage allen den gleichen Wissensstand vermittelten. Keiner fühlte sich allein gelassen mit seinen Problemen, alle wussten Bescheid.

Militärische Mentalitäten

An Weihnachten 1995 war ich allerdings bei einer von mir so niemals zuvor für möglich gehaltenen Konstellation mit meinem Latein fast am Ende. Der Bischof von Piacenza hatte uns in einer großzügigen Geste seinen Dom am Piazza dei Cavalli im Zentrum Piacenzas, eine Miniaturausgabe des Petersdoms in Rom, zur Verfügung gestellt. Er bot an, dort mit den Soldaten des deutschen Kontingents und weiteren 500 italienischen Bürgern Weihnachten zu feiern. Zur musikalischen Ausgestaltung hatte sich unser deutsches Luftwaffenmusikkorps spontan angeboten.

Von mir völlig unerwartet oder gar unterschätzt regte sich Widerstand bei der Truppe. Ich ging wohl aus von den Gegebenheiten der alten Bundesrepublik, wo so etwas undenkbar gewesen wäre: 20 bis 30 Soldaten quer durch alle Dienstgrade kündigten an, auf Grund ihrer atheistischen Überzeugung kein Gotteshaus betreten zu wollen. Ich blieb hart und benannte die Veranstaltung als gemeinsamen Jahresabschluss, der auch Elemente des katholischen und evangelischen Glaubens neben Elementen ohne Gottesbezug beinhalte. Dies wirkte überzeugend, jedoch nicht ganz. Die verbliebenen zehn Verweigerer teilte ich kurzer Hand zur Bewachung unserer geparkten Fahrzeuge ein. Angesichts deutlicher Minustemperaturen keine angenehme, aber dennoch wichtige Aufgabe. Die Feier jedenfalls war ein voller Erfolg; spätestens als sich Bischof,

Damen der Gesellschaft in ihren Pelzmänteln und Angehörige des Kontingentes zum Klange des „Chors der Gefangenen" von Guiseppe Verdi, einem Sohn der Region, in den Armen lagen, trat der christliche Bezug in den Hintergrund und gemeinsam empfundene Freude und Dankbarkeit machten sich breit. Kurz danach kam ein Oberstabsfeldwebel zu mir und dankte mir überschwänglich für meine konsequente Haltung. Er habe noch nie in seinem Leben etwas Derartiges erlebt.

Ein Wort zur Rolle der Militärgeistlichen: Diese erfüllten eine für mich und unser Kontingent extrem wichtige Funktion. Ganz im Gegensatz zu ihrem Wirken zuhause – als verlängerter Arm der Kirchen bei Menschen in einer besonderen Berufssituation – sorgten sie hier in Piacenza für den inneren Frieden bei gläubigen Christen, Angehörigen anderer Glaubensrichtungen, aber auch überzeugten Atheisten. Sie waren das letzte Glied der Kette, wenn sich Soldaten mit ihren Problemen weder den Kameraden, noch den Vorgesetzten oder den Vertrauenspersonen anvertrauen wollten oder konnten. Die Soldaten kamen zu ihnen nicht als katholische oder evangelische Christen, sondern als Menschen mit Problemen, die man ungern öffentlich oder im Kameradenkreis besprach, da man ja als Soldat nicht „uncool" wirken wollte. Sie dienten mir als Pulsmesser der inneren Verfassung, als Frühwarner hinsichtlich der inneren Akzeptanz oder Nichtakzeptanz von Führungsentscheidungen und als Vermittler zwischen dem System Bundeswehr und der Truppe und ihren Vorgesetzten. Sie hielten mit ihrem exklusiven Wissen mir gegenüber nicht hinter dem Berg, ohne aber dabei das in sie gesetzte Vertrauen der Einzelpersonen auch nur im Geringsten zu verletzen. Die Militärgeistlichen erleichterten mir meine Führungsaufgabe enorm, auch wenn sie das selbst nicht gerne hörten.

Gleiches galt für das Wehrbeschwerdewesen und den Wehrbeauftragten – oder besser: die Wehrbeauftragte Frau Claire Marienfeld, die damals das Amt innehatte. Ich machte die Erfahrung, dass bei einem gefestigten inneren Gefüge die Inanspruchnahme dieses Rechts in den Hintergrund trat, da Vorgesetzte aller Ebenen immer vor Ort präsent waren und bei allen Fragen Rede und Antwort standen und deshalb wenig bis gar kein Grund für Beschwerden in diese Richtung gegeben war. In den verbleibenden Einzelfällen beschied das Amt des Wehrbeauftragten stets sehr praxisbezogen und scheute auch nicht davor zurück, wenn in Einzelfällen der Beschwerdeführer voreilig subjektiv Umstände schilderte, die einer objektiven Beurteilung nicht standhielten, diesen auch darauf hinzuweisen, natürlich ohne dabei sein gutes Recht zu beschneiden.

Die Tiefendimension des Soldatenberufs

Krieg, Verwundung und Tod bekamen eine völlig neue Dimension. In der Zeit des Kalten Krieges waren diese Begriffe irgendwie weit weg und auch etwas „virtuell". Ein Einsatz war eigentlich nicht wirklich vorstellbar, setzte er doch das komplette Versagen der Abschreckung des Bündnisses und den Eintritt in einen totalen, jeden betreffenden Dritten Weltkrieg voraus. Das war jetzt anders, die Bürgerkriegsparteien auf dem Balkan zeigten sich völlig unbeeindruckt von globaler militärischer Stärke, sie glaubten tatsächlich mit militärischer Gewalt, wenn auch örtlich begrenzt, ihre Ziele erreichen zu können. Die Völkergemeinschaft sah sich daher gezwungen, sich zur Eindämmung des verworrenen, menschenverachtenden Konflikts auf die Ebene der Bürgerkriegsparteien zu begeben und zu kämpfen, mit allen Konsequenzen.

In unserem Fall waren es die Fliegenden Besatzungen, die sich als direkt Betroffene mit dieser Problematik auseinandersetzen mussten. Der Rest des Geschwaders operierte eigentlich weiter ohne große zusätzliche Bedrohung, wenn man einmal von der latenten terroristischen Gefahr absah. Auch wenn die große Mehrheit der unterstützenden Truppe nicht direkt in kriegerische Handlungen verstrickt war, bemerkte man unschwer bei allen eine neue Ernsthaftigkeit und Anspannung. Mehr noch als im täglichen Routineflugbetrieb war jeder bestrebt, stets sein Bestes zu geben, hingen doch von der Leistung des Einzelnen das Wohl und Wehe der Fliegenden Besatzungen im Einsatz direkt ab. Das spürte man jeden Tag und es brauchte keines zusätzlichen Hinweises zur Motivation durch die Vorgesetzten.

Ich persönlich wurde in Interviews der Medien immer wieder gefragt, wie ich denn als verantwortlicher Truppenführer mit der immanenten Gefahr für Leib und Leben umgehen würde, insbesondere wenn ich Einsatzbefehle für Missionen unterschriebe, von denen unsere Besatzungen nicht zwangsläufig unbeschadet zurückkehren würden. Ich antwortete stets, dass ich in erster Linie auf das Können und die mentale Stabilität meiner fliegenden Besatzungen vertrauen würde. Sollte es zum Schlimmsten kommen, würde ich schon wissen, was zu tun sei.

Ich gestehe, wie sehr wir es damals mit Neuland zu tun hatten. Und es ist wohl allzu menschlich, dass der Mensch in solchen Situationen auf Handlungsmuster zurückzugreifen versucht, die vermeintlich helfen, eine neue Situation als bewältigbar erscheinen zu lassen. In einem ersten Reflex kamen mir die plastischen Erzählungen meines Schwiegervaters über seine Kriegserfahrungen auf dem Balkan während des Zweiten Weltkrieges in den Sinn. Er war – wie ich – Berufssoldat. Im Unterschied zu mir hatte er den Partisanenkrieg am Boden erlebt; freilich als Angehöriger einer ganz anderen deutschen Armee als der Bundeswehr. Und jetzt trug ich mit dem mir übertragenen Kommando und mit den mir unterstellten Soldaten dazu bei, diesem Partisanenkrieg – nun zwischen den dortigen Volksgruppen! – Einhalt zu gebieten.

Es ergibt aus meiner Sicht aber wenig Sinn, sich ständig mit den möglichen schlimmen und fatalen Folgen unseres Handelns zu beschäftigen und sich dabei zu verzehren. Man darf das nie ganz verdrängen, aber diese Gedanken dürfen nicht zum handlungsbestimmenden Element werden, da man sonst die eigene Handlungsfähigkeit und damit die eigentliche Mission gefährden würde. Dies setzt allerdings voraus, dass alle, Sie selbst und Ihre Soldaten von der Richtigkeit ihres Tuns uneingeschränkt überzeugt sind. Die mehrheitliche Zustimmung des Deutschen Bundestages zum militärischen Eingreifen ist dabei eine Grundvoraussetzung; aber Ihre eigene innere Überzeugung wird in hohem Masse auch getragen durch Ihre Familie, Ihr freundschaftliches Umfeld und zu einem gewissen Teil auch durch die öffentliche Meinung.

Dies war 1995 bedingt handhabbar durch intensive und umfassende Information von Familie und Freundeskreis durch die Geschwader-Führung. Das familiäre Umfeld musste das Gefühl haben, der allgemeinen öffentlichen Berichterstattung immer einen Schritt voraus zu sein, um damit weitgehend immun zu werden gegenüber der manchmal als selektiv empfundenen Information und der in Deutschland besonders ausgeprägten Art und Weise, auch mit großer Mehrheit demokratisch beschlossene Dinge ständig weiter zu hinterfragen und hartnäckig kontrovers weiter zu diskutieren. Mit diesem Phänomen hatten und haben wir es später verstärkt zu tun, insbesondere bei unserem Einsatz in Afghanistan.

Erstaunt war ich bei diesen „Diskussionen" immer darüber, wie gering dabei in weiten Teilen unsere Gesellschaft die „Existenzgrundlage" unserer freiheitlichen Ordnung und der Bundeswehr als Parlamentsarmee begriffen, geschweige denn verinnerlicht worden ist. Heute kämpft kein deutscher Soldat „für Kaiser, Gott und Vaterland" und schon gar nicht „für Führer, Volk und Vaterland". Unsere wehrhafte Demokratie verlangt von ihren Soldaten absolut keinen Hurrapatriotismus, sondern überzeugtes, d.h. auf nüchterner Reflexion beruhendes Eintreten für deren Werte. Ich empfehle jedem, die Gedenkstätte für unsere Gefallenen am Bendler-Block in Berlin zu besuchen und in Stille auf sich wirken zu lassen.

Fazit

In meiner Zeit als Kommandeur der Offizierschule der Luftwaffe waren meine Erfahrungen als Kommodore, aber auch als Befehlshaber im Einsatzland während des Kosovo-Krieges, noch recht frisch und ich konnte meine Eindrücke aktuell in die Lehre einbringen.

Es gibt keine „goldenen Regeln" und auch keine Standardabläufe. Aber eines muss man sich immer verdeutlichen: Ein Offizier trägt Verantwortung, im Einsatz auch für Leben und Tod. Ich habe damals oft und intensiv gerade mit Teilnehmern von Einheitsführer- und Kommandeurlehrgängen diskutiert. Mein Credo war: *„Wer schon unter den Bedingungen des Alltagsbetriebes schwer an seiner Verantwortung für Mensch und Material trägt, sie gar teilweise als Last empfindet, wird daran im Ernstfall-Einsatz zerbrechen."* Dort kann nur erfolgreich bestehen, wer in der Lage ist, immer ernsthaft und mit Freude Verantwortung zu übernehmen.

Ich habe öfter als einmal im Einsatz Kommandeure erlebt, die diesem Anspruch nicht voll gerecht werden konnten. In meiner Funktion als Stellvertretender Befehlshaber des Einsatzführungskommandos, aber auch als Stellvertreter des Generalinspekteurs, habe ich hautnah viele Vorgesetzte aller Teilstreitkräfte im Einsatz begleitet. Aus dieser Erfahrung heraus ist es mir so wichtig, dass Ausbildung und Erziehung so realitätsnah und ehrlich wie möglich erfolgen. Wir tun uns und unseren künftigen militärischen Führern keinen Gefallen, wenn wir sie nicht ausreichend fordern und das Erlangen von Qualifikationen nicht härtesten Kriterien unterwerfen. Der Ausbildungsprozess endet auch nicht nach Erlangung des Offizierpatents und der Fachausbildung. Ich halte es für unabdingbar, den jungen Offizier nach Abschluss seiner akademischen Ausbildung noch einmal gezielt auf seine Vorgesetztentätigkeit vorzubereiten. Gleiches gilt für die sogenannten „Fortgeschrittenen" vor ihrem Einsatz als Einheitsführer oder als Kommandeur. Hier muss der Schwerpunkt auf Führung unter Einsatz- bzw. Kriegsbedingungen liegen. Der Beruf des Offiziers hat sicher viele zivile Komponenten wie Manager, Organisator, Kaufmann und Lehrer, um nur einige zu nennen. Sein Alleinstellungsmerkmal beweist sich aber in der Führung von Menschen im Einsatz und seiner Verantwortung für Leben und Tod. Es geht deshalb auch nicht an, dass wir bei der Nachwuchswerbung die möglichen harten Konsequenzen unseres Berufs beschönigen oder gar ausblenden.

Ich persönlich hatte überwiegend das Glück, auf Vorgesetzte zu treffen, die mir den nötigen Freiraum gewährten. Haben Sie deshalb auch als Vorgesetzte den Mut Ihre Untergebenen gewähren zu lassen. Gestehen Sie ihnen zu

Fehler zu machen, solange sie diese Erfahrung ohne Gefahr für Leib und Leben sammeln können.

Wir alle brauchen Gesetze, Regeln und Vorgaben. Ein Offizier ist aber kein Verwalter oder Beamter. Er hat einen Auftrag, den er erfüllen muss. Stellt er fest, dass dem Regeln und Vorgaben entgegenstehen, da sie nicht auf seine Situation zugeschnitten sind, muss er eigenverantwortlich dafür sorgen, dass zuständigen Stellen die Vorschriftenlage anpassen oder, wenn dies aus übergeordneten Gesichtspunkten nicht möglich ist, sein eigener Auftrag angepasst wird. In den seltensten Fällen wird dafür das Grundgesetz mit einer Zweidrittel-Mehrheit des deutschen Parlaments zu ändern oder Gesetze und Zentrale Dienstvorschriften anzupassen sein. Meine Erfahrung aus 43 Dienstjahren belegt: In der überwältigenden Mehrheit der Fälle liegt die Kompetenz für Veränderungen im eigenen Bereich maximal eine Disziplinarstufe höher.

Ich wünsche Ihnen, dass Sie – ganz gleich, ob als Soldat auf Zeit oder als Berufssoldat – Ihren Offizierberuf mit Ernsthaftigkeit und Freude ausüben mit Blick auf unser Land und seine Werte.

Dafür wünsche ich Ihnen Hals- und Beinbruch.

Das Bild des Transportflieger-Offiziers – Teamwork im weltweiten Einsatz

Hans-Werner Ahrens

Angesichts des breiten Spektrums der Aufgaben und Einsätze im Lufttransport der Luftwaffe ergäbe eine auf das seit 1968 im Einsatz befindliche Waffensystem Transall C-160 beschränkte Darstellung wenig Sinn, zumal das moderne Nachfolgemuster A400M „Atlas" sich bereits seit Ende 2014 im Zulauf und im Einsatz beim LTG 62 (Wunstorf) befindet. Daher denke ich, dass der alleinige Blick „nach hinten" (auf Transall C-160) den jungen Offizieren als Flugzeugführer und Vorgesetzte in der heutigen Zeit und absehbaren Zukunft nicht recht weiterhelfen würde.

Gleichwohl bildet der Blick zurück durchaus eine gute Basis für mögliche Ableitungen in Gegenwart und absehbarer Zukunft. Ich selbst machte nach meinem Dienstantritt im Oktober 1967 meine (Einsatz-)Erfahrungen als Transportflugzeugführer auf der Transall C-160 von 1973 bis zu meinem Dienstzeitende im Jahr 2010 als Co-Pilot, Kommandant und Scheinerhalter mit insgesamt ca. 4.500 Flugstunden. Hinzu kamen nach der Ausbildung im Generalstabdienst noch Verwendungen in der Truppe (Staffelkapitän, Kommodore, Kommandeur LTKdo) und in Stäben (darunter LTKdo, NATO, BMVg, Attachédienst). Verschiedene weltweite Hilfseinsätze sowie zwei Auslandseinsätze „am Boden" auf dem Balkan und in Afghanistan rundeten meine internationalen Einsatzerfahrungen ab. Ich beschränke mich in meinen Ausführungen vor allem auf die Ebene des „Staffel-Flugzeugführers", wobei die grundsätzlichen Ausführungen natürlich auch für die Offiziere höherer Führungsebenen gelten.

Vor diesem Hintergrund möchte ich nun den „Blick nach vorn" (u.a. A400M) richten und gehe dabei im Wesentlichen ein auf die grundsätzlichen Rahmenbedingungen der Transportfliegerei und deren Folgen für den Offizier und sein Team.

1. Rahmenbedingungen

1.1. Einsatz unter Gefahr für Leib und Leben in Krise und Krieg – *„first in – last out!"*

Mit den Einsätzen der Transall auf der Luftbrücke nach Sarajevo (1992-1996) sahen sich die Transallbesatzungen (und ihre Familien) erstmals mit einem humanitären Hilfseinsatz in einem Kriegsgebiet konfrontiert. Die Rechtslage, die Risikoabschätzung, sowie die fehlende Ausrüstung der Transall mit Selbstschutzanlagen und die zunächst noch fehlende Eloka-Ausbildung der Besatzungen entsprachen nicht den aktuellen Herausforderungen. Erst nach mehreren Zwischenfällen (Abschuss eines italienischen Transportflugzeuges mit vier Toten und Beschuss einer deutschen Transall mit schwerer Verletzung des Ladungsmeisters) stellte man die Versäumnisse im noch laufenden Einsatz ab. Als Folge entstand durch Initiative der Truppe erstmals ein Konzept zur Stressvorsorge und Stressbewältigung für Fliegendes Personal zur Vermeidung von Posttraumatischen Belastungsstörungen (PTBS). Weitere Lehren zog man daraus im über zwölfjährigen Dauereinsatz der Transallbesatzungen in Afghanistan. Anhand der militärischen Transportfliegerei ist gut ersichtlich, dass vorausschauendes weltweites Krisenmanagement leider nicht zu den besonderen Stärken von deutschen Politikern und bislang amtierenden Regierungen gehört: die kurzfristige politische „Reaktion", zuweilen durch die Medien forciert, geht grundsätzlich vor zeitgerechter „Prävention".

Daher muss der FF-Offz auf Transportflugzeugen – und Hubschraubern – stets mit *„ad hoc*-Einsätzen" unter äußerst knapper Vorbereitungszeit und unsicheren Rahmenbedingungen rechnen; häufig mit nur rudimentären Informationen, wobei sich die Zusammenarbeit mit dem Personal der VN, der EU und lokalen Behörden vor Ort grundsätzlich als schwierig herausstellt. Hier sind beim FF-Offz interkulturelle Kompetenz und auch Stehvermögen gefragt; zuweilen sogar auch die Fähigkeit, kontraproduktiver Eingriffe in seinen Einsatz von außen strikt zurückzuweisen. Daher ist der FF-Offz wirklich gut beraten, sich am Heimatplatz durch tägliche Information anhand von überregionalen, am besten internationalen Medien, gründlich mit potenziellen, abzeichnenden bzw. aktuellen Krisenregionen zu beschäftigen. Ein klares Plädoyer für die Intensivierung der historisch-politischen Bildung; die vom ZMSBw herausgegebenen *„Wegweisern zur Geschichte"* leisten dabei gute Dienste.

Der konkrete Einsatz verlangt vom FF-Offz und seiner Crew sowohl Mut und Tapferkeit, hohe Stressresistenz und selbstverständlich gutes fliegerisches Können. Als militärischer Führer sind von ihm zudem Standfestigkeit und

Durchsetzungsfähigkeit – selbst unter Angst vor Verwundung und Tod – gefordert. Man beachte: Es fehlen in allen Flächenflugzeugen im Gegensatz zu den Kampfflugzeugen „Schleudersitze" und eine *aktive* Abwehrbewaffnung. Auch das Tragen (und Nutzen) von Fallschirmen durch die Besatzung ist für das Überleben wenig aussichtsreich und wäre angesichts von Passagieren an Bord ethisch höchst fragwürdig.

Flüge zur medizinischen Evakuierung (*AirMedEvac*) von Soldaten aus Einsatzgebieten oder Zivilpersonen bei Katastropheneinsätzen stellen für FF-Offz und die Crew aufgrund der zu transportierenden, häufig schwer verletzten oder erkrankten Patienten und der Integration von Ärzten und Pflegern an Bord eine Besonderheit dar. Der Umgang (u.a. deren Anblick, Geruch, Laute) mit diesen Patienten über längere Zeit im Fluge muss auch von der Crew psychisch verkraftet werden. Hier ist besondere emotionale Stabilität und eine den medizinischen Zustand der Patienten berücksichtigende, ggfs. von der Norm abweichende Flugdurchführung gefordert.

1.2. Zivile und militärische Ausbildung

Durch die seit 1960 bewährte und fortwährend angepasste fliegerische Ausbildung bei der Lufthansa-Verkehrsfliegerschule in Bremen und Phoenix/Arizona erhält der militärische FF-Offz-Flugschüler (für Flächenflugzeuge) im Schwerpunkt eine Ausbildung zum zivilen Verkehrspiloten. Die Attraktivität der Transportfliegerei ergibt sich bei den FF-Offz zunächst aus dieser zivilen fliegerischen Grundausbildung; er profitiert persönlich von der guten Qualität der Ausbildung und dem guten „Image" dieser Fluggesellschaft. Für Zeitsoldaten erleichtert das einen möglichen späteren Übergang in die Zivilfliegerei. Leider gilt dies auch für Berufssoldaten bei vorzeitiger, kurzfristiger Kündigung Ihres Dienstverhältnisses und dem gravierenden „Nebeneffekt": sie gingen und gehen uns wohl auch zukünftig verloren.

Gleichwohl bildet diese Ausbildung unserer Transportflieger eine gute Grundlage für die o.a. Einsätze. Erst mit der Umschulung auf A400M (und vormals auf Transall) erhalten sie auf der Grundlage des *Tactical Combat Training Program* (TCTP) die Befähigung zum „Taktischen Einsatz" unter Bedrohung in Krisen- und Kriegsgebieten. Von einer „Amerikanisierung" kann demnach – im Gegensatz zu den Jet-Piloten der Luftwaffe – bei den Transportfliegern nicht die Rede sein. Die zivile fliegerische Grundausbildung – vergleichbar mit einem zivilen Berufspiloten – hilft nicht nur bei der späteren professionellen Auftragsdurchführung im innerdeutschen Luftverkehr. Sie wirkt positiv auch bei weltweiten (Hilfs-)Einsätzen zu anderen Kontinenten, was bereits seit 1960 zum anerkannten Alltagsgeschäft der Transportflieger gehört.

Nach Abschluss der Offizierausbildung (meist inkl. Studium) kommt der FF-Offz zunächst als Co-Pilot in eine Einsatzstaffel. Dort beginnt neben der weiteren fliegerischen Ausbildung mit dem Ziel „Kommandant" auch seine *Förderung* als Offizier im „Truppendienst", sofern fachliches Können („guter Flieger"), erkennbares Potenzial und die Bereitschaft zur Übernahme von sog. „Zweitfunktionen" vorhanden sind. Diese reichen u.a. vom Staffeldienstoffizier, über den Sportoffizier, den Nachrichtenoffizier und den Flugausrüstungsoffizier bis hin zum Einsatzoffizier. Im Einsatzverband gewinnt der junge Co-Pilot von Anfang an viele neue Eindrücke von der weltweiten Fliegerei im internationalen Luftverkehr und beim Aufenthalt am Boden in fernen, zuweilen exotischen Ländern. Kameradschaft, Teamgeist und frühe Verantwortung als Teil einer meist wechselnden, gleichwohl eingespielten Besatzung stärken sein Selbstvertrauen im Dienst und den „Eigenwert" auch im Freundes- und Bekanntenkreis in der Zivilgesellschaft. Ein Aufstieg von der Staffel auf die Gruppenebene bzw. zum Geschwaderstab ist bei persönlicher Bewährung in der Staffel-Funktion sehr wahrscheinlich.

Der FF-Offz „Truppendienst" muss nach dem Stabsoffizierslehrgang bzw. nach Auswahl und spätestens dann nach Abschluss der Ausbildung im Generalstabsdienst mit einer Versetzung zu Kommandobehörden rechnen. Dies bedeutet unausweichlich die Reduzierung, wenn nicht gar die zeitliche Unterbrechung seiner aktiven Fliegerei. Das ist für den FF-(St)Offz fern des „Heimatplatzes" und von Haus und Familie und als „Scheinerhalter" im Flugdienst zusätzlich mit spürbaren finanziellen Nachteilen verbunden und folglich wenig attraktiv, jedoch für den weiteren Verwendungsaufbau in höhere Führungspositionen unabdingbar. Die Bereitschaft, sich einer – selbst zeitlich begrenzten – Stabsverwendung zu stellen, ist für viele nur mit der Zusage einer ihr folgenden Rückkehr auf eine „fliegende Stelle in der Truppe" akzeptabel, aber nicht immer realisierbar. Für FF-Offz MilFD und Uffz m.P., welche die Mehrheit des fliegenden Personals bei den Transportfliegern ausmachen, kommt dieser Weg nur ausnahmsweise und dann häufig nur zum Erreichen eines Spitzendienstgrades (StHptm bzw. OStFw) in Frage.

Der Beruf des Piloten ist sicherlich unverändert mit Prestige verbunden. Meines Erachtens hat ein sympathischer (junger) „Flieger" noch immer die bessere Chance auf eine berufsmäßig bedingte recht attraktive Partnerwahl. Inzwischen haben sich auch einige weibliche FF-Offz und Ladungsmeister für diesen Beruf entschieden. Allerdings müssen sich beide Partner später auf einige stete Belastungen einstellen. Diese sind u.a. regelmäßige, längere Abwesenheiten bereits im Routineflugbetrieb oder auf Auslandskommandos (dort dann das Leben in Containern), häufige Bereitschaften und Wochenenddienste, kurzfristige „*ad hoc*"-Einsätze, eine zuweilen ungeplante, verspätete Rückkehr vom Flugdienst, sich stets wiederholende Lehrgänge und besondere persönliche psychische und physische Einsatzbelastungen, die sich auch auf das Privatleben negativ auswirken können. Hinzu kommen eine nur begrenzte „sichere" Planbarkeit der Freizeit und des Urlaubs. Durch Versetzungen „ausgelöste" langzeitige Wochenendehen/-partnerschaften bergen die Gefahr eines schleichenden „Auseinanderlebens". Selbst langjährige Beziehungen scheiterten letztendlich an diesen Herausforderungen. Es ist demnach ratsam, sich von Beginn der Beziehung an möglichst „reinen Wein einzuschenken." Dennoch wiegen die Begeisterung und die Freude am Fliegen Vieles wieder auf!

1.3. Der VIP-Einsatz – Herausforderung und ständige Bewährung

Eine besondere Herausforderung in der „Transportfliegerei" ist der Dienst in der Flugbereitschaft (des) BMVg. Diese betreibt als fliegender militärischer Einsatzverband der Luftwaffe auf dem Flughafen Köln-Wahn – und derzeit auch noch in Berlin-Tegel – (mitunter teilweise umgerüstete) zivile Flugzeugmuster für militärischen Personen- und Frachttransport, *AirMedEvac* und Luftbetankung sowie für Flüge von VIP. Dies sind gegenwärtig für die Langstrecke die Airbus-Typen A 340, und A 310 (auch MRTT), für die Mittelstrecke der Airbus A 318 und die Bombardier Global 5000 (auf Langstrecke für begrenzte Passagierzahlen gedacht) sowie für reinen VIP-Kurzstreckentransport drei Hubschrauber vom Typ „Cougar".

Die Flüge für den politisch/parlamentarischen Bereich (Bundespräsident, Bundeskanzler(in), Regierungsmitglieder usw.) sind ein wesentliches Merkmal der Einsätze der Flugbereitschaft BMVg. Sie genießen in der Öffentlichkeit besondere Aufmerksamkeit. Fehler im Ablauf oder sonstige Vorkommnisse werden in den Medien öffentlichkeitswirksam präsentiert und kritisiert. Ausgeprägte Zuverlässigkeit und Erfahrung der Flugzeugführer sind daher Grundvoraussetzung für diesen speziellen Flugbetrieb. Die meist sehr geringe Toleranzschwelle der VIP gegenüber Unregelmäßigkeiten bei Flügen (z.B. Start-/Landeverzögerungen, Komforteinbußen bei Schlechtwetter, Technische Störungen usw.) bedingen zudem eine besondere Hinwendung zu den Passagieren… – und damit diplomatisches Geschick des FF-Offz. Ein durchweg entsprechend korrektes und protokollsicheres Auftreten des FF-Offz und seiner gesamten Besatzung wird vorausgesetzt.

Das Einsatzspektrum mit VIP ist vor allem für Kurzstreckenflüge durch kurzfristige, sich häufig ändernde Abflugzeiten über den Tag gekennzeichnet. Die hohe Sequenz von Flügen mit meist kurzer Flugdauer, aber ggf. längeren Bodenzeiten ohne Ruhemöglichkeiten (u.a. bei Konferenzen, Konsultationen), wiederholtes Verschieben von Abflugzeiten mit der Gefahr der Überschreitung maximaler Flugdienstzeiten der Crew, drohende Wetterverschlechterung am Zielflugplatz sowie zuweilen nicht angemessenes Benehmen der Passagiere, bedeuten, dass Handlungsabläufe am Boden und an Bord häufig unter starkem Leistungs- und Zeitdruck stehen. Der stete Wunsch der VIP, den Zielflugplatz „unbedingt" zu erreichen, verlangt sowohl Flexibilität als auch Stressresistenz des FF-Offz und seiner Besatzung, auch unter starkem Druck unter Beachten der Vorschriften einen sicheren und verantwortbaren Flugbetrieb zu garantieren.

Auch für den FF-Offz der Flugbereitschaft BMVg sind selbständiges Handeln und ausgeprägtes Organisationsvermögen auf den weltweiten, häufig wechselnden Zielflugplätzen aufgrund der großen Entfernungen zum Heimatflugplatz eine Grundvoraussetzung für reibungslose Einsätze. Dazu gehören operationelle und flugtechnische Entscheidungen gleichermaßen wie die Steuerung der jeweiligen Bodenorganisation außerhalb des Heimatplatzes.

Tankeroperationen der Flugbereitschaft BMVg mit A310 (MRTT) zur Unterstützung von Übungen bzw. Luftkriegsoperationen bilden eine Besonderheit, die vom Flugzeugführer und seiner Besatzung u.a. eine intensive Beschäftigung mit sehr komplexen NATO-Einsatzplänen erfordert und vor allem in einem Luftkriegsszenario zu spezifischen Stresssituationen führen. Der FF-Offz auf den A310 (MRTT) muss insgesamt ein breites Spektrum von Einsatzfähigkeiten (Passagiere, Material, *AirMedEvac*, VIP, Tanker) beherrschen bzw. abdecken.

Langdauernde Einsätze, unregelmäßige Arbeitszeiten und Flüge in unterschiedliche Zeitzonen („Zeitverschiebungen"), sowie der häufige Klimawechsel erfordern vom FF-Offz und seiner Besatzung eine hohe Ausdauer unter zusätzlichen hygienischen Belastungen. Körperliche und mentale Fitness ist daher unbedingt außerhalb des Flugdienstes herzustellen und zu erhalten, was natürlich auch für die Transall- und A400M-Besatzungen gilt.

2. Herausforderungen und „Bild des Offiziers"

2.1. Übergang von der analogen zur digitalen Informationstechnologie bei Flugplanung, Flugdurchführung und Flugnachbereitung/-Auswertung

Sie erfordert vom heutigen FF-Offz ein gutes Grundverständnis der Technologie und die Beachtung und Anwendung der Bedienungsphilosophie, wofür bereits der tägliche private Gebrauch von Computern und Mobilfunkgeräten die Grundlage bildet. Der FF-Offz muss sich am Boden und in der Luft der Abhängigkeit einer nicht von ihm geschaffenen bzw. nur bedingt beeinflussbaren Technologie bewusst sein, darf nicht als „Sklave der Technologie" auf die kritische Prüfung der Ergebnisse/Vorgaben verzichten und muss stets bereit sein, persönlich die letzte verantwortliche Entscheidung (notfalls auch gegen die Technik – soweit möglich) zu treffen. Der Hinweis auf die „IT" entbindet den FF-Offz nicht von der persönlichen (Führungs-) Verantwortung!

2.2. Zunehmende Automatisierung

Diese führt vor allem durch die Autopiloten und autonomen Navigationsanlagen in modernen Luftfahrzeugen zu einer wesentlichen Entlastung der Flugzeugführer, einer Fehlerreduzierung und den Verzicht auf frühere Besatzungsmitglieder, wie Navigatoren und Bordmechaniker. Auch die Flugplanung am Boden nutzt die automatisierte Berechnung von extern erhaltenen Daten, z.B. Wetter und Flugplatzinformationen. Das *Crew-Coordination-Concept* in einem grundsätzlich Zwei-Mann-Cockpit (A400M) – ein dritter integrierter Platz ist vorhanden – und ein bis zwei „Technische Ladungsmeister" muss die sich daraus ergebenden Faktoren, wie geringere personelle Redundanz, enge und stete Kommunikation, gegenseitige Überwachung und Vermeiden von möglichem *Overload* im Notfall oder bei Einsätzen in Kriegsgebieten berücksichtigen.

2.3. Dominanz der Simulation in Fliegerischen Ausbildungsbetrieb auf Einsatzmustern

Nach der praktischen fliegerischen Auswahlschulung im Schulflugzeug sind die Zeiten zahlreicher Platzrunden auch im Ausbildungsbetrieb auf den Einsatzmustern endgültig *passé*. Die inzwischen sehr realitätsnahen Simulatoren ersetzen teure Flugstunden. Sie bieten auch aus Sicht der Flugsicherheit beim Üben von Notfällen große Vorteile und tragen zur Reduzierung von Emissionen bei. Da der Lufttransport vor allem Passagiere und Material befördert, ist für den FF-Offz schon während der Umschulung eine Teilnahme am echten Flugdienst „in der Praxis" *vor* dem Einsatz in der Truppe zwingend notwendig. Simulation ist eben für den Transportflieger kein echter Flugbetrieb! Der FF-Offz sollte sich stets mental darüber im Klaren sein, dass sein Auftrag lautet, „Passagiere und Ladung" von A nach B zu befördern und nicht nur „das Flugzeug zu fliegen". Letzteres ist lediglich das Mittel zum eigentlichen Zweck.

2.4.   Europäisierung bei Ausbildung und Führung

Nach Auflösung des einst in Münster i.W. beheimateten Lufttransportkommandos (LTKdo) im Jahr 2010 und nahezu zeitgleicher Aufstellung des Europäischen Lufttransportkommandos (EATC) in Eindhoven/Niederlande liegen Planung und Führung der Lufttransporteinsätze weitgehend in europäischer Hand; noch mit Schwerpunkt bei Deutschland und Frankreich. Dies fordert vom FF-Offz und den Vorgesetzten auf den verschiedenen Ebenen des Lufttransportes genaue Kenntnis und strikte Befolgung der Verfahren. Die nationale disziplinare Unterstellung und Gerichtsbarkeit sind jedoch davon ausgenommen. Die gute Beherrschung der (fach-)englischen Sprache ist dabei ebenso Voraussetzung wie die Kenntnis der Mentalitäten und der Eigenarten ausländischer Streitkräfte. Gleiches gilt für die gemeinsame deutsch-französische fliegerische Schulung auf A400M. Eine Erweiterung der eigenen Sprachausbildung auch auf Französisch sollte auch hinsichtlich der mit dem Zulauf der A400M vermehrten (EATC-) Einsätze in frühere französische Kolonien mittelfristig das Ziel sein, ggfs. in Eigeninitiative.

3.   Der Transportflieger ist Teamplayer!

Wenn ich auf meine fliegerische Ausbildung bei der Lufthansa in Bremen (1970-1972) zurückblicke, so saß ich in den einmotorigen Schulflugzeugen wohl insgesamt nur ca. 20 Stunden allein im Cockpit, sonst immer mindestens zu zweit mit dem Fluglehrer. In der dann folgenden Zeit auf der Transall war ich stets Teil ihrer Besatzung, einer militärischen Kleingruppe aus professionellen Fachleuten. Diese setzte sich überwiegend aus Offizieren des Militärfachlichen Dienstes und aus solchen des Truppendienstes, die als Flugzeugführer und Navigatoren fungierten, zusammen. Hinzu kamen die Bordmechanikermeister und Flugzeugladungsmeister – allesamt Unteroffiziere mit Portepée (m.P.), also Hauptfeldwebel und Stabsfeldwebel, wobei die Spitzendienstgrade immer in der Minderheit waren.

Der FF-Offz als Kommandant führt die Besatzung unbeschadet von anderen höheren Dienstgraden an Bord. Das setzt Kameradschaft und Vertrauen, Selbstdisziplin, Toleranz, Unterordnung, sowie empathisches, lagegerechtes Führungsverhalten voraus. Dies gilt sowohl im Flugdienst als auch am Boden sowie bei Aufenthalten außerhalb des Heimatplatzes. Dennoch: Das persönliche fliegerische Können des FF-Offz entscheidet über sein *Standing*, vor allem als Kommandant. Seine Verantwortung für Besatzung, Passagiere und Fracht ist zu jeder Zeit unteilbar. Er soll Vorbild für die *gesamte* Besatzung sein, besonders aber für die Co-Piloten, für die er mit seiner fliegerischen Erfahrung im Routineeinsatz stets als „Ausbilder" agiert.

Bei den Großraumflugzeugen der Flugbereitschaft (A 340, A 310) verlangt die größere Zahl der Crewmitglieder (Flugzeugführer einschließlich Flugbegleiter und Techniker) und der erhebliche Anteil von weiblichem Kabinenpersonal vom FF-Offz darüber hinaus eine spezielle Team- und Führungsfähigkeit, sowie stets angemessene Empathie, auch unter hohem Zeit- und Handlungsdruck.

Fazit

Der Transportflugzeugführer-Offizier auf Flächenflugzeugen der Luftwaffe – dies gilt auch für die Hubschrauber-Piloten – deckt mit seiner Besatzung durch seine weltweiten Einsätze in Frieden, Krise und Krieg ein sehr breites Auftragsspektrum ab, und dies mit unterschiedlicher Ausprägung durch das jeweils geflogene Einsatzmuster. Er ist damit im Einsatz sowohl militärischer Fachmann und Führer als auch militärischer „Botschafter" unseres Vaterlandes. Vom FF-Offz ist daher zu verlangen, als Angehöriger der Bundeswehr und somit als quasi-offizieller Vertreter der Bundesrepublik Deutschland im Ausland vorbildlich aufzutreten; wohl wissend, dass er dort als solcher durchwegs aufmerksam, ja zuweilen auch kritisch betrachtet wird.

Militärischer Lufttransport ist knapp bemessen. Man sollte ihn folglich nur dann einsetzen, wenn andere Mittel den Auftrag *nicht* oder *nicht in der erforderlichen Zeit* ausführen können. Der Faktor „Zeit" ist häufig entscheidend. Der Lufttransport wirkt daher aufgrund seiner hohen Verfügbarkeit, Flexibilität, Reaktionsfähigkeit, und nicht zuletzt der hohen Akzeptanz der bisherigen und laufenden Einsätze bei Medien, Politik und Bevölkerung als *das* ideale Instrument des nationalen und internationalen Krisenmanagements. Freilich nicht immer machten die bisherigen Bundesregierungen rechtzeitig von diesen seinen Fähigkeiten Gebrauch. Für den FF-Offz sind folglich hohe permanente persönliche Einsatzbereitschaft, professionelles Können, Verantwortungsfreude und lagegerechte Flexibilität auch für eine kurzfristige *ad hoc*-Auftragserfüllung unabdingbar. Eine besondere militärische Rolle nehmen dabei die Aufgaben *Air MedEvac*, Luftbetankung und fliegerischer Einsatz für Spezialkräfte ein. Jeder FF-Offz, vor allem als Kommandant eines Luftfahrzeuges, hat hier eigenverantwortlich für die notwendige Disziplin zu sorgen und mögliches fahrlässiges Fehlverhalten unter Besatzungsangehörigen (bzw. auch bei sonstigen „Mitfliegern") abzustellen. Lageabhängig gehört dazu auch eine Meldung an den Einsatzoffizier bzw. an den nächsten Disziplinarvorgesetzten im Sinne der gebotenen Erziehung und zum Erhalt der notwendigen Flugsicherheit.

Die Devise des Transportfliegers lautet „*First in – last out!*" Als fliegerischer Fachmann, Führer und Teamplayer ist sich der FF-Offz seines Könnens und seiner Verantwortung in seiner überwiegend öffentlich sichtbaren Auftragserfüllung bewusst und braucht mit einem gesundem Selbstbewusstsein und professioneller Gelassenheit – stets beispielgebend! – auch zukünftig den Vergleich mit Kampfpiloten und zivilen Flugzeugführern nicht zu scheuen.

Auslandseinsätze und ihre Auswirkungen auf das Bild des Offiziers der Luftwaffe. Gedanken aus Anlass meines 396tägigen Einsatzes in Afghanistan vom 31. August 2011 bis zum 29. September 2012

Klaus Habersetzer

Die folgenden Ausführungen gründen auf meinen Erfahrungen im Vorfeld sowie während meines 396tägigen Auslandseinsatzes in Afghanistan. Dieser dauerte vom 31. August 2011 bis zum 29. September 2012. Ich bekleidete in diesem Zeitraum die Dienststellung des *Director Civil-Military Synchronisation* (CMS) in der *Stability Division*. Mein unmittelbarer Vorgesetzter war der deutsche Heeresgeneral Generalmajor Richard Roßmanith als stellvertretender Chef des Stabes für Stabilität (DCOS STAB). Er, aus der Panzergrenadiertruppe stammend, wirkt seit 18. Dezember 2012 im Dienstgrad Generalleutnant als Befehlshaber des *Multinationalen Kommandos Operative Führung* (MN Kdo OpFü) in Ulm. Ich erwähne das deswegen, weil ich selbst, Angehöriger der Flugabwehrraketentruppe der Luftwaffe, nach meiner Rückkehr aus Afghanistan unter seinem Kommando weiterhin diene: als Stellvertretender Befehlshaber und Chef des Stabes (COS) zunächst des Kommandos Operative Führung Eingreifkräfte und seit Juli 2013 als COS des Multinationalen Kommandos Operative Führung.

Ich würde diese dienstliche Entwicklung nicht als Ausdruck und noch weniger als Beweis für eine „Afghanistan-Connection" werten, sondern als Hinweis darauf, dass – wiewohl jeder Auslandseinsatz eine eigene Qualität darstellt – auch der Offizier der Luftwaffe durch einen Auslandseinsatz zwangsläufig Impulse für seinen weiteren Werdegang erhält, die er ansonsten nicht erfahren hätte. Dass dies für die Persönlichkeitsentwicklung als Offizier Konsequenzen hat, sei hier vorerst nur angerissen.

Auslandseinsätze der Bundeswehr finden immer in einem internationalen, genauer multinationalen Umfeld statt. Stellvertreter von General Roßmanith in Afghanistan war seinerzeit der US-amerikanische Brigadegeneral Steve Joyce, dessen Dienstposten ich ab Anfang April 2012 in Personalunion ebenfalls wahrnahm. Ab diesem Zeitpunkt war auf General Roßmanith als DCOS STAB der italienische Generalmajor Federico Bonato gefolgt. Befehlshaber ISAF war während meiner gesamten Zeit in Afghanistan US-General John Allen, *United States Marine Corps* (USMC); sein Stellvertreter war der heutige DSACEUR, General Sir Adrian John Bradshaw (GBR), und als COS fungierte der damalige Kommandeur des Eurokorps, Generalleutnant Olivier de Bavinchove (FRA).

Diese personelle Konstellation möge darauf hinweisen, dass es der Offizier der Luftwaffe bei Auslandseinsätzen nicht nur mit unterschiedlichen nationalen, sprich deutschen TSK-spezifischen Führungskulturen zu tun hat, sondern mit unterschiedlichen Führungskulturen gerade auch auf multinationaler Ebene. Wir müssen die Überlegung im Auge behalten, was dieser unumstößliche Sachverhalt für die Erfüllung des Auftrages bedeutet. Es sei vorab formuliert: Wenn ich über das Bild des Offiziers der Luftwaffe angesichts der Herausforderungen der Auslandseinsätze im folgenden Überlegungen anstelle, so heißt dies nicht, dass ich die Notwendigkeit von *„Jointness"* und *„Combinedness"*, also dem streitkräftegemeinsamen und dem jenseits der eigenen Nationalität streitkräfteüberwölbenden Denken, Führen und Handeln entgegenschreibe. Das Gegenteil ist der Fall. Doch ich möchte nicht ausblenden, was dies für die Identität des deutschen Luftwaffenoffiziers auf nationaler und internationaler Ebene bedeutet. Beim Bild des Offiziers geht es auf alle Fälle auch um Verwurzelung in der eigenen Teilstreitkraft, um das Format des Horizonts und um die Fähigkeit, über den eigenen Tellerrand zu blicken, ja überhaupt blicken zu wollen und zu können!

Meine Vorverwendung vor dem Auslandseinsatz in Afghanistan war die des Kommandeurs der Offizierschule der Luftwaffe (OSLw) in Fürstenfeldbruck. Ausbildungseinrichtungen der Bundeswehr bedeuten für die jeweiligen Kommandeure immer, dass es im Dienstbetrieb nicht langweilig wird, aber auch Dienstabläufe in nationalen Stäben sind im friedlichen Raum des deutschen Staatsgebietes für den militärischen Vorgesetzten in disziplinarer Verantwortung nur scheinbar berechenbar. Für Schulen mit ihren Auszubildenden trifft dies insbesondere zu.

Mein Tätigkeitsprofil in Afghanistan hatte hinsichtlich der Berechenbarkeit von Vorgängen jedoch nochmals eine ganz andere Dimension, auch ohne in diesem Zusammenhang in einer disziplinaren Verantwortung zu stehen.

„Langweilig" war es dort in keinem Moment. Das wird schon ersichtlich anhand des *„CMS-Mission Statements"*, welches auf Englisch lautet:

(1) Coordinates the planning process and

(2) the strategic assessment in the Stability Division

(3) in order to translate civilian projects into comprehensive military plans and
(4) integrate it with the ISAF COIN Campaign (COIN = Counter Insurgency).

Mir war zur Erfüllung meines Auftrages ein Team von knapp 15 Soldaten – Stabsoffiziere, Offiziere, Unteroffiziere mit Portepee – unterstellt: neben Deutschen noch Briten, Franzosen, Kanadier, Italiener, Letten, Malayen, Niederländer, Rumänen, Türken und US-Amerikaner.

Vor diesem Auftragshintergrund hatte ich intensiv mit dem DCOS OPS und insbesondere mit seinem J5, abgestuft mit seinem J3, eng zusammen zu arbeiten. Einfach gesprochen, ging es um die Verschränkung von militärischen Operationen mit stabilitätsfördernden bzw. -sichernden „Projekten" (z.B. Unterstützung guter Regierungsführung; Rechtsstaatlichkeit; Aufbau eines Schulsystems samt Berufsausbildung; Schaffung eines funktionierenden Polizeiapparates; Bereitstellung von Strom und Trinkwasser; Ausbau der Verkehrswege; Ausbau der Wirtschaft, als Agrarland zunächst vor allem der Landwirtschaft etc.). Entsprechend wurden die militärischen Operationen geplant und durchgeführt und damit trägt man auch für die Folgeaktionen „vor Ort" zumindest mittelbar die Mitverantwortung. Dessen muss man sich bewusst sein und diese Verantwortung annehmen.

Es mag sein und ich pflichte aus eigener Erfahrung bei, dass man Verantwortung unmittelbarer verspürt, wenn es um den Einsatz zum Beispiel des eigenen Personenschutzkommandos geht oder auf Erkundungen um den Einsatz der begleitenden Sicherungskräfte oder der jeweiligen Hubschrauberbesatzungen. Es ist ganz menschlich, dass die Dimension der empfundenen Verantwortung in dieser Lage eine andere ist. Dies rührt von der Tatsache, dass man unmittelbar mit dabei und vor Ort ist und mit den Konsequenzen eigener Befehle sofort konfrontiert wird. Dennoch ist Verantwortung gleich welcher Schattierung unteilbar.

Weiterhin hatten wir eine ganze Reihe an Beratern in den afghanischen Ministerien und Behörden eingesetzt. Gerade vor diesem Hintergrund habe ich Veränderungen der Sicherheitslage in Afghanistan unmittelbar erfahren (die heiße Phase der *„Green on Blue"* Anfang 2012 war besonders signifikant). Für mich persönlich habe ich aber zwischen unmittelbarer und mittelbarer Verantwortung ganz bewusst keinen Unterschied zugelassen.

Für den militärischen Führer zieht diese Konstellation eine besondere Fähigkeit zum *Team-Building* nach sich: Wie sind vor dem Hintergrund der gemeinsamen Aufgabe unterschiedliche Mentalitäten führbar – ungeachtet der Tatsache, dass zur militärischen Professionalität auch Führbarkeit im aktiven wie passiven Sinne gehört und der gemeinsame Auftrag (soweit verinnerlicht!) noch zusätzlich verbindet?

Zum Glück war in meinem Team ein extrem großer Zusammenhalt gegeben. Mit vielen der damals mir unterstellten Soldaten stehe ich noch heute in Verbindung! Zudem war ich froh, in meinem Team Muslime gehabt zu haben, was mir einen qualifizierten Zugang zum Islam ermöglicht. Dieser Umstand hat eine ganz besondere Qualität dargestellt.

Für den militärischen Führer heißt dies im Anforderungsprofil, dass er sich sehr genau Gedanken darüber macht, was jenseits des Wissens um missliche Umstände, also die gegebene Sicherheits- bzw. Bedrohungslage, eine Gruppe zusammenschweißt. Gerade in den aktuellen und absehbaren Einsätzen gehört zum Profil des Offiziers unbedingt das Wissen um den Faktor „Religion", der ja Identität immer irgendwie mitbedingt. „Interkulturalität" gibt das Stichwort. Doch was heißt es genau? Mir selbst ist jedenfalls erst aus eigenem Erleben so richtig klar und bewusst geworden, welche elementare Rolle der Islam für das Leben in Afghanistan spielt. Wie wird man dahingehend sensibilisiert? Bücherkunde und Vorab-Briefings sind das eine; sie sind unerlässlich, doch die eigene Erfahrung ist das andere.

Intrinsische und extrinsische Motivation bilden die zwei Seiten einer Medaille, die soldatisches Handeln auf der psychologischen Ebene bedingt. Das klingt teilweise etwas abstrakt. Ich meine aber, dass der Offizier um einiges besser führt, wenn er selbst zur Horizonterweiterung befähigt ist. So hoch das Gefährdungspotenzial manchmal auch war, mir bleiben die Eindrücke aus Kabul sowie aus den Regionen und Provinzen des Landes nachhaltig in Erinnerung und neben vielen seien hier nur exemplarisch die Erkundungen in Helmand, in Kandahar sowie am Salang-Pass namentlich erwähnt. Die hierbei gewonnenen Eindrücke gaben mir Kraft, meine Führungsaufgaben noch besser wahrzunehmen. Entscheidend ist natürlich, inwieweit der militärische Vorgesetzte auch den Kopf und das Herz dafür frei hat, diese Impulse auf sich selbst wirken zu lassen; diese also nicht im Vorfeld abzublocken.

Und damit bin ich bei einem Punkt angelangt, der es verdient, vertieft betrachtet zu werden. Es geht um die mentale Konstitution des Offiziers der Luftwaffe, der im Auslandseinsatz, also fern der Heimat, Führungsverantwortung wahrnehmen muss. Wer heute in der Luftwaffe Offizier werden will, muss wissen, dass auch die Luftwaffe in Auslandseinsätze geht. Diese sind keine exklusive Angelegenheit des Deutschen Heeres oder der Deutschen Marine. Es gehört zu den „Geschäftsbedingungen" des Offiziers – auch des Unteroffiziers und der Mannschaftsdienstgrade der Luftwaffe – sich Auslandseinsätzen zu stellen. Ich setze aber das Wort „Geschäftsbedingungen" bewusst in Anführungszeichen, weil ich der Auffassung bin, dass der Beruf des Soldaten eben kein „Business" ist, sondern mit ganz bestimmten Rahmenbedingungen verbunden ist, die weit jenseits von Geschäftsverhältnissen angelegt sein sollten. Ansonsten nämlich wäre der „Staatsbürger in Uniform" gestorben. Es war, ist und bleibt ein Beruf „sui generis".

In meinem Fall verhielt es sich so, dass ich mich – nicht entbunden von meiner Dienststellung als Kommandeur der Offizierschule der Luftwaffe (OSLw)! – zunächst für einen Auslandseinsatz auf dem Balkan, genauer in Bosnien-Herzegowina bereithalten sollte. Nach der dem Soldaten nicht unbekannten Formulierung „Streiche – Setze" wurde aus dem Balkan dann Afghanistan; und dies sehr kurzfristig. Im Frühsommer 2011 hieß es noch, der Einsatzbeginn solle im November desselben Jahres stattfinden, letztendlich wurde daraus „Ende August 2011". Von einem Soldaten erfordert dies ein hohes Maß an Flexibilität. Nicht minder stellt aber diese Form der Personalrekrutierung die Grundorganisation und den Grundbetrieb der Bundeswehr insgesamt vor erhebliche Herausforderungen.

Aufgrund meines bisherigen Werdeganges fühlte ich mich der gestellten Herausforderung gewachsen. Ich hatte gerade bei aller Einsicht in die Notwendigkeit des Auslandseinsatzes und vor dem Hintergrund der professionellen Strukturen der OSLw nie das Gefühl, Unerledigtes zurückzulassen. Dessen ungeachtet, sollte im Sinne der Professionalität die Gestellung von „Ersatz" (Nachfolger) besser, d.h. mit strategischem Vorlauf eingesteuert werden. Auch dies gehört nämlich zum Kriterium „gute Ausbildung".

Die Luftwaffe sollte sich gerade wegen ihres hohen Spezialisierungsgrades davor hüten, beim Einsteuern von Personal in Auslandseinsätze eine „Zwei-Klassen-Armee" zu produzieren. Im Sinne des besonderen Anforderungsprofils eines Auslandseinsatzes müssen natürlich bisherige Führungsverwendungen und Einsatzerfahrungen wohl bedacht sein. Aber die Entscheidung, in den Auslandseinsatz entsandt zu werden, darf im Sinne der Geschlossenheit der Teilstreitkraft Luftwaffe nicht darauf hinauslaufen, für Auslandseinsätze immer nur auf ein und denselben ausgesuchten Kreis zurückzugreifen. Auslandseinsätze dürfen nicht zum „Zeichen der Exklusivität" werden.

Damit Auslandseinsätze nicht zum Prädikat Weniger im Offizierkorps der Luftwaffe werden, ist eine Weichenstellung in vielfacher Hinsicht notwendig. Um es vorauszuschicken, Auslandseinsätze sind kein Selbstzweck. Sie müssen von der Politik – es gilt immer der Primat der Politik! – wohl erwogen werden, entsprechend der sicherheitspolitischen Lage der Bundesrepublik Deutschland. Die Ausbildungsorganisation der Luftwaffe sollte darauf justiert sein. Natürlich ist es das Ideal, bei einem Auslandseinsatz ausgesuchtes Personal in Führungsverwendung und mit Einsatzerfahrung vorzufinden. Ich selbst erfuhr diese glückliche Konstellation bei meinem Auslandseinsatz in Afghanistan. Rückblickend auf meinen militärischen Werdegang war es für mich daneben nicht nur in sprachlicher Hinsicht unbedingt von Vorteil, auf meine vielfältigen Erfahrungen als Kommandeur des Taktischen Aus- und Weiterbildungszentrums der Flugabwehrraketenwaffe in El Paso, Texas, USA zurückgreifen zu können. Ich war auch hinsichtlich der politisch-ökonomischen Situation sensibilisiert, wie sie in einem Land der Dritten Welt anzutreffen ist – schließlich liegt El Paso unmittelbar an der Grenze zu Mexiko: Die Nachbarstadt Ciudad Juarez bildet eine ganz andere Welt.

Aus eigener Erfahrung: Der Offizier der Luftwaffe sollte frühzeitig mit anderen Lebenswelten konfrontiert sein. Dies gehört meines Erachtens zum militärhandwerklichen Format – auf der Basis gut ausgebildeter „soldatischer Jedermann-Funktionen". Es gilt, bereits in der Ausbildung, Bilder im Vorfeld authentisch zu vermitteln. Daran sollte sich der Verwendungsaufbau orientieren. Aus meiner Sicht ist dies auch vereinbar mit dem hohen Spezialisierungsgrad der Angehörigen unserer Teilstreitkraft.

Ich gebe zu, dass sich dies auf dem Papier einfacher ausnimmt als es in Wirklichkeit ist. Die Konfrontation mit der Fremde mag „auf dem Papier" abfederbar sein. In Wirklichkeit ist sie immer gegeben, weil „Praxis" etwas anderes als „Theorie" ist. Praxis und Realität sind einfach nicht ausblendbar. Ich denke dabei bewusst an den Beginn meines Auslandseinsatzes, und hier gerade an den Moment, als ich afghanischen Boden zum ersten Mal betrat. Es war eine andere Welt – eine Welt auf die ich „im Trockenschwimmkurs" gut vorbereitet war. Aber nun galt es, in dieser Welt ohne abgetrieben zu werden selbst zu schwimmen. Von mir wurde Entscheidungskompetenz erwartet.

Ich kann aus eigener Erfahrung jedem Offizier nur nahelegen, in dieser Situation den Wert der Kameradschaft nicht zu unterschätzen – und zwar auf der Ebene des „Gebens" und des „Empfangens". Die Übergabe der Dienstgeschäfte von meinem Vorgänger auf dem Dienstposten, dem damaligen Brigadegeneral Jürgen Weigt, heute Generalmajor und nachmalig Kommandeur des Zentrums Innere Führung (ZInFü), verlief mustergültig. Kameradschaft gerade in Führungsverantwortung im Auslandseinsatz bedarf der besonderen Pflege und Umsicht.

Was heißt das darüber hinaus? Es heißt, dass der Offizier der Luftwaffe sich von der Vorstellung einer „Mustergoldrandlösung" verabschieden muss. Zum Führungsformat gehört auch die Gabe der Improvisation; natürlich nicht mit der Zielvorstellung, es mit dem Provisorischen bewenden zu lassen. Über eines muss sich jeder Soldat im Auslandseinsatz klar sein: Privatheit wie in Deutschland ist in dieser Konstellation nicht gegeben, und dies hat unzweifelhaft Rückwirkungen auf die Persönlichkeit. Sportliche Betätigung im Kraftraum war für viele – so meine Beobachtung – nicht nur ein Mittel des Erhalts der körperlichen Fitness, sondern bedeutete einen Weg, wenigstens für einen kurzen Zeitraum sich in sich selbst zurückziehen zu können. Im Einsatz baut sich auf alle Fälle eine andere „Nähe" auf, und zwar aufgrund der hier nicht gegebenen Privatheit sowie der Tatsache, nur gemeinsam gefährlichen Erfahrungen gut begegnen zu können. Das soldatische Umfeld mit gepflegter Kameradschaft vermittelt auch dem militärischen Vorgesetzten im Offiziersrang Handlungssicherheit, ja „Geborgenheit".

Ich bin der festen Überzeugung, dass das in der Luftwaffe gepflegte Leitmotiv „Team Luftwaffe" i.S. Vorprägung für meinen Auslandseinsatz absolut positiv zu verbuchen ist. Aber was wusste ich trotz intensiver persönlicher Befassung mit dem Thema von diesem Konflikt, der Geschichte und der Besonderheiten Afghanistans? Vielleicht 20%, gemessen an meinem Wissen nach dem Einsatz! Was heißt das, übertragen auf das Bild des Luftwaffenoffiziers?

Eine ganze Menge: Es hat Auswirkungen auf die Ausbildung zum Offizier! Gerade aufgrund der Tatsache, dass jeder Auslandseinsatz eine „Größe für sich selbst darstellt" und selbst der Einsatz in ein und derselben Krisenregion über einen längeren Zeitraum betrachtet doch erhebliche Unterschiede aufweist – Afghanistan im Jahre 2003 war etwas anderes als 2012! –, muss die Frage beantwortet werden, worin die Essentials der Offizierausbildung bestehen. Wieviel Zeit gilt es z.B. in die Lehrgänge an der OSLw zu investieren? Bildet mobile Ausbildung eine adäquate Vorbereitung und Ergänzung? Aus eigener Erfahrung will ich hier nur dies feststellen:

- Ein Auslandseinsatz belegt, dass der Beruf des Offiziers „lebenslanges Lernen" bedeutet.

- Er zwingt den einzelnen zur Auseinandersetzung mit dem „Thema", spätestens dann, wenn entschieden ist, dass es wirklich in den Auslandseinsatz geht.
- Zur Offizier- und Unteroffizierausbildung, überhaupt zur Erfüllung des militärischen Auftrages (!) gehört neben dem Militärhandwerklichen im landläufigen Sinne unbedingt die Auseinandersetzung mit „(Militär-) Geschichte und Politik" – im Sinne des Sich-Klarwerdens über den eigenen Standort wie auch im Sinne des Begreifens und des Besser-Abschätzenkönnens der mit dem Auslandseinsatz verbundenen Intentionen, der Interessenlage der eigenen Verbündeten und nicht zuletzt der machtpolitischen, sozialen und kulturellen Gegebenheiten des Einsatzlandes. Dass dabei neben „Geschichte und Politik" die Komponenten „Religion", „Kultur" und „Geographie" wesentlich sind, konnte ich ebenfalls in Afghanistan vielfach erfahren.

Ich bin überzeugt, dass mir auf diese Weise das „Hineinfühlen" in die Strukturen des Gastlandes – wir sind ja in Afghanistan nicht als Besatzer! – viel besser gelang. Denn über eines muss sich jeder Soldat, nicht allein der Offizier, gerade beim Afghanistaneinsatz klar sein: Sein bisheriges Zeitgefühl wird gemäß dem afghanischen, geflügelten Wort *„Ihr habt die Uhren, wir haben die Zeit"* erheblich erschüttert. Für den vielfach sehr technologisch geprägten Offizier der Luftwaffe kann dies durchaus eine ziemliche Herausforderung bedeuten. Er sollte keine „fehlerfreien, unmittelbar wirksamen Knopfdrucklösungen gemäß Binärcode" erwarten.

Jeder Soldat ist immer auch ein Individuum. Der Dienstherr kann auch dem Offizier der Luftwaffe die Regelung persönlicher Entscheidungen nicht abnehmen. Unsere Ausbildung muss aber darauf zielen, beim einzelnen Soldaten die Fähigkeit zur „Selbstorganisation der Persönlichkeit" wachzurufen und ihn anleiten diese kontinuierlich zu verbessern. Dafür muss der Rahmen im Vorfeld eines Auslandseinsatzes bereits „gezimmert" sein, um dann kontraproduktive Momente beim Bestehen der im Extremfall tödlichen Herausforderungen eines solchen Einsatzes erheblich zu minimieren.

Ob sie ganz ausgeschaltet werden können, wage ich zu bezweifeln. Denn der Beruf des Soldaten und damit gerade auch des Offiziers ist etwas Besonderes angesichts der Dimension der zu meisternden Lebensrisiken. Das persönliche Umfeld, gemeinhin immer noch die Familie, bedarf jedenfalls der besonderen Pflege – vor, während und nach dem Auslandseinsatz. Denn dieser verändert den Menschen. Meine Erfahrung war, dass sich die Sinnfrage des Berufes in dieser Zeit besonders geschärft stellte.

Ich kann sie für mich nur positiv beantworten. Ich gewann eine andere Perspektive darauf, wie der Faktor „Sicherheit" das Denken und Handeln in unterschiedlicher Weise prägen kann: Sicherheit ist nicht alles, aber ohne Sicherheit ist alles nichts! Militär bildet eine hierarchische Organisation, an deren Spitze, betrachtet mit den Augen von Troupiers, Generale stehen. Mir war gerade im Auslandseinsatz wohl bewusst, vor welchen großen Herausforderungen Unteroffiziere oder Mannschaftsdienstgrade in der Umsetzung der „operativen Ideen" in taktisches Handeln „vor Ort" stehen. Oft bleiben z.B. an einem Check-Point, in noch dazu unklarer Lage, oft nur Sekunden, um zu entscheiden. Dies hat gerade bei einer COIN-Kampagne meist immense Auswirkungen und stellt hierarchische Verantwortlichkeiten auf die Probe. Kurzum, das Gelingen oder Scheitern eines Auslandseinsatzes hängt von jedem einzelnen Soldaten ab. Darüber müssen sich unsere Offiziere im Klaren sein!

Und was heißt das für den Führungsvorgang? Der Konsequenz(en) von Entscheidungen wohl bewusst, dürfen wir nicht gehemmt sein, Entscheidungen zu treffen. Denn diese müssen getroffen werden. Dessen jedenfalls muss sich der Offizier immer bewusst sein: Entscheidungen sind immer mit Unsicherheiten und Unwägbarkeiten verbunden. Das liegt in der Natur der Sache!

Es wird, und das gilt meines Erachtens für die meisten Auslandseinsätze, nur schrittweise vorangehen. Überlegungen zum Thema *„Nation Building"* wären einen eigenen Artikel wert und können in diesem Zusammenhang nicht abgehandelt werden. Es bedarf jedenfalls eines langen Atems, verbunden mit dem Wissen darum, dass es Rückschläge geben kann. Dennoch dürfen wir nie das Ziel aus den Augen verlieren.

Um ein Fazit zu ziehen: Spurlos geht ein Auslandseinsatz an keinem vorbei. Auch der Offizier der Luftwaffe sollte sich auf eine längere persönliche „*Debriefing*-Phase" einrichten, ungeachtet der Tatsache, dass die eigentliche Zeit des Auslandseinsatzes in der Regel für den Betroffenen schnell vergeht. Auslandseinsätze bringen es mit sich, dass der Faktor „Privatheit" eine ganz andere Wertschätzung erhält. Das gilt auch hinsichtlich der Fähigkeit, Emotionen zuzulassen. Die Individualität wird jedenfalls im Auslandseinsatz anders gelebt. Der Soldatenberuf ist zudem nicht familien- oder partnerschaftsfreundlich angelegt. Gerade aktuell soll dieser missliche Umstand durch Maßnahmen auf dem Verordnungs- und Gesetzesweg minimiert werden. Doch es wird immer ein Defizit im Vergleich zu anderen Berufsfeldern geben, und damit wird auch der Luftwaffenoffizier zu leben haben.

Im Auslandseinsatz erweist sich zudem ein, im Vergleich zur militärischen Grundorganisation in der Heimat, modifiziertes Handlungsfeld: Der Soldat wird als Uniformträger auch zum Träger von Botschaften. Er ist „Botschafter in Uniform", ob er will oder nicht. Und das heißt im Endeffekt: auf den Soldaten, insbesondere auf den Offizier, kommen gewaltige Herausforderungen zu. Der Soldat muss auf alle Fälle in der Lage sein, kämpfen zu können, und dabei zugleich immer auch den Blick jenseits der militärischen Sphäre geschärft zu halten. Es muss mehr denn je über hohes Verantwortungsbewusstsein verfügen, nicht minder über Einfühlungsvermögen in andere Kulturen. Und so kann es dem Offizier der Luftwaffe gelingen – solide Ausbildung und Erziehung immer vorausgesetzt! –, die Sinnfrage, die sich mit jedem Auslandseinsatzes stellt, positiv zu beantworten und auch weiter zu vermitteln.

Der Offizier als Kämpfer

André Tiburcio

Mit dem Begriff „Offizier als Kämpfer" assoziiert man in der Regel das Auftreten eines schneidigen, charismatischen Führers im Felde, der durch Vorbild und „von Vorne" seine Truppe ins Gefecht führt. Persönlichkeiten wie Major Dick Winters aus der Filmreihe *„Band of Brothers"* oder Captain Andrew Haldane aus dem New York Times-Bestseller *„With the old Breed"* von Eugene B. Sledge faszinieren und charakterisieren den willensstarken, robusten Führer, dem die Untergebenen in jeder Lage folgen und deren moralischen Anker er im tosenden Gefecht bildet. Ähnlich wie bei der Architektur eines Eisberges formte jeder Konflikt der Vergangenheit derartige Persönlichkeiten, wobei es unerheblich war, welcher Konfliktpartei sie zugehörig waren. Sie stachen dann wie die Spitze des Eisberges hervor. Die Größe des Eisbergs blieb dem Betrachter verborgen.

Neben diesen Offizieren, die zum Teil heldenhaft den direkten Kampf gegen den militärischen Gegner führen, gibt es unterhalb der Wasserlinie des Eisberges weitere Offiziere, die am Kampf beteiligt sind; Offiziere, die im Hintergrund koordinieren und führen, um es der Spitze des Eisberges zu ermöglichen, aus einer gefestigten Basis in die Höhe zu wachsen; Offiziere, die ihren Kampf aus der Distanz in Gefechtsständen oder Operationszentralen führen und den Führer vor Ort in den Schrecken und Widrigkeiten des Gefechts den Rücken stärken und unterstützen. Weiterhin verknüpfen sie das Geschehen im Gefecht mit dem operativen sowie ggfs. strategischen Zusammenhang und ermöglichen so die Verbindung vom Einzelgefecht zum großen Ganzen.

Durch die Veränderung des Charakters der heutigen Konflikte, weg von konventioneller Kriegsführung mit stehendem Heer, hin zur Bekämpfung asymmetrischer Gegner, noch dazu mit einem Minimalansatz an Bodenkräften, wird die Spitze des Eisberges immer dünner und die Basis des Eisberges breiter. In Zeiten, in denen keine klassische Frontlinie mehr definiert werden kann, sondern aus strategischen Punkten oder Verteiler – so genannten *„Strategic Hubs"* – innerhalb eines instabilen oder *„Failed State"* zu operieren ist, gewinnt die Arbeit von Gefechtsständen enorm an Bedeutung. Nicht zuletzt der Einsatz der Bundeswehr in Afghanistan bewies dies über einen Zeitraum von mehr als zehn Jahren eindrucksvoll.

Speziell für die Luftwaffensicherungstruppe mit ihrem Hauptauftrag des Schutzes von Luftwaffenobjekten (DOB)[1] und Luftkriegsmitteln, wie zum Beispiel von Flugzeugen, ist die Gefechtsstandarbeit von essentieller Bedeutung. Aus dem JOINT DEFENSE OPERATIONS CENTRE (JDOC) werden gesamtheitlich alle Einsätze zum Schutz von Luftmacht geführt und koordiniert sowie ein ständig aktuelles Lagebild erfasst und analysiert. Hierbei besitzt die kontinuierliche Projektion von Luftmacht höchste Priorität. Anders als im einführenden Beispiel bildet in den gegenwärtigen Luftstreitkräften nicht der charismatische Führer am Boden die Spitze des Eisberges, sondern die Kampftruppe der Luftwaffe das Luftkriegsmittel als Träger von Luftmacht. Kräfte der Luftwaffensicherungstruppe unterstützen in ihrem Auftrag die Entfaltung von Luftmacht und sind daher eher den Kampfunterstützungstruppen zuzuordnen. Sie bilden die stabile Basis für eine starke, strategisch in Erscheinung tretende Luftwaffe. Objektschutzkräfte agieren und wirken oftmals stabilisierend, weit unter der Oberfläche des Gesamtkonfliktes.

Eigene Erfahrungen

Im Rahmen eines Austausches mit dem britischen ROYAL AIR FORCE REGIMENT (RAF Regt) konnte ich als *Battle Captain* (BC, Führer) der JDOC im südafghanischen Camp Bastion/Helmand einzigartige Erfahrungen sammeln.

Die DOB Camp Bastion war, ähnlich wie Camp Marmal/Mazar e-Sharif, der strategische Verteiler des dortigen REGIONAL COMMAND (RC). Der Gesamtkomplex (BLS) bestand aus den zusammengeführten Feldlagern JOINT OPERATING BASE (JOB) **B**astion (GB), Camp **L**eatherneck (US) und Camp **S**horabak (AFG) und beheimatete 30.000 Menschen, inklusive 5.000 zivilen Mitarbeitern von Vertragspartnern. Der Flugbetrieb wies eine ähnliche Kadenz auf wie der zivile Flughafen London-Gatwick, der als meist frequentierter Flugplatz der Welt mit einer Start- und Landebahn gilt. In der britischen Gesamtstrategie für Afghanistan bildete BLS den strategischen Schwerpunkt und war darüber hinaus der Ausgangspunkt für alle Operationen dänischer, estnischer und georgischer Truppen. In Kontingentwechselzeiten wurden beispielsweise innerhalb von zehn Wochen 21.000 Soldatinnen und Soldaten über den Verteiler BLS transferiert. Des Weiteren war BLS der Ausgangspunkt für die Projektion von ISAF-Luftmacht (*Air Power*) im gesamten südwestlichen Afghanistan.

---

[1] *Deployed Operating Base* (DOB)

Der Schutz von BLS wurde im Einsatzraum BELLEAU WOOD durch infanteristische Kräfte des RAF Regiments und des United States Marine Corps (USMC), jeweils in Bataillonsstärke, gewährleistet. Sie unterstanden dem Kommando der TASK FORCE Helmand. Alle Operationen wurden über die multinationale Operationszentrale JDOC BLS abgewickelt. Leiter der Operationszentrale ist der sogenannte *Battle Captain* (BC). Er ist der Kopf *des Command & Control* (C2)-Element und koordiniert alle *Force Protection* (FP) relevanten Tätigkeiten inner- und außerhalb von BLS. Hierzu gehören Patrouillentätigkeiten, Feldlagerschutz inklusive Zugangskontrollen und Maßnahmen der AIR TRANSPORT SECURITY. Des Weiteren führt er federführend alle reaktiven FP-Operationen während und nach erfolgten Angriffen des militärischen Gegners. Der „24/7" schichtfähig gehaltene Dienstposten – drei Offiziere teilen sich eine 24-Stunden-Schicht – wird in der Regel durch erfahrene S3-Offiziere eines britischen Bataillons (*Wing*) besetzt.

Nach erfolgter Fachausbildung und anschließender einsatzvorbereitender Ausbildung sowie Zertifizierung als BC verlegte ich 2011 als Bestandteil des 6 FP Wing HQ nach Helmand. Mein Dienst gliederte sich in eine tägliche Acht-Stunden-Schicht als BC und eine weitere Schicht als S3-Offizier im Stab. Im Stab bearbeitete ich im Schwerpunkt alle STANDARD OPERATING INSTRUCTIONS (SOIs) – von der Aktualisierung bis hin zur Neuerstellung. Dies erforderte ein übergreifendes Verständnis von Gesamtzusammenhängen, speziell von FP und AIR Operationen, gezielter und eindeutiger Kommunikation, geistiger Flexibilität und Teamfähigkeit.

Als BC diente ich in einer hochmodernen, multinationalen Operationszentrale. Neben Briten und US-Amerikanern arbeiteten auch Jordanier an hochtechnisierten Arbeitsplätzen. Neben einem radar- und akustikgestützten Frühwarnsystem für Angriffe mit Steilfeuerwaffen, wie Raketen und Granaten, bildete eine „Front" mit zahlreichen Bildschirmen das Kernstück der Operationszentrale. Diese hielten sämtliche Informationen bereit, um der Besatzung der JDOC sogenannte *„situational awareness"* zu ermöglichen und im Falle eines Gefechts Lageinformationen zu koordinieren und zu ordnen. Schwerpunkt dabei war der Schutz aller Luftkriegsmittel vor Angriffen vom Boden und die damit verbundene Koordination Boden-Luft, auch Counter SAFIRE[2] genannt. Dies umfasste alle Maßnahmen, technische Mittel oder Taktiken und Verfahren (boden- und / oder luftgebunden), die zur Verringerung der Gefahr eines

---

[2] *Surface to Air Fire*, Beschuss von der Erdoberfläche in den Luftraum

erfolgreichen SAFIRE-Angriffs beitragen. Der Begriff steht für die gesamte Bandbreite an Aktivitäten, die sich gegen die Bekämpfung von Luftfahrzeuge richten, unter anderen auch ständigen Patrouillentätigkeiten, welche überwacht werden müssen. Die Aufgaben waren für jeden Arbeitsplatz klar definiert und Verantwortungsbereichen zugeordnet. Diese Struktur sah eine Trennung in der Bearbeitung von sicherheitsrelevanten Geschehnissen innerhalb BLS (s.g. ONBASE) und Geschehnissen im Einsatzraum BELLEAU WOOD (s.g. OFFBASE) vor. Dies ermöglichte dem BC eine Abarbeitung von mehreren Lagen gleichzeitig unter gezielter Zuweisung von Ressourcen und Mitteln. Die Lagen wurden vom erfahrenen Gefechtsstandpersonal selbständig aufgenommen und anhand der SOIs abgearbeitet. Ein direktes Eingreifen des BC war nur selten nötig. Größere Koordination bedurfte es, wenn Ereignisse sowohl ONBASE als auch OFFBASE betrafen.

Militärfachliche Kompetenz

Die größte Herausforderung stellte dabei ein Angriff mit Steilfeuerwaffen dar, bei dem es zu Einschlägen innerhalb des Luftwaffenobjektes kommt. Ein solcher Angriff wird in der Regel durch das Frühwarnsystem ASW (*Automated Sense and Warn*) erfasst und löste, soweit der vom System berechnete Aufschlagspunkt innerhalb oder in geringer Entfernung zu BLS lag, automatisch in allen Bereichen Alarm aus. Dies bedeutete, dass sich jeder schnellstmöglich in eine Drill-Position, flach auf den Boden liegend, begab und das Ende des Angriffs abwartete. Das Auslösen des Alarms ist hierbei schon als enormer militärischer Erfolg für den Gegner zu werten. Die für den Schutz von Leib und Leben befohlene Drill-Position versetzte nämlich das Schlüsselpersonal in Aktionslosigkeit; alle Tätigkeiten und Aktionen in BLS kamen zum Stillstand. Der Flugbetrieb wurde unterbrochen, Flugverkehr umgeleitet oder am Boden gehalten. Zusammenfassend erreicht eine feindliche Rakete oder Mörsergranate den kompletten Stillstand von Luftoperationen. Die Entfaltung von Luftmacht ist dadurch unterbrochen und der Feind hat eine strategische Wirkung erzielt. Eine Rakete oder Mörsergranate, egal welche Waffenwirkung sie letztlich am Boden erzielte, hatte damit auf den Gesamtauftrag größere Auswirkungen als ein komplexer Angriff auf Bodenkräfte mit Tod und Verwundung.

Eine schnelle Reaktion auf diese Angriffe war nur aufgrund einer vorher erfolgten Sektorisierung des gesamten Objektes und des Einsatzes von vorbenanntem Kategoriepersonal, das in jedem Sektor ein schnelles Lagebild erfasste, möglich. Nach dem Zusammenfügen aller Meldungen der Sektoren konnte das ONBASE-Gefechtsstandpersonal (*Watchkeeper*) dem BC ein Lagebild über Schäden und Auswirkungen des Angriffs übermitteln. Im Anschluss wurde die Rettungskette priorisiert aktiviert und durch Sicherungspersonal verstärkt. Dabei hatte der BC die Möglichkeit einzelne Sektoren zu sperren oder wieder freizugeben. Ziel dabei war die schnellstmögliche Aufnahme des Flugverkehrs.

Parallel dazu versucht das Gefechtsstandpersonal OFFBASE ein Lagebild über das Gelände im Bereich der vom System errechneten Abschussstellung zu bekommen. Hierzu nutzte es Bodenkräfte in Form der ständig präsenten Patrouillen oder Luftkriegsmittel wie Kampfhubschrauber oder Aufklärungsdrohnen. Ziel war es, schnellstmöglich festzustellen, ob eine weitere Gefahr von indirekten Waffen besteht. Erst nach erfolgter erster Überprüfung der Abschussstellung, unerheblich ob aus der Luft oder durch Kräfte am Boden, konnte eine Freigabe für den Flugverkehr erfolgen. Die Entscheidung darüber erfolgte durch den Kommandeur BLS nach Empfehlung des FP Wings, in einigen Fällen direkt durch die Empfehlung des BC.

Außerdem mussten sicherheitsrelevante Vorfälle mit behelfsmäßigem Sprengfallen, Beschuss von Patrouillen, Unfälle und die Durchsetzung der Bewegungsfreiheit durch die Bearbeiter OFFBASE abgearbeitet werden. ONBASE lag der Schwerpunkt in der Bearbeitung von Notrufen jeder Art, die Führung von militärpolizeilichen Operationen, die Anordnung von Durchsuchungen von Liegenschaften der zivilen Vertragspartner (bei Verdachtsfällen) anzuordnen, die Durchsetzung der Sperrstunde, die Abwicklung von Flugsicherheitskontrollen sowie die Zugangskontrolle für BLS.

Bei allen Operationen ist der BC der Mittelpunkt des Informationsnetzes; er oder sie kategorisiert, priorisiert und verteilt Informationen mit dem Ziel, über ein ständig aktuelles Lagebild zu verfügen und alle relevanten Informationen zum richtigen Zeitpunkt am richtigen Ort zur Verfügung zu stellen. Des Weiteren muss er jederzeit in der Lage sein, das aktuelle Lagebild im Lagevortrag zur Unterrichtung (LVU) oder zur Entscheidung (LVE) den übergeordneten Führungsebenen zu präsentieren. Er oder sie empfiehlt dabei die weitere Vorgehensweise und die Verteilung von Mitteln und Ressourcen.

Interkulturelle Kompetenz

Neben diesen kommunikativen Fähigkeiten ist interkulturelle Kompetenz ein wesentlicher Baustein für ein erfolgreiches Bestehen als BC. Die grundsätzliche Zusammenarbeit mit britischen Soldaten und Soldatinnen war einfach und problemlos. Aufgrund einer bis zu diesem Zeitpunkt nahezu zweijährigen Verwendung im RAF Regt sprach man auch fachlich dieselbe Sprache und hatte einen gemeinsamen, geistigen „Zeichenvorrat".

Problematisch gestaltete sich die Zusammenarbeit mit den Kameraden des USMC. Der Waffenstolz dieser weltberühmten Kampftruppe zeigte sich ab und an in an Arroganz grenzendem Selbstvertrauen. Kritik war schwer zu vermitteln, Kompromisse waren von ihnen meist nicht gewollt. An deren fiktivem Eisberg steht wie im einleitenden Beispiel der charismatische Führer im Bodengefecht an der Spitze. Die strategische Bedeutung von BLS als die Grundlage von Luftmacht im süd-westlichen Afghanistan wurde nicht erkannt und war aufgrund des Truppencharakters als bodenorientierte Kampftruppe schwer zu vermitteln. Ein Drängen in die Rolle als Kampfunterstützer der Luftstreitkräfte war faktisch nicht möglich. Oftmals zeigte sich, dass gerade USMC offensiv die Gefechtshandlungen suchte und das Schaffen eines sicheren Umfeldes für BLS nachrangig betrachtete.

Die Koordination der Bewegungen der Kräfte und Aufträge erfolgten einzig allein in einer gemeinsamen Planungszelle, eine gemeinsame Philosophie jedoch war damit nicht sichergestellt. Innerhalb der JDOC wurde das besonders deutlich. Maßnahmen gemäß verfasster SOIs, die nach Absprache bilaterale Gültigkeit hatten, wurden mit der Bemerkung: *„Well, we are Marines! We are trained to fight!"* oftmals ignoriert. Einzig die Dokumentation und Meldung von Unstimmigkeiten und Fehlern im Rahmen der Auswertung abgelaufener Operationen über den truppendienstlichen Strang erzielte Wirkung in der Arbeitsweise der USMC-Offiziere in der JDOC.

Fazit

Der BC ist gewissermaßen ein Führer von Kräften und Koordinator über Raum und Zeit. Dennoch ist die Führung dieser Art nicht mit der Truppenführung im Felde vergleichbar. Die unterstellten Soldaten und Soldatinnen befinden sich mehrere Kilometer entfernt und sind daher nicht direkt führbar. Ihr Lagebild variiert oftmals erheblich vom Lagebild des Gefechtsstandes, der mit Hilfe moderner Sensorik über ganz andere Perspektiven des Geschehens verfügt. Dennoch ist das Lagebild des Gefechtsstandes nicht als vollständig zu bewerten. Die Eindrücke vor Ort, die der militärischen Führer mit seinen eigenen Sinnen aufnimmt, sind kaum zu ersetzen. Oftmals führt die Atmosphäre des Gefechtsfeldes zu anderen Entscheidungen als die eines BC in einem klimatisierten Gefechtsstand ohne Stress und direktem Feinddruck. Dementsprechend ist es von gewichtiger Bedeutung, als BC Vertrauen in seine unterstellte Führer zu entwickeln und sie bei ihren Entscheidungen zu unterstützen und nicht zu überstimmen. Dem Sensor „Mensch" ist in diesen Situationen mehr Gewicht zu geben als dem Sensor „Technik". In Gefechtssituationen sollte daher Aufmerksamkeit und Empfangsbereitschaft gegenüber dem aufdringlichen Einfordern von, womöglich in dieser Situation für den örtlichen Führer unerheblichen Informationen, priorisiert werden.

Zusammenfassend ist zu sagen, dass die Anforderungen an einen Offizier im Gefechtsstand vielseitig sind. Neben einem weitreichenden Verständnis für den Konflikt, der Rolle des Kontingents, hier speziell der Luftwaffe, und seines eigenen individuellen Beitrags erfordert der effektive Einsatz eines solchen Offiziers den gezielten Aufbau von Kompetenzen und einsatznaher, auf den Dienstposten zugeschnittener Ausbildung. Darüber steht die Erkenntnis, dass das Ermöglichen der Entfaltung von Luftmacht – unter jeder Bedingung – der Kernauftrag der Luftwaffensicherungstruppe ist. Die Spitze des Luftwaffeneisberges, das Luftkriegsmittel, kann nur aus seiner gut geschützten Basis seine strategische Wirkung erzielen. Dieser Fokus ist auch unter Feinddruck aufrecht zu erhalten und durchzusetzen.

Konsequente Entschlussfreude, klare Kommunikation und operative Ruhe sind weitere Merkmale dieses Schlüsselpersonals. Der Führungsprozess dieses Personals basiert auf einem stets aktuellen, proaktiv eingeforderten Lagebild, berücksichtigt einen ständigen Überblick der Auftragslage sowie der Mittel und Ressourcen. Der oder die BC berücksichtigt die Auswirkungen eigenen Handelns auch in zweiter und dritter Konsequenz, etwa die Auswirkungen auf das Meinungsbild der Bevölkerung. Somit gilt, sich auf ein dynamisches und komplexes Einsatzumfeld einzustellen, welches in raschen Lageänderungen zu flexiblem Denken und Kreativität zwingt. Hierbei orientiert er sich stets an den „*Rules of Engagement*", dem humanitären Völkerrecht sowie nationalen Vorschriften und Weisungen. Als Rückhalt der Truppe im Felde bleibt er bescheiden, wägt stets das Risiko gegenüber dem militärischen Nutzen der Aktion ab und steht stets zu seinen Entscheidungen. Er versteht sich als Teil einer Gesamtstruktur, in dem das Kollektiv über dem Individuum steht.

Die Offiziere der Luftwaffensicherungstruppe sind hierfür ein Teil der Basis, die den Eisbergspitzen der Luftwaffe ermöglichen, ihren Auftrag trotz aller Widrigkeiten im „*fog of war*" erfolgreich durchzuführen. Sie verstehen sich im Sinne des Kernauftrags als Kampfunterstützer im facettenreichen „Team Luftwaffe".

Der Offizier als militärischer Berater im "multinational environment"

Dieter Schobesberger und Sabine Lübberstedt

Die Bundeswehr des 21. Jahrhunderts hat sich zu einer Einsatzarmee entwickelt, die immer engere Verbindung(en) zu und mit ihren Bündnispartnern eingeht. Ausbildungsverbunde wie beispielsweise die internationale Jet-Ausbildung der Luftwaffe in den USA, internationale Dienststellen wie die Deutsch-Französische Brigade in Müllheim (Baden), das Multinationale Korps Nord-Ost in Stettin oder das Eurokorps in Straßburg sind nur einige Beispiele für die immer größer werdende Schnittmenge multinationaler Verwendungen, in denen Offiziere heute ihren Dienst verrichten. Hinzu kommen zahlreiche Auslandseinsätze und einsatzgleiche Verpflichtungen, die ebenfalls nie ohne multinationale Kooperationen durchgeführt werden.

Was bedeutet dies für den jungen Offizier der Luftwaffe? Offensichtlich Gewaltiges! Der junge Offizier des 21. Jahrhunderts muss also vor allem eins sein: „Ein interkulturelles Multitalent mit festen moralischen Werten!" Das ist alles andere als ironisch gemeint. Die folgenden Zeilen sollen Denkanstöße geben, die jeder militärische Vorgesetzte bei der Ausbildung und Erziehung junger Kameraden unserer Auffassung nach berücksichtigen sollte – vor allem, wenn es darum geht, sich selbst im Sinne der Eigenkritikfähigkeit zu hinterfragen. Es sei eingangs auch klar und deutlich ausgesprochen: Militärische, gesellschaftliche und moralische sowie ethische Grundsätze sind Grundlage jeder Offizierausbildung und guter Kinderstube. Um als Offizier im internationalen Gefüge bestehen zu können sind sie sogar unerlässlich.

Vor dem Hintergrund unseres gemeinsamen Einsatzes 2015 im Kosovo haben wir versucht, uns kritisch mit den Anforderungen und Erwartungen, die an uns und unsere Verwendungen gestellt wurden auseinanderzusetzen. Die multinationale Komplexität unserer Aufgaben in diesem Einsatz lehrte uns einige Lektionen über das Handeln und Wirken als deutscher Offizier im multinationalen Umfeld, und diese wollen wir hiermit gerne weitervermitteln.

Wir waren als Berater der *Kosovo Security Force (KSF)* bzw. als Adjutantin des dafür verantwortlichen einzigen deutschen Generals auf dem Balkan im NATO HQ eingesetzt und hatten dabei eine Vielzahl unterschiedlichster Aufgaben – vor allem auch außerhalb des Zauns – wahrgenommen. Bei der Beratung der KSF wurden Wissen vom Einzelschützen bis zur Brigadeführung weitergegeben und militärische Grundlagen der Truppenführung vermittelt. Als Adjutantin im HQ KFOR wurde grundlegende internationale Stabsarbeit auch außerhalb des KFOR Mandats geleistet. Dabei war die Berücksichtigung aller politischen Positionen zur Anerkennung des Kosovo und damit zur möglichen Aufstellung von regulären Streitkräften zu beachten.

Die Erfahrungen, die wir dabei machen konnten, zeigten uns auch die tiefere Bedeutung jener Worte, mit denen wir vom dänischen Oberstleutnant Jon Soerensen im Juli 2015 im Kosovo begrüßt wurden und die auch bei dessen Verabschiedung im Monat darauf in der *„German Ark"* zu hören waren: *„We are all just persons of our own expectations!"*

Unsere Erwartungen sind – wie bei einem Einsatz wohl „natürlich" – dann nicht immer so wie gedacht eingetreten. Unsere „Ableitungen" des Erfahrenen sollen im Folgenden hinterlegt sein mit den Aussagen verschiedener Soldaten sowie unseren eigenen Aufzeichnungen und Wahrnehmungen.

Die multinationale Einsatzrealität, oder: wie man im Einsatz besteht

Um im multinationalen Kontext bestehen zu können, muss der „moderne" Offizier eine Vielzahl an unterschiedlichen Dingen beherrschen: perfekt und fließend Englisch in Wort und Schrift, idealerweise kann er ebenfalls flüssig auf Französisch parlieren; er ist sportlich und gebildet und damit Vorbild für seine Untergebenen. Selbstverständlich führt er von vorne, praktiziert einen kooperativen Führungsstil, predigt nicht nur die Grundsätze der Inneren Führung – er lebt sie auch als sozial kompetenter Vorgesetzte stets vor.

Darüber hinaus ist er interkulturell kompetent und kann flexibel auf unterschiedlichste Herausforderungen in allen möglich Kulturkreisen der Welt reagieren. Die von ihm erwartete Beratungsleistung für seine Vorgesetzten erbringt er nach einer ausführlichen Beurteilung der Lage – zielgerichtet und ergebnisorientiert. Auf der Grundlage des „Führungsprozesses" analysiert er die ihm zugetragenen Problemstellungen, führt adäquate Lösungen herbei und kontrolliert die erzielten Ergebnisse, um bei eintretenden grundlegenden Lageänderungen jederzeit schnellstmöglich angemessen reagieren zu können. *„Situational awareness"* ist dabei unerlässlich, um vor allem im internationalen Bereich auftreten, führen und beraten zu können. Er fungiert als „Allzweckwaffe" in allen Lebenslagen und bringt seine militärische Expertise im Wirkverbund mit seinen internationalen Verbündeten ein.

Soweit die „lichte" Theorie vom „perfekten" Offizier zu Beginn des 21. Jahrhunderts. Doch diese kollidiert im „modernen" Krisenszenario (und manchmal sogar schon im Rahmen eines Ausbildungsabschnittes!) umgehend mit der Realität des Einsatzes. Knackige Beispiele dafür liefert die ernüchternde Wirklichkeit zuhauf. Jeder Soldat mit Einsatzerfahrung könnte darüber berichten: Denn ein jeder erlebte auftragsbezogen ganz unterschiedliche Friktionen. In unserem Fall der zu erbringenden Beratungsleistung junger Offiziere im multinationalen Kontext ging es im Grunde darum, die sich im Aufbau befindliche Exekutivgewalt des entsprechenden Einsatzlandes nach NATO-Standards auf ihre künftige und neue Rolle in einer demokratischen Bündniswelt vorzubereiten, aus- oder weiterzubilden. Hierbei wurden grundlegende Handlungsabläufe theoretisch wie praktisch trainiert, evaluiert, Fehler beseitigt, und es wurde mit Rat und Tat zu Seite gestanden.

Am Anfang war der NATO-Standard oder das moralische Dilemma: *„Der Auftrag, eine sich im Aufbau befindliche zukünftige Armee zu beraten und zu begleiten, war für mich von Beginn an mehr als spannend. Ich war gestrandet in einem Großraumbüro mit insgesamt 11 Mann aus neun unterschiedlichen Nationen, wovon eine Nation sich weigerte, den Kosovo als eigenständigen Staat anzuerkennen. Ein bunter Mix aus unterschiedlichen Truppengattungen, Vorverwendungen, Mindsets und Lebensaltern (30-55) in den Dienstgraden Hauptmann (OF 2) bis Oberst (OF 5) sorgte immer für ein dynamisches, lautes und schwer berechenbares Arbeitsumfeld. Als einziger Deutscher in diesem Gebäude durfte ich mich mit sofortiger Wirkung von meiner bisherigen Muttersprache verabschieden und fortan alle zwischenmenschlichen wie auftragsrelevanten Gespräche auf Englisch führen; Französisch und manchmal rudimentär auch Italienisch kamen hinzu. Das lag vor allem daran, dass es Soldaten einzelner Nationen gab, deren Englischkenntnisse erst entwickelt werden mussten. Die wöchentlichen Dienstbesprechungen bildeten hierbei stets das koordinative bi-/trilinguale Highlight. Jede Nation definiert nämlich die Aufgaben eines Advisor's in eigener Manier. Zum Thema ‚NATO-Standard' bedeutete dies, dass manche Nationen sich nur als stille Beobachter/Ansprechpartner sahen, während andere Nationen aktiv als Ausbilder und Mentor der nationalen Doktrinen agierten."*

Der Offizier beobachtet, bewertet und nimmt unmittelbar Einfluss auf Handlungsabläufe und zukünftige Verhaltensweisen. Dabei muss er bereit sein, seine eigenen Bedürfnisse zugunsten des Ganzen unterzuordnen, denn schließlich erfüllt er seine Aufgabe als militärischer Berater nicht auf dem eigenen Truppenübungsplatz innerhalb der Rahmendienstzeit, sondern fernab der Heimat, womöglich in einem gefährlichen Krisen- oder Kriegsgebiet.

„Die KSF wurde durch uns an ihren eigenen Standorten beraten. Dazu begleiteten uns jeden Morgen unterschiedliche Sprachmittler (Albanisch/Serbisch – Englisch), die allerdings als Zivilisten an enge Dienstzeiten gebunden waren. Somit bedurfte die Betreuung von Übungsvorhaben (72 Stunden) das Stellen von Ausnahmeanträgen. Die damit verbundene Rochade von Dolmetschern bedeutete einen immensen administrativen Aufwand, der der deutschen Bürokratie in nichts nachstand. Das wohl größte Problem am deutschen Bürokratiewahn war allerdings, dass es den deutschen Soldaten grundsätzlich untersagt war, außerhalb des Camps zu übernachten und zu verpflegen. Doch leider konnte man es den sehr gastfreundlichen Kosovaren eben nicht so einfach erklären, warum man die Einladung zum Essen ausschlägt oder am Wochenende nicht ihre Familien besucht. Dadurch war eine Beratungsleistung oft kaum zu erbringen und dies sorgte im internationalen Umfeld meiner Kameraden für Kopfschütteln und Unverständnis. Am schwierigsten war dabei der Zwiespalt zwischen dem eigenen Anspruch, gute Arbeit als Advisor leisten zu wollen und gleichzeitig nicht gegen deutsche Dienstvorschriften zu verstoßen."

Das Bild, das ein Offizier im multinationalen Kontext abgibt, wird nicht nur geprägt durch die Art und Weise, wie er Aufträge abarbeitet und erfüllt. Er muss sich vielmehr darüber im Klaren sein, dass er ständig im Fokus der Nationen steht. Vor allem in Verwendungen, in denen viele Nationen zusammenarbeiten und leben, wird eine grundlegende interkulturelle Kompetenz gefordert. Es kommt entscheidend darauf an, wie man sich verhält und benimmt und welches Bild man durch sein Auftreten hinterlässt.

„Die internationale Gemeinschaft hat mich im HQ mit offenen Armen aufgenommen. Bereits nach wenigen Tagen kannte ich die meisten Keyplayer und fand mich in dem, vor allem durch Italiener geprägten Stab gut zurecht. Da alle Briefings und der gesamte Sprach- und Schriftverkehr auf Englisch waren, war es sehr hilfreich einen aktuellen SLP mitzubringen. Auch die Ablenkung im Camp – von Restaurants über Sport- und Einkaufsmöglichkeiten – war sehr gut. Auch wenn es im HQ sehr viele Offiziere gab, habe ich schnell festgestellt, dass man als Frau doch eine Sonderrolle einnimmt und noch mehr im Fokus steht als zu Hause; zumal es kaum weibliche Offiziere bei den anderen Nationen gab (insgesamt waren wir zu fünft im gesamten HQ). Nicht ganz einfach war es auch, wenn die Herren der unterschiedlichsten Nationen im Camp ein Bierchen zu viel getrunken hatten und man sie in die Schranken weisen musste. Da braucht man schon einiges an Durchsetzungsvermögen, um klar der Begehrlichkeit die Grenzen aufzuzeigen. Während die meisten anderen Kameradinnen anderer Nationen separat und in Einzelbelegung untergebracht waren, teilte ich mir meinen Container mit unserer CULAD (Cultural Advisor). Das bedeutet, zu zweit auf 8 qm bei unterschiedlichen Dienstzeiten zu leben, kaum Schlaf zu haben und dazu noch weniger an Privatsphäre. Im Unterschied zu ‚Bad Prizren‘ gibt es im Camp Film

City in Prishtina keine richtigen Gebäude, sondern nur Container, die sich im Sommer auf ca. 60 Grad aufheizen. Zum Glück konnte ich nach wenigen Wochen in einen eigenen Container umziehen und hatte so etwas mehr Privatsphäre. Außerdem lernte ich dadurch, dass die Italiener bereit sind, einen ihrer Container gegen Schokolade zu tauschen. Die unterschiedlichen Nationen halten stark zusammen, wobei die Italiener gut mit den Deutschen und Österreichern können."

Was muss der Offizier also mitbringen, um im Einsatz zu bestehen? Unserer Meinung nach ein hohes Maß moralischer Integrität, verbunden mit ausgeprägt interkultureller Kompetenz. Man muss sich darüber im Klaren sein, dass unterschiedliche Nationen einen unterschiedlichen Blick auf den Einsatz und auch auf uns Deutsche haben. Ebenso unterscheidet sich die Wahrnehmung der Dienstgrade je nach Nation erheblich. Ein türkischer Oberst muss erst lernen, mit einem weiblichen Hauptmann zu sprechen, während der deutsche Oberstleutnant als Entscheidungsträger noch stärker gefordert wird als in seiner Referententätigkeit zu Hause.

Auch die viel besungene geistige und körperliche Leistungsfähigkeit darf nicht nur sinnbildlich in den Lehrplänen verortet sein, sondern muss dem Offizier vielmehr als Lebensmaxime mit auf den Weg gegeben werden. So muss man auch als *Advisor* 'mal einen 25-Km-Marsch mit einem Lächeln im Gesicht absolvieren, um anerkannt und integriert zu werden.

Stress wird im Einsatz nicht nur durch die Bedrohung des eigenen Lebens erzeugt. Auch enge Lebensräume ohne Privatsphäre und eine hohe Arbeitsbelastung im Einsatzgebiet führen zu Problemen. Wer diese nicht durch Leistungsfähigkeit und der Bereitschaft, sich einzuschränken, meistern kann, wird schnell an seine Grenzen gelangen und nicht mehr führungsfähig sein.

Aber insbesondere auch unterschiedliche Erfahrungshorizonte spielen eine zentrale Rolle bei der Auftragserfüllung, wie das folgende Beispiel verdeutlicht: *„Um eine bessere Verknüpfung zwischen der Führungsebene der KSF und unseren vorgesetzten Advisors zu bekommen, erhielt ich von meinem General den Auftrag, ein Keyleader Engagement in Form einer Grillparty im Feldlager Prizren zu planen und zu organisieren. Da wir ständig mit der KSF in Verbindung standen, kam ich zunächst gar nicht auf die Idee, dass es ein Sicherheitsproblem sein könnte, die Führungselite der KSF in das deutsche Feldlager zum Grillen einzuladen. Glücklicherweise konnten wir alle Bedenken (Zutrittsregelung/Eskorte etc.) ausräumen und am Ende ein erfolgreiches Event durchführen. Ich hatte schlicht vergessen, dass jemand die Gefahrenlage völlig anders einschätzen könnte, wenn er mit den Herren nicht ständig bzw. grundsätzlich selbst zu tun hat* (Beachte als Stichwort: *Situational awareness?!)"*.

Das Spannungsfeld zwischen moralischen Erwartungen und der Einsatzrealität

Wir leben in einer hoch technologisierten Welt, in der – gesellschaftlich betrachtet – vor allem die Persönlichkeit und die Entwicklung sowie freie Entfaltung des Individuums im Vordergrund stehen. Die „Generation Y" sucht ihren moralischen Ansporn vor allem in der Befriedigung eigener Bedürfnisse und scheut sich nicht davor, diese auch gegen Widerstände oder alt hergebrachte Konventionen durchzusetzen. Nicht selten wird dabei stets oder gar ständig jedwede Sinnhaftigkeit von erteilten Aufträgen ausnahmslos angezweifelt und in Frage gestellt. Folgende Überlegung des Soldaten im Einsatz ist nicht untypisch: *„Sehr schnell ist mir das Essen hier zuwider. Bei Ciano, also der internationalen Truppenküche, ist die Auswahl zwar groß, aber die Qualität ist schlecht und alles schmeckt gleich. Die Restaurants sind zwar in Ordnung, aber nach kurzer Zeit hat man auch hier die ganze Karte rauf und runter probiert. Es will mir nicht in den Kopf, warum man hier nirgendwo die Möglichkeit hat, für sich selbst etwas zu kochen und warum man die Betreuungseinrichtung immer mit allen Nationen teilen muss. Nie ist man 'mal unter sich, und vor allem stelle ich mir täglich die Frage, was ich hier überhaupt tue, wenn ich meinen Auftrag aufgrund der deutschen Regeln sowieso nicht vernünftig ausführen kann..."*

Vor diesem Hintergrund scheint es umso schwieriger, einen Offizier zu erziehen, der den oben genannten Ansprüchen wirklich gewachsen und bereit ist, die Einschränkungen und Entbehrungen in Kauf zu nehmen, die mit der Bewältigung von Einsätzen jeglicher Art einher gehen.

Die Selbstdisziplin, die es erfordert, körperlich wie geistig fit, belastbar und flexibel zu sein, steht dem Wunsch nach freier Entfaltung entgegen. Im Klartext: Täglich eine Stunde laufen zu gehen, täglich die Nachrichten zu verfolgen und das Geschehen in der Welt zu reflektieren – dies alles steht gemeinhin nicht hoch im Kurs! Stattdessen bietet das moderne Leben die Option, sich einen schönen Actionfilm in HD auf dem Tablet oder Smart-TV anzuschauen oder via Facebook, WhatsApp mit Freunden zu chatten und jede Zwischenmahlzeit zu „posten". In einer Welt der Eiweißshakes und „Zero"-Produkte wird körperliche Fitness neu definiert – von einem einsatzbereiten Soldaten, der nachhaltig und durchhaltefähig bestehen kann, sind wir in weiten Teilen *de facto* noch immer meilenweit entfernt. So trug es sich im Einsatz leider wiederholt zu, dass junge Kameraden zwar einen enormen Bizeps hatten, bei einem angebotenen Marsch allerdings nach wenigen Kilometern abbrechen mussten, weil ihre Muskulatur übersäuerte und sie der Hitze nicht standhalten konnten.

„Nachdem ich die ganze Zeit mit der KSF unterwegs war, freue ich mich heute auf ein paar ruhige Abendstunden. Leider ist von Ruhe nirgendwo die Rede. Bereits am Nachmittag trinken die ersten hier ihr Bier und beginnen die anliegenden Restaurants zu bevölkern, während ich noch mein Fahrzeug nachbereite; natürlich sind die Tankstelle und die Waschanlage bereits geschlossen – wir haben ja auch schon 17:00 Uhr im Einsatzland. Anschließend tippe ich noch schnell meinen täglichen Bericht ab, um dann gegen 19:00 Uhr endlich fertig zu sein. Auch in der German Ark ist bereits Hochbetrieb. Heute wird Fußball übertragen. Da wir als einzige für alle Nationen öffnen, bekommt man dort jetzt keinen Platz mehr, um das Spiel vernünftig zu sehen. Außerdem darf man dort sowieso nichts zu essen mitnehmen und nach einem ganzen Tag draußen ohne vernünftiges Essen habe ich wirklich Hunger. Zum Glück bin ich fit genug, trotzdem meinen Auftrag zu erfüllen. Auch der Marketender hat bereits geschlossen, weil die Jungs im Fitnessraum sind. Schön, wenn wenigstens irgendjemand Zeit zum Gewichtestemmen hat.“

Sicherlich bleibt die Seele in Restaurants, Bars und im klimatisierten Fitnesscenter unbelastet von Problemen anderer oder dem Dienstalltag. Doch gerade der Zwiespalt zwischen wachsenden Anforderungen vor allem im multinationalen Bereich an die moralische Integrität militärischer Führer und der immer größer werdenden Individualität und Freiheit ist es, der unsere Armee vor immer größer werdende Herausforderungen stellt. So sind Betreuungseinrichtungen geschlossen, wenn Kameraden mehr als nur die Routinedienstzeit arbeiten müssen, „Hosengummidebatten“ werden wichtiger genommen als die Erfüllung des Auftrages, und ganze Kontingente streiten sich über das passende *Badge* zum Kontingentswechsel. Bei diesen elementaren „Überlebensproblemen“ ist in der Tat sinnvolle Führung gefragt!

Besonders in den zunehmend immer komplexer werdenden Einsatzszenarien dieser Tage werden die Ansprüche an jeden Offizier wachsen. Das ist so sicher wie „das Amen in der Kirche“. Die Entscheidungen werden vielschichtiger, die Auswirkungen gravierender und die mediale Konsequenz von Fehlentscheidungen ist bereits jetzt kaum mehr kontrollierbar. Aufgrund mangelnder Fehlerkultur sind immer mehr militärische Führer geneigt, kritische Entscheidungen „auf allen Vieren“ auszusitzen oder dem Nachfolger „als Erbschaft dieser Zeit“ zu hinterlassen.

„Wie so häufig haben wir alle gemeinsam bei einem Meeting die Frage nach der Verpflegung der Advisors diskutiert. Wieder ohne Ergebnis. Wir warten weiterhin auf eine Entscheidung. Das Credo „Was ich nicht weiß macht mich nicht heiß“ kann keine abschließende Lösung sein. Der Auftrag bestimmt das Verhalten und nicht umgedreht! Alle anderen Nationen haben dieses Problem nicht.“

Trotz dieser Faktoren bleibt eine der elementaren Aufgaben unseres oben beschriebenen „Multitalents" erhalten: die sachgerechte Beratungsleistung auf verschiedenen Ebenen. So berät ein Offizier seine Untergeben, indem er sie bei einer Problemlösung anleitet. Ebenso unterstützt er seine Vorgesetzten, wenn diese komplexe Führungsentscheidungen treffen müssen. Dies muss er tun, egal ob er dazu qualifiziert ist oder lieber den besagten Actionfilm auf dem Tablet ansieht, statt sich mit einer Entscheidung auseinander zu setzen.

Man darf nie vergessen, dass Verantwortung nicht teilbar ist und mit dem Dienstgrad beständig wächst. Auch wenn Entscheidungen unbequem sind, ist es dennoch besser, eine zu treffen als eine Situation auszusitzen. Ohnehin sind getroffene Entschlüsse Grundlagen der Evaluation, welche 'mal mehr oder weniger zweckmäßig sind; sie sind aber zwingend erforderlich, um den betroffenen Soldaten nicht im Entscheidungsvakuum sitzen zu lassen. Denn schließlich erwartet der „unterstellte Bereich" auch „Führung", die sich eben als Entscheidungen manifestieren.

„The way ahead"

Es mag ein wenig süffisant klingen, doch die Wirkung, die junge und unerfahrene Offiziere der „Generation Y" haben, wird unterschätzt, meist vor allem durch diese selbst. Im Klartext: Viele sind sich ihrer Wirkung nicht bewusst und merken dabei gar nicht, in welch selbstgestellte(n) Falle(n) sie dabei tappen. Über eines sollte unbedingt Klarheit herrschen: Der Offizier muss sich stets seiner herausgehobenen Position bewusst sein und gerade aus diesem Grund die moralischen Tugenden, die für manchen zu Beginn des 21. Jahrhunderts vielleicht überholt erscheinen mögen, verinnerlichen und vorleben. Dies gilt besonders in den verschiedenen Einsätzen und im multinationalen Umfeld.

Wer heute noch glaubt, ohne internationale Verflechtungen agieren zu können, ist mehr als blauäugig. Umso wichtiger ist es, die eigenen Werte und Normen zu kennen. Diese werden im Einsatz immer wieder auf dem Prüfstand stehen – sei es, wenn man den Blick über den Tellerrand schweifen lässt und feststellt, was andere Nationen für verlockende Freiheiten haben, wenn man gerne nach einem stressigen Tag ein Feierabendbier mehr trinken würde oder wenn man alles dafür geben würde, einmal zwei Stunden für sich ganz alleine auf dem Container zu sein und den Stubenkameraden kurz auszuschließen.

Unsere moralischen Werte werden aber auch auf den Prüfstand gestellt, wenn wir – erstens – als Offiziere etwas entscheiden müssen, was weder schön noch angenehm und manchmal sogar hoch gefährlich ist, oder wenn man – zweitens – von uns erwartet, Verantwortung zu übernehmen, zu unseren Entscheidungen zu stehen und diese zu rechtfertigen.

Der Offizier muss auf der Basis fundamentaler moralischer Werte sein Handwerkszeug beherrschen. Denn am Ende ist „Zahltag": Dann misst man ihn im schlimmsten Fall am Überleben der eigenen Soldaten oder zumindest am Überleben und Agieren der Anderen, die er zu beraten gehabt hatte!

Wir hoffen, in Form einiger „Denkanstöße" Facetten freigelegt zu haben, welche jeder militärische Vorgesetzte bei der Ausbildung und Erziehung junger Kameraden im Hinterkopf parat haben sollte – einschließlich der Fähigkeit, sich selbst zu hinterfragen. Militärische, gesellschaftliche sowie ethische und moralische Grundsätze nicht nur zu kennen, sondern zu verinnerlichen: dies muss unserer Auffassung nach zur Grundlage jeder Offizierausbildung werden. Denn dem Anspruch entsprechend, als Offizier im internationalen Gefüge bestehen zu können, sind diese Grundsätze unerlässlich. Die „gute Kinderstube" in den Jahren zuvor ist dabei von unschätzbarem Wert, aber – leider in falsch verstandener Liebe der Erziehungsberechtigten nicht unbedingt die Regel!

Selbst wenn zu Beginn unseres Beitrages in drastischer Ironie das „Bild des Offiziers" überpointiert skizziert haben mögen, so zeigte uns unser Einsatz doch auch eines sehr anschaulich auf: Der junge Offizier des 21. Jahrhunderts muss in der Tat vor allem eins sein – ein interkulturelles Multitalent mit festen moralischen Werten!

Der Technische Offizier – Spagat zwischen Manager und militärischem Führer

Florian Schmitt

Meine Entscheidung, Offizier der Luftwaffe werden zu wollen, hatte ich bereits recht früh während meiner Schulzeit getroffen. Dabei spielte vor allem die generelle Affinität zum Soldatenberuf, nicht zuletzt geprägt durch das familiäre und soziale Umfeld, eine entscheidende Rolle. Als Sohn eines Marineoffiziers kam ich bereits früh in Kontakt mit der Bundeswehr. Das Brauchtum der Marine beeinflusste folglich das Familienleben. Mich zog an die verantwortungsvolle und fordernde Aufgabe des Offizierberufs, insbesondere die Aussicht, als militärischer Führer bereits in jungen Jahren personelle Verantwortung zu übernehmen als wohl die spannendste Herausforderung innerhalb der Streitkräfte.

Gesellschaftliche Position, früher „der Stand des Offiziers", und Berufsfeld des Offiziers haben eine lange und bewegte Geschichte. Wie jeder Beruf unterliegt auch er dem steten Wandel. Die Gesellschaft bildet (un-)bewusst Stereotypen, um den abstrakten Begriff „Offizier" handhabbar zu machen. Und so hat jeder Einzelne andere Bilder und Vorstellungen, ganz nach seinen individuellen Erfahrungen und Erlebnissen, über den Soldatenberuf im Allgemeinen und den Offizierberuf im Speziellen.

Auf Grund meiner Erfahrungen hatte ich von Anfang an ein Offizierbild vor Augen, das geprägt war von der großen Verantwortung gegenüber den Soldaten und zivilen Mitarbeitern; der Offizier als Ausbilder, Erzieher, Mentor, Vorgesetzter und Anvertrauter in einer Person. Entscheidungen zu treffen und hierfür die Verantwortung zu übernehmen, dabei Willensstärke zu zeigen und den Führungsanspruch auch gegen etwaige Widerstände durchzusetzen, zogen mich an. Zugleich auch die Botschaft, die Werte und Normen unserer Gesellschaft sowie unseres Kulturkreises aktiv zu leben und diese nicht minder nach außen bewusst, d.h. auch im feierlichen Rahmen, zu kultivieren.

Ich trat die Laufbahn der Offiziere in einer äußerst schnelllebigen Zeit an. Informationen sind heute immer und überall verfügbar. Soziale Medien und Smartphones, mit allen ihren Vor- und Nachteilen, kennzeichnen die Gesellschaft und das Weltgeschehen. Politik ist für weite Teile der Gesellschaft *„Aufgabe weniger anderer, und das, was man sowieso nicht ändern kann"*. Getroffene Entscheidungen und Handlungen sind transparent und im Prinzip globaler Natur. Gerade in Deutschland schaut die Gesellschaft äußerst kritisch auf das Militär. Hier gilt es für alle Angehörigen der Bundeswehr, für die Offiziere aber im Speziellen, das Bild der Streitkräfte positiv nach außen zu tragen, Akzeptanz und Verständnis für unsere Belange und Aufträge zu schaffen.

Spätestens mit der Aussetzung der allgemeinen Wehrpflicht sowie dem letzten Personalstärkemodell befindet sich die Bundeswehr sozio-demographisch betrachtet auf dem Rückzug aus der Bevölkerung, geographisch betrachtet auf dem Rückzug aus der Fläche. Der Soldatenberuf in Deutschland nahm, historisch bedingt, schon immer eine positiv wie negativ einzigartige Stellung ein. Sie war in der Bundesrepublik Deutschland und ihrer Armee, der Bundeswehr, bald relativiert. Auch für den „Berufsstand" Offizier der Bundeswehr gilt die Vorstellung vom mündigen Staatsbürger. Aber wie für den einfachen Soldaten, so gilt auch für ihn, als Teil der Exekutive mit eingeschränkten Grundrechten zu fungieren.

Neue gesellschaftliche und sicherheitspolitische Entwicklungen verlangen einen andauernden Anpassungsprozess der Streitkräfte an sprunghaft neue Rahmenbedingungen. Standorte und Einheiten werden geschlossen oder aufgelöst, neue Profile und Strukturen werden etabliert. Gerade in Zeiten des Umbruchs kommt folglich meiner Meinung nach dem Offizierkorps eine ganz entscheidende Rolle zu: Wir dienen als primärer Ansprechpartner in den Einheiten und Verbänden für die Angehörigen der Streitkräfte, sind aber auch im persönlichen Umfeld die kompetenten militärischen Wissensträger (und das heißt Ansprechpartner!) gegenüber der Gesellschaft.

Ausbildung zum Offizier

Zu Beginn meiner Ausbildung zum Offizier im Jahr 2004 hatte ich viele Fragen: Werden meine Erwartungen an das Bild des Offiziers erfüllt? Kann ich diese Erwartungen erfüllen? Wie ist der Stellenwert der Kameradschaft und der militärischen Gemeinschaft, in einer Zeit, in der das Handy mehr Zeit in Anspruch nimmt als das soziale Umfeld? Und nicht zuletzt: Ist das der richtige Beruf für mich, und das in der Luftwaffe, wo ich doch familiär betrachtet i.S. einer Familientradition eher der Marine zuneigen müsste?

Bereits die ersten Monate bestätigten mir, dass ich insbesondere die letzte Frage mit einem klaren „Ja" beantworten konnte. Der Zusammenhalt an langen Ausbildungstagen, die Unterstützung der Kameraden auf fordernden Märschen und Ausbildungsabschnitten erfüllten mich emotional positiv. Die Kameradschaft ist es, was unseren von anderen Berufen unterscheidet: Wir verstanden uns als Team, in dem man sich gegenseitig hilft und unterstützt. Wir saßen schließlich im selben Boot und hatten dasselbe Ziel vor Augen.

Der großen Verantwortung des Offiziers und der militärischen Aufgaben gerecht zu werden, bedingt natürlich einen gefestigten Charakter und militärisches Handwerkzeug. Bisweilen kam ab und zu schon die Frage auf, ob ich die eine oder andere Ausbildung wirklich brauche. Muss ich wirklich fit sein in Militärgeschichte? Muss ein Techniker eine Patrouille zu Fuß führen können? Doch wer nicht weiß, woher er kommt, weiß nicht wohin er geht. Ich kann aus eigener Erfahrung bestätigen, dass sich im Laufe der Dienstzeit herausstellen sollte, wie im Prinzip durchwegs alle Bereiche der Ausbildung sich irgendwann doch in den einzelnen Verwendungen wiederfanden und wohl noch in Zukunft immer wiederfinden werden.

Nachdem das Offizierspatent erlangt worden war und damit die Offizierschule der Luftwaffe (für's Erste) hinter einem gelassen wurde, geht es fast immer an eine der beiden Universitäten der Bundeswehr. Für die meisten Offizieranwärter war das die erste Berührung mit der akademischen Freiheit. Der überwiegende Anteil der Ausbildung findet dort in ziviler Kleidung statt. Militärische Strukturen sind zwar vorhanden, treten aber für den Offizier als Studenten in den Hintergrund. Das bedeutete nach neunmonatiger Offizierausbildung an der OSLw mit einem hohen Anteil grüner Ausbildung für viele so etwas wie ein „Kulturschock". Die große Herausforderung, als militärische Führer in Verantwortung zu stehen, ließ noch immer auf sich warten.

Truppenverwendung

Der Tag, auf den ich so lange gewartet hatte, war mit dem Ende des Studiums gekommen. Zu Beginn meiner Ausbildung war das noch irgendwie unwirklich, selbst einmal als Offizier in der Verantwortung zu sein, also Rede und Antwort „vor der Front" stehen zu müssen. Meine erste Verwendung trat ich in der Elektronik- und Waffenstaffel im Jagdgeschwader 71 „Richthofen" an. Hier sollte ich zum Luftfahrzeugtechnischen Offizier ausgebildet werden.

Es zeigte sich vom ersten Tag an, dass der Technische Offizier (TO) im Tagesdienst vorrangig der Fachmann und eben nicht der militärische Führer ist. Zugleich gilt, dass das Führen des technischen Personals ohne Fachkenntnisse unmöglich ist. Das Umfeld einer technischen Einheit ist geprägt vom

Teamgedanken, in dem alle Mechaniker das Ziel möglichst hoher Einsatzerfüllung der Luftfahrzeuge verfolgen. Der TO ist hierbei „der Team-Manager", der mit seiner Erfahrung und seinem Fachwissen das Team auf Kurs hält.

Der TO hatte durch die hohen Anforderungen an Fachwissen und Erfahrungen schon immer eine Sonderstellung im Militär. Im „altpreußischen Heer", also der brandenburgisch-preußischen Armee vor der Reformzeit (1807-14), konnten Männer aus dem Bürgerstand entgegen des damals für den Offizierstand geltenden Adelsprivilegs zum Offizier ernannt werden, sofern es um technikorientierte Truppengattungen ging und nicht so sehr der militärische Führer, sondern der bloße Spezialist im Vordergrund stand.

Unter friedlichen Umständen, im „Friedensdienst" also, läuft der TO im militärischen Tagesgeschäft Gefahr, aufgrund der Standardbelastung der Luftfahrzeugtechnik, in den Hintergrund zu treten und die Technik mit hoher Professionalität lediglich zu verwalten. Doch bei kurzfristigen Lageänderungen und neuen Einsatzerfordernissen, gilt es, als Offizier seinem Führungsanspruch voll und ganz gerecht zu werden und damit dem Team eine definierte Richtung und somit Handlungssicherheit zu geben. Äußerst flexibel auf unvorhergesehene Lageänderungen und immer neue Rahmenbedingungen reagieren zu müssen – darin besteht die Kunst eines Technischen Offiziers. Letztlich stehen er und sein Team mit ihrem Namen für gut funktionierende Technik und damit für ein hohes Maß an Flugsicherheit und Einsatzbereitschaft der Luftwaffe.

Wenn man diese „Managerverwendung" als Techniker mit meinen eingangs genannten Vorstellungen eines modernen Luftwaffenoffiziers vergleicht, könnte man meinen, dass diese mein damaliges Berufsbild klar verfehlt hat. Das hat allerdings nur oberflächlich den Anschein. Die Möglichkeit und auch die Notwendigkeit, als junger Offizier Verantwortung zu übernehmen und zugleich auch Menschen zu führen, sind täglich gegeben. Unterstützt wird dies durch den Einsatzauftrag der jeweiligen Einheit. Nicht immer steht der tägliche Dienst im direkten Zusammenhang mit der positiven Auftragserfüllung eines Nutzers. Als QRA(I) Verband und somit der NATO in Teilen permanent und direkt unterstellter Einheit ist dies jedoch ein Faktor, der im täglichen Dienst erfahrbar wird.

Ich hatte das Glück, in meiner weiteren Verwendung wieder in einen Verband versetzt zu werden, dessen Auftragserfüllung direkte Auswirkungen auf den täglichen Dienst vieler anderer Dienststellen und Soldaten hatte, diesmal jedoch in PAXen (Passagiere/*passengers*) und Cargo. Im Rahmen der MedEvac

(*Medical Evacuation*) standen wir Bereitschaft zur Unterstützung medizinischer Notfälle. Als Leiter Technische Betriebsführung Instandsetzungsstaffel – Lufttransportgeschwader war ich für die Instandsetzung der C-160 Transall zuständig. In dieser Zeit befand sich der Lufttransport noch im Rahmen des ISAF Mandats in Mazar-e Sharif (MES), Afghanistan, im Einsatz.

Der Ausblick zu Beginn meiner Verwendung, selbst in den Einsatz nach Afghanistan geschickt zu werden, war zu Beginn ein wenig befremdlich. Zwar befindet sich die Luftwaffe seit Jahren im Auslandseinsatz, und es gehört somit für viele Einheiten zum Tagesgeschäft. Direkt damit konfrontiert zu werden, stellt jedoch eine neue Situation dar. Letztlich ist es aber die Realität einer Einsatzarmee, die die Bundeswehr von Heute charakterisiert. Im Zusammenhang mit dem bevorstehenden Einsatz verschoben sich Schwerpunkte innerhalb des Tagesdienstes. Es wird einem bewusst, dass die ursprünglichen Eigenschaften eines militärischen Führers mehr gefragt sind als das Fachwissen über irgendwelche Flugzeugbauteile.

Für viele Kontingentangehörige bildete der Einsatz fast schon Routine. Dank der eingerichteten „*Blue Box*", einer direkt am Feldlager angrenzenden Sicherheitszone, war das Gefährdungspotential innerhalb des Camps auf einem niedrigen Level. Doch eine ruhige und stabile Situation kann binnen kürzester Zeit kippen. Und auf diesen Fall hin, galt es gerade angesichts der trügerischen Ruhe, die „Technik" sicherheitsbewusst zu halten. Zudem war ich als Bergeoffizier Luftfahrzeuge für die Rettung und Bergung der deutschen Luftfahrzeuge auf dem Flugplatz und umliegenden Gelände verantwortlich. Hier galt es, das eingesetzte Personal auf den Ernstfall mental vorzubereiten und entsprechend zu schulen.

Unter den genannten Bedingungen erhält die Verwendung als „Team-Manager" im Auslandseinsatz eine ganz neue Facette. Im besten Fall leisten wir im Einsatzland „Routinedienst" unter erschwerten klimatischen Bedingungen. Garantieren kann einem das aber keiner, und es wäre grob fahrlässig, sich in dieser Sicherheit zu wiegen! Absolut notwendig ist es also, seine Soldatinnen und Soldaten bestmöglich auf alle Situationen vorzubereiten und ein höchstes Maß an Verantwortungsbewusstsein zu übernehmen. Nun bildet die Bundeswehr mit ihren Angehörigen noch immer ein Spiegelbild unserer Gesellschaft. Sie ist damit genauso heterogen wie unsere Bevölkerung. Auf die Bedürfnisse jedes einzelnen Soldaten gerade in Extremsituationen einzugehen, kostet als Vorgesetzter viel Kraft und Empathie. Der Offizier sollte seine Truppe also mehr denn je kennenlernen und kennengelernt haben. Er muss um ihre

Schwächen und Stärken wissen. Er sollte unbedingt sein Handeln und seine Entscheidungen daran ausrichten.

In diesem Zusammenhang hat der moderne Luftwaffenoffizier meiner Meinung nach eine zentrale Rolle in der Gestaltung einer zeitgemäßen Fehlerkultur. Diese gilt es sowohl bei sich selbst als auch bei seinen Untergebenen einzufordern und zu fördern. Im Umgang mit hochkomplexen Waffensystemen können bereits kleinste Nachlässigkeiten schwerwiegende Folgen, im schlimmsten Fall Flugunfälle, auslösen. Eine ausgeprägte Fehlerkultur kann zwar nur eingeschränkt menschliches Versagen verhindern, kann aber mittelbar die Folgen dieser mindern oder sogar verhindern. Hierzu ist jedoch ein Vertrauensverhältnis zwischen Führungs- und Arbeitsebene unabdingbar, in dem Fehler und Mängel offen angesprochen und zusammen aufgearbeitet werden. Erfahrungen und daraus gezogene Lehren können so der gesamten Technik zur Verfügung gestellt werden und einen positiven Effekt auf die Fehlerminimierung haben. Innerhalb des Bereichs „Luftfahrzeugtechnik" hat sich so das *Maintenance Ressource Management* (MRM), angelehnt an *Crew Ressource Management* (CRM) aus dem Bereich der fliegenden Besatzungen, etabliert. MRM darf jedoch kein genereller „Freifahrtschein" bei dienstlichen Vergehen sein. Der Technische Offizier trägt mithin weiter die Sorge für eine objektive Würdigung begangener Verfehlungen.

Parallel dazu ist es mehr denn je Aufgabe eines jeden Offiziers, sein gesamtes Wirken und Handeln jederzeit kritisch zu reflektieren und an bestehenden Werten und Normen auszurichten. Meiner Meinung nach ist das ehedem landläufige Bild vom Offizier, *„der Alles weiß und Alles kann"*, völlig überholt. Es entspricht einfach nicht mehr den Erfordernissen der Realität! In einer hochkomplexen Gesellschaft mit modernster Technik und einer wahren Informationsflut sind gravierende Lageänderungen an der Tagesordnung. In diesem Spannungsfeld ohne Erstfehler zu agieren, ist schlichtweg unmöglich. Doch es wäre fatal, ein und denselben Fehler ein zweites Mal zu begehen. Der moderne Luftwaffenoffizier muss folglich mehr denn je in der Lage sein, sich Fehler einzugestehen und entsprechende Lehren daraus zu ziehen.

Der technische Dienst in den Streitkräften mit seinen unterschiedlichsten Verwendungen auf allen Dienstgradebenen bietet angehenden wie auch länger gedienten Offizieren immer neue Betätigungsfelder. So erstrecken sich die Tätigkeiten vom Sachbearbeiter auf Kommandoebene über Typenbegleitmannschaften neuer Waffensysteme hin zu den technischen Offizieren in den fliegenden Verbänden. Die Luftwaffe bietet angehenden Offizieren die komplette

Bandbreite an fordernden Aufgaben. Der Offizierberuf vereint verschiedenste Teilberufe zu einer höchst anspruchsvollen Tätigkeit. Sich dieser anzunehmen und mit Leben zu füllen, bildet unsere Aufgabe.

Eigeninitiative und der Willen zum lebenslangen Lernen sind dabei Grundvoraussetzung. Gerade in der ersten Verwendung als TO legen Sie das Fundament Ihrer weiteren Karriere. Gehen Sie aktiv auf Ihre unterstellten Soldaten zu und lassen Sie sich Sachverhalte von erfahrenen „Portepees" zeigen. In der Zeit als junger Truppenoffizier wird Ihnen mit Ihren Fragen und Fehlern großzügig begegnet. Die Grundlagen des technischen Dienstes sind über alle Waffensysteme der Luftwaffe gleich und bieten so die Möglichkeit, in verschiedensten Verwendungen flexibel eingesetzt zu werden. Eignen Sie sich daher ein fundiertes, breites Basiswissen an. Gepaart mit waffensystemspezifischem Wissen entwickeln Sie sich so zu einem verlässlichen und kompetenten Ansprechpartner – sowohl für die ihnen anvertrauten Soldaten als auch für Ihre Vorgesetzten!

Fazit

Unterziehe ich mein Bild vom und die Aufgaben des Offiziers einer kritischen Reflektion, so wird deutlich, dass die Realität des täglichen Dienstes von den anfangs getroffenen Vorstellungen abweicht. Dies ist nicht verwunderlich, schließlich hatten sich meine ersten Annahmen zum Offiziersberuf vor dem aktiven Dienst in den Streitkräften gebildet.

Der TO und sein Verantwortungsbereich ist vielleicht nicht so glamourös wie ihn Hollywood zeigt. Selbst als starke Führungspersönlichkeit ist er bei weitem nicht der einsame Entscheider, dessen Befehle ohne jedes kritisches Wort befolgt werden. Welches Bild auch immer man zu Beginn seiner Karriere gepflegt haben mag, es wird spätestens mit dem Eintritt in die Bundeswehr mit der Wirklichkeit konfrontiert, und deshalb wird es auch nicht ohne Korrekturen zu erhalten sein. Es bleibt allerdings Aufgabe und Herausforderung jedes Einzelnen, die eigenen Vorstellungen und Ideen im Abgleich mit der Wirklichkeit mit Leben zu füllen und so den Status des Offiziers aktiv mitzugestalten. Die Aussage, *„der Offizier von Heute entspricht nicht meinen Vorstellungen"* kann und sollte es daher nicht geben. Sie passt schlichtweg nicht ins Berufsprofil.

Mein Appell an alle Offiziere besteht daher darin, Bewährtes beizubehalten und Neues zu entdecken. Der Truppenalltag desillusioniert vielleicht an manchen Tagen. Gerade dieser Umstand sollte jedoch unser Ansporn sein, Probleme gemeinsam anzugehen und neue Wege und Möglichkeiten zu entdecken. Als Offiziere haben wir die einzigartige Möglichkeit und auch Verpflichtung, Verantwortung über Personal und Material zu übernehmen – oder in den Worten des US-amerikanischen Luftwaffengenerals John P. Jumper: *„The opportunity to command is a tremendous honor and responsibility and unquestionably will be one of the most significant roles of your Air Force career."* Dieser Verantwortung sollten wir uns tagtäglich bewusst sein. Wir müssen sie leben und vorleben, um sie dadurch an unsere Kameraden weiterzugeben, auf dass das Bild des modernen Luftwaffenoffiziers durch uns selbst gestaltet und geprägt wird.

Der Luftwaffenoffizier der Flugabwehrraketentruppe (FlaRak) im NATO-Auslandseinsatz. Die Mission ACTIVE FENCE TURKEY (AF TUR)

Benjamin Matthias

Im Zeitraum Januar 2013 bis Dezember 2015 war die FlaRak-Truppe betraut mit der Aufgabe der *Anti Theater Ballistic Missile Defense* (ATBMD-Einsatz) in der Türkei. Im nun Folgenden geht es weder um die Erörterung der Frage, warum Bundeswehr-Einheiten im türkischen Kahramanmaras disloziert wurden, noch soll darauf eingegangen werden, welchen Einfluss dieser Einsatz auf die Zukunft der FlaRak noch haben wird. Geschildert werden persönliche Eindrücke und Begebenheiten, die der Autor während seiner Einsatzzeit im 5. Kontingent erlebte, und welche Lehren daraus zu ziehen wären. Des Weiteren soll erläutert werden, wie sich angehende bzw. junge Offiziere im Vorfeld eines Einsatzes entsprechend weiterbilden wie auch vorbereiten können, um den Herausforderungen eines solchen Einsatzes besser gewachsen zu sein.

Der Einsatz des 5. Kontingents begann im Mai 2014. Mit einem Airbus der Flugbereitschaft ging es von Köln-Wahn nach Adana und von dort aus weiter mit dem Bus – Fahrzeit drei Stunden – nach Kahramanmaras. Gerade weil ich bislang eine Verwendung außerhalb der FlaRak ausgeübt hatte, nutzte ich die entstehende Wartezeit während der Verlegung der Truppe von Deutschland in die Türkei, um mit meinen Kameraden im bevorstehenden Einsatz erste Kontakte zu knüpfen, wie auch alte Bekannte aus Vorverwendungen wieder zu treffen.

Das „Einstiegs-*Meet and Greet*" erst am Abflugtag in den Einsatz ist nicht unüblich. Das heißt: Man sollte sich darauf einstellen, seine direkten Vorgesetzten und Untergebenen nicht unbedingt im Vorfeld des Einsatzes zu kennen bzw. kennen gelernt zu haben. Alles andere wäre natürlich der Optimalfall, der aber aufgrund der Gegebenheiten nur als Ausnahme gegeben ist. An sich sollen bestehende Einheiten komplett in den Einsatz verlegen. Die unterschiedlichen SollOrg-Strukturen in der Heimat und im Einsatz vereiteln die umfassende Umsetzbarkeit dieses Zieles. Erschwerend hinzukommen verschiedene Rotationszyklen des Personals im Einsatz. So tauschten beispielsweise die Taktikcrews des Waffensystems in einem schnelleren Zyklus als das Querschnittspersonal. Dafür waren jene häufiger im Einsatz. Auch sollte die

Bedürfnislage der Soldaten nicht vergessen werden: Viele möchten gern im Vorfeld des Einsatzes noch eine „Kuschelwoche" mit ihrer Familie bzw. dem Partner verbringen. Manche Ältere entscheiden sich dafür, routinemäßig gleich in den Einsatz zu starten. Jeder sollte sich vor dem Einsatz fragen, welche Vorgehensweise im Hinblick auf das unmittelbare private Umfeld sinnvoll ist.

Das erste Aufeinandertreffen der Kameraden für den bevorstehenden Einsatz bedeutet immer so etwas Ähnliches wie das Hinterlassen einer Visitenkarte. Meine Erfahrung zeigt, dass man mit den gelernten und eigentlich vertrauten militärischen Formalia absolut nicht verkehrt liegt; im Klartext: Bevor man in das Abflugterminal „stolpert", sollte man seinen Anzug und das Äußere in einen vorschriftsmäßigen Zustand versetzt haben. Auch der militärische Gruß gegenüber höheren Dienstgraden ist absolut angebracht, verbunden – im ersten direkten Gespräch – mit einer kurzen Erwähnung von Name, Dienstgrad und Dienstposten im Einsatz. So ist eine bessere Einordnung gleich zu Beginn für einen selbst möglich, das erste Eis ist gebrochen und es kann sich fortan gutes Zusammenwirken rascher entwickeln.

Die Herausforderung von *JOINT* und *COMBINED*

Der Einsatz AF TUR war ein Einsatz zum Schutz des NATO-Partners Türkei vor Angriffen mit taktisch ballistischen Raketen aus dem Krisen- und Konfliktgebiet des südlich gelegenen Nachbarstaates Syrien. Diese Fähigkeit bildet bezogen auf die Bundeswehr nur die Luftwaffe mit ihrer Flugabwehrraketentruppe und deren Waffensystem PATRIOT ab. Dieser Umstand verleitete viele Zivilisten und auch gar nicht wenige Soldaten zur Annahme, es habe sich in der Türkei um einen „reinen" Luftwaffeneinsatz gehandelt. Doch dies war mitnichten der Fall!

Aufgrund der Bedrohung durch das Chemiewaffenpotenzial des syrischen Regimes war ein verstärkter ABC-Abwehrzug eine Komponente des Einsatzes. Hinzu kam noch das sogenannte TSK-Querschnittspersonal in den Bereichen Wartung, Fernmeldewesen, Nachschub, Sanität, Feldjäger und Einsatzwehrverwaltung. Somit hatte man einen „buntgemischten Haufen" aus allen Teilstreitkräften innerhalb des Kontingentes vor Ort beisammen. Natürlich brachte jeder seine eigene *„Corporate Identity"* mit. Doch die Professionalität gebietet, sich nicht über andere Kameraden zu stellen. Es gibt durchaus Dinge, die wir (als Angehörige der Luftwaffe) von den anderen Teilstreitkräften lernen können. Das bedeutet vor allem, ein offenes Ohr und offene Augen zu haben, damit wir erkennen, was wir an unseren Verfahrensweisen bzw. unserem Verhalten zum künftig Positiven verändern könnten.

Bekanntlich nahmen auch andere Nationen an diesem Einsatz teil. Im 5. Einsatzkontingent (EinsKtgt) waren es Soldaten der U.S. Army mit zwei Waffensystemen sowie die Niederländischen Streitkräfte mit weiteren zwei Waffensystemen. Nach dem Abzug der Niederländer traten an deren Stelle die Spanier. Zu beiden Kontingenten pflegten wir ein äußerst kameradschaftliches Verhältnis. Schließlich hatten wir ein und denselben Auftrag und verfügten über das gleiche Waffensystem. Meiner Einschätzung nach brachte die beiderseitig praktizierte Kameradschaft den Einsatz unglaublich voran. Man half sich, wo man konnte: sei es beim Austausch von Expertise oder dem Austausch von Material, um den Einsatzauftrag bestmöglich ausführen zu können. Der Einsatz wurde taktisch aus dem *Ballistic Missile Defense Operation Center* (BMDOC) in Ramstein geführt. So standen wir nicht nur unter einer Führung, sondern waren schon bereits deswegen auch direkt auf einander angewiesen, um den Einsatzauftrag im Sinne des Großen und Ganzen durchführen zu können.

Die Sache mit den „Sprachkenntnissen"

Warum braucht jeder Offizier und Unteroffizier mit Portepee ein adäquates Sprachleistungsprofil? Weshalb sollten wir versuchen, uns in der englischen Sprache weiterzubilden? Eigentlich liefert bereits das bisher Gesagte die Antwort darauf. Dennoch verdient die Frage nach dem Sprachprofil der Angehörigen der Luftwaffe eine ausführlichere Betrachtung. Die meisten von uns erhielten ihren ersten Englischunterricht in der fünften Schulklasse. Ich empfand diesen seinerzeit als eine meist mittelmäßige „Veranstaltung", bestehend aus dem bloßen Auswendiglernen von Vokabeln und Grammatik. An ein flüssiges Reden, noch dazu ohne Angst, sich zu blamieren, war im Traum nicht zu denken. Während meiner Ausbildung zum Feuerleitoffizier am taktischen Aus- und Weiterbildungszentrum der FlaRak in Fort Bliss (El Paso, Texas) machte ich die Erfahrung, dass allein die Bereitschaft, die jeweilige Landessprache sprechen zu wollen, honoriert wird. Das grammatikalisch korrekte Sprechen und die richtige Wortwahl stellen sich nach einiger Zeit in der Praxis irgendwie von selbst ein. Doch um in einem multinationalen Einsatz zu bestehen, bedarf es etwas mehr als nur der Fähigkeit, Subjekt, Prädikat und Objekt richtig aneinanderzureihen. Manchmal muss mit der Sprache jongliert werden, um die wichtigen Punkte an den Adressaten einer Botschaft zu übermitteln, auf dass dieser – auch am Telefon! – unmissverständlich versteht, worum es geht.

Dementsprechend brauchen wir eine gute, das heißt fundierte Sprachausbildung. Die Schule bis zum (Fach-)Abitur kann uns hierfür nur die vorläufige Basis liefern. Das Haus selbst muss in den Sprachunterrichten an der Offizierschule und sodann in Kursen des Bundessprachenamtes *unter aktiver Mithilfe* jedes einzelnen errichtet werden. Flüssiges Englisch war und ist in jedem Einsatz, auch bei AF TUR, ein absolutes Muss für jeden Offizier.

Weiterhin sollte erreicht werden, wenigstens einige Höflichkeitsfloskeln in der jeweiligen Landessprache zu kennen und anwenden zu können. Für eine weitere Kommunikation mit den türkischen Kameraden oder Zivilisten reicht so etwas natürlich nicht aus, aber um eine positive Grundstimmung beim Gegenüber zu erzeugen, bewirken gerade solche Formeln meist Wunder. Hierzu ein Beispiel: Innerhalb des 5. Kontingents lud die Kontingentführung lokale „Prominenz" zu einem „Tag der offenen Tür" ein. Unter anderem sagten neben Zivilisten auch der örtliche Imam (der Leiter der größten Moschee vor Ort) zu. Sie kamen auch tatsächlich. Meine Aufgabe neben der Organisation des Tagesablaufes bestand darin, die erste Begrüßung am Kaserneneingang zu übernehmen. Mit mir befanden sich an der Wache noch die türkischen Wachsoldaten, ein Übersetzer und die Fahrer der VIP-Shuttles. Nach dem Eintreffen der Gäste begrüßte ich sie mit einem *„Günaydin, ben Yusbashi Matthias"* (zu Deutsch: *„Guten Morgen, ich bin Hauptmann Matthias"*) und führte sodann das Gespräch mit Hilfe des Sprachmittlers fort. Die Reaktion der Gäste war positiv und somit auch der erste Eindruck, den das Kontingent vermittelte.

Die Administration des Einsatzes

Das deutsche Einsatzkontingent AF TUR war untergebracht in der GAZI-Kaserne in Kahramanmaras. Diese Kaserne wurde dabei infrastrukturell weiterhin vom türkischen Militär betreut und auch weiterhin von türkischen Truppen als Standort genutzt. So befanden sich unter anderem ein Artillerieverband und eine Grundausbildungseinheit vor Ort. Im Vorfeld des Einsatzes verständigten sich beide Nationen darüber, dass die deutschen Einsatzbereiche (OpLocs, *Operation Locations*) sowie der Unterkunftsbereich nicht durch türkisches Militär betreten werden sollten und die deutschen Soldaten nichts innerhalb der türkischen Sperrzonen zu suchen hatten.

Doch wie bereits angerissen, waren die türkischen Vertragspartner unter anderem für die Wartung und Verbesserung der Infrastruktur zuständig. Hier war die Zuverlässigkeit und Sorgfalt der Arbeiter – vorsichtig formuliert! – absolut nicht deutscher Standard. Die Frage, die sich hierbei aus meiner Sicht stellt, lautet nicht, ob diese Arbeiter schlecht arbeiten. Sie lautet: „Wie hoch sind unsere Ansprüche?" Muss es immer das in der Wand verlegte und verputzte Kabel sein oder reicht auch eine „Freileitung" aus? Es darf aus Gründen der Sicherheit von Personal und Material selbstverständlich keine Gefährdung entstehen. Aber teilweise wurden den deutschen Soldaten in der GAZI-Kaserne Hindernisse für die praktische Arbeit errichtet, die bedingt waren durch Vorschriften speziell der Wehrverwaltung.

Dazu ein Beispiel: Innerhalb des fünften Kontingents wurde ein Unterkunftsblock übernommen. Die Stuben waren sauber und adäquat ausgestattet, das einzige, was fehlte, waren Klimaanlagen – bei Temperaturen von über 40 Grad Celsius ein wirklich sehr nützliches und angenehmes Hilfsmittel. Aufgrund der Bestimmungen der Verwaltung zog sich die Erteilung des Auftrages an einen zivilen Vertragspartner in die Länge. Als dieser dann endlich erteilt worden war, begannen die Arbeiten. In landestypischer Manier wurden die Klimaanlagen installiert, und vertragsgemäß zahlte die Wehrverwaltung einen Teil der Rechnung. Die endgültige Summe sollte nach Abnahme und Funktionstest bezahlt werden. Und jetzt begann das Tauziehen: Die Abnahme nach deutschen Verwaltungsbestimmungen zeigte eine mangelhafte Bauausführung. Eine Gefährdung von deutschen Soldaten war m.E. durch die Art der Installation nicht gegeben. Der türkische Vertragspartner bestand jedoch auf die Begleichung der Rechnung, ansonsten würde er nicht wieder die Arbeiten aufnehmen, um die Mängel abzustellen. Ergebnis: Die eine Seite zahlte nicht und die andere arbeitete nicht; und uns stand eine installierte, jedoch nicht freigegebene Klimaanlage „zur Verfügung". Mir stellte sich dabei wirklich die „Sinnfrage". Einerseits geben wir Millionen aus, um diesen Einsatz „zu stemmen" und andererseits halten wir (geschätzte) wenige Tausend zurück, um deutsches Regelwerk im Gastland umzusetzen. Und so kam letztlich die Truppenlösung zum Tragen. Die eigenen Klimaanlagenmechaniker des Kontingentes erledigten die Restarbeiten und nahmen die Anlagen in Betrieb. Warum nicht gleich so?

Worauf sich die Verwaltung mit dem türkischen Vertragspartner schließlich verständigt hatte, ist mir nicht bekannt, und es ist an dieser Stelle auch unerheblich. Dem Bedürfnis, in einer Stube wohnen zu können, die eine auf ca. 25 Grad Celsius gedämmte Zimmertemperatur aufwies, war entsprochen worden, und alle waren irgendwie zufrieden. Auf den ganzen Einsatzzeitraum des fünften Kontingents bezogen, bedeutete dies eine Kleinigkeit. Mit der Inbetriebnahme der Klimaanlage war die Stimmung jedenfalls wieder im Lot.

Was belegt die Begebenheit? Jeder Offizier und Vorgesetzter muss den schmalen Grat zwischen dem Einhalten von Regularien und der Fürsorge seinen Unterstellten gegenüber beschreiten. Manchmal mag es einfacher erscheinen, sich auf Regularien zu berufen; die Gefahr hierbei ist jedoch, dass das Personal darunter leidet und damit dann auch unweigerlich die Auftragserfüllung. Hier sollte der Vorgesetzte ein „breites Kreuz" haben und zum Wohle der Truppe beherzt und pragmatisch Entscheidungen treffen.

Die Hunde und die türkische Lösung des Problems

Der Außenzaun der GAZI-Kaserne umfasst ein weitläufiges Gebiet, das zu großen Teilen nicht genutzt wurde. In diesem hatten sich verwilderte Hunde angesiedelt. Hierzu galt eine klare Befehlslage im deutschen Einsatzkontingent AF TUR. Sinngemäß: *„Das Annähern, Füttern oder sonstiges Interagieren mit jeglichen Tieren (Spinnen, Schlangen, Hunden, Katzen, etc.) ist den deutschen Soldaten verboten."* Hierdurch sollte nicht die uns Soldaten eigene Tierliebe beeinträchtigt werden. Es ging vielmehr um die körperliche Unversehrtheit des Personals. Speziell die Hunde waren mit äußerster Vorsicht zu betrachten. Nachdem wir eine Weile von diesen Tieren nicht behelligt worden waren, eskalierte die Situation, als sich ein Rudel einem fahrenden GD 0,5to „Wolf" näherte, um Futter zu erpressen. Kritisch wurde es nämlich, als diese anfingen, sich äußerst aggressiv gegenüber dem Fahrzeug und den darin befindlichen Soldaten zu verhalten. Bei diesem Vorfall hatten wir Glück und es passierte „noch" nichts.

Doch wie weit wollten und konnten wir dieses Glück in Anspruch nehmen? Wir entschieden uns dafür, der *Host Nation* das Problem mit den Hunden zu schildern und diese reagierte prompt. Ein Hundefänger wurde seitens der Türken engagiert und einige Tiere verschwanden auf Nimmerwiedersehen. Das türkische Militär löste dieses Problem auf *seine* Weise. Und jetzt entwickelte sich ein „Kulturkampf". Unter den tierliebenden deutschen Soldaten rumorte es wegen der „Tierhinrichtungen". Für den Vorgesetzten bedeutete dies keine einfache Situation, zumal der Umgang mit Tieren ja an sich nervenberuhigend wirkt. Der Protest einiger Kontingentangehöriger war jedenfalls so vehement, dass seitens der Vorgesetzten unser Auftrag in Erinnerung gerufen werden musste. Mit dem Biss eines womöglich an Tollwut erkrankten Hundes kann dieser nicht mehr uneingeschränkt ausgeführt werden. Wir waren – erstens – in der Türkei zur Erfüllung unseres Auftrages und – zweitens – die *Host Nation* handelte auftragsgemäß zu unserem Schutz.

Ein weiteres Beispiel in Sachen „Tierliebe" war das Basteln von Terrarien, um darin Spinnen zum Zwecke der eigenen Erbauung und Stabilisierung des Gefühlshaushalts gefangen zu halten. Diese Art der Tierhaltung war per Befehl ausdrücklich untersagt. Sich dann aber bei der Fütterung des Tieres auch noch in die Hand beißen zu lassen, zeugt aus meiner Sicht von ziemlicher Dummheit. Der betreffende Soldat musste sanitätsdienstlich versorgt werden und fiel mindestens für die folgende Schicht aus. Somit wurden Kapazitäten gebunden und Kameraden doppelt belastet...

Was möchte ich dem Leser durch die erwähnten Beispiele mit auf den Weg geben? Eine einfache Botschaft: Üben Sie keine falsche Toleranz. Stellen Sie entsprechende Mängel nach zuvor gegebenem direktem Hinweis sofort ab! Denn eine Nichtbeachtung von sogenannten Kleinigkeiten kann Folgen nach sich ziehen, die im Vorfeld nicht einschätzbar sind. Und schließlich sind wir nur Gast! Die *Host Nation* darf die geschilderten Probleme „auf ihre Weise" lösen. Das ist so, und wir profitieren davon!

Die Herausforderungen im täglichen Einsatzbetrieb

Meine Dienstzeit innerhalb der FlaRak umfasste insgesamt neun Jahre, bevor es zum Einsatz AF TUR im Jahr 2013 kam. Die Zeit in der Truppe hatte ich damit verbracht, Verlegungen des Waffensystems, den Feuerkampf im verbundenen und allein stehenden Modus gegen gegnerische Luftstreitkräfte (Flugzeuge, Helikopter und taktische ballistische Raketen) sowie die Sicherung des Waffensystems gegenüber möglichen Bodenkräften zu trainieren. Nur dies war geübt und durch nationale sowie internationale Stellen überprüft worden. Darauf gründete die Vergabe der jeweiligen Bereitschaftsgrade (z.B.: *combat ready, NRF – certified*, etc.). Wir waren darauf gedrillt und getrimmt, viele schnelle Entscheidungen zu treffen, zu reagieren und zu agieren.

Dann verlegten wir in die Türkei und die Situation war mit einem Male eine ganz andere. Das soll nicht heißen, dass unsere Ausbildung umsonst oder falsch gewesen wäre. Aber die Einsatzrealität dieses reinen ATBM-Einsatzes stellt eben nur einen Bruchteil des Einsatzspektrums des FlaRak dar. Das Waffensystem wurde aufgebaut und blieb an seinem Platz stehen, was bedeutete, dass keine Folgeverlegung benötigt wurde. Der Einsatzauftrag war der Schutz der Türkei (konkret: der Stadt Kahramanmaras) gegen taktische ballistische Raketen aus syrischer Richtung. Das heißt, es war grundsätzlich kein ständiges Nachladen, kein Neuausrichten der Hauptkampfrichtung und auch kein Wechsel von taktischen Lagen usw. nötig. Eine Einsatzbereitschaftsüberprüfung der Crews war vor deren Verlegung in den Einsatz bereits im Inland erfolgt.

Somit war eine weitere Überprüfung im Einsatzland nicht nötig und ein Feuerkampf gegen gegnerisches Luftkriegspotenzial (Flugzeuge und Helikopter) erübrigte sich ohnehin. Für das Querschnittspersonal machte all dies im täglichen Arbeiten keinen Unterschied. Ganz anders für das Personal am Waffensystem selbst: Dieses musste zu jeder Zeit an der Konsole im Feuerleitstand und im übergeordneten Gefechtsstand, der Kampfführungszentrale, die hundertprozentige Aufmerksamkeit garantieren und dies über die komplette Schicht.

Meistens passierte nichts. Und nun stellen Sie sich vor, Sie blicken sechs bis acht Stunden am Stück auf einen schwarzen Monitor mit grünen Strichen und Symbolen: bislang bewegte sich nichts. Dann plötzlich erscheint für wenige Sekunden ein Symbol, welches Sie erkennen, mit den richtigen Tabellen auswerten und die korrekten Folgeentscheidungen daraus ableiten müssen. Fehler sind dabei absolut inakzeptabel, denn Menschenleben im Schutzobjekt sind in Gefahr.

Genau dies war die Herausforderung unserer Taktiker vor Ort: Mit drei Crews pro Feuerleitstand bzw. der Kampfführungszentrale 24 Stunden, sieben Tage die Woche und das über fast drei Jahre. Hier sind speziell die Offiziere gefragt. Sie müssen die ihnen unterstellte Crew so vorbereiten, auf dass dies alles garantiert ist und praktisch umgesetzt wird. Zurückgekehrt ins Heimatland, müssen sich die Taktiker wieder mit den eingangs des Abschnittes beschriebenen Verfahren auseinandersetzen. Denn gerade bei der geänderten Sicherheitslage in der Weltpolitik kann niemand mehr garantieren, dass wir das erlernte umfassende Einsatzspektrum der FlaRak nicht doch noch einmal irgendwann brauchen könnten.

Die Belastung dabei ist eher psychischer denn physischer Natur. Hinzu kommen noch die Herausforderungen, die jeden Kontingentangehörigen betreffen, so extreme Temperaturen wie 40 Grad Celsius im Sommer und extreme Kälte mit Schnee im Winter. Und das alles unter hoher Arbeitszeitbelastung. Denn im Einsatz kann nicht nach der Arbeitszeitverordnung gearbeitet werden. Aufträge gehören erledigt; und falls es länger dauert, dann dauert es eben länger.

So sind wir alle für uns selbst und die uns anvertrauten Soldaten verantwortlich, und dafür, dass wir/sie gut vorbereitet in den Einsatz gehen/schicken. Das gilt für die fachliche Ausbildung ebenso wie für die körperliche Leistungsfähigkeit. Es schadet keinesfalls, sich vor Beginn eines Einsatzes ein paar Wochen sportlich zu quälen, also zu trainieren, um die dortigen Belastungen besser ertragen zu können.

Immer Vorgesetzter

„Innerhalb umschlossener militärischer Anlagen können Soldaten einer höheren Dienstgradgruppe den Soldaten einer niedrigeren Dienstgradgruppe in und außer Dienst Befehle erteilen" (wörtlich: § 4 (3) Vorgesetztenverordnung). Die logische Folge: Im Einsatz bin ich ständig Vorgesetzter, somit bin ich auch ständig verantwortlich und ich bin jederzeit für meine Soldaten da! Und so haben Vorgesetzte nach Schichtende eben keinen „Feierabend". Sie bleiben Vorgesetzte und haben sich auch so zu verhalten. Zudem bleibt auch der Vorgesetzte Kamerad und Mensch und auch dieser kann die Unterstützung seiner Truppe gebrauchen, denn Kameradschaft ist keine Einbahnstraße.

Wenn ich aber an gehörte Sätze denke wie z.B. die Aussage eines jüngeren Offiziers gegenüber einem seiner Soldaten *„Ich habe Feierabend, mit ihren Problemen können Sie morgen während der Dienstzeit auf mich zukommen"*, dann steht mir noch nachträglich das Entsetzen ins Gesicht geschrieben. Der jüngere Offizierskamerad und ich klärten den Sachverhalt auf der Stelle – und dies unter vier Augen.

Der Beruf des Offiziers und speziell im Einsatz ist ein anderer als der eines Abteilungsleiters einer zivilen Firma. Soldat zu sein, bedeutet immer, sich mit der Frage von Leben oder Tod ganz besonders auseinanderzusetzen. Wir Offiziere sind auf unser unterstelltes Personal auf Gedeih und Verderb angewiesen und haben uns um es zu kümmern. Dies fängt mit einem Lob an und hört mit einer erzieherischen/disziplinaren Maßnahme auf. Wir müssen speziell im Einsatz den schmalen Grat zwischen Auftragserfüllung und den Bedürfnissen (physisch wie psychisch!) unserer Soldaten beschreiten.

Im Heimatland kann es aufgrund der begrenzten Zeit des Dienstes gelingen, sich selbst hinter einer Maske zu verstecken; sprich, eine Show aufzuführen, ein Verhalten zu heucheln, hinter dem man dann nicht authentisch steht. Das klappt im Einsatz nicht. Keiner hatte bei AF TUR die Möglichkeit, sich so abzuschotten, dass eine Maskerade auf Dauer aufrechterhalten werden konnte. Dementsprechend war es von Anfang an viel einfacher und für alle Beteiligten angenehmer, stets ehrlich und authentisch zu sein. Seien Sie also so, wie Sie sind. Mancher hat zum Beispiel mit fehlender Privatsphäre überhaupt keine

Probleme, manchem hingegen bereitet gerade das Fehlen von Privatsphäre das Hauptproblem. Sie müssen als Vorgesetzte ihrem Umfeld gegenüber auf adäquate Weise wahrhaft kommunizieren. Ich möchte den Leser dazu ermutigen, authentisch und ehrlich zu sein. Meiner Erfahrung nach wird dies sowohl von Untergebenen als auch von Vorgesetzten geschätzt und honoriert. Die Angst, dass man sich hierdurch angreifbar macht, weil man zu viel von sich preisgeben könnte, kann ich logisch nachvollziehen. Ich habe jedoch die Bestätigung dieser Ängste so in der Praxis nie erlebt.

Machen Sie PAUSE (!) und der „Einsatz meiner Frau"

Nach einiger Zeit im Einsatz gewöhnt sich jeder an den neuen Arbeitsrhythmus. Bei mir war es circa folgender: 05:45 Uhr aufstehen, 06:15 Uhr Frühstück, 06:45 Uhr Updates aus der Operationszentrale über das Geschehen der letzten Nacht, 07:30 Uhr Morgenlage, 08:00 Uhr bis 12:00 Uhr Tagesdienst, bis ca. 12:45 Uhr Mittagsverpflegung, bis ca. 18:30 Uhr wieder Tagesdienst, anschließend Abendverpflegung, Sport, Telefonieren mit der Familie und ständige Rufbereitschaft.

Ich gewöhnte mich recht schnell an diesen Rhythmus und ertappte mich nach einiger Zeit, wie ich vergeblich versuchte, in der Stammeinheit oder anderen Dienststellen innerhalb Deutschlands anzurufen. Es war jedes Mal später als 16:30 Uhr. Dies bedeutet Dienstschluss oder Wochenende in Deutschland. Genauso erging es mir nach der Rückkehr aus dem Einsatz: Das erste Wochenende war ziemlich komisch. Da ich mich unterbeschäftigt fühlte, ergriff ich die Initiative und strukturierte die kommenden Wochenenden durch. Zu meinem Glück stoppte meine Frau diese Verhaltensweise relativ schnell, denn offensichtlich schaltete ich nicht mehr ab. Körper und Geist liefen zwar auf Hochtouren, waren aber durch die einsatzbedingte dauerhafte Belastung längst nicht mehr in der Lage die gewohnten 100% zu bringen. Man könnte es mit einem Motor vergleichen. Die Drehzahl kann das Maximum betragen, jedoch wird die Leistung auf Dauer durch Verschleiß und mangelhafte bzw. unterbliebene Wartung geringer.

Deshalb sind in einem Einsatz und gerade nach der Rückkehr Pausen wichtig. Nehmen Sie sich in Phasen, in denen der Druck des Tagesgeschäftes nicht so groß ist, die Zeit, um abzuschalten. Wie man dieses bewerkstelligt muss jedem selbst überlassen bleiben. Die Bundeswehr stellte bei ihrem Einsatz in der Türkei eine Vielzahl von Möglichkeiten bereit. Ein Fitnesszelt mit einer sehr soliden Ausstattung stand rund um die Uhr zur Verfügung, die Betreuungseinrichtung verlieh DVDs oder Videospiele. Einer der Militärseelsorger sorgte für eine Grundausstattung an Musikinstrumenten usw. Zudem organisierten sich viele Soldaten in Kleingruppen, um ihren Hobbies nachzugehen. Innerhalb des 5. Einsatzkontingents gab es ein Fußballteam, eine Band, eine Tischtennisgemeinschaft, eine Laufgruppe, eine Kraftsportgruppe und noch einiges mehr. Dieser Ausgleich zum Dienst ist immens wichtig, um den Kopf wirklich frei zu bekommen.

Auch der regelmäßige Austausch mit der Familie zuhause ist von großer Bedeutung. Ich habe annähernd jeden Tag mit meiner Frau telefonieren können. Manchmal waren es nur zwei bis drei Minuten, meistens ging es länger. Es war mir wichtig, ihre Stimme zu hören, um ein Gefühl dafür zu bekommen, ob es meiner Familie auch wirklich gut geht. Dennoch, meiner Erfahrung nach ist es für uns Soldaten relativ leicht, in den Einsatz zu gehen. Um uns wird sich gekümmert, wir tun das dem Auftrag Entsprechende, und wenn es Probleme gibt, so sind hoffentlich immer genügend Ansprechpartner vor Ort.

Meine Frau aber war zu dieser Zeit auf sich allein gestellt. Die weitere Verwandtschaft lebte einige hundert Kilometer entfernt. So war mein Einsatz genauso auch ihr Einsatz. Kinderarzt, Haushalt, Bürokratie, usw. waren für sie ein 24-Stunden-Job im Sieben-Tage-Einsatz. Die Belastung für mein Frau war mit Sicherheit nicht kleiner als meine. Behalten Sie dieses im Hinterkopf, wenn Sie aus dem Einsatz wieder nach Hause kommen. Auch der Lebensrhythmus ihrer Familie dürfte sich verändert haben, seien es die Zeit des Aufstehens oder die Reihenfolge, in der Geschäfte für den täglichen Bedarf aufgesucht werden. Ich fuhr mit dem Ansatz, alles wieder auf Ursprungsposition zu stellen, „auf gut Deutsch gesagt", voll gegen die Wand. Ein langsamerer Annäherungsprozess wäre, rückblickend betrachtet, deutlich besser gewesen...

Schlussgedanken

Als ich diese Zeilen verfasste, bereitete ich mich bereits auf den nächsten Einsatz bei AF TUR vor. Diesmal war ich als Staffelchef der Einsatzstaffel für das 9. Kontingent vorgesehen. Seit ich im August 2014 die Türkei verlassen hatte, ist viel geschehen. Der Terror des sogenannten Islamischen Staates nahm zu. Die Türkei ist in den Krieg gegen den IS offiziell eingestiegen und hat dabei gleichzeitig die Waffenruhe mit der verbotenen Arbeiterpartei PKK aufgekündigt. Sie fliegt mithin auch gegen die Kurden Luftangriffe. Nicht einfacher wird es durch die Ausbildung von Kurden im Irak an den von uns gelieferten Waffen. Wir schützen jedenfalls unseren Bündnispartner Türkei gegen Angriffe mit taktisch-ballistischen Raketen aus syrischer Richtung. Der damalige Sachstand war, das Mandat nicht ein weiteres Mal zu verlängern und den Einsatz somit im Januar 2016 zu beenden. So wurde es unser Auftrag, den Abzug des Materials durchzuführen und dem Einsatz ein würdiges Ende zu verleihen. Trotzdem konnte ich hinter dem Auftrag und dem Mandat von AF TUR stehen und mit gutem Gewissen wieder nach Kahramanmaras verlegen. Der Grund hierfür war, dass ich während des fünften Einsatzkontingents durchwegs positive Begegnungen sowohl mit der türkischen Zivilbevölkerung als auch mit den türkischen Militärs hatte. Das Mandat des Bundestages war „hochpolitisch" formuliert. Meine/unsere Aufgabe dort war, die Menschen vor Ort vor Schaden zu bewahren.

Von Altbundespräsident Richard von Weizsäcker stammen die Worte: „*Niemand weiß besser als ein Soldat, dass der Frieden kein kostenloses Geschenk ist, sondern dass man bereit sein muss, etwas für ihn einzusetzen. Das ist es, was der Soldat tut, nicht allein und primär für sich selber, sondern für die Gesellschaft und das Land im Ganzen.*" Diesem Zitat folgend, gibt es kein ethisch höheres Ziel als unter Einsatz von Schweiß und manchmal auch Tränen andere zu schützen. Deshalb bin ich Soldat und Offizier geworden, und die innere Zufriedenheit, entsprechend dieser Aussage zu handeln, ist mir viel wert. Mancher Dienstposten der Bundeswehr könnte auch von Zivilisten ausgefüllt werden. Doch der innere Anspruch, den ein Soldat und ein Offizier meiner Meinung nach an sich selbst immer richten sollte, leitet sich aus den Worten Richard von Weizsäckers ab. Diese Erfüllung fand ich gerade in meinen zurückliegenden Einsätzen bei AF TUR und ISAF. Sie stärkten meine Identität als Offizier der Luftwaffe, weil „wir von der Luftwaffe" unser Licht nicht unter den Scheffel stellen müssen.

Und so lautet folgerichtig mein Appell an die zukünftigen Offiziere der Luftwaffe: (1) „*Every Day is a learning Day*". Wer sich abends (vor dem Schlafengehen) im Spiegel betrachtet und sich selbst ehrlich fragt, ob er ein reines Gewissen hat, kann am Tag eigentlich nicht viele Fehler gemacht haben. (2) „*The Boss says „GO", the Leader says „Let's go*". Mithin geht es bei Führung um Richtungsbestimmung mit Engagement ohne Selbstausgrenzung desjenigen, der führen will. Harry Gordon Selfridge, von dem dieser Ausspruch stammte, wusste es als äußerst erfolgreicher Geschäftsmann und Konzernchef einer Warenhauskette sehr genau! (3) Versuchen Sie also ehrlich, authentisch, mit reinem Gewissen und vor allem durch Vorbild zu führen!

Erwartungshaltungen.
Die Perspektive junger
Offiziere der Luftwaffe

Warum wird man Offizier des Truppendienstes der Luftwaffe?

Karl Flemmig

Im Alter von 15 Jahren absolvierte ich ein Schulpraktikum bei der Ausbildungswerkstatt der Luftwaffe im Fliegerhorst Trollenhagen. Ich wohnte nur drei Kilometer vom Flugplatz entfernt. Diese geographische Nähe prägte mich positiv: generell hinsichtlich der Einstellung zum Militär, speziell hinsichtlich der Einstellung zur Luftwaffe. Beides sollte zu meiner Berufswahl führen. Und vorab sei es gleich ausgesprochen: Sie sollte Bestätigung durch die Leistungsfähigkeit und die Vielseitigkeit der Aufgabenfelder erfahren. Wie die Einzelkomponenten der Luftwaffe ineinandergreifen und wie sich Zusammenarbeit entwickelt, beeindruckte und beeindruckt mich noch immer nachhaltig. Wie alles im Gesamtsystem funktioniert zeigt sich beispielhaft bei einem TacEval.

Durch die Wohnnähe zum Fliegerhorst erlebte ich auch mit, wie international die Arbeit des Militärs ist. Nicht selten waren Kommandos aus den USA oder aus Belgien zu Gast. Von diesen Eindrücken getragen, suchte ich mit 16 Jahren den Weg zum Wehrdienstberater. Anfangs stand die Idee vor Augen, freiwilligen Wehrdienst für 23 Monate zu leisten und mich parallel dazu für die Offizierslaufbahn zu bewerben. Damals gab ich bei der Bewerbung für die Laufbahn der Offiziere als Erstwunsch eine Verwendung im Heer an und erst nachgeordnet in der Luftwaffe. Diese Entscheidung kann ich aus heutiger Sicht nicht mehr logisch nachvollziehen. Ich kann nur vermuten, dass hierbei der Einfluss meiner Familie eine Rolle spielte. Dies soll nun nicht heißen, dass man mir familiär nahe gelegt habe, zum Heer zu gehen, aber eine entsprechende „Empfehlung" des Elternhauses liegt zweifellos nahe. „Marine" kam für mich nicht in Frage. Ich bin zu bodenständig und mochte mir deshalb ein halbwegs planbares Leben in der Heimat nicht verbauen.

Nach Nehmen der ersten Hürde, der Offizieranwärterprüfzentrale in Köln, bekam ich die sofortige Zusage für die Heeresflugabwehrtruppe. Ursprünglich lautete mein Erstwunsch auf Logistiktruppe beziehungsweise Versorgungsdienst. Doch hier war das Kontingent schon ausgeschöpft, und „auf Warteliste mit Unsicherheitsfaktor" wollte ich nicht stehen. Auch sagte ich mir, dass ein Wechsel während des Studiums noch möglich sei und bestimmt die nächste Bundeswehrreform ohnehin alle Fixplanung des Augenblicks zunichte machen würde.

Am 1. Juli 2008 hatte ich somit meinen Dienstantritt in Idar-Oberstein. Ich wählte damals dieses Offizierausbildungsbataillon ganz bewusst, und die Gründe dafür sind gerade wegen meiner Bodenständigkeit irgendwie paradox: Ich tat es, weil es am weitesten von zu Hause entfernt lag. Ich tat es auch aus jugendlicher Naivität und aus dem Drang heraus, Deutschland kennen zu lernen. Aus damaliger Sicht, ungebunden und bereit vieles zu geben, um dem Traumberuf gerecht zu werden, bedeutete es für mich die richtige Entscheidung. Wie gesagt, ich war damals ungebunden und somit bereit, vieles vom Privaten zu geben, um meinen Traumberuf im Sinne einer Berufung freien Herzens anzunehmen.

Die ersten vier Tage bei der Bundeswehr

Aufgrund der Entfernung zwischen meinem Wohnort und Idar-Oberstein musste ich meine Anreise bereits am 30. Juni 2008 um 22 Uhr beginnen lassen, damit ich pünktlich um 14 Uhr zum Dienstantritt erscheinen konnte. Ich weiß noch sehr genau, wie wir Offizieranwärter am Bahnhof mit einem Bus abgeholt wurden. Als Busbegleiter war ein Hauptfeldwebel der Jägertruppe eingeteilt. Die erste Begegnung war für mich prägend. Unsicherheiten wurden mit Lautstärke und Sprüchen verwischt. Mit dem Bus ging es vom Bahnhof direkt vor das Kompaniegebäude. Im Anschluss daran ging es zur Abfertigung durch die Meldeköpfe in einem Marathon an Anträgen und neuen Begriffen.

Ebenfalls ist mir in Erinnerung geblieben, dass die Ausbilder die Abendverpflegungszeit nicht halten konnten, und wir unter Zeitnot ins Mannschaftsheim gegangen sind. Das Essen war nicht besonders gut schmeckend und blieb auch nicht lange im Magen, da man viel zu hastig essen musste. Wir erhielten schon am ersten Tag unsere komplette Ausrüstung. Diesen Umstand empfand ich damals schon als hochgradig unnötig in Hinblick auf den entstehenden Zeitdruck. Natürlich ist der Beruf des Soldaten immer mit dem Faktor „Zeitknappheit" verbunden. Doch war diese Erfahrung, die mit schlechtem Zeitmanagement zu tun hatte, einladend für uns junge Soldaten und künftige Offiziere?

In Rückblende erinnere ich mich noch daran, dass wir zu viert untergebracht waren: Ein Hauptgefreiter, zwei Schützen (darunter ich) und ein Leutnant der Irakischen Streitkräfte. Meine Stube und ich waren sehr verwundert darüber, wie ein Offizier aus dem Irak die Ausbildung bei den deutschen Streitkräften absolvieren kann. Später wurde uns erklärt, dass die Bundeswehr

Ausbildungsplätze im Rahmen der Militärhilfe für befreundete Nationen zur Verfügung stellt. Diese Info hätte vielleicht gleich zu Beginn erfolgen müssen?!

So oder so, ich wurde dank dieser Erfahrung schon recht früh an den Gedanken der internationalen Verständigung herangeführt. Auch war dies eine Bereicherung bei dem ansonsten recht durch Formaldienst geprägten Tagesdienst. Leider kam der Gedankenaustausch nicht richtig zustande, weil wir bis spät abends Dienst taten. Mit meinem heutigen Erfahrungsschatz ist es für mich damals eine sehr wichtige Begegnung gewesen, da mir dadurch schon früh vermittelt wurde, dass es eine Eigenschaft des Offiziers bedeutet, sich mit anderen Kulturen auseinanderzusetzen. Gleich in der ersten Nacht war die interkulturelle Kompetenz auch sogleich gefordert: Der Kamerad aus dem Irak war Moslem und demzufolge betete er zu Sonnenaufgang. So wurde unsere ohnehin sehr kurze Nachtruhe unterbrochen. Aber uns blieb wirklich nichts anderes übrig, als Verständnis für die andere Kultur aufzubringen.

Am zweiten Tag mussten wir zur Einstellungsuntersuchung beim Truppenarzt. Ich wurde gesondert betrachtet, da ich zwischen der Offizieranwärterprüfzentrale und Dienstantritt einen medizinischen Eingriff gehabt hatte. Die Konsequenz war, dass ich mich einer kurz anberaumten Untersuchung im Bundeswehrzentralkrankenhaus Koblenz zu stellen hatte. Also hieß es am nächsten Tag, ein Donnerstag, bereits um 4:30 Uhr aufzustehen. Jetzt war ich es, der die Stube viel zu früh weckte. Ohne mich hätte unser Iraqui das Gebet tatsächlich verschlafen. Und wie ihm ging es auch den anderen Kameraden der Stubengemeinschaft. Wir waren aufgrund der Ausbildung todmüde.

Im Bundeswehrzentralkrankenhaus erlebte ich einen militärischen Kulturschock: Hier herrschte ein anderer Umgang. Ich war bis dato eher einen scharfen Umgangston gewohnt. In Koblenz hingegen ging alles sehr bürokratisch zu. „Bürokratie" ist eine Sache innerhalb der Bundeswehr, die bei mir auch jetzt noch auf die Berufszufriedenheit drückt. Zurück in Idar-Oberstein, meldete ich mich beim Zugführer zurück. Den restlichen Tag nahm ich ganz normal am Tagesdienst teil, durfte jedoch kein Sport machen. Freitagfrüh wurde mir dann durch den Truppenarzt eröffnet, dass ich vorübergehend verwendungsunfähig sei. Dies hatte die Abgabe meiner Ausrüstung zur Folge, während die anderen den oft geübten Formaldienst auf dem Appellplatz zeigen durften in Anbetracht der bevorstehenden Vereidigung.

Damals machte ich eine nicht minder interessante Beobachtung. Da das Einschwenken der Rekruten nicht ganz den Vorstellungen der Ausbilder entsprach, wurde mit einem Besenstiel als Orientierungsmarke geführt. Das ist eine heute nicht mehr zugelassene Ausbildungsmethode. Sie ist mir in Erinnerung geblieben, weil wir sie *gerade nicht* wie nachfolgende Generationen von Offizieranwärtern als menschenunwürdig ansahen. Ich schlussfolgere daraus, dass sich ein Offizier mit neuen Ausbildungsmethoden auseinander zu setzen hat, um die neuen Generationen stets mit geeigneten Mitteln zu unterrichten und zu unterweisen.

Ebenfalls kommen mir die Worte des Zugführers, Oberleutnant seines Zeichens, heute noch oft in den Sinn. Er wusste, dass der Zugführerposten für ihn das Ende der Karriere in den Streitkräften darstellen würde. Er war auch nicht sehr betrübt über diesen Umstand, da es für ihn eine heimatnahe Verwendung war. Für einen Hauptmannsdienstposten hätte er den Standort wechseln müssen. Er hatte auf diesen freiwillig verzichtet, um die Heimatnähe zu bekommen, obwohl die Verwendung ihn nicht gerade glücklich machte. Aber diesen Umstand nahm er gerne in Kauf. Irgendwie stimmte mich auch dies recht nachdenklich.

Am Freitag um 13 Uhr erhielt ich dann meine Fahrkarte für die Rückfahrt nach Hause, und so endete meine erste Begegnung mit der Bundeswehr als Uniformträger. Im Oktober 2009 absolvierte ich dann erneut ein Praktikum bei der Bundeswehr; diesmal auf dem Tower im Fliegerhorst Trollenhagen. Ich lernte hier eine ganz andere militärische Welt kennen. Die Arbeit, die man selbst als Praktikant leistete, wurde wertgeschätzt. Die Zusammenarbeit von Soldaten und Zivilangestellten sowie der Umgang zwischen Mannschaften, Unteroffizieren, Feldwebeln und Offizieren begeisterten mich, und mir erschloss sich eine ganz andere Seite der Bundeswehr. Dieses Praktikum und meine gewonnenen Erfahrungen ließen meine zunächst negativen Erfahrungen meiner allerersten Tage bei der Bundeswehr (Deutsches Heer) vergessen und bestärkten in mir den Wunsch, in der Luftwaffe Dienst zu leisten. Also nun in einem System, welches den Auftrag in den Fokus nimmt sowie die Spezialisierung nutzt, entwickelt und dann mit Weitsicht einsetzt.

Der Wechsel vom Heer zur Luftwaffe

Noch während des Praktikums stellte ich den Wechselantrag zur Luftwaffe. Da jedoch die Ausbildung frühestens erst im August beginnen konnte, versuchte ich, die Zeit sinnvoll und vorbereitet für die weitere Verwendung zu nutzen. Daher stellte ich den Antrag, um als Grundwehrdienstleistender sofort gezogen werden zu können. Anfang Januar durfte ich dann den Dienst in der 17.

Kompanie des Luftwaffenausbildungsregimentes beginnen. Und hier machte ich Erfahrungen, die ich heute nicht mehr missen möchte.

Der Grundwehrdienst bei der Luftwaffe bot mir die Möglichkeit, ein ganz anderes Gefüge zu sehen als jenes, das ich *bis dato* als Soldat des Deutschen Heeres erlebt hatte. Man wurde nach meiner damaligen Wahrnehmung gleich bei der Einschleusung wesentlich respektvoller behandelt als beim Heer. Auch wurden wir im Verlauf der Allgemeinen Grundausbildung mehr und mehr mit Auftrag geführt. Besonders prägend war für unseren Zug der Moment, als uns der Zugführer am Tag vor dem Gelöbnis bereits um 16:30 Uhr Dienstschluss gegeben hatte.

Üblicherweise hatten wir in unserer Grundausbildung zwischen 18:00 und 19:00 Uhr Dienstschluss. Unser Zugführer verabschiedete uns sinngemäß mit den Worten: *„Sie wissen, was ich von ihnen erwarte, und in welchem Zustand die Stuben und das Gebäude für morgen zu sein haben."* Unserer Zugältester übernahm sodann die Federführung, und wir putzten nach einer kleinen Pause bis kurz vor Mitternacht. Am nächsten Morgen standen wir „im Zugbereich" angetreten. Der Oberleutnant kam die Treppe runter, blickte kurz kritisch in den Flur, nickte und sagte: *„Ich sehe, sie haben meinen Auftrag verstanden."* Diese Wertschätzung war für uns eine wirklich sehr große Geste, und ich verstand mit dieser Situation, dass das gesetzte Vertrauen in den unterstellten Bereich sich wirklich bezahlt macht. Für uns alle war es eben nicht selbstverständlich, dass man auf diese Art und Weise als Rekrut geführt wurde. Im Gespräch mit Freunden konnte ich feststellen, dass diese solch einen Führungsstil nie erfahren haben. Es machte mich sehr stolz auf die Luftwaffe, dass wir diese Art der Wertschätzung vorgelebt bekommen haben.

Was ich damals schon als sehr vorbildhaft empfand, war der Umstand, dass unser Chef bei Geländevorhaben selbst zur Dienstaufsicht erschien und die Züge stets selbst in den Dienstschluss schickte. Nach der Allgemeinen Grundausbildung wurde ich in die 3. Staffel der Flugabwehrraketengruppe 21 versetzt. Auch hier erlebte ich ein stets vorbildhaftes Verhalten der Offiziere. Unser Chef erschien auch hier bei Ausbildungen stets zur Dienstaufsicht. Bei Übungen ließ er es sich nie nehmen, uns am Montag beziehungsweise Sonntag in Marsch zu setzen. Am Tag der Rückkehr empfing er stets die übende Truppe und schickte sie nach der Nachbereitung und dem technischem Dienst in den Dienstschluss. Er gewann durch sein Auftreten und seinen offen erkennbaren Einsatz für die Staffel die Herzen seiner Untergebenen. Jeder war gewillt, mehr zu geben, um den Ruf der Staffel zu verteidigen.

Sowohl hinsichtlich meiner nachfolgenden Tätigkeiten als auch hinsichtlich meiner Charakterbildung als Offizier hat mich das Vorbild dieses Staffelchefs nachhaltig beeinflusst. Ich verstehe, wie wichtig es ist, mit seinen Untergeben Härten und Entbehrungen zu teilen und durch Präsenz im Raum den Schlag der Einheit beziehungsweise Teileinheit zu erfahren. Die Zeit als Mannschaftssoldat beeinflusst noch heute meine Entscheidungen als Offizier.

Während meines Urlaubs kurz vor Ausscheiden aus dem Wehrdienst kam aus dem damaligen Personalamt die Information, dass ich mich sieben Tagen später in der 2. Inspektion der Offiziersschule der Luftwaffe (OSLw) zu melden hätte. Zwar konnte man meinen Wunsch, in die Laufbahn der Militärischen Flugsicherung zu wechseln, nicht entsprechen, aber man bot mir eine Verwendung im Objektschutz nach dem Studium an. Ich willigte ein und bereitete in vier Arbeitstagen meine Versetzung und meinen Ortswechsel vor. Am Freitag nach Dienst um 13 Uhr hatte ich dann die „finalen Unterlagen" bekommen. Am Montag darauf meldete ich mich in Fürstenfeldbruck.

Meine Erwartungen hinsichtlich Ausbildung zum Offizier der Luftwaffe an der OSLw

Voller Erwartungen fieberte ich dem Beginn des Lehrganges entgegen. Viel hatte ich als Mannschaftsdienstgrad gelernt, wie man Leute führen, wie man Ausbildungen für gut oder schlecht halten kann und wie man Scheitern kann, wenn es um Respekt und Ansehen als Vorgesetzter innerhalb einer Einheit geht. Ich erhoffte mir nun, zu erlernen, wie man guter Offizier und Vorgesetzter wird und wie man Fehlern vorbeugt. Dies war sehr jugendlich und sehr „naiv" gedacht. Auch wollte ich viel über die Luftwaffe lernen. Denn nichts hatte mich als Mannschaftssoldat mehr gestört, als dass Vorgesetzte keine Antworten auf allgemeine Fragen zu Waffensystemen oder anderen luftwaffenspezifischen Themen geben konnten. So ist es nicht verwunderlich, dass Luftwaffenlehre mein bestes Fach während der Offiziersausbildung war.

Der Erwartung, Soldaten in allen Situationen zu führen, konnte schon während des Lehrgangs an der OSLw Genüge getan werden. Bis heute ist es in meinen Augen die Haupteigenschaft eines Truppenoffiziers, Soldaten durch Vorbild zu führen. Das Führen sollte immer der Anspruch eines Offiziers sein. Er sollte jederzeit durch Ausbildung, Erfahrung sowie physische und psychische Belastbarkeit dazu in der Lage sein. Um besser führen zu können, muss in meinen Augen der Offizier den Stellenwert der Feldwebeldienstgrade erkennen. Es lehrte mich als Grundwehrdienstleistender, dass die Feldwebel das fachliche Rückgrat der Einheit darstellen. Meine damaligen Offiziere schätzten deren Rat und Expertise und trafen auch auf deren Beratung hin die Entscheidungen. Leider wird dies während der Ausbildung an der OSLw zu wenig vermittelt. Richtig bewusst wurde mir dies erst später, als ich auf einem „dienstpostenähnlichen Konstrukt" im Lufttransportgeschwader 63 in Hohn eingesetzt wurde. Der Transportoffizier sagte mir gleich in der ersten Woche: *„Wir als Offiziere machen die Politik und schaffen die Rahmenbedingungen, für das fachliche sind die Feldwebel verantwortlich."*

Auch heute rufe ich des Öfteren meine Fachlehrer und beispielgebenden Kameraden an. Es zeigt sich, dass die Pflege von Verbindungen immer von Vorteil ist. Der Ausstauch zwischen Offizieren und Feldwebeln ist für mich noch immer der wichtigste Schlüssel für das erfolgreiche Funktionieren der Streitkräfte. Dies ist vielleicht keine klassische Lehrmeinung; ich kann dies jedoch auf meine Erfahrungen innerhalb der Truppe stützen. Es ist zum Teil aber auch ein schmaler Grad zwischen dem Führen der Untergebenen und der Gefahr, für deren Interessen als Vorgesetzter benutzt zu werden. Jedoch kann man diesem Umstand durch das richtige Maß an Distanz sowie offenen Augen und Ohren vorbeugen. Es wäre naiv und kurzsichtig, nicht in den ersten ein bis zwei Jahren in der jeweiligen Führungsverwendung zu versuchen, dieses rechte Maß zu finden. Anstrebenswert ist, seinen Führungsstil, seine Umgangsweise mit Untergebenen und die Art mit Vorgesetzten zu kommunizieren gleich in der ersten Verwendung zu finden. Und es zeugt von großer Stärke, sich dieser seiner gefundenen Linie in Zukunft stets treu zu bleiben.

Meine Erkenntnis aufgrund von Erfahrung ist, dass das Vertrauen in den unterstellten Bereich mit Loyalität belohnt wird. Dieses Vertrauen kann mit Wissen über Vorschriften und Verfahren sowie Menschlichkeit und Empathie gewonnen werden. Das eigene Handeln sollte für das anvertraute Personal transparent und nachvollziehbar sein, auch wenn dies nicht sofort offensichtlich ist. Man sollte als Offizier stets anstreben, ein komplettes Lagebild zu haben. So kann man Entscheidungen treffen, die zielführend sind. Sich in die Situation von Kameraden zu versetzen, ist auch bei Herausforderungen ein großes Zeichen charakterlicher Stärke.

Aus meiner Wahrnehmung heraus ist auch ein nicht kleiner Teil des Wollens entscheidend. Auch wenn man selbst nicht dieselben Probleme hatte oder gegenwärtig hat, sollte man sich ihrer annehmen. Ein wichtiges Standbein ist hier immer der „Spieß". Für mich als Offizier ist mein Spieß zu jeder Zeit ein gern angehörter Kamerad, dessen Worten ich besonderes Gewicht zumesse. Er verfügt über mehr Lebensalter, einen größeren Einblick in die Einheit und in der Regel auch über einen besseren Draht zu den Kameraden. Man sollte als Offizier auch den Spieß bei Entscheidungen oder strittigen Fragen anhören. Er kennt die Vorschriften oft besser als der junge Offizier. Darüberhinaus besitzt er ein weitverzweigtes Netzwerk und weiß zumeist Rat, wer zu kontaktieren ist, um damit dem Soldaten zeitnah und unverzüglich zu helfen.

Keine Angst! Es ist dazu nicht zwingend notwendig, alles auswendig zu wissen. Es reicht das gute Bauchgefühl und lediglich die Kenntnis darüber, wo es geschrieben steht. Hauptaufgabe eines Offiziers ist es nicht, ein Lexikon zu sein. Vielmehr wird von ihm erwartet, dass er den Inhalt der Vorschriften vermitteln kann. Und es ist kein Verlust an Ansehen, etwas nicht zu wissen. Verlust an Ansehen liegt dann vor, wenn vorschnell ohne Absicherung entschieden wird. Erwartungs- und erfahrungsgemäß wird man jederzeit von allen geprüft. Es ist hierbei unerheblich, durch wen die Prüfung erfolgt. Letzten Endes muss man sich jeder Zeit und vor Jedem beweisen.

Heute ist es für mich oft schwer mit anzusehen, wie sehr bei den jungen Offiziersanwärtern mitunter der Respekt gegenüber den diensterfahrenen Kamenderen fehlt. Für mich war und ist ein Stabs- oder Oberstabsgefreiter immer noch eine solide Basis in einer Einheit. In der 3. Staffel Flugabwehrraketengruppe 21 war unser Stabsgefreiter auf der Etage unser Spießersatz. Er kümmerte sich für die Einhaltung der Ordnung und der Disziplin. Er war einer von wenigen in diesem Dienstgrad. Noch seltener war damals für mich der Oberstabsgefreite. Wenn ich zurückblicke, übernahm dieser Aufgaben, die heute Feldwebeldienstgrade erledigen.

Ich empfinde es übrigens als nicht zielführend, dass man heute nahezu jeden pünktlich und fast pflichtgemäß zum Stabs- oder Oberstabsgefreiten befördert. Damit rückt man von der Leistungsbeförderung ab und geht über zur reinen Pflichtbeförderung. Aus meiner Sicht wird so für den Einzelnen wohl die Attraktivität einseitig gesteigert, jedoch wird es als Teileinheitsführer immer schwieriger, die Guten von den weniger Guten zu unterscheiden. Zudem führt dies zu einer Dienstgradinflation, und Inflation bedeutet immer Entwertung. Die Rückkehr zu dem Prinzip *„Eignung, Leistung und Befähigung"* auch in diesen Bereich der Streitkräfte würde meiner Ansicht nach im Generellen die Attraktivität für die Soldaten, welche in Feldwebel- und Offiziersdienstgraden sind, steigern.

Ein weiterer Aspekt der Offizieren unbedingt vermittelt werden muss, ist aus meiner Wahrnehmung heraus, die Prägung in Bezug auf seine Teilstreitkraft. Auch mit Einführung der Streitkräftebasis sollte ein jeder seine Wurzeln sehr wohl kennen. Auf meinem Fachlehrgang an der Logistikschule der Bundeswehr hatte sich dies besonders gezeigt. Der Lehrgang war als streitkräftegemeinsame Ausbildung ausgelegt. Es zeigte sich dabei, dass jeder auf seine Art das Bild seiner Teilstreitkraft vermittelt bekam. Die rückblickend prägendste Zeit hinsichtlich der jeweiligen Teilstreitkraft erfolgt nach dem Studium, wenn es zum ersten Mal als Offizier wirklich in die Truppe geht. Erst hier wird der Grundstein der Truppenprägung tatsächlich gelegt.

Daher halte ich es auch für einen wichtigen Ansatz zu versuchen, kurz nach dem Studium jungen Leutnanten und Oberleutnanten im Führungstraining eine erneute Prägung auf die Luftwaffe zu geben. Die akademische Ausbildung an den beiden Universitäten der Bundeswehr läuft nämlich nach einem anderen Schema. Das Studium hat nicht viel mit einem Studium an einer zivilen staatlichen Universität gemein, jedenfalls nicht aus der Perspektive des studierenden Offiziers, der zwar materiell abgesichert studiert, aber gleichwohl dem hohen Druck unterliegt, im Studium nicht zu scheitern. Fehlerkultur wird einem Offizier an den beiden Unis nicht vermittelt. Eher schon ein hohes Maß an intellektueller Belastungsfähigkeit, was manchmal sogar darauf hinausläuft, seine Berufswahl gegenüber gewissen Dozenten zu „verteidigen". Die Universitäten der Bundeswehr sehen im Lehrplan nicht den engen Kontakt der Studierenden mit der Truppe vor. Es bleibt dem Engagement des einzelnen vorbehalten, diesen zu pflegen.

Und somit sollten weder Kosten noch Mühen gescheut werden, um den künftigen Führungskräften der Luftwaffe das Fähigkeitsspektrum der Luftwaffe auch unmittelbar nach dem Studium nochmals auf differenzierter Ebene zu zeigen. Es ist eine Art „Wir-Gefühl" zu vermitteln, um dem Leitspruch „Team Luftwaffe" gerecht zu werden. Es müsste aus meiner Sicht dabei sogar „die dritte Dimension" stärker mit einfließen. Ob dies zwingend ein Mitflug oder Rundflug sein muss, lasse ich hier dahingestellt. Es kann auch durch einen Besuch in einem LTG oder in einem TaktLwG abgedeckt werden. Auch das Aufzeigen von späteren Verwendungen innerhalb der Luftwaffe, mit allem für und wider und mit einer genauen Dienstpostenbeschreibung kann durchaus hilfreich sein.

Hier sei jedenfalls angemerkt, dass ich die Einführung der Luftwaffenreise während des Lehrgangs OATrDLw für Prägung auf die Luftwaffe und zur Intensivierung des Gemeinschaftsgefühls des Teams Luftwaffe für wichtig erachte. Jedoch sollte mit dem einhergehen, dass Standorttraditionen erhalten bleiben. Für mich ist es geradezu fahrlässig, Traditionen im Sinne spezifischen Brauchtums in der Truppe fallen zu lassen. Im selben Atemzug ist es auch grenzwertig, offizierspezifische Traditionen nicht zu erhalten. Es war im Luft-transportgeschwader 63 für mich sehr angenehm zu erleben, mit den anderen Offizieren regelmäßig in der OHG zu sitzen und sich auszutauschen. Ebenso brachten unsere „Dining In/Dining Out-Abende" einen Zuwachs an Vertrau-en und Kameradschaft innerhalb des Offizierkorps. Es bildeten sich so gute Verbindungen und in Folge Netzwerke.

Kurzum, ich hatte die Chance, mich mit den Piloten oder den Kameraden aus dem Stab auszutauschen. Man konnte offen und unter seinesgleichen den Dienstbetrieb durchsprechen und Optimierungen finden. Die Gesprächsatmo-sphäre war entspannt, und man lernte sich innerhalb des Verbandes, der Gruppen sowie den Staffeln besser kennen. Auch wenn die Pflege des Offi-zierkorps Zeit kostet, ist es durch den Zuwachs von Vertrauen und Kamerad-schaft nahezu unbezahlbar. Durch den gegenseitigen Austausch konnte ich sehr viel von anderen diensterfahrenen Kameraden erfahren, sowie jedwede Frage stellen, die mich interessierte und so fachmännische Informationen er-halten. „Netzwerk" hat manchmal eine etwas anrüchige Bedeutung im Sinne von „Mauschelei". Wenn ich mich für Kommunikation im Sinne von Netz-werken ausspreche, dann meine ich natürlich etwas anderes: Ein elementares Merkmal für einen Offizier, um sich fehlendes Fachwissen anzueignen, ist es eben, gut vernetzt zu sein. Für mich gehört Netzwerkbildung folglich zu einer grundlegenden Qualität des Offizierberufes. Erst damit kann der Offizier sich eines breit gefächerten Fachwissens bedienen. Darüber hinaus sollte er ein über ein empathisches Wesen verfügen und weltoffen sein.

Ebenso sollte er auch seine Grenzen erkennen und in sein Handeln sowie in seinen Entscheidungsfindungskreislauf einbringen. Aufgrund der Rahmen-bedingungen und des Wandels in der Ausbildung sollte er versuchen, Situatio-nen privater und familiärer Art von Kameraden klären zu lassen, die auch ähn-liche Schwierigkeiten kennen. Es ist in meinen Augen auch keine Schande, als Oberleutnant seinen Spieß oder anderen vertrauenswürdigen Hauptfeldwebeln sein Leid zu klagen. So lange Anstand und Respekt sowie Dienststellung ge-wahrt bleiben, kann dies in meinen Augen nur als Zeichen von Stärke gewertet werden. Es ist davon abzusehen, als Offizier krampfhaft etwas Besseres sein zu wollen. Sich nur auf Grund des Bildungsabschlusses oder seiner Ausbildung für etwas Höheres zu halten, ist fatal. Die praktische Erfahrung und zumeist auch die größere Lebenserfahrung der Untergebenen ist ein unschätzbarer

Wert für einen jungen Truppenoffizier. Seine Leistung besteht darin, dieses Wissen, sein eigenes und das der ihm Unterstellten, zielgerichtet und nutzenoptimiert einzusetzen.

Ein Truppenoffizier ist letztlich nur so gut wie seine Leute, die er zu führen hat. Es ist also geboten, die richtige Haltung der Zügel zu finden, mit der man „seine" Pferde führt, damit das Gespann in die richtige Richtung läuft. Bis diese gefunden ist, sollte man prüfen, inwieweit das Tempo des Gespannes den äußeren Faktoren genügt, damit man bessere Leistungen erzielen kann.

Es wird nie einen zu Hundertprozent richtigen Ablaufplan geben, mit dem dann alles optimal gelingt. Jedoch kann einem bereits in der Ausbildung zum Offizier aufgezeigt werden, mit welchen Verhaltensweisen man zum Erfolg kommt und welche Charakterzüge zielführend sind. Dabei ist zu beachten, dass es keine absoluten Wahrheiten gibt. Das Führen von Personal kann einem nicht per Lehrbuch beigebracht werden. Es bedarf eines Lehrprozesses, der die gesamte Dienstzeit andauert. Diese fortlaufende Anpassung der Eigenschaften und deren Weiterentwicklung formen einen Offizier. Heute ist es für mich elementar wichtig, ein gutes *Standing* innerhalb der Einheit zu haben. Da ich aber kein Offizier bin, der eine „Rolle" spielen will, möchte ich mich auch nicht verstellen müssen. Es ist aus meiner Sicht von Vorteil, wenn man charismatisch gegenüber den Kameraden auftreten kann – durch Leistung wie durch den Faktor „authentische Persönlichkeit".

Fliegen ja – aber wohin? Der militärische Fachdienstoffizier im fliegerischen Dienst – Ausbildung und Aussichten

Johannes Martin K.

Der Anfang eines langen Weges

Fliegen ist eine Faszination, die Jung und Alt seit den Gebrüdern Wright in den Bann zieht: die dritte Dimension, grenzenlos über den Wolken, schneller als der Wind – alles Sätze, die diese besondere Art der Fortbewegung zu beschreiben versuchen. Für mich ist die Fliegerei von klein auf mein Begleiter gewesen, und ich finde auch im 30. Lebensjahr keine wirklich passende Beschreibung für sie, außer vielleicht Berufung.

Aufgewachsen auf dem Land nahe des Flugplatzes der Wehrtechnischen Dienststelle (WTD) 61 in Manching, hat mich die Luftfahrt schon im Kindesalter in den Bann gezogen. Ich kann mich noch immer an Phantoms, Alpha Jets, Transalls, Hueys, Bo 105 oder auch CH-53 Hubschrauber erinnern, wie sie von Montag bis Freitag mehrmals am Tag über unser Haus donnerten. Oder auch an den Anblick eines extrem tief fliegenden Tigers oder Tornados über den Wald nördlich meines Heimatortes. Jahre später, als ich beruflich in die Fliegerei eintauchen durfte, brachte ich schnell in Erfahrung, dass unmittelbar an meiner Siedlung vorbei die An- und Abflugroute sowie die Tiefflugerprobungszone der WTD 61 liegt. Was für ein Wegweiser für einen kleinen Jungen, der ständig von frühester Kindheit an gebannt gen Himmel blickt!

Auch zivile Rettungshubschrauber und der SAR Helikopter aus Manching machten oft am Krankenhaus vor Ort Halt. Hieraus sollten sich meine zwei wichtigsten persönlichen Kontakte ergeben. Nur einhundert Meter Luftlinie vom Krankenhaus entfernt, wohnte ich mitten in dessen Einflugschneise. Meine Eltern erlaubten mir sehr früh, zu deren Landeplatz zu rennen, wann immer tagsüber ein Hubschrauber landete. Zwei Piloten vom ADAC und der Bundeswehr nahmen mich dort damals schon regelmäßig an die Hand und motivierten mich mit zunehmendem Alter immer mehr, dem Beruf des Hubschrauberpiloten zuzustreben. Und dieser stand für mich bereits mit ca. sechs Jahren fest!

Wie so oft, macht einem die Pubertät einen Strich durch die Rechnung, und so fand ich mich 2004 in der Lehre zum Kfz-Mechatroniker wieder. Im Nachhinein das Beste, was mir passieren konnte und wofür ich meinen Eltern sehr dankbar bin. Denn sie waren es, die mich immer meinem Traum folgen ließen und sie waren es auch, die mich nach dem verpatzten Weg zum Abitur Richtung Realschulabschluss und Ausbildung lenkten. Ich durfte auf diesem Weg viele wertvolle Erfahrungen machen, von denen ich noch heute zehre.

Doch der Traum vom Fliegen war für mich auch nach der Lehre noch präsent, und so waren es abermals die selben zwei Piloten, die mich anschoben, es doch noch mal zu versuchen. Die „zivile Schiene" kam für mich nicht in Frage. Die Wahrscheinlichkeit, mit hohen Schulden, kleinem Flugstundenkonto und ohne Job zu enden, ist beim Hubschrauberpiloten noch sehr viel höher als in diesen Beruf tatsächlich einzusteigen. Die Polizei bot und bietet keinen direkten Einstieg in die Fliegerei, sondern setzt eine allgemeine Laufbahn im gehobenen Dienst voraus. Aus dieser heraus kann man sich zwar zum Hubschrauberpiloten im Polizeidienst bewerben. Doch man erhält überhaupt keine Garantie dafür, tatsächlich als Pilot eines Polizeihubschraubens vom Boden abzuheben.

Somit war die Bundeswehr der einzig wirklich passende Arbeitgeber. Die Faszination für die Militärfliegerei war ohnehin von klein auf vorhanden. Ich konnte das Berufsbild Soldat mit mir und meinen Lebensvorstellungen vereinbaren. Es bestand die Möglichkeit, ohne große Umwege in die Fliegerei einzusteigen und es gab zudem eine finanzielle Absicherung. Im Mai 2009 hatte ich allerdings zuvor das Fachabitur nachgeholt, um neben dem erlernten Beruf noch eine zweite Sicherheit zu haben, mit der ich meinen weiteren Berufsweg gestalten konnte.

Für die Laufbahn des Offiziers im militärischen Fachdienst hatte ich mich bewusst entschieden, weil ich wusste, dass man nur auf diese Weise dauerhaft in der Fliegerei verbleiben kann, während man als Truppendienstoffizier auch nicht-fliegerische Verwendungen durchlaufen muss. Truppendienstoffizier zu sein, ist zudem nur dann dringende Voraussetzung, wenn man Kampfjetpilot werden möchte. Alle anderen Luftfahrzeuge der Bundeswehr können auch von Fachdienstoffizieren geflogen werden. Manch einem Wehrdienstberater war oder ist dies völlig unbekannt. Zum Glück war einer meiner damaligen Mentoren ebenfalls Fachdienstoffizier. Auch muss man nicht zwangsläufig ein Laufbahnwechsler sein. Neueinsteiger mit Realschulabschluss und abgeschlossener Berufsausbildung zu sein, stellt kein Problem dar. Selbiges gilt übrigens für den Beruf des militärischen Fluglotsen. So nahm Anfang 2009 mein Vorhaben, Offizier und Pilot bei der Bundeswehr zu werden, mit meiner Bewerbung an Fahrt auf.

Auf der Zielgeraden zum Piloten

Drei Prüfungsphasen schlossen sich an, die sich folgendermaßen aufteil(t)en: Phase I absolvierte ich im Juni 2009 in München am Zentrum für Nachwuchsgewinnung Süd (wie es damals noch hieß). Dort durchlief ich das Testverfahren für die allgemeine Feldwebeleignung. Die Prüfungsinhalte sind bekannt – Allgemeinwissen, Mathematik, logisches Verständnis, Psychologengespräche und ein Sporttest. Feldwebeleignung ist deshalb Voraussetzung, weil sich der „klassische" OffzMilFD bekanntermaßen aus den Unteroffizieren mit Portepee heraus rekrutiert. Zudem war es früher durchaus üblich, dass auch Feldwebel Piloten waren: bis in die 1970er-Jahre sogar noch auf Jet, danach nur noch auf Hubschrauber und Transportflugzeug. Durch Änderung der Voraussetzungen kam es aber auch in diesen Bereichen bis Mitte der 1990er Jahre dazu, dass diese „fliegenden Feldwebel" die Offizierschule absolvieren mussten und zum OffzMilFD ernannt wurden. Fortan gab es nur noch Offiziere an den Controls.

Mit der bestandenen Phase I in der Tasche ging es dann im September 2009 nach Fürstenfeldbruck zur Phase II. Dort wird am ersten Tag abermals die geistige Eignung des Bewerbers gecheckt: Kopfrechnen, Koordinationsaufgaben an einem Flugsimulator, Mehrfachbelastung und ein Psychologengespräch zum Schluss stehen auf dem Programm und das bei vielen Aufgaben mit ansteigendem Schwierigkeitsgrad bei gleichzeitig abnehmender Konzentration des Kandidaten. Tag zwei und drei verbrachte ich im Flugmedizinischen Institut, wo man auf Herz und Nieren untersucht wird. Bei mir stellte sich heraus, dass sich meine Wirbelsäule im obersten Bereich sehr nah an der Schädelinnendecke befindet und ich somit keinen Jet fliegen darf. Fläche oder Hubschrauber stand jedoch immer noch zur Auswahl, und da für mich ausschließlich das Fliegen mit Drehflüglern im Visier stand, empfand ich den medizinischen Befund nicht als Katastrophe. Die Wunschoption stand weiter offen, und so führte dann im November 2009 der Weg nach Bückeburg zur Phase III.

In Bückeburg werden bloß Bewerber auf ihre Eignung zum Hubschrauberpiloten getestet. Es befindet sich dort auch das internationale Hubschrauberausbildungszentrum, zum damaligen Zeitpunkt noch Heeresfliegerwaffenschule genannt. Fünf Tage purer Stress: Simulatorflüge, einen dicken Ordner voller Lernunterlagen, schriftliche Tests, Referate, Psychologengespräche. Doch ich schaffte es und war froh, ja durchaus auch stolz, es geschafft zu haben. Wie nie zuvor war mein Kindheitstraum nun zum Greifen derart nah.

Ziel war das Heer. Denn die dort eingesetzte CH-53 war und ist das Waffensystem mit dem größten Aufgabenspektrum. Und – es faszinierte mich schon immer. Doch der Einplaner ließ bis zum März 2010 auf sich warten und gab erst zwei Wochen vor Beginn des festgesetzten Dienstantrittstermins grünes Licht, auf dass ich meine Karriere als Heeresflieger starten konnte. Die Mühlen der Bundeswehr mahlen manchmal quälend langsam...

Zum Glück wurde mir von Anfang an erklärt, dass die OffzMilFD-Laufbahn im fliegerischen Dienst etwas abnormal sei, zumindest was Beförderungen und Ernennungen anginge, wenn man sich als Neueinsteiger verpflichtete. Ich würde als Feldwebelanwärter einsteigen und nach eineinhalb Jahren nach einer Laufbahnbeurteilung im Dienstgrad des Unteroffiziers zum Fahnenjunker und somit Offizieranwärter ernannt werden. Daraufhin wären die regulären drei Jahre abzuleisten, bevor die Beförderung zum Leutnant und die Ernennung zum Berufssoldaten wirklich anstehe. Der Mann hatte selbstverständlich Recht, die angekündigten Zeiträume sollten sich bestätigen. Andere Soldaten in der gleichen Verwendung bekamen weniger Informationen über diese Besonderheiten und waren zu Beginn erstaunt, mancher gar enttäuscht über den plötzlich längeren, für mich jedoch nachvollziehbaren Weg dieses Typs des Fachdienstoffiziers.

Anfang April 2010 begab ich mich also nach Bückeburg zur Grundausbildung. Daraufhin folgten am selben Standort eine Art Spezialgrundausbildung, ein Gruppenführer- und ein Zugführerlehrgang. Denn das Heer ist nun mal grün... Nach sechs Monaten Englisch ging es schließlich in die fliegertheoretische Ausbildung. Wir wussten schon während der zwei zuletzt genannten Lehrgänge, dass am Ende davon zwei Leistungsträger ausgewählt werden, die zur Belohnung eine Pilotenausbildung in Fort Rucker, Alabama, bekommen sollten, während der Rest in Bückeburg verblieb und sich dort seine Fliegerschwingen verdiente. Bei der *School of Army Aviation* wurden schon seit den Anfängen der Bundeswehr Lehrgangsplätze gebucht, denn in Deutschland gab es lange Zeit nicht genügend eigene Ausbildungskapazitäten.

Ich hatte das Glück, einer dieser beiden glücklichen Pilotenanwärter zu sein, und durfte im April 2012 die Reise Richtung USA antreten. Die Ausbildung dort war sehr straff: Zweischichtsystem, der Tag aufgeteilt in morgens Flugdienst und nachmittags Theorie oder umgekehrt. Frühschicht bedeutet, um 03:45 Uhr aufzustehen und bis 17:00 Uhr Dienst zu leisten. Danach standen in der „Freizeit" noch Lernen und Hausaufgaben auf dem Programm. In der Tat, ein deutlicher, um nicht zu sagen, drastischer Unterschied zur neuen

Soldatenarbeitszeitverordnung (SAZV). Die *Army*-Lernphilosophie ist ebenfalls eine andere als die des deutschen Heeres.

Ich bin jemand, der etwas verstehen und nicht Definitionen stumpf wiedergeben will. In Fort Rucker war beides gefragt, und so hieß es, Definitionen Wort für Wort pauken. Ob das sinnvoll ist oder nicht, mag jeder für sich selbst entscheiden. In sieben Monaten flog ich circa 115 Flugstunden, die Grund- und Notverfahren, Instrumentenflug, Tiefflug und Navigation sowie Nachtflug mit Nachtsichtbrillen beinhalteten. Rückblickend zwar eine anstrengende, jedoch auch prägende und tolle Zeit, die durch die Wochenendtrips an die Strände und Vergnügungsparks von Florida, zu Basketballspielen oder auch durch die letzten zwei Wochen Gebirgsfluglehrgang in Colorado abgerundet wurden.

Zurück in Deutschland, befand ich mich dann Anfang 2013 nach zwei Wochen Urlaub schon auf dem nächsten Lehrgang in Bückeburg: Fliegertheoretische Europäisierung, denn in den USA werden manche Verfahren anders geflogen als in Deutschland. Durch Zufall erfuhr ich, dass ein Luftwaffensoldat, der sich zur gleichen Zeit in einer normalen deutschen Hubschraubergrundausbildung befand, unbedingt den Kampfhubschrauber Tiger beim Heer fliegen wollte. Zwei Wochen später und nach etlichen Gesprächen beantragten wir beide einen Ringtausch, dem die Personalführung schließlich zustimmte. Schließlich war mein Wunschmuster nach wie vor die CH-53, die zum damaligen Zeitpunkt frisch vom Heer zur Luftwaffe „transformiert" wurde. Am 1. Juni 2013 also wechselte meine Kopfbedeckung vom Barett zum Schiffchen, und ich fand mich in Laupheim beim HSG 64 wieder. Auch der Wunschstandort und das gewünschte Hubschraubermuster meines Tauschpartners wurden übrigens von dessen Personalführer akzeptiert.

Schon vier Monate nach meiner Versetzung zum Hubschraubergeschwader 64 erhielt ich eine Kommandierung nach Holzdorf, um dort meine Musterschulung auf der CH-53 GA zu absolvieren. An diesem Standort befindet sich ein Ableger des HSG 64, der als Lufttransportgruppe mit Ausbildungsauftrag fungiert. Im Anschluss an die Musterschulung besuchte ich ab März 2014 die Offizierschule in Fürstenfeldbruck, wo ich nach Abschluss des Lehrgangs *Offizieranwärter Militärfachlicher Dienst* (OAMilFD) zum Leutnant befördert und Berufsoldaten ernannt wurde. Im Unterschied zu manch anderen Soldaten hatte ich somit eine straffe Ausbildung ohne allzu lange Wartezeiten durchlaufen und noch dazu mit so manchem „Schmankerl", wie man in meiner Heimat zu sagen pflegt.

Seitdem hat sich viel getan. Ich wechselte aus eigenem Antrieb die Staffel, besuchte einen internationalen Taktiklehrgang in Großbritannien und wurde fliegerisch weitergebildet: Tiefflüge in acht Meter Höhe bei 200 km/h, Innen- und Außenlasttransporte, Feuerlöschen mit einem 5.000 Liter fassenden Behäl-ter, *Fastroping* – also das taktische Absetzen von spezialisierten Kräften durch „Abseilen" aus der Luft –, Navigation, Notverfahren, Formationsflüge mit mehreren Luftfahrzeugen, das Absetzen von Fallschirmspringern, Nachttief-flüge mit Nachtsichtbrillen, *Pick-Up*-Verfahren im Bereich *Personnel Recovery*, Ausweichverfahren im elektronischen Kampf gegen Bedrohungen am Boden, das Zusammenwirken mit Bordsicherungssoldaten im scharfen Schuss sowie der Instrumentenflüge bei Tag und Nacht.

Die Zukunft

Nun warte ich darauf, mich „freizufliegen" und auf den Einsatz vorbereitet zu werden. Denn Einsatz wird im Hubschraubergeschwader 64 groß geschrieben – zwangsweise –, bildet doch dieser Verband mit der CH-53 eine der größten taktischen Lufttransportkapazitäten der Bundeswehr ab. Seit 2002 befinden sich dessen Maschinen und das dazugehörende Personal in Afghanistan, wo bis zum heutigen Tag Transport und MedEvac Einsätze geflogen werden. Auch das Kommando Spezialkräfte wird dort bei Bedarf mit besonders qualifizierten Crews unterstützt.

Durch die 2015 beschlossene Aufstockung des Kontingents aufgrund der zunehmend schwierigeren Sicherheitslage am Hindukusch, findet sich jeder Einsatzgänger im Jahr durchschnittlich circa zwölf bis 14 Wochen in Afghanis-tan wieder. Das bedeutet neben Lehrgängen und Übungen nicht nur eine hohe Abwesenheit, sondern vor allem eine extreme Belastung für die Familien und Angehörigen. Ein Konflikt, so weit von zu Hause und der Gesellschaft ent-fernt, ist für niemanden leicht nachzuvollziehen, vor allem nicht für Kinder.

Doch der Einsatz macht nicht nur den Menschen zu schaffen. Auch das Material wird erheblich in Anspruch genommen und abgenutzt. In Afghanistan bereitet besonders der feine Staub den Technikern riesige Probleme. Er frisst sich überall durch, setzt sich fest, lässt drehende Teile schneller verschleißen und fordert somit seinen Tribut in der Ersatzteilversorgung. Auch daheim in Deutschland äußert sich das fortgeschrittene Alter der Maschinen. Anfang der 1970er Jahre eingeführt, ist die CH-53 zwar bislang fast gänzlich konkurrenzlos und höchst zuverlässig, jedoch nagt der Zahn der Zeit auch an ihr. Da Ersatz-teile immer für den Einsatz priorisiert werden, kann es also vorkommen, dass ein Hubschrauber im Heimatflugbetrieb wegen eines fehlenden Teils nicht fliegen kann, da genau dieses Teil gerade auf dem Weg nach Afghanistan ist. Dort müssen die Maschinen aufgrund des VN-Mandats und der daraus resultierenden internationalen Verpflichtungen flugbereit gehalten werden.

Diesem Teufelskreis will man kurz- bis langfristig mit verschiedenen Mitteln entgegenwirken. Jedoch verursacht der Hersteller selbst das größte Problem. Beim letzten von drei *Upgrades* – der CH-53GA – ging man zunächst davon aus, das Muster bis 2030 fliegen zu können. Sikorsky gab allerdings mittlerweile bekannt, im Jahr 2025 die Ersatzteilversorgung zugunsten eines neuen Modells aus der 53-er Reihe einzustellen. Deshalb wird sich bereits jetzt mit einem Nachfolgemuster befasst. Man spricht hier von dem eben genannten Nachfolger CH-53K oder der bewährten CH-47 Chinook. Beide Muster bedeuteten eine Steigerung in technologischer Sicht und im Hinblick auf den Kampfwert. Beide Muster sind *up-to-date* und zumindest ein Muster wäre relativ kurzfristig auf dem Markt verfügbar, was nach etlichen langwierigen Beschaffungsmaßnahmen der Bundeswehr ein Schritt in die richtige Richtung wäre.

Als Berufssoldat freue ich mich auf diese Neuerungen. Wie spannend es ist, ein neues Muster einzuführen, sieht man momentan an der H145M, dem neuen *Light Utility Helicopter* der Luftwaffe. Die dafür gegründete Staffel brennt momentan vor Tatendrang. Ich will nicht verhehlen, dass ich dem Einsatz hingegen in der jetzt gefassten Form mit gemischten Gefühlen gegenüberstehe. Auf der einen Seite gibt es die Kameraden, die man als junger Luftfahrzeugführer, mit der Bereitschaft in den Einsatz zu gehen, entlasten will. Zudem existiert bei jedem Nachwuchspiloten der persönliche Ansporn, auch dabei gewesen sein zu wollen. – So auch bei mir! Auf der anderen Seite beunruhigt mich die zunehmend schlechter werdende Sicherheitslage in Afghanistan sehr und lässt mich oft an dem sich dort erhofften Fortschritt zweifeln. Als Soldat der Bundeswehr denke ich über den militärhandwerklichen Tellerrand hinaus.

Die Beförderungsmöglichkeiten sind beim Fachdienstoffizier bekanntermaßen endlich, und die Stellen für Hauptleute sind rar gesät. Mein persönliches Ziel besteht darin, in Zukunft zusätzliche Befähigungen zu erlangen, zu denen unter anderem das Fliegen mit Spezialkräften und mit zunehmender Erfahrung und (hoffentlich auch) Eignung die Aufgabe als Fluglehrer gehört. Wie lange das dauern wird, ist in der aktuellen Lage, in der sich die Bundeswehr und in meinem Fall das Hubschraubergeschwader 64 befindet, noch nicht absehbar. Jedoch bin ich nicht der Typ Mensch, der schnell aufgibt, sich von anderen runterziehen lässt und den Kopf in den Sand steckt.

Als junger Luftfahrzeugführer habe ich gelernt, dass es nicht ausreicht, ein guter Pilot sein zu wollen. Verantwortungsbewusstsein gegenüber den Regularien, dem Auftrag und der Crew ist ebenso wichtig wie Einschätzungsvermögen und Teamfähigkeit. Denn egal, ob es der Major als *Aircraft Commander*, der Hauptgefreite an der Bordwaffe oder der Oberfeldwebel als Bordtechniker ist: Wenn zum Beispiel bei einer Mission während der Landung „*Go Around*" gefordert wird, wird ohne Diskussion durchgestartet, egal von wem der „*Callout*" kam. Jeder hat das Recht, bei grenzwertigen Situationen seine Einschätzung mit bestem Wissen und Gewissen einzubringen, um eventuelle Gefahren abzuwenden. „***One team, one mission!***" Hier spielt vor allem Vertrauen eine große Rolle. Auch wenn wir Flieger für unsere Lockerheit und den manchmal flapsigen Umgangston bekannt sind, so ist jedem das Vorgesetztenverhältnis bewusst, das einzuhalten ist. Durch persönliches Bewusstsein wie auch gegenseitiges Vertrauen und Ansehen habe ich gerade dieses Verhältnis jedoch noch nie gefährdet gesehen; es steht somit nicht direkt in Vordergrund, ist dennoch aber immer indirekt präsent.

Ich kann für mich persönlich abschließend behaupten, dass ich meinen Traum vom Fliegen verwirklicht habe. Wohin der Wind mich trägt, in welchen Einsätzen ich mich wiederfinden werde und inwieweit ich meine persönlichen Ambitionen realisieren kann, das weiß niemand und liegt zum großen Teil in den Händen anderer Entscheidungsträger. Nur eines kann ich jedem jungen Menschen mit auf den Weg geben: Es fühlt sich nach wie vor gut an, nach dem zu streben, was man schon immer machen wollte – solange man die Realität nicht aus den Augen verliert und aus Überzeugung dient.

Berufsbild Offizier im Einsatzführungsdienst der Luftwaffe

Tobias Zimmermann

Junge Frauen und Männer entscheiden sich für eine Laufbahn als Offizier der Luftwaffe, weil sie von der Luftfahrt fasziniert sind und eine hohe Begeisterung für den Auftrag der Luftwaffe „rund um die Dritte Dimension" und die damit verbundene Technik haben. Diese jungen Menschen sind daher in höchstem Grade motiviert, mit ihrem Einsatz zur Erfüllung des Auftrages der Luftwaffe mitzuwirken und ein Teil des Teams Luftwaffe zu sein. Obwohl in diesem Team fast 30.000 Soldaten in den unterschiedlichsten Verwendungen dienen, wird das klassische Bild des Soldaten der Luftwaffe und besonders das des Offiziers der Luftwaffe vermutlich am besten durch einen Piloten mit seinem Kampfflugzeug personifiziert. Hierdurch wird der Begriff des Offiziers der Luftwaffe in Person häufig mit dem des fliegenden Personals gleichgesetzt.

Filme wie z.B. – schon nicht mehr ganz so neu – „Top Gun" mit Tom Cruise (USA 1986) beeindrucken junge Menschen und wecken in ihnen den Traum von der action-geladenen militärischen Fliegerei. Und so verwundert es nicht, dass Piloten tatsächlich in besonderem Maße als „Aushängeschilder", als die Führer der typischen Waffensysteme, einer jeden Luftwaffe wirken.

„Die im Dunkeln sieht man nicht...": In jeder Luftwaffe ist der Einsatz einer großen Zahl an Soldaten in den verschiedensten Tätigkeiten vonnöten, um überhaupt einen Piloten mit seinem Flugzeug in die Luft zu bekommen und den Betrieb und den Auftrag der Luftwaffe sicher und durchhaltefähig zu gewährleisten. Alle Kameraden in ihrer Gesamtheit sind damit an der Auftragserfüllung beteiligt. Diese besteht typischerweise darin, den Luftraum zu schützen und die Lufthoheit herzustellen bzw. diese zu erhalten: sei es durch offensive oder defensive Luftkriegsmittel/Operationen (am Boden und in der Luft) oder sei es mittels Unterstützung anderer Truppenteile durch den Transport von Personal und Material.

Der Offizier im Einsatzführungsdienst der Luftwaffe leistet hierzu im Bereich „Schutz und Sicherheit im Luftraum" seinen spezifischen Beitrag. Für den Offizier bietet der Einsatzführungsdienst der Luftwaffe somit vielfältige Tätigkeitsfelder mit unterschiedlichsten Schwerpunkten: von Chef- und Führungspositionen mit viel Personalverantwortung, bis hin zu sehr technischen Verwendungen, bei denen der Offizier jedoch immer als Ausbilder, Erzieher,

Vorbild und Fachmann gefordert ist. Im Folgenden wird jedoch „nur" näher auf den Tätigkeitsbereich des Einsatzführungsoffiziers im Bereich Waffeneinsatz eingegangen, da hier im Schwerpunkt das Tätigkeitsfeld des Autors gelegen hat. Folgend wird hierfür der Begriff AC (*Aircraft Controller*) verwendet.

Auftrag (im Frieden)

Die Überwachung des Luftraumes über Deutschland fällt in die Zuständigkeit der Luftwaffe. Dazu wird der Luftraum rund um die Uhr mit Radar überwacht, um frühzeitig eine Bedrohung aus der Luft zu erkennen. Diesen Auftrag erfüllt der Einsatzführungsbereich 2 in Erndtebrück/NRW gemeinsam mit dem Einsatzführungsbereich 3 am Standort Schönewalde/Brandenburg. Beide Bereiche decken den gesamten deutschen Luftraum ab und betreiben die Radarflugmelde- und Leitzentralen der Luftwaffe (*Control and Reporting Center*, kurz CRC) im Verbund der integrierten NATO-Luftverteidigung. Ihre Aufgabe ist es, dazu beizutragen, die Sicherheit des deutschen Luftraumes zu gewährleisten und dessen Souveränität sicherzustellen. Bei einer Bedrohung sind sie in der Lage, Schutz- und Verteidigungsmaßnahmen zu koordinieren, zu steuern und gegebenenfalls erforderliche Abwehrmaßnahmen einzuleiten.

Im Mittelpunkt des Auftrages steht der Betrieb der CRCs. Hier werden die mittels eines Netzwerkes von Radargeräten erfassten Flugbewegungen ausgewertet und identifiziert, also ein Lagebild des Luftraumes erstellt. Sollten Maßnahmen gegen bedrohliche Flugziele erforderlich werden, erfolgt auf Weisung vorgesetzter Dienststellen aus dem CRC heraus der Einsatz von Jagdflugzeugen, deren Piloten zu ihren Zielen geführt werden. Damit leisten die Einsatzführungsbereiche einen wichtigen Beitrag zur Gewährleistung der Unversehrtheit des deutschen Luftraumes.

Mit der „Einsatzgruppe, verlegefähig" des Einsatzführungsbereich 3 kann der Einsatzführungsdienst der Luftwaffe seine Aufträge zusätzlich weltweit übernehmen. Eine zentrale Rolle spielt hierbei die Fähigkeit zur vernetzten Operationsführung, welche die Führung von multinationalen Kräften ermöglicht. Das *Deployable Control and Reporting Centre* (DCRC) versetzt die Luftwaffe damit in die Lage, an verschiedenen Einsatzorten defensive und offensive Luftoperationen gleichzeitig zu führen und zu unterstützen. Neben diesen (nationalen) Gefechtsständen der Luftwaffe sind außerdem die NATO-Überwachungsflugzeuge AWACS aufzuführen. Sie sind weltweit einsetzbar und mit einem fliegenden Gefechtsstand zur Überwachung, Führung und Steuerung von Luftoperationen ausgestattet.

Bereich Waffeneinsatz / Jägerleitung

Der AC ist weder Besatzungsmitglied an Bord eines Kampfflugzeugs noch leitet er die eigenen Flugzeuge durch geschickte Flugmanöver im *Dogfight* in eine günstige Schussposition. Dennoch ist der AC durch die direkte Funkverbindung zum Piloten und durch den ständigen Blick auf das aktuelle Radarbild nach den Flugzeugbesatzungen so nah am Geschehen in der Luft wie kein weiterer Luftwaffensoldat. Hierdurch ergibt sich eine ganz eigentümliche Nähe zur fliegerischen Realität.

Obwohl bis zu Hunderten von Kilometern entfernt – in einer gesicherten Anlage, an Bord einer AWACS oder eines Schiffes –, ist der AC in der Lage, mithilfe seines Gefechtsführungssystems, also der Radar- und Funkanlage, das aktuelle Lagebild im Luftkampf zu erfassen, auszuwerten und durch die Weitergabe der richtigen Informationen an die Flugzeugbesatzungen, den eigenen Kräften einen Vorteil im Luftkampf zu verschaffen. Der AC führt durch Informationen und koordiniert im Hintergrund, um den eigenen Kräften einen Informationsvorsprung zu ermöglichen, sie bei ihren Aufgaben zu unterstützen und gleichzeitig zu entlasten. Der AC ist demnach kein Kämpfer an vorderster Front, der einer Gefahr des Gefechts oder des (Luft-)Kampfs ausgesetzt ist. Dennoch ist er unmittelbar am Geschehen beteiligt. Als Teil des Frühwarn-, Führungs- und Kommunikationssystems der Luftwaffe sind die Augen des AC auf den Luftraum ausgerichtet. Sein Handeln ist am effektiven Einsatz und der Führung von Luftoperationen orientiert. Dies erfordert ein ganz spezifisches Profil.

Als Luftwaffensoldat benötigt er zur Erfüllung seines Auftrags ein besonders breites Wissen über alle Arten von Luftoperationen sowie der Luftfahrt allgemein. So vermag er in besonderem Maße, das Geschehen am Himmel zu durchdringen und die Operationen unterstützend zu steuern. Mit der besseren technischen Ausstattung moderner Luftstreitkräfte entlasten die heutigen Systeme den Piloten zwar bei der Arbeit und machen ein zweites Besatzungsmitglied im Cockpit scheinbar überflüssig. Zugleich aber bedeuten technische Neuerungen und die Reduzierung der Besatzung, dass eine größere Menge an Informationen von nur einer Person im Cockpit zu verarbeiten ist. Neben dem Fliegen selbst muss der Pilot gleichzeitig sein Denken und Handeln auf eine Situation am Boden und/oder in der Luft ausrichten. Sowohl für den Piloten als auch den AC, als unterstützendes Element, ist es daher wichtig, die eingehenden Informationen zu erfassen, zu ordnen, auszuwerten und richtig zu verarbeiten, um ein solides Lage- und Situationsbewusstsein (*Situational Awareness* genannt) aufzubauen. Nur so kann während einer Operation zur richtigen Zeit die richtige Entscheidung getroffen und der Piloten gezielt unterstützt werden.

Neben einer guten Auffassungsgabe sind ganz besonders eine präzise Kommunikation und ausreichendes Wissen über Taktiken, Fähigkeiten und Verfahren der eigenen und gegnerischen Parteien gefragt, das blitzschnell abgerufen und dem Piloten nutzbringend zugetragen werden muss.

Bezug zur Fliegerei und anderen Nationen

Eine besondere Verbindung und Nähe zur Fliegerei besteht aufgrund des Englischen als weltweiter Standard als Funkbetriebssprache. Formende Elemente sind also gemeinsamer Wortschatz, spezielle Codewörter und das Wissen über Abläufe und Verfahren in Luftoperationen. Diese enge Verbindung entsteht nicht nur luftwaffenintern in der Bundeswehr, sondern staatenübergreifend mit den Luftstreitkräften der anderen NATO-Partner. Alle nutzen dieselbe Funksprache. Abläufe und Verfahren des Flugs sind ebenfalls gleich gestaltet oder zumindest ziemlich synchronisiert. Hierdurch entsteht im besonderen Maße eine Interoperabilität zwischen den verschiedenen Luftwaffen-Soldaten der NATO-Länder, was natürlich die gemeinsame Missionsplanung und deren Durchführung erheblich vereinfacht. Diese Fähigkeiten werden durch gemeinsame Ausbildungen, Lehrgänge und Übungen zusätzlich verbessert und bieten dem AC vielseitige Einsatzmöglichkeiten in einem breiten internationalen Umfeld.

Beispiele hierfür sind außerhalb der deutschen Luftwaffe Dienstposten bei den NATO-Aufklärungsflugzeugen AWACS oder an Bord von Fregatten der deutschen Marine, welche ihrerseits bereits Bestandteile von US-Flugzeugträgerverbänden waren. Länderübergreifende Großübungen der NATO werden regelmäßig abgehalten, um die gemeinsame Einsatzfähigkeit zu erhalten und zu verbessern. Durch diese Erfahrungen und den gemeinsamen Austausch untereinander verbessert sich die Zusammenarbeit mit den NATO-Partnern. Die Abläufe werden optimiert mit dem Ziel, die Überlegenheit der eigenen Luftstreitkräfte durch die Qualität und Ausbildung der boden- und luftgestützten Einheiten zu erhöhen.

Der Offizier im Einsatzführungsdienst wirkt damit sowohl als integrierter Teil des Geschehens und auch zugleich als Motor der Fortentwicklung. Dies macht das Arbeitsumfeld lebendig, spannend und fordernd. Langweilig jedenfalls wird es mit diesem „Job" nicht!

Verantwortungsfelder, Führen von Luftfahrzeugen

Der AC übernimmt in seiner Tätigkeit Verantwortung für die von ihm geführten Flugzeuge und ihre Besatzungen. Ebenso trägt er die Verantwortung für die Luftverkehrsteilnehmer in ihrer unmittelbaren Nähe. Denn der militärische Flugbetrieb in Deutschland findet in einem Luftraum statt, der weltweit zu denen mit dem höchsten Flugaufkommen zählt. Ähnlich wie auf der Autobahn, ist Deutschland in der Luft ein Transitland für den weltweiten Flugverkehr. Um den militärischen Friedensflugbetrieb vom zivilen Luftverkehr sauber zu trennen, existieren deshalb sogenannte temporär reservierte Lufträume (vergleichbar einem Truppenübungsplatz, nur eben in der Luft), welche die Luftwaffe nutzt.

Nur dies ermöglicht, verschiedene Einsatz- und Ausbildungsszenarien zu üben, ohne dabei den zivilen Luftverkehr zu gefährden. Fehler in der Luftfahrt und daraus resultierende Flugunfälle haben oftmals fatale Folgen. Daher muss das höchste Maß an Sicherheit gewährleistet werden. Hier ist der Controller die Schlüsselinstanz: An ihm liegt es, frühzeitig zu erkennen, ob sich eine gefährliche Annäherung an eine Luftraumgrenze oder mit einem anderem Flugzeug anbahnt. Nur durch vorausschauende Planung lassen sich derartige Problemfälle vermeiden. Komplett ausschließen lassen sie sich leider nicht! Denn eine Begrenzungsmauer oder ein Netz wie bei Trapezkünstlern gibt es nicht.

Der Auftrag des AC besteht also im Wesentlichen darin, die Luftfahrzeugbesatzungen bei ihrem Flugvorhaben zu unterstützen und dabei für einen sicheren Flug (auch das bedeutet Sicherheit im Luftraum!) zu sorgen. Einfache Aufgaben beginnen dabei mit der Bereitstellung von Flugverkehrsinformationen oder Navigationsempfehlungen über die direkte Führung der Flugzeuge zu einem Ziel, das abgefangen werden soll, bis zur anspruchsvollsten Tätigkeit wie der taktischen Unterstützung im Luftkampf. Diese Aufgaben werden mit steigender Zahl der Flugzeuge und Ziele zunehmend komplizierter. Daher verwundert es nicht, dass es einige Jahre dauern kann, bis ein Offizier im Einsatzführungsdienst genügend Erfahrung gesammelt hat, um jedes Szenario bearbeiten und meistern zu können; oder in der Sprache des Militärs: bis er tatsächlich *„Combat Ready"* ist.

Aufgabenbeschreibung / Umfeld im Dienstbetrieb

Um im täglichen Dienstbetrieb zu bestehen und die Aufträge wirklich gut zu erfüllen, muss man sich darüber im Klaren sein, dass die Anforderungen an künftige „Einsatzführer" wahrlich nicht abnehmen werden. Gefordert sind von ihnen vor allem schnelle Auffassungsgabe, Stressresistenz, der Wille zum eigenständigen Lernen sowie ein hohes Maß an Verständnis und Interesse für die Luftfahrt. Es geht auch hier um die Relation „Mensch – Maschine".

Der AC arbeitet in einem zutiefst technischen und modernisierungsorientierten Umfeld. Die Leistungsfähigkeit der heutigen Systeme nimmt dem einzelnen Menschen auf der einen Seite eine Vielzahl von Aufgaben ab, sie liefert gleichzeitig aber auch eine Fülle an zusätzlichen Informationen, die alle richtig und schnell erfasst und verarbeitet werden müssen. Bordcomputer im Flugzeug und Systeme im Gefechtsstand erleichtern den jeweiligen Anwendern das Arbeiten, über Datenlinks werden untereinander Informationen ausgetauscht und es können dadurch viel mehr Informationen in das Lagebild einfließen. Auf der anderen Seite können technische Systeme aber auch extrem anfällig für Störungen sein: der Auftrag muss jedoch in jedem Fall so gut wie möglich erfüllt werden!

Dies bedeutet für den AC eine doppelte Herausforderung: Zum einen ist es erforderlich, die technischen Systeme (sowohl die eigenen am Arbeitsplatz als auch die an Bord der Flugzeuge) in ihrer ganzen Komplexität zu verstehen und anzuwenden. Zum anderen müssen fliegende Besatzungen und Controller auch ohne Rückgriff auf Datenlinks in der Lage sein, ihren Auftrag erfolgreich auszuführen. Daraus resultiert die Notwendigkeit, Verfahren und Abläufe weiterhin nach „alten" Mustern, d.h. unter geringer Zuhilfenahme von technischen Hilfsmitteln zu trainieren, um die Fähigkeiten zu erhalten, bei technischen Ausfällen einsatzbereit zu sein. Und natürlich müssen angesichts rasanter technischer Neuerung auch neue Verfahren entwickelt und geübt werden.

Was sind die Aufgaben des Offiziers?

Sicher gibt es Schwierigkeiten, das klassische Bild des Offiziers in der Luftwaffe auf den AC zu übertragen. Weder sitzt er im Cockpit, den gegnerischen Flugzeugen entgegenfliegend, noch lenkt er die Geschicke einer Kompanie oder Staffel mit einem großen unterstellten Bereich von Mannschaften und Unteroffizieren. Der Offizier als AC muss frühzeitig gelernt und verinnerlicht haben, eigenständig zu arbeiten, Wissen aufzusaugen und sich durchzusetzen. Der eigene Führungsanspruch zielt weniger auf die Menschenführung ab, als auf die Übernahme von Verantwortung im Flugverkehr.

Mit seiner Tätigkeit leistet der Einsatzführungsoffizier nicht bloß einen Beitrag zur Sicherheit im Luftverkehr. Vielmehr trägt er durch Unterstützung der fliegenden Besatzungen maßgeblich zum Erreichen der (Ausbildungs-) Ziele im Flugbetrieb bei. Mit seinem spezifischen Aufgabenspektrum steht er den anderen Offizieren der Luftwaffe in nichts nach. Sein tägliches Handeln ist greifbar und evident auf die Erfüllung des Auftrages der Luftwaffe ausgerichtet. Obwohl der AC nicht physisch am Ort des Geschehens ist, verfolgt er an seinem Bildschirm das Geschehen und greift selbst aktiv mit ein. Das typische Offizierprofil erweist sich in der korrekten Analyse der Lage sowie der vorausschauenden Planung und Befehls-/Informationsweitergabe an die eigenen Kräfte. Also kurz und knapp: in der Organisation der Luftverteidigung.

Um den Anforderungen und Aufgaben im Einsatzführungsdienst gerecht zu werden, wird vom Offizier in diesem Verwendungsbereich gefordert, Verantwortung zu übernehmen und schnell solide Entscheidungen zu treffen. Mit den Augen direkt am Geschehen, erfordert es zunächst einen guten Gesamtüberblick über die Lage, das Wissen über Abläufe im Hintergrund und den schnellen Zugang zu wichtigen Informationen. Der AC muss simultan eingehende Informationen auswerten, aufbereiten und „nutzergerecht" weitergeben. Als integraler Teil einer Operationszentrale hat der Offizier Verbindung zu den Piloten und zu den übergeordneten Kommandozentralen. Von ihnen erhält er Anweisungen und Befehle, die er an die fliegenden Besatzungen weitergibt. Zugleich leitet er die aktuellsten Informationen und Erkenntnisse vom Ort des Geschehens weiter und kann Handlungsempfehlungen an seine eigene Führung geben.

Für die Piloten bildet er die Verbindung zur Außenwelt, da er alle Informationen aufnimmt und weiterleiten kann, weil alle Kommunikationsverbindungen in der Operationszentrale zusammenlaufen. Durch die korrekte Versorgung mit Information trägt er somit zum Erfolg jeder Mission bei, indem alle beteiligten Akteure im Bilde gehalten werden; gleich, ob dies die verantwortliche Führung bei Operationen ist, andere Parteien (zu Luft, Land oder Wasser), die an der jeweiligen Mission beteiligt sind, oder einfach der Heimatflugplatz der Besatzungen. Gleichwie, beim Controller laufen alle relevanten Informationen zusammen und werden sodann weitergeleitet. Er wirkt gleichsam wie die „Spinne im Netz".

Ausbildung

Die Fähigkeit, andere Menschen aus- und weiterzubilden ist neben der Fähigkeit zur Informationsverarbeitung und Kommunikation ein weiteres wichtiges Merkmal für den im Einsatzführungsdienst tätigen Offizier. Auf den hohen Stellenwert des Selbststudiums wurde schon hingewiesen. Entscheidend war, ist und bleibt aber immer die Praxis. Vergleichbar einer Fahrschule, steht einem jungen AC daher immer ein erfahrener Ausbilder als Mentor wie Tutor zugleich zur Seite. Er kann im Fall der Fälle in den (Luft-)Verkehr eingreifen.

Bis ein Controller den Status „*Combat Ready*" erhält, also wirklich so qualifiziert ist, um jede Art von Szenario eigenständig abzuarbeiten, muss er in verschiedenen Modulen nachweisen, den Aufgaben wirklich gewachsen zu sein. Hierzu dient der „Fahrlehrer": er unterstützt den AC während laufender Flugvorhaben und bespricht abgeschlossene Missionen nach. Diese *De-Briefings* sind nach Möglichkeit im Beisein der fliegenden Besatzungen von Angesicht zu Angesicht zu kommunizieren und bilden damit eines der wichtigsten Elemente der Ausbildung. Weil es hier auf die Erfahrungen des Ausbilders ankommt, ist es besonders wichtig, dass die Ausbilder ihr Wissen durch den aktiven Einsatz und die Teilnahme an Hochwertübungen stets selbst auf dem aktuellsten Stand halten können und nicht in einer reinen Ausbildungstätigkeit „theoretisch gefangen" sind. Nur so können sie in geeignetem Maße als Multiplikatoren fungieren und praxisnah ausbilden. Sobald ein Controller in Ausbildung selbst eine ausreichende Qualifikation erlangt hat, ist er durch weitere Qualifikation in der Lage, an Übungen teilzunehmen und einen eigenen Schüler auszubilden.

QRA (*Quick Reaction Alert*) als Ernstfall

Trotz der veränderten sicherheitspolitischen Lage, die nun bedeutet, dass sich Deutschland nur von NATO-Partnern oder anderen befreundeten Staaten unmittelbar umgeben sieht, ist die Überwachung und Sicherung des Luftraumes der Bundesrepublik Deutschland von zentraler Bedeutung für die Wahrung der Souveränität unseres Landes. Der Angriff von außen durch ein anderes Land erscheint gegenwärtig noch immer weniger wahrscheinlich als vor 1989, als die Bundesrepublik „Frontstaat" in der Konstellation des Kalten Krieges war. Ungleich gestiegen ist die Möglichkeit einer terroristischen Bedrohung aus der Luft. Darauf muss die Luftwaffe nicht minder vorbereitet sein. Andernfalls müsste sie sich auf ihren Sinn und ihre Funktion wirklich kritisch befragen lassen.

Die ständige Aufgabe der Luftraumüberwachung und der Sicherung des Luftraums über Deutschland wird also auch zu Friedenszeiten von der Luftwaffe übernommen. Neben den Flugplätzen, welche das Personal und die Flugzeuge für die Alarmrotten stellen, müssen auch die CRCs und die übergeordneten Dienststellen ständig mit hoch qualifiziertem Personal besetzt sein. Im Falle eines Einsatzes der Alarmrotte wird diese durch einen AC an ihr Ziel herangeführt.

Im besten Falle handelt es sich dann um einen Übungseinsatz, um die Verfahren und Abläufe zu trainieren. Denkbar sind solche Einsätze zur Unterstützung anderer Luftfahrzeuge, bei Luftnotfällen und Notlagen, um militärische Flugzeuge von Nicht-NATO-Partnern vom Einflug in deutschen Luftraum zu hindern, oder im schlimmsten Fall um eine terroristische Bedrohung im Stil von den Anschlägen am 11. September 2001 in den USA abzuwehren.

Sollte im letztgenannten Fall eine Abwehr nur durch Waffengewalt möglich sein, so ist dies sowohl rechtlich wie auch ethisch brisant. Es stellt die beteiligten Verantwortlichen zudem vor eine unlösbare Gewissensentscheidung, welche abschließend nicht beantwortet werden kann. Doch gerade dieses Szenario zeigt äußerst anschaulich, dass es für den Offizier im Einsatzführungsdienst nicht nur um die rein technische, sondern immer auch um die ethische Dimension geht. Ihm ist die Verantwortung für das höchste Gut des Menschen, das Leben in Würde, Freiheit und gesundheitlicher Unversehrtheit anvertraut.

Piloten und andere Luftwaffenoffiziere…

Christian Becker

Was bedeutet es, Offizier zu sein? Was erwartet einen jungen Offizier in der Luftwaffe? Dies sind Fragen, denen sich viele Offizieranwärter oder auch Offiziere bestimmt schon mehrfach stellten bzw. stellen mussten. Was also ist ein Offizier? Was macht einen Offizier aus? Bevor ich tiefer in die Thematik einsteige, will ich einen Schritt zurückgehen und den Begriff „Offizier" definieren. Nimmt man die Definition gemäß Duden, so ist ein Offizier eine *„militärische Rangstufe, die die Dienstgrade vom Leutnant bis zum General umfasst".* Diese Definition beschränkt sich auf die rein äußerlichen Merkmale und ist für eine inhaltliche Betrachtung, die hier angestrebt wird, nicht ausreichend. Wikipedia, der quasi-elektronische Brockhaus, beschreibt den Offizier wie folgt: *„Ein Offizier […] ist ein Soldat meistens ab der Dienstgradgruppe der Leutnante aufwärts. Offiziere haben die Verantwortung für Führung, Ausbildung und den Einsatz von Verbänden sowie Truppenteilen und Zügen."*

Diese Definition deckt sich mit der vorherigen und erweitert sie noch um die Aufgaben eines Offiziers. Als zentrale Aufgabe wird hier die Verantwortung genannt. Der Offizier ist verantwortlich für die **Führung**, die **Ausbildung** und den **Einsatz** der ihm unterstellten Einheiten – er ist demnach verantwortlich für seine Untergebenen und deren Ausrüstung, er ist verantwortlich für Mensch und Material.

Einen ähnlichen Ansatz liefert uns die Zentrale Dienstvorschrift A-2600/1 „Innere Führung – Selbstverständnis und Führungskultur". In Kapitel 6.1 ist von der *„Bedeutung der Vorgesetzten"* die Rede. Unter Ziffer 602 heißt es *„Menschenführung, politische Bildung sowie Recht und soldatische Ordnung stellen die hauptsächlichen Gestaltungsfelder für die Vorgesetzten dar, weil sie damit unmittelbar und nachhaltig ihre Soldatinnen und Soldaten* **führen** *und* **ausbilden***. (Hier können die Vorgesetzten die Freiheit des Handelns im Rahmen der Auftragstaktik und die Prägekraft der eigenen Persönlichkeit am deutlichsten zur Entfaltung und zum Ausdruck bringen.)".*

Die „Innere Führung" spricht von Vorgesetzten und erweitert so ihren Anspruch auch auf Nicht-Offiziere, also auf Unteroffiziere (mit und ohne Portepee), und somit auch auf Offizieranwärter. Die Vorschrift bezieht sich also nicht ausschließlich auf Offiziere, was freilich nicht hindern sollte, eben diese Dienstgradgruppe in unserem Zusammenhang gesondert zu betrachten. An anderer Stelle erwähnt die Vorschrift neben **Führung** und **Ausbildung** auch die **Erziehung** der Soldatinnen und Soldaten als Grundlage des militärischen Dienstes in der Bundeswehr. Sowohl für den alltäglichen Dienst zu Hause in Deutschland aber auch im und ganz besonders im Auslandseinsatz. Gerade im Einsatz ist es die Pflicht des vorgesetzten Offiziers unsere Werteordnung zu vertreten und als Vorbild zu führen. Offiziere *„haben damit großen Einfluss auf den Geist der Truppe und gestalten ihr dienstliches Umfeld, indem sie mit Umsicht führen, durch Vorbild erziehen und mit Leidenschaft ausbilden"* (Ziff. 601).

All das sind Inhalte, die den jungen Offizieranwärtern an den Offizierschulen vermittelt werden und ihnen allen auch nicht neu oder fremd sein sollten. Dennoch können sie auf junge Offizieranwärter und Offiziere ohne eigene Truppenerfahrung durchaus abstrakt wirken. Die Frage, die sich immer wieder stellt, ist, was das alles konkret für den jungen Offizier/-anwärter bedeutet? Welche Bedeutung hat das für mich als erfahrenen Offizier? Welche Auswirkungen hat das auf mein Verhalten im Dienstbetrieb?

Angelehnt an eigene Erfahrungen möchte ich dies anhand einiger praxisnaher Beispiele aus dem Fliegerischen Dienst veranschaulichen: Alle angehenden Fliegenden Besatzungen der Bundeswehr durchlaufen nach bestandener Offizierseignung ein weiteres, gesondertes Auswahlverfahren und werden gezielt nach bestimmten Kriterien bewertet und ausgewählt. Je nach Verwendungsbereich (Jet-Pilot, Waffensystemoffizier, Transportluftfahrzeugführer, Hubschrauber…) unterscheiden sich die Anforderungen, die zum Bestehen erreicht werden müssen, zum Teil noch erheblich. Ein gemeinsames Merkmal ist aber die persönliche Einstellung, die man an den Tag legen muss, um in diesem Umfeld bestehen zu können. Dabei ist es unbedeutend, ob jemand Jet, Transporter oder Hubschrauber fliegen möchte. Man muss gewillt sein, sich auf die insgesamt sehr fordernde Ausbildung einzulassen und auch bereit sein, viele persönliche Belange über einen längeren Zeitraum hinter den Anforderungen der Ausbildung zurückzustellen. Je nach Werdegang und Ausbildungsort beträgt die durchschnittliche Wochenarbeitszeit bis zu 60 Stunden; und auch die Wochenenden werden zum Teil für die Vorbereitung bzw. Vertiefung von Ausbildungsinhalten genutzt. Diese ständige Belastung wird bewusst aufgebaut und ist Teil des Ausbildungskonzepts – nur wer hier besteht und sich beweist, kann in späteren Stresssituationen wie zum Beispiel Luftnotlagen, komplexen Übungen oder im Einsatz bestehen.

Die Belastung wird während der Ausbildung gezielt gesteigert – und nur wer standhält, hat bewiesen, dass er zumindest das Potential hat, auch in der

Zukunft zu bestehen. Ein wichtiger Faktor hierbei ist die Kritikfähigkeit und damit auch der Wille, sich ständig weiterzuentwickeln und zu verbessern. Als Flugschüler erhält man in der Regel einen Fluglehrer zugeteilt, der – als erfahrener Offizier – die Aufgabe hat, aus einem „Fußgänger" einen selbständig denkenden und situationsangepasst handelnden jungen Piloten bzw. ein junges Besatzungsmitglied zu formen. Dazu gehören natürlich zum einen die motorischen Fähigkeiten, die man aufweisen muss, um ein Flugzeug sicher zu bewegen. Zum anderen besteht die Aufgabe des Fluglehrers auch darin, die innere Einstellung des jungen Flugschülers und Offiziers dahingehend zu formen, auf dass dieser in bester Art und Weise auf seine spätere Verwendung und sein Umfeld vorbereitet wird.

Teil dieser Einstellung ist auch, dass man neben dem rein Handwerklichen bestimmte Werte und Normen vertritt und diese auch lebt. Allen voran ist hier natürlich die freiheitlich-demokratische Grundordnung und das damit verbundene Wertesystem zu nennen, wofür es als deutscher Soldat einzutreten gilt. Doch es geht auch um persönliche Werte, Prinzipien und Charaktereigenschaften wie Integrität, Disziplin und Lernwilligkeit, verbunden mit der schon erwähnten Kritikfähigkeit. Von der ersten Minute an wird den Flugschülern beigebracht, die Inhalte ihrer militärischen Einsätze (Missionen) akribisch durchzugehen und diese dementsprechend vorzubereiten; also jeden Aspekt zu berücksichtigen. Die jeweiligen Flug-/Einsatznormen sind klar definiert und als Ziele fixiert, die es ganz einfach einzuhalten bzw. zu erreichen gilt.

In der Nachflugbesprechung werden sämtliche durchgeführten Inhalte hinsichtlich der Zielerreichung kritisch beleuchtet, wobei eine aktive und offene Fehleranalyse im Vordergrund steht. Diese sachlich orientierte und nicht minder selbstkritische Aufarbeitung der Mission hat den Zweck, dem jungen Flugschüler zu vermitteln, dass die Messlatte und die Erwartungshaltung zum Teil sehr hoch liegen, aber nicht gänzlich unerreichbar sind. Durch harte Arbeit und Selbstdisziplin kann und sollte es ihm gelingen, die Ziele zu erreichen. Dabei ist es ganz normal, dass Fehler gemacht werden. Diesen mit einem Klima der Angst und des Beschweigens zu begegnen, wäre vollkommen kontraproduktiv. Der junge Flugschüler und Offizier braucht keine Angst davor zu haben, beim ersten Mal falsche Entscheidungen zu treffen und Fehler zu machen. Er ist schließlich Lernender! Wichtig ist hier aber die Wahrhaftigkeit gegenüber sich und den anderen, Fehler einzugestehen, daraus zu lernen und beim nächsten Mal nicht dieselben Fehler wieder zu begehen.

Der junge Flugschüler, genau wie der junge Offizier, soll erkennen und verstehen, bestimmte Regeln zu beachten und sein Handeln danach ausrichten. Der Fluglehrer und erfahrene Offizier wird so zum Ausbilder und Erzieher gleichermaßen, indem er durch sein kameradschaftliches und fürsorgliches Handeln und vor allem durch sein Vorbild dem jungen Flugschüler die nötigen Kenntnisse und Fähigkeiten beibringt, um das Flugzeug sicher bedienen zu können.

Den jungen Offizier erzieht er im Sinne seiner „Verbandskultur" und bringt ihm so deren Werte näher. „Verbandskultur" bezieht sich hier nicht unbedingt auf einen Verband im militärischen Sinne. Vielmehr geht es hier um bestimmte Verhaltensmuster einer Gemeinschaft, die zum Beispiel dadurch verbunden ist, weil die Mitglieder dasselbe Flugzeugmuster fliegen oder dieselbe Einsatzrolle oder denselben Auftrag und somit gemeinsame Ziele haben, die von den Mitgliedern eben dieser Gemeinschaft angestrebt bzw. verfolgt werden. Die Regeln und Normen sowie die Einstellung und das daraus abgeleitete Verhalten der Mitglieder prägen in der Regel diese Kultur und beeinflussen somit vor allem das Verhalten gerade neuer, junger Mitglieder. Diese Gemeinschaften werden in der Fliegerei weitläufig als *„Communities"* bezeichnet. Die durch die jeweiligen Angehörigen dieser *Community* vorgelebten Werte und die damit verbundene Einstellung gilt als *„Attitude"*.

Um letztlich in seiner *Community*, also in der Staffel, einmal vollends akzeptiert zu werden, ist es daher nicht nur notwendig, eine entsprechende fliegerische Leistung zu bringen; es ist mindestens ebenso wichtig, die entsprechende *Attitude* an den Tag zu legen und bereit zu sein, den Geist – also den *„Spirit"* – der Gemeinschaft anzunehmen und als Mitglied eben dieser Gemeinschaft diesen auch zu leben und – wenn es um das Außenverhältnis dieser Gemeinschaft zu ihrem sich doch selbst verändernden Umfeld geht – analog aktiv weiter zu entwickeln.

Bei der Durchführung des Ausbildungsfluges selbst ist der Fluglehrer in erster Linie genau das – nämlich Ausbilder. Als Lehrer hat er dann die Aufgabe, dem Schüler die nötigen Grundlagen zu vermitteln. Auch in der Fliegerei geschieht das auf Grundlage eines Ausbildungsregelwerkes, genannt *Syllabus*: Der Flugschüler muss gewisse Anforderungen erfüllen und Flugprofile abfliegen. Es obliegt dabei dem Lehrer, die Ausbildung so zu gestalten und auf den Schüler auszurichten, auf dass dieser die Lernziele erreicht. Generell richtet jeder Ausbilder, der sich mit seiner Aufgabe identifiziert, an sich selbst den Anspruch, seine Schüler bestmöglich auszubilden und ihnen das nötige Wissen und die erforderlichen Fertigkeiten zu vermitteln, so dass sie später in ihrer Verwendung die Dinge meistern.

Genauso in der Fliegerei: die Beziehung zwischen dem *„Instructor Pilot"* (IP) und dem *„Student"* ist hier geprägt von Vertrauen und einer gewissen Erwartungshaltung. Der Student kann von seinem IP erwarten, dass dieser ihm die nötigen Fertigkeiten vermittelt und ihm einen Einblick in die Kultur der jeweiligen *Community* gibt. Eine wesentliche Grundlage für das Gelingen und Bestehen der Ausbildung bildet gerade das Vertrauen: zum einen das Vertrauen des Lehrers in die Bereitschaft und den Leistungswillen des Schülers, den eingeschlagenen Weg konsequent zu Ende zu gehen; und zum anderen das Vertrauen des Schülers in die Lehrbereitschaft und das Können des Lehrers wie auch das Vertrauen in die eigenen Fähigkeiten. Es handelt sich ganz klar um eine wechselseitige Beziehung, und beide Seiten müssen, um auf Dauer vertrauensvoll miteinander arbeiten zu können, sich diese Vertrauenskomponenten verdienen. So muss der IP dem Student das Gefühl geben, dass er ihn und die Fehler, die er wohl macht, ernst nimmt, sich ihm und seiner Probleme tatsächlich annimmt und ihm dabei so hilft, in der Ausbildung voranzukommen.

Aber auch das gibt es nicht zum „Nulltarif": So erwartet der IP, dass der Schüler die geforderte *Attitude* zeigt und bereit ist, hart an sich zu arbeiten, sich ständig verbessern zu wollen und vor allem auch den *Spirit* der *Community* anzunehmen. Dies bedeutet hinwiederum für den *Student*, einige Entbehrungen während großer Teile seiner Ausbildung in Kauf zu nehmen.

Der Lohn für die Mühen ist das Tätigkeitsabzeichen: die Schwingen, die dem jungen Offizier nach Abschluss der Ausbildung verliehen werden. Damit verbunden ist nicht nur das Recht, von nun an ein Luftfahrzeug zu führen, sondern auch die Pflicht, dieses verantwortungsvoll einzusetzen. Als verantwortlicher Luftfahrzeugführer hat man die Aufgabe, sich vorschriftsgemäß und regelkonform zu verhalten. Innerhalb dieses Rahmens kann und muss man sich frei bewegen können, sich „wohlfühlen" und – wenn gefordert! – jederzeit auch bereit zu sein, an das geforderte Limit heranzutreten. Die Grundvoraussetzung hierfür ist, dass man sein Handwerk versteht und die Modalitäten sowie Regularien kennt. Absolut unerwünscht ist der notorische und uneinsichtige Regelbrecher, der glaubt, durch seine Regelauslegung das Ziel schneller erreichen zu können. Ganz im Gegenteil! Idealerweise handelt es sich bei Fliegenden Besatzungen um Teamplayer, die sich innerhalb der Norm bewegen und somit – mindestens im Rahmen des Konventionellen! – auch für ihr Umfeld berechenbar sind.

Warum ist das so wichtig? Die wenigsten Flugzeuge sind Einsitzer. Das heißt, man hat immer mindestens einen weiteren Besatzungsangehörigen dabei. Im Tornado ist neben dem Piloten auch noch ein ausgebildeter Waffensystemoffizier zugegen. Selbst ein einsitziger Eurofighter wird, wenn er taktisch fliegt, nie „alleine" unterwegs sein. Alle taktischen Verfahren beruhen auf dem Konzept, dass man immer mit mindestens zwei Kampfflugzeugen, einer Rotte also, unterwegs ist. Somit trägt der Pilot nicht nur die Verantwortung für sein eigenes Handeln, sondern auch für das Rottenteam und dessen Handeln. Man sieht, dass hier der Begriff „Besatzung" im erweiterten Sinne betrachtet wird: Der Rottenführer als Führer der taktischen Einheit muss neben seiner Tätigkeit als verantwortlicher Luftfahrzeugführer auch Führungsentscheidungen für die anderen Luftfahrzeuge seiner Formation treffen.

Wie jeder Führer, muss er sich selbst wie auch die „Besatzungsmitglieder" einschließlich ihrer Stärken und Schwächen kennen. Dies gilt umgekehrt auch für die anderen Angehörigen der Besatzung. Als Waffensystemoffizier muss ich darauf vertrauen, dass mein Pilot die Maschine beherrscht und fähig ist, diese auch in schwierigen Situationen sicher und kontrolliert einzusetzen.

Vertrauen zwischen den einzelnen Besatzungsangehörigen ist also zwingend notwendig, um den Auftrag nicht nur sicher, sondern vor allem auch effektiv und effizient durchführen zu können. Der erfahrene Offizier und Lehrer führt insbesondere durch sein Vorbild den jungen Offizier und Schüler an seine neue Rolle als Luftfahrzeugbesatzung heran und prägt ihn schon in jungen Jahren hinsichtlich seiner Funktion als zukünftiger Vorgesetzter. Dies geschieht zum Teil unterschwellig, und der junge Offizier ist sich dessen zunächst oftmals nicht so richtig bewusst. Es braucht vielfach einige Zeit, das Ganze zu realisieren. Entscheidend bleibt, dass der junge Offizier bestimmte Verhaltensweisen zum Teil bewusst und nicht minder unbewusst übernehmen wird, die dann sein (fliegerisches) Gesamtverhalten prägen. Dabei ist es völlig unerheblich, ob er sich gerade in einer Vorgesetzten- bzw. Führungsrolle befindet oder nicht.

Das Handlungsfeld der Bundeswehr als Armee in Auslandseinsätzen und somit natürlich auch das der Luftwaffe beschränkt sich nicht mehr auf die klassische Landesverteidigung wie zu Zeiten des Kalten Krieges. Das Einsatzspektrum ist deutlich umfangreicher und vielschichtiger geworden. Die Bundeswehr tritt mittlerweile als Akteur bei der Lösung einer Vielzahl von Konflikten auf. Als Parlamentsarmee vertritt sie die sicherheitspolitischen Interessen Deutschlands und ist dabei noch immer an die Werte und Normen unseres Grundgesetzes – also auch an Recht und Gesetz – gebunden. Sie bewegt sich nicht im rechtsfreien Raum. Bevor die Streitkräfte in Konflikte geschickt werden, wird der rechtliche Rahmen durch die Bundesregierung festgelegt. Das Parlament entscheidet letztlich über den Einsatz. Diese Legitimation ist für jeden Soldaten die Grundlage seines Handelns. Sie bildet den Rahmen, und jeder vorgesetzte Offizier und Führer hat für sich grundsätzlich unter der Vorgabe zu praktizierender Auftragstaktik zu entscheiden, wie das Ziel erreicht und somit der Auftrag erfüllt werden kann.

ALSO: Auftragserfüllung nicht nur im Grundbetrieb, sondern unter erschwerten Bedingungen – im Auslandseinsatz

Jetzt kommt erst recht das zum Tragen, worauf man als Soldat und Offizier in langen Jahren vorbereitet wurde. Die eigene Ausbildung, das Beherrschen des Waffensystems, der rechtliche Rahmen und nicht zuletzt die Vereinbarkeit des Ganzen mit den eigenen Werten und Normen – gehalten von dem Vertrauen in sich selbst, aber vor allem von dem Vertrauen in die Kameraden, mit denen man in den Einsatz geht und fliegen muss.

In der Regel flog die Luftwaffe bislang nur Unterstützungseinsätze: Transportverbände brachten und bringen Hilfslieferungen in alle Welt und unterstützen bei Naturkatastrophen; unbemannte und unbewaffnete Aufklärungsdrohnen flogen und fliegen in Afghanistan und unterstützen so eigene Bodentruppen; Recce-Tornados flogen Aufklärungsmissionen in Afghanistan und in Syrien; Tankflugzeuge unterstützen die Versorgung eigener und alliierter Flugzeuge bei ihren Auslandseinsätzen. All dies geschieht einige Meter über dem Boden. Die direkte Gefährdung der Piloten durch feindlichen Beschuss ist dabei minimiert. Aktive Kampfhandlungen bleiben bei Unterstützungsflügen außen vor.

Doch ist das die ganze Realität? Gilt das für unsere Jagdflieger, die mittels Alarmrotten schon seit Jahrzehnten die Sicherheit und Souveränität unseres Luftraumes schützen? Seit kurzem wird diese hoheitliche Aufgabe auch im Baltikum bzw. über Island durchgeführt – und dies bewaffnet. Und – wie war das gleich mit dem Einsatz der ECR-Tornados in Serbien 1999? Auch dieser Einsatz war bewaffnet, und es wurde auch eine Vielzahl von HARM-Flugkörpern gezielt gegen serbische Radarstellungen eingesetzt. Und – es flogen auch einige, wenn auch wenige, deutsche Luftwaffenoffiziere während ihrer mehrjährigen Austauschverwendungen unter anderem scharfe Einsätze im Rahmen des ISAF-Mandats, voll bewaffnet und im Einsatzspektrum *„Close Air Support"*/Luftnahunterstützung mit aller Konsequenz.

Dafür wurden und werden Offiziere als fliegende Besatzungen ausgebildet: auch unter Kampfhandlungen zu führen und so Verantwortung zu übernehmen! Führen heißt immer Entscheiden. Denn nur darauf kommt es schließlich und endlich an: in bestimmter kritischer Situation die adäquate Entscheidung zum Meistern eben dieser Situation zu treffen. Die Bewaffnung an den Flugzeugen wird ja bewusst mitgeführt, um diese bei Bedarf auch einzusetzen: defensiv beispielsweise bei den eben erwähnten Alarmrotten und offensiv, um definierte Zielobjekte zu zerstören und um die ggf. eingesetzten eigenen Bodentruppen zu unterstützen.

Hier ist es neben einer effektiven Kommunikation absolut unerlässlich, dass sich die Besatzung ein klares Bild der Situation macht, bevor Waffen zum Einsatz kommen (könnten). Vereinfacht dargestellt, bekommt die Besatzung die Lage durch den Fliegerleitoffizier, der sich am Boden befindet, übermittelt. Die Besatzung hat nun die Aufgabe, das zugewiesene Ziel eindeutig als militärisches Ziel zu identifizieren und situationsabhängig das richtige Mittel auszuwählen. Die Bandbreite reicht hier vom tiefen Überflug (*Show of Force*) über Warnschüsse hin bis zum scharfen Waffeneinsatz. Neben dem humanitären Völkerrecht und nationalen Gesetzen sind hier auch weitere Vorschriften wie *„Rules of Engagement"* und andere Einschränkungen zu beachten. Auch muss die Besatzung die Waffenwirkung abschätzen können. Während der langen Ausbildung wurden der Besatzung die Einsatzverfahren und rechtlichen Grundlagen beigebracht: Ihr wurden bestimmte Werte und Normen vermittelt und sie wurde erzogen, danach zu handeln. Dazu gehört auch die Achtung der Menschenwürde und – unzertrennlich damit verbunden! – die Achtung von Leben. Um aber den Auftrag ausführen zu können und die eigenen Soldaten zu schützen, kann es erforderlich sein, dass man über Leben und Tod entscheiden muss. Das Leben eines Menschen ist das höchste Gut, und auch im Krieg sollte dieses nicht leichtfertig genommen werden. Bevor es also zum Waffeneinsatz kommt, muss die Besatzung, es müssen der Offizier und Pilot zusammen mit seinem Waffensystemoffizier sich so sicher wie möglich sein, dass der Einsatz von Waffen gerechtfertigt und verhältnismäßig ist. Letzten Endes stehen beide in der Verantwortung, dies zu gewährleisten. Jeder für sich muss reinen Gewissens den Abzug betätigen können und sich sicher sein, dabei und damit richtig zu handeln.

Zu Beginn der fliegerischen Ausbildung scheint dies alles noch ganz weit weg zu sein. Nichtsdestotrotz: hier bereits ist der richtige Zeitpunkt gekommen, darüber nachzudenken. Jeder Offizier sollte sich darüber im Klaren sein, dass gerade er selbst sich einmal in einer Situation wiederfinden könnte, in der er einen Befehl geben muss, der Menschenleben kosten kann. Deshalb muss er Vertrauen in seine Entscheidungen haben, er muss wissen mit der Verantwortung umzugehen und er muss in seinen Werten gefestigt sein. Was bedeutet es also Offizier zu sein? **Erstens: Offizier sein bedeutet vertrauen zu können. Zweitens: Offizier sein bedeutet, bereit zu sein, Verantwortung zu übernehmen. Drittens: Offizier sein bedeutet, wahrhaftig zu sein – vor seinen Soldaten, vor dem Gesetz und vor seinem Gewissen!**

Sind Soldaten Mörder? – Oder: Unbequeme Fragen an einen Offizieranwärter der Luftwaffe

Nicola Baumann

Als ich meiner Familie von meiner Bewerbung bei der Bundeswehr erzählte, war der Widerstand groß, um nicht so sagen schroff: Meine Mutter und meine Schwester fragten mich provokativ, ob ich ab jetzt gerne Leute umbringen würde. Natürlich war das eine für mich völlig abwegige Frage. Doch sie zeigt, dass manch einer, Familienmitglieder mit eingeschlossen, ganz bestimmte Vorstellungen vom Beruf des Soldaten hat. Aufgrund unserer Geschichte im 20. Jahrhundert mit den beiden Weltkriegen, der NS-Diktatur und auch wegen des darauf folgenden Kalten Krieges wird sie gleichwohl gestellt. Ich bin mir ziemlich sicher: Hätte ich mich damals für die Polizei entschieden, wäre diese Frage so nicht gekommen. Obwohl ich stark vermute, dass Polizisten heutzutage deutlich mehr mit körperlicher Gewalt konfrontiert werden als wir Soldaten.

Natürlich hoffe auch ich, dass der Ernstfall mit Gewaltanwendung nicht kommt und dass ich dann, wenn er kommt, adäquat handle. Mich ärgert, dass viele Menschen, die uns gegenüber pauschale Vorurteile hegen, völlig ausblenden, dass die Bundeswehr eine durch das Grundgesetz legitimierte Parlamentsarmee ist. Wir verrichten das, was die von den Bürgern gewählten Volksvertreter uns auftragen. Und somit wäre mit zu überlegen, ob diejenigen, die uns kritisieren, sich entweder nicht richtig mit der freiheitlich-demokratischen Grundordnung identifizieren bzw. noch erhebliche Nachhilfestunden i.S. „Demokratie" benötigen.

These: „Wenn Du schon kein Mörder bist, so findest Du zumindest den Krieg gut?

Nein, natürlich nicht. US-General Douglas MacArthur hat einmal sehr treffend gesagt, dass *„der Soldat mehr als jeder andere für den Frieden betet."* Er musste es wissen. Denn während der Großteil der deutschen Bürger hoffentlich sicher zu Hause am Fernseher sitzt oder – noch besser! – sich Bewegung durch Sport verschafft, macht dieser sich im selben Moment wohl kaum Gedanken, warum sich dieses Land eine Armee hält. Das Leben meiner Kameraden, meiner Freunde aus meiner Berufswelt und am allerwenigsten mein eigenes bildet einen Gegenstand, um den die Gedanken der in diesem Land lebenden Menschen kreisen. Doch ich will nicht verhehlen, dass ich natürlich auch lieber bei meiner Familie bin als irgendwo im Einsatz.

Woher kommt dann dieses negative Bild des Soldaten?

Zum einen besteht dieses auch bei uns nur noch zum Teil negative Bild in anderen Ländern nicht. In Großbritannien, in den USA und anderen demokratischen Ländern in und außerhalb Europas werden Soldaten hoch geachtet. Zum anderen haben sich leider in unserer Geschichte deutsche Soldaten zu völlig fehlgeleiteten Taten missbrauchen lassen. Das steckt natürlich noch im kollektiven Gedächtnis. Soldatinnen und Soldaten können aber durch ihr positives Beispiel dieses Bild langsam – aber stetig – ändern. So erfährt die Bundeswehr im Rahmen der Katastrophenhilfe nach Überflutungen zum Beispiel ja immer wieder großen Zuspruch. Es liegt an uns selbst und an der Politik, diesen Zuspruch zu erhalten.

Du sprachst davon, dass Soldaten sich für falsche Ziele missbrauchen ließen, wäre so etwas heute immer noch möglich?

Nein. Da bin ich mir bei unseren heutigen Strukturen ganz sicher. Aber ich sehe es als meine persönliche wie auch als persönliche Verpflichtung jedes Soldaten an, dies absolut sicherzustellen. Die Bundeswehr hat zum Beispiel ein gutes Beschwerdesystem. In diesem Punkt sind wir viel weiter als andere Armeen. Auch die gesetzlichen Möglichkeiten jedes einzelnen Soldaten, Befehle kritisch zu überprüfen, sind in der Bundeswehr viel ausgeprägter als zum Beispiel in den USA.

Aber man darf nicht vergessen, dass das zu Kritisierende im Kleinen anfängt. Und im Kleinen gibt es bei der Bundeswehr viele Missstände. Im Lauf der Jahre schleifen sich „unbemerkt" Umgangsformen und Verhaltensweisen ein, die – objektiv betrachtet – völlig unakzeptabel sind. Da sind vor allem die Vorgesetzten in der Pflicht. Wenn die Chefin nicht einschreitet und der Spieß nichts sagt, wird ein Verhalten automatisch als „in Ordnung gehend" gewertet. Da muss dann wirklich eine klare Linie gegen Regelverstöße gezogen werden – eine, die Prinzipien guten menschlichen Zusammenwirkens und Zusammenlebens gewährleistet. Und dies bezieht nicht minder ein die Kriterien „Anstand" und „guter Geschmack".

Sprichst Du denn alle Probleme und Missstände an?

Nein, ich kann mich da nicht ganz freisprechen. Zu Beginn meiner Bundeswehrzeit, als frischgebackene Soldatin und nach der Beförderung zum Leutnant, habe ich oft versucht, die Welt zu verbessern und alle Missstände abzustellen, die es bei uns so gibt. Sehr oft sind die Missstände aber in dem System tief verankert, so dass ich mich mehr als einmal gefühlt habe wie Don Quijote, der gegen die Windmühlen reitet. Ich akzeptiere heute sehr viele Dinge, die verbesserungswürdig wären. Ich habe gelernt, den „Ärger-Nutzen"-Faktor einzuschätzen und nur noch den Kampf aufzunehmen, wo es augenscheinlich kompromisslos notwendig ist. Aber ich frage mich mitunter, ob das wirklich so in Ordnung geht oder ob ich nur bequem geworden bin. Man sollte sich dessen bewusst sein, dass man bei einem Problem, gesehen als Medaille, immer nur auf einer der beiden Seiten landet: als Teil des Problems oder als Teil der Lösung. Einen neutralen Mittelweg gibt es nicht.

Das sind ernüchternde, ja harsche Worte. Glaubst Du nicht, dass es eine neutrale Position gibt?

Natürlich kann man sich, gleich bei welchem Missstand, neutral verhalten. Das geht dann irgendwie in die Richtung des klassischen Mitläufertums. Mitläufer gibt es viele, in jeder Generation, in jedem Land, in jeder Gesellschaft und auch in jeder Armee. Die Bundeswehr versteht sich aber selbst in der Tradition des (militärischen) Widerstandes gegen den nationalsozialistischen Unrechtsstaat stehend. Eine besondere Rolle spielt dabei das Attentat von Claus Graf Schenk von Stauffenberg vom 20. Juli 1944. Die Offiziere des Widerstandes haben sich aktiv gegen das damals herrschende Unrecht gestellt. Damit Unrecht als Staatsideologie nicht die geringste Chance hat, bedarf es auch heutzutage verantwortungsbewusster, beispielgebender Vorgesetzte, ja lebender Vorbilder – und nicht der Mitläufertypen. Das ist ein hoher Anspruch, an dem ich selbst manchmal scheitere. Es lohnt sich aber trotzdem, immer zu versuchen, diesem Anspruch gerecht zu werden.

Ein angenehmeres Thema: Du bist im Moment als Eurofighter-Pilotin eingesetzt, wie ist das so?

Ich fühle mich sehr geehrt, das Privileg zu haben, dieses tolle Flugzeug fliegen zu dürfen. Die Ausbildung war lang, anspruchsvoll und intensiv. Aber es hat sich gelohnt! Kampfflugzeuge zu fliegen, ist eine einmalige, sehr schöne und auch herausfordernde Aufgabe. Diese Art zu fliegen unterscheidet sich völlig vom Rest der Fliegerei und ist auch kaum mit „normalen" Jobs zu vergleichen. Bestimmte Momente im Flugbetrieb machen das Positive immer wieder bewusst. Denn gerade in Deutschland starten wir oft bei schlechtem Wetter und können dann über den Wolken die Sonne genießen oder im Tiefflug über das Meer preschen.

Piloten werden manchmal von den anderen Bereichen der Luftwaffe etwas misstrauisch beäugt, warum?

Naja, der fliegerische Dienst ist natürlich schon ein eher spezieller Teilbereich. Wir haben es zum Beispiel fast nur mit Offizieren zu tun, die alle eine sehr lange, hochspezialisierte und fordernde Ausbildung hinter sich haben. Jeder von uns ist der „Herr im Ring", wenn er oder sie im Flugzeug sitzt. Wir agieren im Verbund, aber selbstständig und dynamisch. Da bleibt keine Zeit für lange Befehlsketten. Dieses Verhalten übertragen wir auch auf den Boden. Ich sehe – pointiert formuliert – keinen Sinn darin, diese hochspezialisierten Profis ins „Achtung" zu stellen und sie anzuschreien. Da würde jeder Respekt und jede Glaubwürdigkeit verloren gehen. Aber man kann von diesen Profis selbstverständlich auch erwarten, dass es nicht soweit kommt, dass so etwas je nötig wäre.

Die militärische Fliegerei ist auch heutzutage noch gefährlich, und sie wird es auch immer bleiben. Wir verlieren immer wieder Freunde und kennen noch mehr Situationen, in denen es nur mit viel Glück gerade nochmal gut gegangen ist. Andere Teilbereiche der Luftwaffe erleben diese Intensität meist nur im Einsatz. Diese Erfahrung zeigt Menschen oft, was die wirklich wichtigen Dinge sind. Da wird man im Alltag einfach ein bisschen lockerer.

Als nächstes „duzen" wir uns ja auch (fast) alle. Das passiert nicht nur, weil wir alle so „locker" drauf sind, sondern hat ganz ernste Hintergründe. Die Fliegerei ist ja immer noch ein gefährliches Unterfangen. Wenn ich da nicht ganz bewusst Autoritätsgefälle abbaue, traut sich eine junge Pilotin vielleicht nicht, den älteren Oberstleutnant auf eine gefährliche Situation hinzuweisen. Denn wir machen alle Fehler und in der Fliegerei ist es lebensnotwendig, dass jeder das auch sagen kann. Und zu sagen: *„Du, Max, das war aber falsch!",* sagt sich eben leichter als: *„Herr Oberstleutnant, das haben Sie aber nicht richtig gemacht".* Das ist ganz einfach menschlich, und ich glaube, es ist für den außenstehenden Kritiker aus dem Kreis der nicht-fliegenden Kameraden auch einleuchtend.

Ist es nicht etwas Besonderes, als Frau Kampfflugzeuge zu fliegen?

Kampfflugzeuge fliegen zu können, ist völlig unabhängig vom Geschlecht etwas Besonderes. Ehrlich gesagt, ist das eine Frage, der ich mittlerweile wirklich sehr überdrüssig bin. Als ich in der Grundausbildung und dann an der OSLw war, waren Frauen wirklich noch etwas relativ Neues für den Truppendienst der Bundeswehr. Da hatte ich viel Verständnis dafür, dass (1.) nicht immer alles rund lief und dass (2.) viele Menschen sich erst an den Gedanken gewöhnen mussten. Das ist aber über ein Jahrzehnt her. Wir haben eine Bundeskanzlerin und eine Verteidigungsministerin. Es ist also völlig normal, eine Frau, Soldatin und Pilotin zugleich zu sein. Der jüngeren Generation ist das auch völlig egal, und selbst die meisten „Alten" haben sich inzwischen daran gewöhnt. Es gibt natürlich noch „Spinnwebenträger in den Gehirnen", d.h. noch ganz vereinzelt sehr rückwärts gerichtete Ansichten. Doch die findet man in jedem Beruf.

Aber sind Frauen wirklich genauso qualifiziert wie Männer, um ein Kampfflugzeug fliegen zu können?

Die erste Frau hatte 1909 ihren Flugschein erworben, und dies war nur kurz nach dem ersten Mann. Im Zweiten Weltkrieg flogen auf allen Seiten Frauen. Auch in Deutschland gab es mit Hanna Reitsch, Beate Rothermund-Uhse und Melitta Gräfin Schenk von Stauffenberg faszinierende Testpilotinnen, die im Übrigen auch damals schon Jets flogen. Auf sowjetischer Seite bestritten Frauen ganz normal Kampfeinsätze. In dieser Frage waren kommunistische Staaten uns i.S. „Gleichheit" voraus. Man darf auch nicht vergessen, dass selbst in der NVA Frauen ganz normal gedient haben und sogar Flugzeuge geflogen sind. Dem Flugzeug selbst ist es nämlich egal, wer drin sitzt – Hauptsache der Flieger wird geschickt bedient bzw. gut geflogen.

Bist Du der Meinung, dass wir wenigstens weibliches Führungspersonal brauchen?

Nein. Wir brauchen *gutes* Führungspersonal – gut ausgebildete, empathische, durchsetzungsfähige, motivierte und motivierende Offiziere. Ob diese dann weiblich oder männlich, klein oder groß, blond oder schwarzhaarig, homo- oder heterosexuell sind, ist wirklich völlig irrelevant. Ich habe sowohl mit männlichen als auch mit weiblichen Vorgesetzten gute wie schlechte Erfahrungen gemacht. Es hatte aber nie etwas mit dem Geschlecht zu tun. Individuelle Charakterzüge und Erfahrungen sind viel wichtiger. Frauen sind ja auch keine

Minderheit in Deutschland. Es liegt mir vielmehr immer mehr am Herzen, eine echte Abbildung unserer zivilen Gesellschaft in der Bundeswehr zu erreichen, indem wir unsere muslimischen Mitbürger und solche mit Migrationshintergrund gezielter ansprechen. Da haben wir meiner Meinung nach ein Defizit.

Hast Du selbst schon mal Menschen geführt?
Im Fliegerischen Dienst kommen wir durch unsere lange Ausbildung und die Zusammensetzung der Staffel erst sehr spät in Führungsverantwortung. Ein Staffelkapitän ist ja meist schon Oberstleutnant. Aber ich hatte das Glück, drei Jahre auf der *Sheppard Air Force Base* (Texas) als Fluglehrerin und als *Flight Commander* eingesetzt gewesen zu sein. Dort durfte ich zwölf Schüler und fünf bis sieben Fluglehrer aus allen NATO-Nationen, vom Leutnant bis zum Oberstleutnant, fachlich führen und durch die Ausbildung bringen. Das war eine sehr anspruchsvolle und erfüllende Aufgabe. Ich musste mit meinen Fluglehrern ein gutes Team bilden und dieses immer wieder gezielt motivieren. Die Flugschüler machen eine sehr stressige, intensive Ausbildung durch. Das erfordert Einfühlungsvermögen, Empathie und die richtigen Worte zur richtigen Zeit. Ich bin sehr stolz darauf, dass meine Schüler es alle durch die Ausbildung geschafft haben.

Was macht für Dich eine gute Vorgesetzte aus?
Man muss sich wirklich für seine Leute interessieren und Anteil nehmen an den großen und kleinen Dingen, die während und zum Teil auch nach dem Dienst passieren. Dafür muss man aufmerksam, erreichbar und ansprechbar sein. Die Erfordernisse, die von oben an einen heran getragen werden, muss man so gut es geht umsetzen. Wenn dies nicht mehr geht oder keinen Sinn mehr macht, ist es meiner Meinung nach allerdings notwendig als Schutzschild vor seinen eigenen Leuten zu stehen.

Ein Offizier lebt im Spannungsfeld zwischen den Anforderungen „von oben" und den Bedürfnissen der ihm/ihr anvertrauten Menschen. Das ist nicht immer leicht auszuhalten oder in Einklang zu bringen. Es erfordert stets den unbedingten Willen, Menschen gut führen zu wollen.

Ist ein Teil dieses Spanungsfeldes die mangelhafte Ausstattung?
„Jein". In dieser Diskussion werden leider echte Probleme mit Jammern auf sehr hohem Niveau vermischt. Das beeinträchtigt erheblich das Abstellen der echten Missstände. Das sind die Missstände, die die körperliche und geistige

Sicherheit der Soldaten beeinträchtigen, wie zum Beispiel fehlerhaft Schutz- oder Rettungsausrüstung sowie jene Missstände, die unsere Auftragserfüllung ernsthaft gefährden oder den Leistungswillen und die Leistungsbereitschaft unserer Soldaten langfristig beeinträchtigen. Diese müssen natürlich angesprochen und abgestellt werden. Aber wir müssen auch aufhören, über jede Kleinigkeit zu jammern. Ich hatte zum Beispiel immer wieder Flugschüler, die sich darüber beschwerten, dass ihre Ausbildung nicht einhundertprozentig ideal verlief, weil wir nicht immer für jeden ein Flugzeug und einen Fluglehrer parat hatten. „*So what*" – Na und? Den Offizier zeichnet aus, flexibel zu sein, mit den gegebenen Ressourcen das bestmögliche Ergebnis zu erreichen und nicht nur zu jammern, dass Spitzenleistungen nur bei Spitzenausstattung möglich sind. In keinem Einsatz und bei keiner Katastrophenhilfe werden wir jemals völlig ideale Bedingungen vorfinden. Trotzdem müssen wir imstande sein, unsere Leistung voll zu erbringen und mit den gegebenen Mitteln unseren Auftrag so gut es eben geht zu erfüllen.

Welche Erwartungen und Wünsche hast Du für die Zukunft?

Die Bundeswehr muss viel familienfreundlicher werden und die privaten Bedürfnisse ihrer Soldaten mehr berücksichtigen. Doch lässt dies der Auftrag gänzlich zu? Es kann m.E. jedenfalls nicht sein, dass jedes Mal, wenn ein Paar mit Kind in einer Einheit anfängt, Sonderregelungen gefunden werden müssen. Jeder Standort braucht selbstverständlich eine KiTa und einen Kindergarten. Selbstverständlich muss diese Einrichtung dann auch immer geöffnet sein, wenn Dienst ist. Der Kindergarten kann nicht erst um 07:30 Uhr öffnen, wenn in einer fliegenden Staffel um 06:30 Uhr morgens Dienstbeginn ist. Wie soll das vernünftig funktionieren? Wir brauchen auch moderne Arbeitszeit-, Teilzeit- und Weiterbildungsregeln. Der traurige Effekt ist sonst, dass wir die als Soldaten verlieren, die hochqualifiziert sind, die wir für viel Geld ausgebildet haben und die daher eben auch zivile Alternativen haben.

Es ist auch die unbequeme Wahrheit, dass die Männer in den letzten Jahrzehnten verschlafen haben, sich diese Rechte zu sichern und zu nutzen. Oft wurde, zu Lasten der beruflichen Situation der Partnerin, die Verantwortung für die Kinder auf diese abgewälzt. Das ändert sich im Moment Gott sei Dank. Aber der Nachholbedarf, auch in den Köpfen, ist enorm.

Fliegerarzt in der Luftwaffe

Yvonne Zschommler

Der Traum vom Fliegen begleitet mich von Kindheitsbeinen an. Woher dieser kam, kann ich heute nicht mehr ganz genau sagen. Es mag ein absolutes Klischee sein: vermutlich bin auch ich ein *„Top Gun"*-Kind. Der Film hatte mich wirklich begeistert. Ich wollte einmal im Leben in einer F-14 „Tomcat" sitzen oder gar mitfliegen. Auch wenn sich dieser Traum nie erfüllte und sich auch nicht mehr erfüllen wird, da fast alle Länder diese Maschinen außer Dienst gestellt haben, bin ich doch sehr nah an dessen Erfüllung herangekommen. Das Einzige, was mich früher mit der Militärfliegerei verband, war die Tatsache, dass das Haus meiner Eltern in einer der Tiefflugschneisen liegt und gelegentlich einer der Jets vorbei flog. Ansonsten gibt es in meiner Familie weder einen Piloten noch einen Arzt.

Wie fast jeder Sanitätsoffizieranwärter musste ich Eignungstest, Einstellung, Vorausbildung, Studium und die erste klinische Verwendung durchlaufen. Mit 17 hatte ich mich bei der Bundeswehr beworben und durchlief daraufhin in der Mudrakaserne in Köln den Einstellungstest. Bei den Ärzten hieß das damals „einer gegen 15 andere", die bei der Bundeswehr gerne Arzt werden wollten. Das Deprimierendste, was mir von diesen drei Tagen in Erinnerung geblieben ist, war, dass jeder Proband, der als nicht geeignet herausfiel, nach jedem einzelnen Test nach Hause geschickt wurde. Von anfangs über 90 Bewerbern für die unterschiedlichen Laufbahnen, waren wir am Ende noch etwas über 20 Leute, welche das Auswahlverfahren überstanden hatten. Abgesehen von der „offensichtlichen", hatte ich damals – ehrlich gesagt – keine wirkliche Idee, welche Verwendung es für mich tatsächlich geben würde, und wie anders und dann doch gleich das Aufgabenfeld eines Fliegerarztes im Vergleich zu einem Truppenarzt sein würde. Auf die Idee, selbst militärisch zu fliegen, bin ich zwar gekommen, allerdings war es zu meinem Einstellungszeitpunkt für Frauen unmöglich im fliegerischen Dienst eingesetzt zu werden. Für weibliche Soldaten gab es nur die Verwendung im Sanitätsdienst bei einer der drei Teilstreitkräfte. Eine Ausnahme stellte die zu dem Zeitpunkt einzige fliegende Fliegerärztin dar.

Am 4. Januar 1999 wurde ich dann zur Grundausbildung in Bayreuth einberufen und im Sanitätsdienst der Luftwaffe eingestellt. Es folgten die Ausbildung an der Offiziersschule der Luftwaffe in Fürstenfeldbruck und der Offizierlehrgang an der Sanitätsakademie der Bundeswehr in München. Gerne erinnere ich mich an den Taktikunterricht; auf Logistik im Sanitätsdienst hätte ich allerdings verzichten können. Nach der Sanitätsausbildung in Roth absolvierte ich noch ein einmonatiges Truppenpraktikum am Flugmedizinischen Institut der Luftwaffe in Königsbrück. Das war auch der Zeitpunkt, zu dem ich das erste Mal in der Humanzentrifuge saß und stolz war, mich bei 2,5 G nicht übergeben zu haben.

Den nächsten Schritt in meiner beruflichen Laufbahn bildete das Medizinstudium: drei Jahre in Greifswald und zwei Jahre in Würzburg. Abschluss fand das Studium mit dem Praktischen Jahr in Erlangen. Genau während dieser Zeit wurden Teile der Bundeswehr neu aufgestellt. Ich wurde Angehörige des Zentralen Sanitätsdienst, blieb aber immerhin Uniformträger Luftwaffe.

Die ersten zwei Jahre als „richtiger, fertiger" Arzt verbrachte ich an den Bundeswehrkrankenhäusern Amberg und Berlin als Anästhesieweiterbildungsassistent. In Amberg wurde mir bereits die Ausbildung im Rahmen der *Strategic Air Medical Evacuation* (StratAirMedevac) ermöglicht. Weiterhin absolvierte ich innerhalb dieser Zeit meinen ersten Auslandseinsatz im Einsatzlazarett in Prizren/Kosovo über Weihnachten und Neujahr 2007/2008 im Rahmen der KFOR-Mission.

Nach meiner ersten klinischen Verwendung von zwei Jahren schloss sich eine Verwendung in der Truppe an. Obwohl ich immer den Wunsch geäußert hatte, als Fliegerarzt eingesetzt werden zu wollen, sollte dieser zunächst nicht in Erfüllung gehen. Vorerst wurde ich nämlich Truppenarzt an der UniBw in Hamburg und anschließend beim LogBtl 171 in Burg bei Magdeburg. Genau in diese Verwendung fiel mein zweiter und bisher längster Einsatz mit viereinhalb Monaten als Staffelchef der Sanitätsstaffel in Termez/Usbekistan unter dem Mandat der ISAF-Mission. Während dieses Einsatzes wurde mir ein Dienstposten im Kommando Operative Führung Einsatzkräfte in Ulm angeboten. Ich hatte damals nur ansatzweise eine Vorstellung davon, was es als Arzt bedeutet, einen Schreibtisch zu „behandeln". Die Verwendung an sich klang interessant und überhaupt ganz anders als alles, was ich bis dahin wehrmedizinisch kennengelernt hatte. Außerdem wollte ich unbedingt aus dem Norden Deutschlands zurück in den Süden.

Nach meiner Rückkehr nach Deutschland wechselte ich vom Zentralen Sanitätsdienst der Bundeswehr in die Streitkräftebasis. Im *Kommando Operative Führung Eingreifkräfte* (Ulm) erhielt ich erstmalig die Möglichkeit, außerhalb der kurativen Tätigkeit als Arzt eingesetzt zu werden. Innerhalb von knapp zwei Jahren durchlief ich spezielle Ausbildungen an Einrichtungen der Bundeswehr wie auch an der NATO-Schule in Oberammergau. Ich bekam die Chance, auf multinationaler Ebene zu arbeiten und zu wirken, die eigenen Teilstreitkräfte besser zu verstehen und das Vorgehen anderer Nationen kennenzulernen. Weiterhin erhielt ich als „dienstpostengerechte" Ausbildung die Weiterbildung zum Fliegerarzt am damaligen Flugmedizinischen Institut der Bundeswehr in Fürstenfeldbruck. Meine erste fliegerärztliche Verwendung erfolgte somit in keinem fliegenden Verband, sondern als „Schreibtischtäter". Im Rahmen der Ausbildung hatte ich jedoch verschiedene Verbände kennengelernt und war sogar am Standort Decimomanu/Sardinien eingesetzt. Dort, in „Deci", schlug dann meine erste große Stunde hinsichtlich fliegerischer Erfahrung: der Mitflug in einem Eurofighter. Es fällt mir heute schwer zu erklären, wie es sich anfühlte, als ich beim Start in den Sitz gedrückt wurde und wie unglaublich die Sicht auf Sardinien bei einem Immelmann-Manöver ist. Mir bedeutete es die Welt, und „gefühlt" habe ich meinen zutiefst frohen Gesichtsausdruck für Tage nicht verloren.

Während meiner Zeit im Ulmer Kommando wurde in Rücksprache mit dem Personalamt meine Facharztausbildung von Anästhesie zur Allgemeinmedizin umgewandelt. Zum damaligen Zeitpunkt wurde vonseiten der fachlich vorgesetzten Stelle und der Personalführung favorisiert, dass man als Fliegerarzt die Facharztausbildung zum Allgemeinmediziner absolviert. Dieser Schritt war und ist für mich kein einfacher. Die Anästhesie bedeutet mir zwar noch immer sehr viel, aber das Herz hängt an der Fliegerei. Meine Fliegerarztschwingen wurden mir 2011 vom damaligen Generalarzt der Luftwaffe verliehen. Was für einige recht profan erscheinen mag, war und ist für mich persönlich sehr wichtig. Ich habe einige Umwege dafür in Kauf nehmen müssen — jeder einzelne war es aber wert.

Die theoretische Ausbildung zum Fliegerarzt in der Bundeswehr umfasst unter anderem die Approbation als Arzt, die Weiterbildung in einem patientenbezogenen Gebiet bzw. einen Facharzt, die verschiedenen Fliegerarztlehrgänge, die Ausbildung zum *Aeromedical Evacuation Officer* (AECO), *Medical Director* (MD) im Rahmen *AirMedEvac* und dem Erlangen der ATN Rettungsmedizin.

Zusätzlich hat sich zu diesen rein fachlichen Aspekten noch ein gutes Mehr an Menschenkenntnis und sozialer Kompetenz hinzugesellt. Aus meiner Sicht ist auch ein *Faible* für die Fliegerei von enormem Vorteil. Es ist wie bei der ärztlichen Betreuung von Sportlern: Sie fühlen sich besser aufgehoben, wenn sie merken, dass ihr *„Doc"* Verständnis für ihren Sport oder Beruf hat. Das fliegende Personal und die Flugsicherheitskontrolloffiziere (ATCler) zu betreuen, ist etwas wirklich Besonderes. Der gültige Betreuungsschlüssel ist dementsprechend auch ein ganz anderer als in der „normalen" Truppe. Dafür ist der Anspruch an sich selbst m.E. auch deutlich höher. Der Fliegerarzt ist nicht nur Angehöriger in irgendeinem Verband, sondern integraler Bestandteil des eigenen Verbands.

Sie fragen sich jetzt sicherlich: Gibt es den klassischen Fliegerarzt? Nein, es gibt ihn definitiv nicht. Behaupten Sie einmal vor Piloten, dass es den „einen Bundeswehrpiloten" gibt und es keinen Unterschied beim Fliegen von CH-53 und Eurofighter gäbe. So verschieden wie die einzelnen Waffenmuster und Standorte sind, so verschieden sind auch ihre jeweiligen Fliegerärzte und ihre Werdegänge. Ich persönlich gehöre zu dem Typ „Mensch", der sich zwischendurch an die *Flight* stellt, um den Maschinen beim Starten zuzuschauen und deren Vibrationen buchstäblich dann am ganzen Körper zu spüren.

Mit der Versetzung von Ulm zum JaboG 32 aufs Lechfeld begann mein erstmaliger Einsatz als Fliegerarzt in einem Jet-Verband. Obwohl ich zu diesem Zeitpunkt bereits auf fünf verschiedenen Dienstposten seit meiner Vollapprobation gedient hatte, war ich aufgeregt. Denn eine der großen Fragen, die mir damals durch den Kopf gingen, lautete: „Werde ich im Verband akzeptiert?" Dabei ging es mir nicht darum, dass ich eine Frau bin. Der Fliegerarzt ist aus meiner Sicht eben nicht „nur der Arzt", zu dem man geht, wenn man krank ist oder man aller paar Jahre eine „BA 90/5-Untersuchung" benötigt.

Als Fliegerarzt bin ich bedeutend enger in den Verband und damit in seinen Auftrag integriert als es vormals für mich als „bloßem" Truppenarzt zutraf. Bis auf wenige Ausnahmen nahm ich am täglichen Briefing beider Staffeln teil. Mindestens einmal in der Woche war ich auf dem Tower und in der Radaranflugkontrolle des Flugplatzes. Was viele nicht wissen, ist die Tatsache, dass der Fliegerarzt neben allen fliegenden Besatzungsmitgliedern ebenso für alle Flugsicherungskontrolloffiziere (neudeutsch: *Air Traffic Controller*) zuständig ist. Außerdem eröffnete sich an Föhntagen vom Lechfelder Tower aus ein unvergleichliches Panorama mit den Alpen im Hintergrund.

Dank dieser Schritte war es mir schnell möglich, den Arbeitsplatz der Soldaten, die ich medizinisch betreute, intensiv kennenzulernen. Bei Erkrankungen muss der Fliegerarzt entscheiden, ob der jeweilige Soldat diensttauglich ist oder nicht. Dies ist bei den Aufgabenbereichen der Piloten und der Waffensystemoffiziere (WSO) sowie der Controller deutlich differenzierter zu betrachten als bei anderen Soldaten. So gut wie jeder kennt die gängigen Krankschreibungen wie „Innendienst", „Marsch-Sport-Gelände-Befreiung" und „Krank-zu-Hause-Status". Für die fliegenden Besatzungen gibt es darüber hinaus den sogenannten „DNIF"-Status. Dies bedeutet: *„Duty not including flying"* - diensttauglich, ausgenommen vom Flugdienst. Im Gegensatz zu den vorgenannten Status-Varianten, kann ein DNIF allein und einzig von einem Fliegerarzt aufgehoben werden. Erfolgt durch diesen nicht das Urteil *„Fit to fly"*, so darf keiner als *Air Crew Member* (ACM) in einen Flieger steigen. Wer einmal am Fliegerarzt vorbei mit einer Erkältung fliegen gegangen ist und im Landeanflug keinen Druckausgleich mehr hinbekommen hat, erkennt viel zu spät, weshalb diese Regelung existiert und strikt einzuhalten ist. Und nicht zu vergessen: Es geht stets auch um die Sicherheit der Crew, des Luftfahrzeuges und natürlich der anderen Nutzer des recht stark frequentierten deutschen Luftraumes. Für die Controller im Tower wird ein ähnlicher Maßstab angesetzt. Denn auch dieser Personenkreis trägt entscheidend zur Flugsicherheit bei.

Weiterhin muss jeder der zu betreuenden Soldaten einmal jährlich eine BA 90/5-Untersuchung bestehen. Für die Besatzungen ist dies in aller Regel die „Wehrfliegerverwendungsfähigkeit II" und für die Controller die „Tauglichkeit für den Flugsicherungskontrolldienst". In festgelegten Abständen oder bei besonderen Umständen wird diese Untersuchung am Zentrum für Luft- und Raumfahrtmedizin durchgeführt. Dazwischen werden die jährlichen Begutachtungen durch den zuständigen Fliegerarzt übernommen. Das Nichtbestehen der Untersuchung ist für die Probanden gleichbedeutend mit dem Verdikt „kein Einsatz im Flugzeug, noch im Tower oder in der Anflugkontrolle". Erfahrungsgemäß haben die meisten Probanden vor dem Belastungs-EKG und der Begutachtung durch den Neurologen und Psychiater den meisten Respekt. Sollte der Fall eintreten, dass zeitweilige medizinische Gründe den Einsatz nicht erlauben, so werden alle therapeutischen Maßnahmen unternommen, damit die Tauglichkeit wieder erteilt werden kann.

Lösen wir uns nun vom Fliegerarzt als Person und werfen einen Blick auf das System, worin dieser eingebunden ist. Schnell wird klar: der Fliegerarzt ist kein Einzelkämpfer in seinem Verband. In der betreffenden Teileinheit gibt es einen ersten und einen zweiten Fliegerarzt. Zum Teil sind in einigen fliegenden Verbänden mittlerweile drei Fliegerärzte vorhanden. Des Weiteren gehören seit Jahren flugmedizinische Assistenten, Sportwissenschaftler und zum Teil Physiotherapeuten und Gerätetechniker zum „Team Flugmedizin". Ohne diese

Soldaten würde ich als *„Doc"* auf ziemlich verlassenem Posten stehen. Spätestens beim unvermeidlichen Papierkrieg sind wir für jede Unterstützung dankbar. An dieser Stelle ist es mir wichtig, die konsequente und durchgängige Betreuung durch ein kompetentes Team von Fachleuten zu unterstreichen, um die Flugsicherheit und die Gesundheit dieser Spezialisten zu gewährleisten.

Die Arbeit mit den Probanden ist zu großen Teilen präventiv ausgerichtet. Dies bedeutet, der Dienstherr zielt darauf ab, die zu betreuenden Soldaten gar nicht erst erkranken zu lassen. Ist dieser sicherlich höhere Aufwand im Vergleich zu anderen Einheiten gerechtfertigt? Meiner Ansicht nach unbedingt. Hinzu kommt aber auch eine Kosten-Nutzen-Rechnung aus Sicht des Dienstherrn.

Die Bundeswehr sucht ihre Piloten nach bestimmten Eignungskriterien aus. Dennoch ist jede Crew, jeder Pilot, jeder WSO, jeder Bordtechniker, jeder Ladungsmeister und jeder Controller einzigartig. Einige sieht man regelmäßig in der Behandlung, andere nur, wenn der jährliche medizinische Check ansteht. Den einen muss der Arzt oder der flugmedizinische Assistent auf dem Belastungs-EKG anfeuern, der nächste Patient tritt die Apparatur fast kaputt. Wichtig und unverzichtbar ist, jeden einzelnen nach einer Weile persönlich zu kennen. Das unterscheidet einen Fliegerarzt von einem normalen Mediziner.

Zum Dienstbetrieb gehören jedoch auch weniger angenehme Dinge, wie zum Beispiel Luftnotlagen oder der sogenannte „Crash-Alarm". Gott sei Dank geht es dabei nicht immer gleich wirklich um einen Flugunfall. Bei jedem Alarm ging ich im Kopf durch, wer denn wohl gerade auf dem Flugplan stand und sich in der Luft befand. Der „Crash-Alarm" wird jedes Mal ausgelöst, wenn es zu einem Luftunfall oder Zwischenfall kommt. Dann rückt der Fliegerarzt meist mit einem flugmedizinischen Assistenten aus. Am treffendsten ist hier der Vergleich mit einem Notarzteinsatzfahrzeug. Das eingeteilte Personal ist einschließlich Fahrzeug während der Flugzeiten ständig in Bereitschaft. Es lässt bei Alarmierung sofort alles liegen und fährt zum festgelegten Sammelpunkt von Flugsicherungsoffizier (FSO), Feuerwehr, Fliegerarzt und Rettungswagen.

Für einen Arzt ist es im Laufe seines Berufslebens nichts Unbekanntes, sich mit Verletzungen oder Tod auseinanderzusetzen. Jeder findet über die Jahre seinen Weg, damit umzugehen und leben zu können. Glücklicherweise war beim Großteil dieser Alarmierungen für das Fliegerarzt-Team nichts zu tun, da kein Besatzungsmitglied in meiner Zeit zu Schaden gekommen ist. Ich bin dafür sehr dankbar, weil ich genügend Menschen kenne, die sich mit Flugunfällen auseinandersetzen mussten. Aus meiner Sicht sollte sich aber jeder Soldat mit diesem Thema ernsthaft beschäftigen, wenn er seinen Beruf ernst nimmt.

Der Dienst als Fliegerarzt findet indes nicht nur auf dem Heimatflughafen statt. Übungen, Verlegungen und Einsätze prägen den Arbeitsalltag ebenso und machen ihn noch abwechslungsreicher. Auf Übungen und im Einsatz bedeutet der Beruf des Fliegerarztes, „24/7" erreichbar zu sein, um bei gesundheitlichen und manchmal menschlichen Fragen und Angelegenheiten beistehen zu können – sei es die simple Erkältung, die nachts um zwei Uhr einfach nicht mehr erträglich ist; seien es Probleme zuhause, die dann eine Repatriierung der Soldaten notwendig machen. An einem Tag wird das fliegende Personal wegen Mittelohrbeschwerden mit dem Status DNIF *„grounden"* belegt, am nächsten Tag wird versucht, alle Crews wieder fit zu machen, damit auch alle Maschinen am Ende wieder zurück nach Hause kommen.

Für mich persönlich ist eines der sicherlich besten Dinge als Fliegerarzt, dass einmal im Quartal ein verpflichtender Mitflug auf dem jeweiligen Waffenmuster vorgesehen ist. Hier hat sich mein erwähnter Kindheitstraum mit der F-14 fast erfüllt. Nach meinem ersten Mitflug in einem Eurofighter über Sardinien folgten im JaboG 32 dann mehrere Mitflüge im Tornado. In Deutschland wie auch im Einsatz absolvierte ich weitere Flugstunden auf Transall und CH 53 als *Crewmember*. Zum überwiegenden Anteil geschah dies als Besatzungsmitglied der Maschinen zur medizinischen luftgebundenen Evakuierung (*AirMedEvac*). Weiterhin ergaben sich für mich Mitflugstunden auf Bo 105 und A 310 als ACM.

Meinen dritten und vierten Auslandseinsatz absolvierte ich 2013 als Fliegerarzt im Einsatzgeschwader in Mazar-e-Sharif/Afghanistan – einmal im Winter und einmal im Sommer. Das Besondere und Fordernde dort ist nicht nur die geografische Lage und die damit einhergehenden Umweltbedingungen, sondern vor allem die Betreuung der fliegenden Besatzungen der verschiedensten Waffenmuster an einem Ort: C-160 Transall, CH-53, NH90, Tiger, Heron und AWACS. Zum alltäglichen Aufgabenbereich kamen in den Einsätzen noch die Tätigkeit als *Medical Director* (MD), sofern sich eine Transall mit der Aufgabe „TacAirMedEvac im Einsatz" befindet, und als *Aeromedical Evaluation Officer* (AECO).

In letztgenannter Verwendung entscheidet der Fliegerarzt über die Flugtransporttauglichkeit eines Patienten bzw. Verwundeten. Die verschiedenen Erkrankungen oder Verletzungen können besondere Herausforderungen an den Lufttransport dieser Patienten stellen. Dies kann sich in dem verwendeten Waffenmuster als auch in der benötigten medizinischen Ausrüstung der Maschinen widerspiegeln. Zugleich ist der Fliegerarzt unverzichtbares Scharnier zwischen dem Sanitätsdienst im Einsatz wie u.a. der so genannten *Patient Evaluation Coordination Cell* (PECC) oder dem Einsatzlazarett und dem Einsatzgeschwader. Der Fliegerarzt trägt die alleinige Verantwortung, die medizinisch richtige und – wenn immer möglich – beste Entscheidung für den Lufttransport zu treffen und dabei bestimmte Erfordernisse sowie besondere taktische Umstände, den zur Verfügung stehenden Flugplatz oder die aktuell einsatzbereiten Luftfahrzeuge zu beachten und dennoch wirtschaftlich zu arbeiten. Der MD wiederum ist ein Besatzungsmitglied der *TacAirMedEvac*. Er wirkt als wichtiges Bindeglied zwischen der fliegerischen und medizinischen Crew an Bord.

In Deutschland ist der MD-Anteil Bestandteil des Arbeitsalltags der Lufttransportgeschwader und der Flugbereitschaft des Bundesverteidigungsministeriums. Hier werden die Flüge als *StratAirMedEvac* durchgeführt. In diesem Fall werden die verwundeten und verletzten Soldaten zurück nach Deutschland geflogen. Der hierfür ständig eingerüstete und in Bereitschaft gehaltene A310 ist als „Lazarett über den Wolken" bekannt. Nicht zu vergessen ist, dass sich neben dem A310 jederzeit auch eine C-160 Transall als *StratAirMedEvac*-Maschine entweder in Penzing oder Hohn in Bereitschaft befindet. Hierfür werden entsprechende fliegerische und medizinische Crews „24/7" ständig in Bereitschaft gehalten, um bei Bedarf innerhalb von maximal sechs Stunden starten zu können.

Mit der Auflösung des JaboG 32 ging auch für mich eine Ära zu Ende. Alle Piloten und WSO sowie die Controller des Lechfelds waren „meine Jungs und Mädels". Es fiel mir sehr schwer, von dem Verband als Ganzes Abschied zu nehmen. Dessen Außerdienststellung war einer der unangenehmsten Tage meines bisherigen Berufslebens. Nach der Schließung meines Verbandes wurde ich im JG 74 in Neuburg dienststellentechnisch aufgenommen und ich habe meine Facharztweiterbildung Allgemeinmedizin vorangetrieben. In diesem Rahmen erhielt ich die Möglichkeit als Arzt zur *U.S. Army* nach El Paso/Texas ins *William Beaumont Army Medical Center* zu gehen. Dies kann man mit einem Bundeswehrkrankenhaus vergleichen. Ich arbeitete 13 Monate in den verschiedenen Inneren Abteilungen dieses Krankenhauses und erhielt einen einmaligen Einblick in die *U.S. Army*. Das medizinische System in den USA ist in manchen Bereichen erheblich anders als unseres. Es gibt zum Teil deutlich andere

Vorgehensweisen oder Therapieansätze. Das bedeutet jedoch nicht, dass eines der beiden Systems richtiger oder verkehrter wäre als das andere. Es ist wie vieles in den USA – einfach anders…

Während meiner bisher 17-jährigen Dienstzeit lernte ich seit Abschluss meines Studiums sieben verschiedene Einheiten kennen, war in vier Einsätzen, durfte ein Jahr bei der *U.S. Army* in Texas verbringen und nahm an unzähligen Lehrgängen teil. Ich durfte dabei sehr viele Menschen kennenlernen: Soldaten und Zivilisten, Deutsche und viele Angehörige zahlreicher Nationen.

Ganz gleich, wo ich diente: Es waren alles „meine Verbände" und „meine Dienststellen", aber manche waren es mehr und andere waren es weniger. In meiner bisherigen Dienstzeit musste ich leider auch zwei Verbände mit schließen, die mir auch persönlich am Herzen lagen: das Bundeswehrkrankenhaus Amberg und das JaboG 32 ECR auf dem Lechfeld. Es geht im Leben aber immer weiter und es gibt auch immer wieder gute Erfahrungen. Mancher Blick auf meinen Dienst, das Leben und die Welt haben sich in dieser Zeit geändert. Dennoch gibt es immer Dinge, die aus all dem Guten einfach hervorstechen, und die ich deshalb einfach immer vermissen werde; egal wie gut das Kommende auch sein wird. Allerdings kann dies auch nicht heißen, dass nie wieder etwas sehr Gutes in das eigene Leben treten wird.

Rückblickend und vielleicht auch in Vorausschau kann ich vor allem eines zu meinem dienstlichen Werdegang bemerken: Er war alles außer sehr eindimensional, er war vielmehr häufig auch abwechslungsreich und meistens wirklich interessant. Auch wenn es anfangs nicht immer danach aussah, so war alles bisherige am Ende doch immer zum Guten bestellt. Und daher am Schluss folgender Satz: *„Viele Wege führen zum Ziel und Umwege erhöhen die Ortskenntnis."* Alle meine Verwendungen, meine Einsätze und meine Austauschzeit in den USA haben mich geprägt und verändert. Und – man verlässt einen Ort nie so, wie man gekommen ist und ein Teil von einem bleibt immer da. Die Verwendung als Fliegerarzt bildete für mich persönlich jedoch meine bislang beste Zeit. Denn gerade hier konnte ich nachvollziehen, was viele Menschen an der Fliegerei so fasziniert: *„For most people the sky is the limit – For those who love aviation it's home!"*

Der technische Offizier und seine Ausbildung – Eine kritische Betrachtung

Peter-Jin Semler

„Denn der Mensch, der zur schwankenden Zeit auch schwankend gesinnt ist, der vermehret das Übel und breitet es weiter und weiter. Aber wer fest auf dem Sinn beharrt, der bildet die Welt sich. " (Johann Wolfgang von Goethe)

In einer Zeit, in der unsere Welt in einem anhaltenden Umbruch zu sein scheint, in der fest geglaubte staatliche und gesellschaftliche Grundsätze aufzubrechen drohen, und in der die alten Erklärungs- und Deutungsmuster mental weit außerhalb zu dem stehen, was zuvor so gewohnt war, ist es umso wichtiger, charakterlich gefestigt zu sein und somit einen festen Standpunkt zu haben, aus dem die Dinge aufgefasst und beurteilt werden können. Nur dies kann uns in Zeiten großer Orientierungslosigkeit vor inneren Widersprüchen bewahren. Bereits Helmuth von Moltke (der Ältere, 1800-1891), als auch sein Nach-Nachfolger Alfred von Schlieffen (1822-1913) forderten hierzu von ihren Offizieren zwei Dinge: Nämlich einmal, dass die Maßgabe eines Einzelnen stets lauten sollte *„Mehr sein als scheinen!"* und zum anderen unter allen Umständen wahrhaftig und sachlich im Urteil zu sein.

Um der Forderung nach einem festen Standpunkt gerecht zu werden, ist noch ein weiteres Mittel vonnöten, und das ist der Gebrauch der Kritik. Sie untersucht die Wirkung der allgemeinen Wahrheit auf das praktische Leben. Sie vergleicht folglich, wie etwas nach der Vorstellung her sein müsste, mit dem, wie es tatsächlich ist. Sie trennt die Ursache von der Wirkung, wobei die zu bestimmenden Zusammenhänge selten im Gesamten allumfassend bekannt sind. Um an dieser Stelle dennoch die Wahrheit herauszufühlen, bedient man sich der Kritik und damit wird sie ein wesentliches Mittel der Urteilsbildung.

Nun ist es häufig der Fall, dass ein Urteil von einem niedrigeren Standpunkt aus als richtig angesehen wird, während es von einem höheren Standpunkt aus betrachtet, sogleich verworfen werden muss. Hier hat die Kritik die Aufgabe, das richtige Maß zu treffen mit dem der Prüfende sein Urteil fällt. Gemäß diesen Maßregeln versucht der folgende Beitrag in kritischer Diktion, die ersten Schritte eines jungen Offiziers des technischen Dienstes während seiner ersten Verwendung in der Truppe zu untersuchen. Hierbei sollen anhand des eigenen Beispiels Bereiche angesprochen werden, die auf den Truppenoffizier manchmal mehr oder auch weniger bewusst einwirken, aber im Zuge des Dienstalltags selten reflektiert werden.

Der übliche Weg eines technischen Offiziers beginnt, sobald er sein Studium abgeschlossen hat. Er kommt nun zum ersten Mal mit dem wirklich Militärischen – nimmt man einmal die erworbenen Kenntnisse an der OSLw heraus – in Berührung. Der junge Offizier hat zu jenem Zeitpunkt kaum bis keine Erfahrung mit dem technischen Dienstbetrieb der Luftwaffe. Hier gilt es, diesen mit der neuen Situation vertraut zu machen, ihn als Offizier auf seine zukünftigen Aufgaben vorzubereiten, um schließlich das von ihm einzufordern, wozu er vom Dienstherrn eingestellt wurde.

Es muss ausdrücklich hervorgehoben werden, dass jener in all diesen Dingen ein unbeschriebenes Blatt ist. Man mache sich nur vier Jahre „ziviles" Studium bewusst! Daher ist es nirgendwo wichtiger als hier, gleich zu Beginn, dem jungen Offizier das militärische Handwerkszeug – es sind damit die Grundprinzipien des technischen Dienstbetriebs gemeint – gründlich und gewissenhaft näherzubringen und ihn sogleich auf diese Weise in die richtige Bahn zu lenken. Das nicht zu tun, wäre in jeder Hinsicht fahrlässig.

Ich bin mir sicher, dass ein jeder dieser wichtigen Forderung zustimmen dürfte, denn nicht ohne Grund muss der junge Offizier die sogenannte „Ausbildung am Arbeitsplatz" durchlaufen. Sie soll laut den Vorgaben das nötige Wissen teils theoretisch und teils praktisch, aber stets unter fachlicher Begleitung, vermitteln und umfasst häufig eine Zeit von etwa drei Monaten. Damit sollen bestens fachlich und methodisch ausgebildete Offiziere im technischen Teilbereich der Luftwaffe ihren Dienst tun. Soweit der hehre Anspruch. Nun ist das aber immer so eine Sache mit dem Anspruch, denn hierzu gesellt sich meist die Wirklichkeit, die durchaus eine andere sein kann. Um hier ein bisschen mehr Klarheit darüber zu vermitteln, was letztendlich damit gemeint ist, müssen zunächst einige grundlegende Dinge zur Ausbildung in der Luftwaffe angesprochen werden.

Ausbildung und Erziehung bilden eine Kernaufgabe der Streitkräfte im Frieden – so jedenfalls habe ich einmal gelernt. Nun befinden wir uns in Zeiten, in denen die Bundeswehr, und darin eingeschlossen auch die Luftwaffe, immer mehr Aufgaben wahrnehmen muss. Und man könnte durchaus verstehen, wenn hierdurch der Stellenwert von Ausbildung gerade in der Truppe an Priorität verliert. Aber etwas verstehen, bedeutet nicht, dafür auch Verständnis aufzubringen. Ein Blick in die Geschichte zeugt, worauf man sich ansonsten einließe. Als 1914 der Erste Weltkrieg begann, schloss man auf französischer Seite sämtliche Fliegerschulen, da die erfahrenen Piloten dringend an der Front benötigt wurden. Bereits nur wenige Monate später erkannte man diese fatale und kostspielige Entscheidung und revidierte sie sogleich. Auf deutscher Seite wurden ähnliche Erfahrungen gemacht. Der damalige noch junge Major i.G. Ludwig Beck (1880-1944) wies in einem kritischen Bericht über die Ausbildung von militärischen Führern und deren Gehilfen kurz nach Ende des Krieges darauf hin, welche Defizite die Aussetzung von schulmäßiger Ausbildung und Ausbildung in den Frontverbänden aufwarf. Und auch der vierte Generalinspekteur der Bundeswehr, General Ulrich de Maizière (1912-2006), warnte vor dieser Erfahrung, indem er auf eine ernsthafte und fordernde Ausbildung bestand, denn „sie [Soldaten] nicht zu fordern, wäre ein schweres Versäumnis, das im Ernstfall vermeidbares Blut kosten könnte."

Nichtsdestotrotz ist festzustellen, dass das operative Geschäft in einem Verband mit seinen Einsatz- bzw. einsatzähnlichen Verpflichtungen die Ausbildung seiner Offiziere stark zurückdrängt. Es hält sich meist der hartnäckige, aber falsche Glaube, diese Verantwortung ganz an die Schulen abgegeben zu können, in der Hoffnung, sie werden es schon richten. Infolgedessen hält sich auch der Ernst, mit der man dieser Sache in den Verbänden begegnet, in Grenzen, was wiederum die Frage offen lässt, wie professionell die Ausbildung dann letztendlich durchgeführt wird.

Professionalität ist aber in unserem Leitbild „Team Luftwaffe" verankert. Egal wie man es also dreht und wendet, man gelangt in einen kritischen Bereich. Denn hierdurch findet gefährliches Halbwissen Einzug – mit all seinen negativen Konsequenzen! Das Militärische im Allgemeinen ist das Gebiet der Gefahr, der körperlichen sowie geistigen Anstrengung, der Ungewissheit und des Zufalls. Hierin hat halbes Wissen nichts zu suchen, denn es verschlimmert nur die an sich schon schwierige Situation. Vielmehr muss versucht werden, diesem ungenauen Wissen bestmöglich entgegenzutreten. An der Stelle, an dem der junge Offizier die Truppe kennenlernt, hat man es überwiegend mit elementaren Dingen (meist fachlich-technische und methodische Grundlagen) zu tun, und der solide Aufbau des dafür benötigten Wissens sollte leicht vermittelbar sein. Würden hingegen zusätzlich noch geistige Erwägungen in Betracht kommen, wäre diese Aufgabe sogleich unendlich viel schwerer. Doch so mangelt es nur am Wollen.

Wie sollte nun die Ausbildung am Arbeitsplatz im technischen Bereich beschaffen sein? Wissen im militärischen Alltag, vor allem das in der Truppe, bedeutet immer auch Anwendung. Damit muss das geforderte Wissen in letzter Konsequenz zu einem wahren Können werden. Man kann Wissen hierbei mit „Theorie" und Können mit „Praxis" verknüpfen. Schließlich forderte bereits Carl von Clausewitz (1780-1831), dass *„je mehr sie [Theorie] diesen letzten Zweck [Vertrautheit mit dem Anwender] erreicht, um so mehr geht sie aus der objektiven Gestalt eines Wissens in die subjektive eines Könnens über."* Offensichtlich kann man auch sagen, dass die Theorie der Praxis dient, und so ist es nicht verwunderlich, wenn geschlussfolgert werden kann, dass Übung, Übung und nochmals Übung der geltende Maßstab und ein wichtiger Garant für Erfolg ist: *„Es ist unendlich wichtig"*, so Clausewitz weiter, *„daß der Soldat, hoch oder niedrig, auf welcher Stufe er auch stehe, diejenigen Erscheinungen des Krieges* [setze Einsatz]*, die ihn beim erstenmal in Verwunderung und Verlegenheit setzen, nicht erst im Kriege zum erstenmal sehe. [...] Sie müssen geübt werden, weniger, daß sich die Natur, als daß sich der Verstand daran gewöhne."* Nach strenger Logik heißt das, sich auch in turbulenten Perioden die nötige Zeit für fundierte Ausbildung zu nehmen.

Nun ist die Luftwaffe als Teilstreitkraft eine sehr technikorientierte. Dies führt zu einer sehr hohen Spezialisierung und Komplexität gerade im Bereich von modernen Waffen- und Führungssystemen, so dass ein Einzelner die Technik nicht mehr alleine beherrschen kann. Aber um in so einem unübersichtlichen Gebiet dennoch die Verantwortung als technischer Offizier übernehmen zu können, muss von diesem gefordert werden, dass er die Technik wenigstens geistig überblicken kann. Das bedeutet, dass er die Grenzen, Möglichkeiten und Folgen von Technik in seinem Dienstbereich kennt, damit er auch in diesen Sachen ein klares und vor allem ein eigenständiges Urteil fällen kann. Dadurch wird der technische Offizier zu einem Fachmann, aber nicht gleich zu einem Fachidioten!

Denn er muss sich auch seiner Aufgabe als militärischer Führer bewusst sein. Tritt dieser letzte Punkt aufgrund der trügerischen Ruhe im Grundbetrieb häufig zurück – denn die meisten Verfahren sind nun einmal eingespielt und die ansonsten auftretenden Probleme verkörpern fast immer dieselben –, so ändert sich dies augenblicklich, sobald es heißt, einer Einsatzverpflichtung nachzukommen. Denn nun ist der Soldat als Offizier mehr denn je gefragt und nicht als der bloße technische Verwalter. Es sind die unzähligen Friktionen, die plötzlich die lang gewohnte Routine durcheinander bringen, und auf einmal ist neben der technischen Leitung ebenso Menschenführung erforderlich, um den unterstellten Bereich verantwortungsvoll auf den richtigen Kurs zu bringen und auch auf diesem zu halten. Dies setzt beim in Vorantwortung stehenden Offizier eine gefestigte Wertevorstellung voraus, d.h. ein solides Koordinatensystem, wodurch sein Handeln und Wirken sinnhaft wird.

Die Luftwaffe tut sich dabei nicht immer leicht. Als die jüngste und äußerst technikbelastete Teilstreitkraft läuft man sehr schnell Gefahr, eine reine Funktionselite zu schaffen. Hier zwischen der fachlich-technischen Ausbildung und der geistigen Ausbildung das richtige Maß zu treffen, ist nicht einfach; aber in einer solch fordernden Zeit ist dem letzteren vermehrt Aufmerksamkeit zu schenken. Denn unter den ständig ernster werdenden Bedingungen sollte der Truppenoffizier mit dem Teile auch immer an das Ganze denken, so wie es eigentlich von jedem Offizier gefordert ist.

Ich denke, an dieser Stelle einen guten Zeitpunkt gefunden zu haben, um einige persönliche Gedanken – immer mit dem Blickwinkel eines jungen Offiziers aus der Truppe – zur Situation der Luftwaffe anstellen zu dürfen. Bei der Münchener Sicherheitskonferenz vom Jahr 2014 hielten Bundespräsident Joachim Gauck, Außenminister Frank-Walter Steinmeier und Verteidigungsministerin Ursula von der Leyen drei sehr bemerkenswerte Reden, die eine aktivere deutsche Außen- und Sicherheitspolitik ankündigten und damit auch unsere internationalen Partner und Verbündete aufhorchen ließen. Zwei Jahre später kann für die Bundeswehr sicherlich behauptet werden, dass es mehr zu tun gibt. Aber der Bundespräsident sagte an jenem Tag auch: *„Wir sind auf dem Weg zu einer Form der Verantwortung, die wir noch nicht eingeübt haben."*

Und dies, so glaube ich, gilt auch ein wenig für die Luftwaffe im praktischen Sinne. Fast drei Jahrzehnte strenges Einsparen, immer wieder Reduzierungen unseres Personals, geringere Übungsanteile und Einführung modernerer, dafür aber umso komplexerer und desto weniger leicht beherrschbare Waffensysteme lassen ein gewisses Spannungsfeld zwischen Anspruch und Wirklichkeit nicht verleugnen. Ich glaube, dass mit den letzten Ankündigungen unserer Ministerin ein richtiger Weg eingeschlagen wurde, um hier die richtigen Lösungsansätze zu finden.

Dennoch lassen sich in der Truppe zurzeit einige Tendenzen beobachten, welche, wenn man sie unerwähnt ließe, zur Beschreibung der aktuellen Stimmungslage der tatsächlichen Situation nicht gerecht werden würde. Gerade durch die negativ konnotierten medialen Schlagzeilen in letzter Zeit, nämlich Meldungen von der schlechten materiellen Einsatzbereitschaft großer Waffensysteme bis zu anderen „peinlichen" technischen Problemen, wirkt dies sofort auf die Soldaten an sich zurück. So ist es beispielsweise auch für mich immer schwieriger, die teilweise zu Recht besorgten Fragen aus meinem zivilen Umfeld zufriedenstellend zu beantworten. Eines ist klar: Die Truppe nimmt derartige Eindrücke sofort auf, so dass man an einigen Stellen leider feststellen muss, dass das Vertrauen in die eigenen Fähigkeiten teilweise immens gestört ist. Noch nimmt man das Ganze mit einer großen Portion Selbstironie auf die leichte Schulter. Aber gefährlich wird es, wenn sich entweder Ironie zum Zynismus wandelt oder wenn sich der Soldat in eine Form von innerer Emigration begibt. Dies gilt es unbedingt zu verhindern!

Ist die Bezeichnung, die heutzutage einen so gängigen Einzug in unserem Verständnis gefunden hat, nämlich die des Offiziers als (militärischer) Manager, unreflektiert möglich und zugleich sinnvoll? Geht man allein von der Begriffsbestimmung aus, so gerät man schnell in eine Reihe von Widersprüchen, wenn man das eine mit dem anderen vergleichen möchte. Denn das eine kommt aus der Welt der Wirtschaft und der Unternehmen und das andere entstammt einer langen historischen Entwicklung. Nun haben beide sicherlich überschneidende Merkmale, gerade wenn es darum geht, welche Aufgaben beide rollenhaft zu erfüllen haben. So sind beides Führungskräfte: Sie sollen planen, organisieren, kontrollieren, führen und entscheiden. Aber die Rahmenbedingungen, die Organisation, in der sie ihre Aufgaben wahrzunehmen haben, das Ziel, das sie verfolgen, sind grundverschieden.

Ist das eine geprägt durch markttheoretische Prinzipien mit dem Ziel Profit zu generieren, so geht der Begriff des Offiziers weit darüber hinaus. Denn wir dienen einem weit ernsteren Zweck als dem „schnöden Mammon". Wir sind das alleinige äußere Gewaltmittel der Politik. Nirgendwo sonst wird von einem Menschen mehr gefordert seine persönlichen Interessen hinten anzustellen als hier, denn nur in diesem Bereich des gesellschaftlichen Verkehrs kann von einem Soldaten die Berufspflicht abverlangt werden, zu töten oder sich der Gefahr auszusetzen, selbst getötet zu werden. Diese ernste Angelegenheit, nämlich die Verantwortung über Leben und Tod, nicht nur seiner selbst, sondern auch seiner Kameraden (und seiner Gegner!) unterscheidet ihn von einem Manager. Der Manager kann immer das Unternehmen wechseln, aber der Soldat ist an seinen Eid gebunden. Überzeugung in der Sache spielt dabei eine so viel größere Rolle! So war es die genuine Eigenschaft des Offiziers als militärischer Führer, die das Bild des Managers seit seiner begrifflichen Entwicklung häufig an das des Offiziers und seinen besonderen Fähigkeiten, die von ihm verlangt werden, anlehnen lies.

Aber das bedeutet nicht, dass man es neuerdings auch andersherum tun sollte, und gerade hier liegt eine gewisse Sorge meinerseits. Ich glaube, dass im Zuge der Nachwuchsproblematik, die nicht nur im Zivilen unter dem Begriff des Fachkräftemangels geläufig ist, der Versuch unternommen wird die Bundeswehr nach außen hin als einen „normalen" Arbeitgeber, als ob es ein ziviles Unternehmen wäre, zu präsentieren.

Dank der Inneren Führung, die versucht, dem Soldaten – auch und insbesondere als freiem Individuum – maximale Rechte im Rahmen des militärisch Möglichen zu geben, lässt sich hierzu ohne Bedenken die Mahnung anbringen, dass der Trennstrich zwischen dem dienstlichen und außerdienstlichen Bereich nicht allzu streng gezogen werden sollte. Denn man darf nicht vergessen, dass der Soldat auch außer Dienst Soldat ist. Folgt man der eben erwähnten Grundtendenz, so würde man meiner Meinung nach dem Begriff des Soldaten und insbesondere dem des Offiziers nicht gerecht werden. Es bleibt mir an dieser Stelle nur eine Warnung von Clausewitz anzuführen, wonach man nämlich das Mittel des Militärs oder seinen Zweck niemals für etwas nehme oder zu etwas mache, was es von der Natur der Verhältnisse her nicht sein kann.

Soeben wurden die Gemeinsamkeiten in den Aufgaben einer militärischen und zivilen Führungskraft aufgezeigt. Ich hatte aber auch erwähnt, dass der Begriff des Offiziers weit darüber hinausgeht. Es treten also noch weitere Eigenschaften hinzu. Hier ist von den soldatischen Tugenden die Rede. Ich möchte in diesem Aufsatz nicht auf die Begriffe wie Tapferkeit, Disziplin, Loyalität oder Mut eingehen. Denn das sind allgemeine Gegenstände, die jeden Soldaten jeder Teilstreitkraft in irgendeiner Form berühren.

Mir geht es vielmehr um den Offizier an sich, von dem aufgrund seiner Stellung automatisch mehr gefordert ist. Hier spielen aus meiner Sicht vier Eigenschaften eine besondere Rolle. Das sind: Wahrhaftigkeit im Urteilen, Redlichkeit im Handeln, Ernsthaftigkeit in der Sache und Aufrichtigkeit im Charakter. Ich bin fest davon überzeugt, dass diese vier Tugenden absolut notwendig sind, um jedem seiner höchsten Verantwortung und militärischen Pflicht gerecht zu werden und um darüber hinaus nicht dem weitverbreiteten Karrierismus zu verfallen. Diese Tugenden werden leider allzu oft missachtet.

Kommen wir zum jungen Truppenoffizier zurück und fragen nach seinen Erwartungen. Jeder bringt hierbei seine eigene Vorstellung mit; aber generell darf davon ausgegangen werden, dass diese bei jedem äußerst hoch sind. Denn es heißt für den jungen Truppenoffizier, endlich Verantwortung übernehmen zu können. Er möchte zunächst lernen, um schließlich bei seinen Aufgaben gefordert zu werden; er will gestalten, um schließlich mit seinem signifikanten Beitrag am Erfolg des Verbandes teilzuhaben. Auch wenn einige Studienabgänger nur zur Ausbildung am Arbeitsplatz in die Truppe kommen, um danach in anderen Verwendungen in Ämtern oder Ähnlichem eingesetzt zu werden, so ist die Motivation und die Freude aller in der Truppe etwas zu leisten insgesamt doch sehr hoch.

Man kann förmlich von Ehrgeiz im positiven Sinne sprechen. Umso tiefer ist der Fall, wenn die Realität diesen Erwartungen nicht nachkommen kann. Das liegt meist an der Realität selbst. So ist häufig in der Theorie, also in seiner eigenen Vorstellung, wie etwas zum Beispiel ablaufen sollte, alles recht einfach, aber das Einfachste ist am Ende doch sehr schwer, denn in der Praxis tritt einem vielmals und vielfach unerwartet die reale Arbeitswelt gegenüber. Dieser Bruch, den der junge Offizier aus seinem Studium bisher so nicht kennt, wirkt häufig desillusionierend und ist kaum vermeidbar. Schwerwiegender ist der Fall, wenn von der Gegenseite nicht versucht wird, diesen Bruch so klein wie möglich zu halten. Hier ist einmal mehr die bereits geforderte professionelle Ausbildung am Arbeitsplatz gemeint, wie auch eine ernsthafte, aber in der Luftwaffe leider so oft fehlende Erziehung durch Vorgesetzte.

Gelingt es nicht schon von Anfang an, den jungen, ehrgeizigen Offizier mitzureißen, so ist Frustration und Demotivation vorprogrammiert. Leider kam und kommt dieser Fall allzu häufig vor. Glücklicherweise konnte ich beobachten, dass viele im Laufe der Zeit (was aber immer viel zu lange dauerte) eine doch etwas positivere Einstellung zu ihrer Tätigkeit erhielten. Aber ob dies – unter der konstanten Gefahr dennoch einige motivierte Offiziere zu verlieren – der Anspruch sein sollte, wage ich zu bezweifeln.

Um noch einmal das eingangs angeführte Zitat von Goethe aufzugreifen; es kommt in letzter Konsequenz auf den Sinn an. Nämlich: für wie sinnvoll hält man seinen Dienst, wie hoch ist die Identifizierung mit seinem Beruf als Berufung? Beantwortet man für sich diese Frage negativ, und paart sich das Ganze noch mit der im Abschnitt zuvor erwähnten Gefühlslage, so hat das fatale Konsequenzen für das Leistungsvermögen der Luftwaffe. An dieser Stelle gilt es, höchste Wachsamkeit an den Tag zu legen. Ohne auf empirische Grundlagen zurückgreifen zu können, also nur durch persönliche Beobachtung, glaube ich, dass es aufgrund der Ehrlichkeit zu sich selbst unumgänglich ist, sich eine doch unbequeme Frage zu stellen und zwar danach, warum wir uns so schwer tun, die wirklich „Guten" zu halten?

Ich zumindest kenne eine Reihe von überaus hervorragenden und anfangs sehr motivierten technischen Offizieren, die leistungsstark sind und zusätzlich ein hohes Selbstverständnis des Offiziers mitbringen, aber leider, trotz ebenfalls anfänglicher Ambitionen zum Berufssoldaten, sich entscheiden, am Ende ihrer Verpflichtungszeit auszuscheiden. Der häufigste Grund ist meist der fehlende Glaube an die Möglichkeiten der Selbstverwirklichung. Hier scheint die zivile Seite einfach mehr Anreize zu setzen und damit sind sicherlich nicht die finanziellen gemeint.

Ein weiterer Punkt, der in diesem Zusammenhang betrachtet werden muss, liegt in unserer Gesellschaft und damit auch in der Luftwaffe selbst, sofern sie ein Spiegelbild derselben darstellen soll, und das ist das weit verbreitete und geradezu pathologische Absicherungsdenken. Viele Entscheidungen unseres heutigen Lebens werden hiervon durchdrungen. Dieses krankhafte Übel lässt ganze Organisationen und Institutionen schwach erscheinen: Verantwortung verschwindet in der Struktur, sie versteckt sich hinter unzähligen Bestimmungen und leeren Phrasen, so dass die persönliche Verantwortung immer unbestimmter und anonymer wird. Und wenn sie das nicht tut, so bestimmt Zögerlichkeit und Kleinmut das Handeln und es bewegt sich in beiden Fällen nichts.

Will man das, dann heißt das Leitbild „Mediokratie", also „Mittelmäßigkeit". Will man das nicht, bedarf es eines Auswegs. Um hier also den Ausbruch zu finden, ist nicht das Fähnchen im Wind sondern eine starke Persönlichkeit gefragt. Auf den einfachen und jungen Truppenoffizier bezogen, lautet die Divise: *„Mehr Verantwortung nach unten und mehr Vertrauen in sein Können!"* Dass diese Erkenntnis nicht neu ist, zeigt sich abermals bei Clausewitz, der in seinem Werk *„Vom Kriege"* schrieb: *„Aus der Mannigfaltigkeit der geistigen Individualität entspringt aber die Mannigfaltigkeit der Wege, die zum Ziel führen."* Nicht also der Zentralisierungswahn, sondern die Kreativität aller führt zum optimalen Zustand eines dynamischen Systems. Und dass das Militär mehr als dynamisch ist, bedarf keines Beweises. Hierdurch wird Verantwortung wieder konkret und persönlich, und auch eine „Trennung der Spreu vom Weizen" wäre dadurch einfacher.

Grundlage für so etwas – wie kann es anders sein – ist eine solide und ernsthafte Ausbildung; das ist die immerwährende Prämisse! Das Methodische und das Fachlich-technische sind die Kunst des Praktischen. Praxis kann aber nie in einem Buch stehen; so dass hier, ohne in Wiederholungen auszubrechen, das Üben an erster Stelle stehen sollte. Nicht Powerpoint und Ähnliches, sondern „das Machen" hilft.

Doch gleich, wie sehr der technische Offizier mit der Technik zu tun hat, er darf eines nicht vergessen: die Technik ist kein Selbstzweck, sondern ein ernstes Mittel für einen ernsten Zweck. Um dieses Mittel auch als tatsächliches Mittel zu beherrschen, bedarf es schließlich eines geschulten Verstandes, der neben dem Teile auch immer das Ganze bedenkt. Darüber hinaus ist er als technischer Offizier in seiner Kernfunktion ebenfalls der „reine" Offizier und damit immer auch der militärischer Führer. In ihm wohnt hierdurch eine große Verantwortung: einmal über das Material und dann – im Besonderen – über das Personal.

All diesem gerecht zu werden, bedarf es einer gefestigten Persönlichkeit. In solch schwankenden Zeiten wie heute darf deswegen auch eine geistige Durchdringung des Gegenstandes, mit dem der Luftwaffenoffizier tagtäglich in Berührung steht, nicht zu kurz kommen. Hier ist also eine breite, umfassende Ausbildung und Erziehung gefragt. Die Luftwaffe kann den hier im Beitrag formulierten Ansprüchen gerecht werden. Ihr bieten sich tausendfache Möglichkeiten, dessen bin ich überzeugt. Indes: sie muss es nur wollen.

Reserveoffiziere und ihre Ausbildung in der Luftwaffe am Scheideweg – ein zukunftsfähiges Konzept?

Thomas Haslinger

Zum Thema „Reserveoffiziere" haben viele Soldaten der Bundeswehr ein sehr ambivalentes Verhältnis. Einerseits wird deren Betreuung neben dem täglichen Dienst als Belastung empfunden, andererseits sind viele Einheiten auf den häufigen Einsatz von Reservisten angewiesen, um den Dienstbetrieb überhaupt aufrecht zu erhalten. Heute steht die Reservistenkonzeption und -ausbildung der Luftwaffe an einem Scheideweg. Auch wenn es nicht leicht sein wird: Eine kritische Überprüfung und die daraus abzuleitende Entscheidung über die Zukunft der Reserve ist hier und jetzt unumgänglich.

Die Rolle des Reserveoffiziers in den Streitkräften befindet sich wie die Bundeswehr als Ganzes in einem permanenten Transformationsprozess. Zu Zeiten des Kalten Krieges in erster Linie als Aufwuchs- und Personalersatzkräfte benötigt, entwickelt sich der Bedarf mehr und mehr in Richtung von Spezialisierung und Übernahme des Regeldienstes für die im Einsatz befindlichen aktiven Kameraden. Diese beiden Felder werden auch in der Zukunft der Haupteinsatzbereich für Luftwaffenreserveoffiziere sein. Denn trotz der Entwicklungen in Osteuropa und im Nahen Osten werden sich in Bezug auf den Aussetzungsbeschluss der Wehrpflicht und den Umfang der Streitkräfte keine signifikanten Änderungen ergeben.

Um den Bedarf an Reserveoffizieren zu decken, stehen grundsätzlich drei Wege offen: erstens das Verpflichten von ehemaligen Zeit- oder Berufssoldaten, zweitens die Ausbildung von jungen Reserveoffizieren und drittens die Gewinnung von Quereinsteigern. Für die Aufrechterhaltung des Regeldienstbetriebes wird es in Zukunft völlig ausreichen, ehemalige Berufssoldaten zu längeren Reservedienstleistungen heranzuziehen. Auf diese Kameraden möchte ich nicht näher eingehen, denn ihre zukünftige Rolle ist klar.

Die Frage der Zukunft ist für mich eine andere und so einfach wie offensichtlich wiedergegeben in der Frage: *„Will die Luftwaffe ihre Reserveoffiziere nur noch allein auf diesen Ersatz für den Regelbetrieb reduzieren oder soll diese Personengruppe weiterhin für die Bundeswehr positiv in die Gesellschaft hineinwirken?"* Dabei kommt gerade den Reserveoffizieren, die ihre Ausbildung in und außerhalb des Wehrdienstes machen, eine tragende Rolle zu. Ihnen möchte ich mich im Besonderen widmen, da ich selbst einer von ihnen bin.

2006 in die Bundeswehr eingetreten, habe ich nach zwölfmonatigem Wehrdienst in München ein Studium aufgenommen und anschließend über den Bereich Rüstungsbeschaffung promoviert. Seit 2015 arbeite ich für einen weltweit tätigen Konzern aus der Verteidigungsindustrie. Während der Zeit von Studium und anschließender Promotion habe ich die Lehrgänge „Reserveoffizier Teil 1 und 2" sowie „Führungstraining für Reserveoffiziere" absolviert, des weiteren den Lehrgang für Personaloffiziere der Luftwaffe, den Weiterbildungslehrgang für künftige Lehroffiziere sowie den Einheitsführerlehrgang – die drei letztgenannten immer zusammen mit den aktiven Kameraden. Ich war zunächst als Personaloffizier der ehemaligen 1. Luftwaffendivision und sodann als Hörsaalleiter an der Offizierschule der Luftwaffe (OSLw) beordert. Dort übte ich als „Lehroffizier Innere Führung". Demnächst werde ich Einheitsführer (Reserve) einer eigenen Einheit werden.

Ich behaupte daher, sagen zu können, dass ich durch meine Lehrgänge und die Hörsaalleitung des Lehrgangs „Führungstraining Reserveoffiziere" sowie infolge der Lehrtätigkeit über vier Jahre mehr Reserveoffiziere als Vorgesetzter und als Kamerad kennen lernen durfte als gemeinhin viele andere Soldaten der Luftwaffe. Zugleich glaube ich, einen Einblick in die Teilstreitkraft (TSK) gewonnen und – nicht minder – einen Draht zu vielen aktiven Offizieren geknüpft zu haben, was beides nur wenigen Reserveoffizieren innerhalb so kurzer Zeit gegeben war.

Immer hatten mich meine Vorgesetzten und Kameraden unterstützt und mich im Guten wie im Schlechten stets genauso behandelt wie einen aktiven Offizier. Ich war und bin, gerade in der 8. Inspektion der OSLw, nicht nur Reservedienstleistender sondern auch Kamerad, Teil des Ganzen und mittlerweile auch als Freund aufgenommen worden. Diese Einheit, die sowohl Reservisten als auch aktive Soldaten ausbildet, weiß vielleicht gerade deshalb sehr gut um die Rolle, die Bedeutung und das Selbstverständnis des Reserveoffiziers in der Luftwaffe. Dasselbe gilt für die Fachgruppe Innere Führung der Offizierschule.

Ich weiß um die hohe Motivation der Reserveoffiziere, ihre Fähigkeiten, ihre Probleme in der Truppe und im zivilen Leben, gerade wenn es darum geht, das Engagement und den zeitlichen Einsatz gegenüber dem Arbeitgeber zu rechtfertigen. Auch hier bin ich in einer glücklichen Situation, da ich einen

Arbeitgeber habe, der aus nachvollziehbaren Gründen der Bundeswehr gegenüber alles andere als negativ eingestellt ist.

Das Bild der Reservisten als alternden, schieß- und trinkfreudigen Zeitgenossen, die Fitness weder kennen noch anstreben und sich im Wirtshaus gerne ihre Kriegsgeschichten aus der Zeit vor dem Mauerfall erzählen, ist in den Köpfen vieler aktiver Soldaten und auch der Bürger häufig präsent. Das beschämt mich genauso wie ich mich sorge um den bisherigen Schwerpunkt der freiwilligen Reservistenarbeit. Meine Botschaft ist eindeutig: Anstatt gutes Geld für dieses Privatvergnügen der oben beschriebenen Reservisten auszugeben, wäre es besser, dieses in die Ausbildung der vorhandenen leistungsbereiten Reservisten aller Dienstgrade zu stecken, die bislang und sodann erst recht der Bundeswehr und der Luftwaffe einen wirklichen Mehrwert schaffen.

Und bei der Ausbildung beginnen die Probleme bereits. Widmen wir uns zunächst dem Werdegang der jungen Reserveoffiziere. *Bis dato* war die Wehrpflicht ein Garant für eine bestimmte Kopfzahl an geeigneten Reserveoffizieren, die in Wehrübungen ihre Ausbildung durchliefen. Insbesondere diese Gruppe war für die Luftwaffe und die Bundeswehr insgesamt von nicht zu unterschätzender Bedeutung. Das Qualifizierungsniveau war und ist **noch** extrem hoch. Die meisten dieser Reserveoffiziere befanden sich bei Ausbildungsbeginn mitten im Studium. Ein paar Jahre nach Absolvieren der Lehrgänge an der Offizierschule zeigte sich markant, dass die Luftwaffe es durch diese Art der Ausbildung verstanden hatte, tragende Säulen der Gesellschaft an sich zu binden und als positive Multiplikatoren für sich wirken zu lassen. Vom Oberstaatsanwalt über junge Unternehmer bis hin zu Unternehmensberatern, Politikern, Piloten und Führungskräften der unteren und mittleren Managementebene fand sich eine große Bandbreite an *„Young High Potentials"* wieder. Mit dem Wegfall der Wehrpflicht wird m.E. diese Säule langfristig völlig wegbrechen, es sei denn, ein grundlegender Sinneswandel tritt rasch in der Ausbildungssteuerung ein.

Die Bundeswehr verfolgt m.E. hier und jetzt einen verkehrten, da nicht zielführenden Ansatz: Modularisierung der Ausbildung klingt chic, ökonomisch smart und „zukunftsträchtig im nachhaltigen Sinne". Doch jenseits der Frage, ob mit dieser Art der *„just in time production"* der Reserveoffiziere nicht eher Kostümträger fabriziert werden, steht zu befürchten, dass gerade die Modularisierung der Reserveoffizierausbildung in Kürzestzeit-Wehrübungen mittels dreier vier-bis fünftägiger Präsenzphasen in den insgesamt drei Modulen auf dem Weg zum Reserveoffizier in Kombination mit einem wohl eher steril wirkenden Teletutoriums, welches 50% der Gesamtausbildungszeit zum Reserveoffizier beansprucht, auf alle Fälle emotional das genaue Gegenteil des Gewünschten bewirkt.

Die Ausbildung wird damit m.E. nicht attraktiver, sondern uninteressant. Denn gerade die Gemeinschaft in den drei vierwöchigen Lehrgängen an der OSLw, der intellektuelle Austausch und die gemeinsame körperliche fordernde praktische Ausbildung waren die Gründe, warum sich so viele dieser Multiplikatoren für den Weg zum Reserveoffizier entschieden und bislang auch dabei blieben. Diese leistungswilligen Soldaten suchen genau den herausfordernden und eben nicht nach dem leichtesten Weg „*à la* Bürotruppe", um das Offizier-Patent zu erhalten. Die Ausbildung, gekoppelt mit dem Anliegen der Erziehung des Reserveoffiziers durch die Hörsaalleiter und durch die Fachlehrer, kommt im neuen System modularisierter Unterrichtshäppchen viel zu kurz. Dies droht gerade auf dem wichtigen Feld der Inneren Führung. Dasselbe gilt für die Sportausbildung, und dies angesichts der Tatsache, dass Sport immer ein gemeinschaftsstiftendes Erlebnis schafft.

Die Luftwaffe konterkariert durch diesen Weg gerade die Stärke, mit der sie bislang gepunktet hatte – das „Team Luftwaffe" und seine Kameradschaft erlebbar zu machen für eine Gruppe junger qualifizierter Menschen, die sich aus individuellen Gründen gegen eine Laufbahn als Zeitsoldat entschieden, die aber dennoch hinter der Bundeswehr, ihrem Auftrag und somit hinter den aktiven Kameraden stehen. Diese befinden sich an verantwortlicher Stelle in Staat, Politik und Wirtschaft. Sie verfügen mittels ihrer jetzigen und künftigen Positionen über die Möglichkeit, das Bild der Bundeswehr bei Menschen aus allen gesellschaftlichen Schichten positiv oder negativ zu prägen. Ich habe den Eindruck, dass die Luftwaffe sich der Tatsache niemals wirklich bewusst war und heute aus Gründen falsch verstandener Modernität und Orientierungsunsicherheit (hoffentlich nicht Orientierungslosigkeit, denn das wäre wirklich fatal!) weniger denn je bewusst ist, welches Spektrum von Soldaten der Reserve ihr zur Verfügung stand und steht. Ansonsten würde sie diese wertvolle Ressource doch ganz anders gepflegt haben und pflegen...

Bereits in der Ausbildung „alter Art" gab es Probleme, die bis heute nicht gelöst wurden. Das Offizierpatent bekamen zwar viele Kameraden, die eigentlich folgende militärische Fachausbildung und sodann die Beorderung erwiesen sich jedoch als sehr schwer zu realisieren. Ausgefallene Lehrgänge, unpassende Lehrgangszeiten oder schlicht die Schwierigkeit, eine Beorderungseinheit zu finden, waren nur die häufigsten Gründe, weshalb die oben genannten Kameraden sich nur – diplomatisch formuliert – sehr bedingt in die Truppe einbringen konnten.

Durch ihre berufliche Vita sind diese Reserveoffiziere häufig zeitlich stark eingespannt. Das gilt im Übrigen auch für die Reserveunteroffiziere. Ein sehr gutes Reservedienstleistungsmanagement wird damit zu einem unabdingbaren Muss! Dieses gelingt nicht so recht (Scheitern durchaus inbegriffen!) ohne die jeweiligen Personalbearbeiter in den Stammeinheiten. Die Erfahrung mit diesen Kameradinnen und Kameraden war und ist gemeinhin durchwegs positiv. Sie sind stets als Ansprechpartner für uns Reserveoffiziere erreichbar und ermöglichen oftmals auch nicht leicht zu realisierende Lösungen. Der „Knackpunkt" sind die Vorgaben der Führung und der Personalplanung.

Ein gutes Beispiel hierfür ist die Zuerkennung einer Ausbildungs- und Tätigkeitsnachweisung (ATN) für einen Dienstposten. Ist es einem Reserveoffizier, der im zivilen Beruf den IT-Bereich des ÖPNV einer deutschen Metropolregion leitet, nachvollziehbar zu erklären, dass er auf keinen S6-Dienstposten geordert werden kann, weil ihm bislang die entsprechende ATN fehlt? Wieso kann einem Reserveoffizier die ATN eines Einheitsführers nicht durch einen verkürzten Lehrgang gegeben werden, wenn er im zivilen Leben Verantwortung für mehrere Dutzend Menschen trägt? Wieso versucht das Amt für Personalmanagement der Bundeswehr (vormals: Personalamt) nicht grundsätzlich Reservisten gemäß ihrer zivilen Ausbildung einzusetzen?

Generell ist die Einstellung der Personalführung gegenüber den Reservisten zu überdenken und zu reformieren. Oftmals kommt man sich mehr als Bittsteller auf einem Amt vor, als dass die Bundeswehr eine aktive Personalplanung für ihre Reservisten, geschweige denn eine Bestenauslese, vornimmt. Eine nachhaltige Verwendungsplanung über mehrere Dienstgrade und Verwendungen hinweg findet so gut wie nicht statt – es sei denn, der Soldat kümmert sich zusammen mit seinem Vorgesetzten und seinem Einplaner vor Ort persönlich darum.

Was kann die Bundeswehr also besser machen, um in Zukunft eine vernünftige Ausbildung und damit einen adäquaten Nachwuchs sicherzustellen? Folgende Punkte mögen als erster Orientierungs- und sodann als Handlungsrahmen dienen:

1. Umstellung der Reserveoffizierausbildung auf das alte Modell in zwei vierwöchigen Lehrgängen und einem speziellen Führungstraining. Die Zeit dafür nehmen sich die Soldaten gerade am Anfang ihrer Ausbil-

dung bzw. im Studium. So kann die Kameradschaft untereinander und das Bewusstsein, was es heißt Offizier zu sein, gestärkt werden.

2. Es gilt, Fachlehrgänge so schnell wie möglich der allgemeinmilitärischen Ausbildung nachzuschalten, um die Studienzeit zeitlich noch nutzen zu können.

3. Einführung spezieller Kurzlehrgänge für Reserveoffiziere, um gewisse ATNs oder andere wichtige Punkte zu erreichen (Einheitsführerlehrgang, Bw-kurz, Ladungssicherung, etc.).

4. Stärkung des Bereiches Reserveoffiziere im Bundesamt für Personalmanagement der Bundeswehr mit wirklich modernem Personalmanagement in enger Zusammenarbeit mit den Truppenteilen, Schulen und Behörden, damit jeder Reservist die bestmögliche Verwendung findet.

5. Einrichten eines Forums der Reserveoffiziere der Luftwaffe an der OSLw im Rahmen einer viertägigen Reservedienstleistung mit Hochwertprogramm, um die Bindung an die „*Alma Mater der Luftwaffe*" sowie die Kameradschaft zwischen den Reserveoffizieren, aber auch mit der aktiven Truppe zu stärken.

6. Offensive Werbung an Schulen, in den Medien und auf Berufsmessen für die Reserveoffizierlaufbahn im Zeitraum von zwei Jahren, um den Verlust der ROA a.d.W. zu kompensieren. Dabei ist herauszustellen, dass die jungen Menschen die komplette Offizierausbildung durchlaufen, eine interessante Fachverwendung (Nachschub, Personal etc.) absolvieren können und ein finanzielles Polster für das zivile Studium sowie ein zivil verwertbares, d.h. dokumentarisch nachweisbares qualitativ sehr gutes Führungstraining erhalten. Möglicherweise gewinnt die Bundeswehr hier wie im Rahmen des bisherigen und m.E. fälschlicherweise suspendierten Grundwehrdienstes auch noch den einen oder anderen für die aktive Laufbahn.

Das permanente Wiederholen der Aussage von einer steigenden Bedeutung der Reservisten im Rahmen der Umstrukturierung klingt in meinen und den Ohren vieler Kameraden der Reserve aktuell leider nur wie eine Phrase. Denn was die Führung bis heute nicht begriffen hat, ist die pro-aktiv wertzuschätzende Motivation der Soldaten, die sich heute noch bewusst für die Laufbahn des Reserveoffiziers entschieden haben. Mehr Geld ist nicht die Lösung. Während der Studentenzeit ist der Verdienst durchaus interessant, aber spätestens im Berufsleben überhaupt kein Anreiz mehr.

Unser Anreiz und unsere Motivation ist es, als Offizier der Reserve der Bundesrepublik Deutschland treu zu dienen – eben weil wir an die Werte des Grundgesetzes, an Europa und die Schutzwürdigkeit unserer freiheitlich-demokratischen Grundordnung glauben. Der Reservedienstleistende ist kein „job-holder" (und als ein solcher sollte sich übrigens der aktive Soldat genau so wenig verstehen).

Wir dienen in der „Parlamentsarmee" unseres Landes – weil wir vom Konzept der Inneren Führung überzeugt sind und an das Primat der Politik und damit an das Primat des Bürgerwillens in unserem Staat glauben.

Wir dienen, um unsere aktiven Kameraden zu unterstützen – weil wir der Überzeugung sind, dass die Armee in Deutschland niemals wieder ein Staat im Staate sein darf und dass umgekehrt jeder Bürger bereit sein muss, gemäß dem Eid, den wir alle geschworen oder gelobt haben, *„das Recht und die Freiheit des deutschen Volkes tapfer zu verteidigen".*

Wir dienen, um die Bundeswehr bei der Erfüllung ihres Auftrages zu unterstützen, den aktiven Kameraden Erfahrungen zu geben, die sie nicht besitzen oder vielleicht auch so nicht haben können, und umgekehrt wollen wir von ihnen lernen und Erfahrungen mit auf den Weg bekommen, gerade weil wir von der Notwendigkeit der Bundeswehr überzeugt sind, externe Expertise einbringen können und umgekehrt die Rückmeldungen aus der Truppe mit ins Zivilleben nehmen. So gelingt es doch in dieser postheroischen und – eindringlicher formuliert – sich der Verteidigungsnotwendigkeit nicht mehr richtig bewussten, fragilen Gesellschaft am besten, für Akzeptanz, Respekt und Unterstützung zu werben. Wir dienen in der Luftwaffe – weil wir das Leitwort „Team Luftwaffe" hochschätzen und mit den aktiven Kameraden gemeinsam ein starkes Team sein wollen.

Viele Kameraden in unseren Stammeinheiten wissen und honorieren das. Die Führung der Bundeswehr, der Luftwaffe und insbesondere die Entscheider auf Ämterebene müssen nun sagen, wohin der Weg hingeht oder noch besser, weil es vielleicht leichter fällt, wohin er nicht gehen sollte: Entweder will man eine sinnvolle, nachhaltige und gehaltvolle Reserveoffizierausbildung und damit die entsprechenden Soldaten, oder man macht besser gleich „tabula rasa" und schließt diesen Ausbildungsgang gänzlich – verbunden mit der Perspektive, dass es dann die aus der Dienstgradgruppe der Mannschaften und Unteroffiziere, gewachsen im Truppendienst der Luftwaffe, eben nicht mehr gibt. Mit beiden Alternativen können wir leben, gerne mit der ersten, ungern mit der letzteren. Doch einen Larifari-Mittelweg sollte es nicht geben. Ein „Weiter so" ist dysfunktional; es bringt nichts außer Frust und Scheinwelt.

Reflexion und Weiterentwicklung

„Innere Führung": Überkommenes Konzept oder Führungsphilosophie der Zukunft?

Karl Trautvetter

Unsere Führungsphilosophie „Innere Führung" stand und steht seit Bestehen der Bundeswehr auf dem Prüfstand. Immer wieder, aber insbesondere in den ersten Jahrzehnten, wurde sie zum Teil massiv kritisiert bzw. in Frage gestellt. Einige Beispiele in Auswahl, fixiert in Jahreszahlen:

- 1964: Hellmuth Heye, der damalige Wehrbeauftragte des Deutschen Bundestages erkennt in einem Interview mit der (mittlerweile nicht mehr existierenden, damals aber äußerst populären) Illustrierten „Quick" einen klaren Trend in der Bundeswehr hin zu einem *„Staat im Staate"*.

- 1966: Drei Generale, darunter der damalige Generalinspekteur General Heinz Trettner, treten zurück, nachdem Bundesminister der Verteidigung Kai Uwe von Hassel (CDU) das Koalitionsrecht der Soldaten im „Gewerkschaftserlass" geregelt hatte.

- 1967: Der Publizist Hans Georg von Studnitz, Sohn eines preußischen Gardeoffiziers, veröffentlicht seine programmatische Schrift mit dem alarmierenden Titel *„Rettet die Bundeswehr"*. Sie sorgt für Furore innerhalb und außerhalb der Truppe wegen ihrer scharfen Kritik an der Wehrverfassung, dem Primat der Politik, der Idee vom Staatsbürger in Uniform sowie am Wohlstandsdenken der Bundeswehrangehörigen.

- 1969: Die vom damaligen Inspekteur des Heeres, Generalleutnant Albert Schnez, und anderen Generälen verfasste Schnez-Studie (Titel: *„Gedanken zur Verbesserung der inneren Ordnung des Heeres"*) plädiert für eine Stärkung der militärischen Kampfkraft der Bundeswehr und verwirft stärkere Kontrolle im Sinne der Sicherstellung des Primats der Politik einschließlich des Instituts des Wehrbeauftragten des Deutschen Bundestages. Außerdem spricht sie sich für eine konservative Traditionspflege aus und lehnt die „Innere Führung" als ein zu theoretisches Modell ab. Schnez' Stellvertreter, Generalmajor Hellmut Grashey, mitbeteiligt an Erstellung der Studie, fordert kurz darauf unverblümt, dass die Bundeswehr die *„Maske der Inneren Führung"* ablegen müsse.

- 1970: Dagegen haltend fordern die „Leutnante 70" eine Umsetzung der Prinzipien der Inneren Führung im militärischen Alltag und ein der Demokratie der Bundesrepublik Deutschland adäquates Traditionsverständnis der Bundeswehr.
- 1971: Die „Hauptleute von Unna" äußern im Sinne der Schnez-Studie Zweifel an der „Inneren Führung" und kritisieren die unzulänglichen politischen, personellen und materiellen Rahmenbedingungen, die der Bundeswehr eine loyale Auftragserfüllung erschweren würden.

Die Beispiele widerspiegeln den Umbruch und Mentalitätenwechsel der bundesdeutschen Gesellschaft. Sie rahmen überdies den Regierungswechsel hin zur sozial-liberalen Koalition ein. Der seit dem Regierungswechsel (Oktober 1969) neue Verteidigungsminister Helmut Schmidt initiierte sogleich umfangreiche Untersuchungen durch Kommissionen, deren Empfehlungen in einem Reformpaket (Weißbuch 1970) umgesetzt wurden. Zur Inneren Führung wurde dort klargestellt, das Konzept habe sich bewährt. Die bisherige Kontroverse bedeute keine Schwäche, sondern bekunde vielmehr Stärke und Zukunftsfähigkeit der Konzeption. Die Innere Führung müsse sich gleichwohl parallel zum gesellschaftlichen Wandel weiterentwickeln. Grundlage dafür sei der kontinuierliche und durchaus auch kontrovers zu führende Diskurs.

Mit der Aussage *„Das Konzept (InFü) hat sich bewährt"* verlagerten sich indes die Diskussion, Auseinandersetzung und Weiterentwicklung unserer Führungsphilosophie zunehmend in den Bereich überschaubarer Zirkel mit der Tendenz zur Verwissenschaftlichung und Intellektualisierung. Wurde damit in den folgenden Jahrzehnten die Truppe noch gänzlich erreicht?

Eine aus dieser Sicht durchaus erfreuliche und auch in der Breite der Bundeswehr wahrgenommene, neu angefachte Debatte über die „Innere Führung" wurde durch die Veröffentlichung des Buches *„Armee im Aufbruch"* (Oktober 2014) initiiert, in dem sich in 15 Beiträgen 16 junge Offiziere – vor dem eigenen Erlebnis- und Erfahrungshintergrund von Auslandseinsätzen – kritisch zur Inneren Führung und ihrem Leitbild des Staatsbürgers in Uniform äußerten. Einer von ihnen hält den „Staatsbürger in Uniform" gar für ein Auslaufmodell und proklamiert den „Profi in Uniform". Er fordert die Abkehr vom „politisierten Soldaten", hin zum „Experten für Kriegsführung".

Gerade diese Veröffentlichungen verdeutlichen, dass es an Ausrichtung, an Orientierung im Sinne der Inneren Führung wohl offensichtlich fehlt. Es ist augenscheinlich nicht gelungen, diesen jungen Offizieren von vorgesetzter Seite die grundlegenden Werte unserer „Inneren Führung", insbesondere im Einsatz, plausibel zu machen. Hier spiegelt sich in meinen Augen eine persönliche Sichtweise und Erfahrungswelt wider, in der ein Defizit in Sachen geistiger Prägung und Orientierung aufzeigt wird.

Erfahrungen im internationalen Umfeld

Liegt dies an den Vorgesetzten und den Ausbildungsbereichen der Bundeswehr? Ich will versuchen, dies anhand meiner eigenen, in vielen Dienstjahren gewonnenen Erfahrungen, zu erklären. Den größten Teil meines beruflichen Lebens war ich „Operateur" in Sachen Luftkriegführung. Nach Abschluss dieser Berufsphase wurde ich Bereichsleiter „Internationale Kooperation" am Zentrum Innere Führung. Ein wesentlicher Teil meiner neuen Tätigkeit bestand darin, die deutsche Sichtweise von Führungskultur und von Streitkräften in einer Demokratie in Ländern mit durchaus anderen Grundsätzen zu erläutern. Die Herausforderungen dabei bestanden darin, unsere Führungsphilosopie so zu erläutern, dass das Zielpublikum – in der Regel größere Gruppen mit Vertretern bis in die Leitungsebene hinein – meinen Ausführungen folgen konnte, diese nicht als Belehrung empfand und vor dem Hintergrund ihrer eigenen Erfahrungen und Traditionen reflektieren konnte.

Folgende Erkenntnis habe ich dabei gewonnen:

- Man kann Innere Führung in einfachen Worten nachvollziehbar erklären.
- Innere Führung ist ein typisch deutsches Konstrukt. Sie ergibt sich aus unserer Geschichte und kann deshalb kein Exportschlager sein! Wohl aber können einzelne Bausteine auch für andere Streitkräfte von Interesse sein.
- Viele internationale Partner beneiden uns darum, fürchten sich aber gleichzeitig vor den Freiheiten, die unsere Führungsphilosopie einräumt (z.B. gewissensgeleiteter Gehorsam, aktives/passives Wahlrecht, ergebnisoffene Politische Bildung etc.).
- Vieles von dem, was uns unsere Innere Führung bietet, ist für uns so selbstverständlich, dass es unsererseits keine besondere Wertschätzung mehr erfährt.

Grundlagen der „Inneren Führung"

Die Grundlagen der Inneren Führung mit den **Zielen** und dem **Leitbild des Staatsbürgers** in Uniform sind in den letzten Jahrzehnten in ihrer Formulierung nahezu unverändert geblieben. In unserer sich ständig weiterentwickelnden Gesellschaft werden jedoch Begrifflichkeiten wie Staat, Staatsbürger sowie Rechte und Pflichten durchaus unterschiedlich wahrgenommen und definiert.

Eine Veranstaltung am Zentrum Innere Führung ist mir dabei in besonderer Erinnerung geblieben. In 2013 referierte der ARD-Korrespondent Christian Thiels über die Thematik *„Die Berichterstattung der Sicherheitspolitik als Nischenthema in den Nachrichten"*. In seiner Einführung hielt er die ZDv 10/1 „Innere Führung" in seiner Hand und sprach über deren Anspruch und Verständlichkeit. Sein Urteil, er könnte dem in dieser Vorschrift formulierten Anspruch nicht gerecht werden und er bezweifle, dass unsere Jugendlichen, die sich im Rahmen ihrer Berufsorientierung auch für die Bundeswehr interessieren würden, in der Lage wären die Inhalte zu verstehen.

Tatsache ist, dass wir im Umgang mit der Inneren Führung eine Sprache gebrauchen, die die meisten unserer Soldatinnen und Soldaten nicht mehr verstehen. Innere Führung wirkt dadurch überhöht, bekommt einen Bibel-ähnlichen Charakter und wird als Monstranz – insbesondere durch die Politik – vor sich hergetragen. Wahre Worte gerinnen so zur Formelhaftigkeit, ja Leerformelhaftigkeit. Wird damit noch der wahre Kern der Worte verstanden? Wohl von den wenigsten.

Wer sich dennoch intensiv mit unserer Führungsphilosophie beschäftigt, wird merken, dass sie bestechend einfach, stringent sowie logisch aufgebaut und umsetzbar ist. Wie ist dies zu verstehen?

Als Austauschpilot bei den *U.S. Special Forces* in Albuquerque, New Mexico, war ich des Öfteren in Großvorhaben eingesetzt, deren zielgerichtete Koordination – aufgrund der unterschiedlichen Truppengattungen und Waffensysteme – eine besondere Herausforderung darstellten. Ein Lehre daraus für mich war: *„Keep it stupid and simple!"* **Kiss** war das Schlagwort oder die Weisheit, die Erfolg versprach, die umsetzbar war.

Kann diese Erfahrung auf die Innere Führung umgesetzt werden? Nicht in Gänze, aber man sollte es soweit als möglich beherzigen. Denn Innere Führung ist alles andere als eine von Spezialisten beherrschte Geheimwissenschaft.

Andererseits geht es bei ihr um komplexe militärische Lebensverhältnisse mit Wertorientierungen und Handlungsweisen im Widerstreit. Und diese sollten nicht so verkürzt werden, als sei Innere Führung eine „Comic-Ideologie". Es geht mir – wissenschaftlich ausgedrückt – um Reduktion von Komplexität, zur besseren Erkenntnis dessen, wie komplex menschliches Verhalten auch im militärischen Umfeld ist. Es geht um Verinnerlichung von Lebensweisheit, was m.E. – gerade durch **vorgelebte** und gelebte Innere Führung! – viel einfacher und effektiver möglich ist.

Wir sollten bei der Weiterentwicklung unserer Führungsphilosophie wirklich den Grundsatz KISS mitbeherzigen. Denn die Innere Führung verkörpert ihrem Grund und Wesen nach kein „Hexenwerk". Ihr Kern sind vier **Ziele**, hier wiedergegeben ohne weitere Detailbeschreibung:

1. Legitimation

In diesem Ziel wird das eingefordert, was wir uns als Soldaten wünschen. Eine im gesellschaftspolitischen Diskurs erstellte Begründung von Streitkräften, mit einem daraus abgeleiteten Auftrag. Dies ist in erster Linie eine politische Zielsetzung, die eine breite politische und gesellschaftliche Diskussion erforderlich macht.

Durch alle Angehörigen der Bundeswehr, insbesondere durch die Soldatinnen und Soldaten, muss diese aktiv unterstützt werden, indem wir unseren Auftrag öffentlich und dadurch nachhaltig darstellen und damit auch inhaltlich zur Diskussion beitragen.

2. Integration

Auf der Basis einer vom gesellschaftspolitischen Diskurs mitgetragenen Legitimation ist eine Integration in Staat und Gesellschaft – auch ohne eine flächendeckende Präsenz – möglich. Die Bürger unseres Landes wissen und akzeptieren mehrheitlich den Auftrag ihrer Bundeswehr und geben uns den dafür notwendigen Rückhalt.

Unsere Aufgabe ist es, diesen zugewiesenen Platz in der Exekutive zu akzeptieren und keine Sonderrolle, sondern den Rückhalt in der Politik und in der Gesellschaft einzufordern. Wir können aktiv durch entsprechende öffentliche Präsenz (z.B. durch Tage der offenen Tür, Tag der Bundeswehr, Teilnahme an öffentlichen Veranstaltungen und Talkshows, aber auch durch das Auftreten in Uniform) dazu betragen, in der Mitte von Staat und Gesellschaft zu bleiben.

3. Motivation

Auf der Basis der Ziele Legitimation und Integration wird die Motivation, sich für den Dienst in der Bundeswehr zu entscheiden und die zugewiesene Aufgabe sowohl im Grundbetrieb wie im Einsatz – auch unter Entbehrungen und Einsatz des eigenen Lebens – durchzuführen, „belastbar" aufgebaut.

Von uns Soldatinnen und Soldaten setzt dies die Bereitschaft voraus, Verantwortung übernehmen zu wollen und auch Verantwortung zu delegieren. Dafür notwendig ist eine Vertrauensbasis, die nicht selbstverständlich ist. Sie bedarf der ständigen Pflege und des beständigen Nachweises. Verantwortung und Vertrauen sind die zwei Seiten einer Medaille, der „Motivation", und die Voraussetzung für das „Führen mit Auftrag".

4.   Gestaltung der Innere Ordnung

Die Gestaltung des Dienstbetriebes und des Miteinanders sowohl im Grundbetrieb wie im Einsatz bedürfen eines klaren rechtlichen Rahmens sowie klar ersichtlicher und nachvollziehbarer, transparenter Strukturen und Organisationsformen, um die Auftragserfüllung wirkungsvoll gestalten zu können.

Dieses Ziel ist keine Besonderheit von Streitkräften, da jede Organisationsform sich solchen Regelungen unterwirft. Natürlich sind sie nicht immer in Gesetzes- oder Erlassform niedergelegt, jedoch haben sie eine ähnlich bindende Wirkung und Zielsetzung, nämlich die Verhaltenssicherheit innerhalb der Organisation zu erhöhen.

Die Ziele der Inneren Führung lassen sich nicht unabhängig voneinander verwirklichen, weil sie aufeinander aufbauen und zwischen ihnen ein starker Zusammenhang besteht. Sie sind insofern „verschiedene Speichen eines Rades", die durch das zentrale Element der Inneren Führung, dem Leitbild des **„Staatsbürgers in Uniform"**, ihre Realisierung finden.

Hierbei geht es darum, die Freiheit des Menschen/Bürgers auf der Basis bestehender Gesetze auch im militärischen Bereich sicher zu stellen, den Soldaten als aktiven Demokraten zu fördern und als professionellen Kämpfer ausbilden. Ausgehend von unserem Grundgesetz und dort insbesondere Artikel 1, Absatz 1: *„Die Würde des Menschen ist unantastbar, sie zu achten und zu schützen ist Verpflichtung aller staatlichen Gewalt"*, werden besondere Anforderungen an uns Soldaten gestellt. Die Bundeswehr braucht Soldatinnen und Soldaten, die nicht nur ihr militärisches Handwerk beherrschen, sondern die die Herausforderungen ihres jeweiligen Auftrages und die geistige und ethische Dimension ihres Berufs voll erfassen.

Die **geistige Dimension** verlangt von uns die beständige Auseinandersetzung mit den sich verändernden politischen, sicherheitspolitischen und gesellschaftlichen Rahmenbedingungen. Diese haben direkten Einfluss auf unser Verhalten, denn nur entsprechend aus- und weitergebildet sind wir in der Lage, Zusammenhänge und Abhängigkeiten zu verstehen und in unser Handeln – insbesondere im Einsatz – einzubeziehen.

Gerade im Einsatzland müssen wir zudem ein Verständnis für Geschichte, Kultur und Religion der dortigen Bevölkerung entwickeln, um Befindlichkeiten des anderen Kulturkreises in unsere Entscheidungen und Handlungen einbeziehen zu können. Respekt vor und Achtung der anderen Kultur sowie deren spezifisch gewachsenen Wertevorstellungen sind die Voraussetzungen dafür, die dort lebenden Menschen davon zu überzeugen, ihren Weg gemeinsam mit uns zu gehen. Folglich sind Historisch-Politische Bildung und kulturelle Sensibilisierung mit wesentliche Grundvoraussetzungen für eine erfolgreiche Auftragserfüllung.

Die **ethisch-moralische Dimension** beinhaltet die Verantwortung über Leben und Tod. Der Einsatz von Militär umfasst auch die Anwendung von Gewalt. Diese ist nie folgenlos – weder für den Soldaten und dessen Familie, noch für die Bevölkerung im Einsatzland. Ist diese Verantwortung im Rahmen der Mandatsgebung auf politischer Ebene noch abstrakt, so wird sie zunehmend konkreter auf dem Wege der Führungsebenen nach unten zum Führer im Gefecht, der sie unmittelbar, intensiv und persönlich fordernd erlebt.

Wir müssen uns auch darüber im Klaren sein, dass Handlungen allerorts und jederzeit festgehalten und als Information weltweit verfügbar gemacht werden können. Jede militärische Handlung ist gleichzeitig auch als Kommunikation zu verstehen.

Diese Informationen können über Erfolg oder Misserfolg eines Einsatzes entscheiden, da sie als strategische Kommunikation die Meinungsbildung im Heimatland beeinflussen. Darüber hinaus haben sie Einfluss auf die Akzeptanz des Einsatzes im Einsatzland und wirken sich somit unmittelbar auf die Sicherheit der dort eingesetzten Soldatinnen und Soldaten aus. Deshalb wird an unser Handeln zu Recht ein hoher moralischer Maßstab angelegt.

Diesen Herausforderungen kann man nicht nur in Form einer dem jeweiligen Einsatz vorgeschalteten Einsatzausbildung gerecht werden. Sie setzt vielmehr eine lebenslange Auseinandersetzung mit diesen Themen voraus, die von einer eigenen Motivation getragen sein muss, wie sie im Leitbild des „Staatsbürgers in Uniform" abgebildet ist.

Eine **freie und gewissensgeleitete Persönlichkeit** bedeutet deshalb nicht nur, gleiche Rechte und Pflichten wie jeder andere Bürger, sondern auch immer eine besondere Verantwortung zu haben. Dies beinhaltet, als **verantwortungsbewusster Staatsbürger** sich auf dem Boden des Grundgesetzes zu bewegen und aktiv an der Gestaltung unseres Gemeinwesens mitzuwirken. Als logische Konsequenz daraus ergeben sich das Primat des Politischen und die Verpflichtung, als **einsatzbereiter Soldat** überall dort seinen Dienst zu leisten, wohin sie/er durch das Parlament entsandt wird.

Wahrnehmung schafft Realität

Der Vorwurf, die Innere Führung sei verstaubt, veraltet, weltfremd und habe dadurch den Anspruch auf Allgemeinverständlichkeit und Umgangstauglichkeit verloren, ist nicht neu. Diese Argumentation findet ihre Bestätigung in einem „freundlichen Desinteresse" in der Truppe in allen Dienstgradgruppen, gerade weil die Auseinandersetzung mit den Inhalten unserer Führungsphilosopie zu oft in kleinen, wissenschaftlich intellektuellen Zirkeln mit speziellem Sprachcode stattfindet. Dadurch wird dem Eindruck, Innere Führung sei etwas Abstraktes und Geheimlogenartiges, deren Inhalte nur noch von „Eingeweihten" verstanden werden, Vorschub geleistet.

Dies ist eine Entwicklung, die nach meiner Wahrnehmung in den 1970er Jahren mit der verordneten Feststellung: *„Das Konzept (InFü) hat sich bewährt!"* begann und erfreulicherweise durch die Autoren des Buches *„Armee im Aufbruch"* in 2014 durch die dadurch angeregte Diskussion der Beiträge durchbrochen wurde.

Tatsache ist, dass „Wir" als Angehörige der Bundeswehr diese Entwicklung zugelassen haben und dass „Wir" uns mit der Rolle von Zaungästen begnügten, die zwar verhaltene Kritik üben, sich aber nicht als Gestalter eingebracht haben. Hier hält das Konzept des mündigen Staatsbürgers in Uniform, genau wie es dessen „Väter" ja erhofft hatten, sehr viel mehr – auch von uns Soldaten leider zu wenig genutztes – Potenzial bereit.

Unsere Führungsphilosophie verlangt von uns eine gestalterische Rolle, nämlich uns an der Weiterentwicklung der Inneren Führung aktiv zu beteiligen und die Freiräume, die uns die Legislative durch die Innere Führung einräumt, auch zu nutzen. Das ist einmalig im internationalen militärischen Bereich.

Viele Fehlentwicklungen, die wir heute beklagen, hätten vielleicht durch ein beherztes Eingreifen verhindert oder zumindest abgemindert werden können.

Stattdessen haben wir dieses Feld institutionellen Akteuren (Wehrbeauftragter, Bundeswehrverband, ZMSBw, ZInFü etc.) überlassen. Der Befund stimmt nachdenklich, ja traurig: Wir haben uns vielfach als Staatsbürger in Uniform zu wenig direkt eingebracht, wir haben delegiert, und uns damit des Denkens und Handelns im Sinne gelebter Mündigkeit entlastet.

Wahrnehmung schafft Realität. Schon der griechische Philosoph Sokrates stellte fest, dass die Wahrheit dem menschlichen Erkenntnisvermögen prinzipiell unzugänglich ist. Das heißt, unser Handeln orientiert sich nicht daran, wie die Welt ist, sondern daran, wie wir sie wahrnehmen. Je präziser unsere Wahrnehmung, desto besser ist die Basis für erfolgreiches Handeln.

So nehmen wir „unsere Realität" durch einen Filter aus Einstellungen wie Werten, Vorurteilen, Wunschdenken und Selbstbild wahr, der unsere Handlungsmöglichkeiten – immer subjektiv durch unsere Veranlagungen wie Mut, Ängstlichkeit, Risikobereitschaft und Sicherheitsbedürfnis geprägt – bestimmt. Dieses Handeln wiederum schafft neue Realitäten.

So positiv ich das Vorgehen unserer jungen Autoren mit ihrer „*Armee im Aufbruch*" im Grundsatz auch bewerte, so kritisch betrachte ich deren Objektivitätssinn, d.h. deren Erfahrungs- und auch Realitätsvermögen. Wenn man sich auch nur ein kleines Stück weit in der militärischen Realität außerhalb der Bundeswehr umblickt, so stellt sich in der Tat die Frage, ob eine Reduzierung auf einen professionellen Kämpfer tatsächlich ausreicht, um den heutigen komplexen sicherheitspolitischen Anforderungen unserer globalisierten Welt gerecht zu werden? Ich sage klar und deutlich „Nein", und füge hinzu: Wer dafür eintritt, muss sich im Klaren darüber sein, dass (1.) die uns aus unserer eigenen Geschichte übertragene Verantwortung auf aus meiner Sicht geradezu gefährlichem Niveau negiert wird und dass dies (2.) zu erheblichen negativen Konsequenzen einschließlich physischen und psychischen Schäden führen kann.

Natürlich muss der Soldat kämpfen können, aber doch nicht so, dass rohe Kraft durch eigene Gewalt stürzt und – die Anspielung auf eine ganz bestimmte deutsche Vergangenheit sei bewusst getätigt – „*alles in Scherben fällt*"! Haben wir nicht gerade deshalb die Herausforderungen der allerjüngsten Geschichte wie unsere internationalen Einsätze, die EBOLA-Krise oder aktuell die Seenotrettung im Mittelmeer sowie unser derzeitiges Engagement im Rahmen der Flüchtlingshilfe so erfolgreich gemeistert, weil wir keine Reduzierung unseres Staatsbürgers in Uniform auf nur den einsatzbereiten Soldaten als dem „eindimensionalen" Kämpfer zuließen? Ja, es war die gewissensgeleitete Eigenmotivation, geprägt durch ständige ethisch-moralische Auseinandersetzung mit sich verändernden Rahmenbedingungen, die diesen Erfolg ermöglichte.

Zusammenfassung und Ausblick

Wir haben gerade den sechzigsten Geburtstag unserer Bundeswehr begehen können. Beginnend 1993 mit der Friedensmission *United Nations Transitional Authority in Cambodia*, dem unter UN-Mandat laufenden ersten bewaffneten Auslandseinsatz in Somalia, 1996 der Beteiligung der Bundeswehr im Krieg im zerfallenden einstmaligen Jugoslawien und ab 2001 im Kampf gegen den Terrorismus in Afghanistan haben wir diese Bewährungsproben ohne größere Skandale, die das Vertrauen unserer Gesellschaft in ihre Bundeswehr erschüttert haben, bestanden.

Dies ist ganz gewiss ein Grund stolz zu sein und zu erkennen, dass unsere Führungsphilosophie und Führungskultur sich als verlässlich erwiesen haben. Aber wir müssen diese den sich ständig verändernden Rahmenbedingungen einer globaler werdenden Gesellschaft anpassen.

Innere Führung ist für mich deshalb nicht die Anbetung der Asche, sondern vielmehr die Weitergabe des Feuers. Unsere Führungsphilosophie räumt uns, den Soldatinnen und Soldaten, eine Freiheit des Handelns sowie einen Gestaltungsspielraum ein, die/den es zu bewahren und, wo nötig, anzupassen gilt. Dies erfordert jedoch einen ständigen Lern- und Anpassungsprozess, dem wir uns ALLE aktiv und gestalterisch stellen müssen.

Es muss uns auch gelingen, einerseits die Ergebnisse des wissenschaftlichen Diskurses und andererseits die aus der Truppe kommenden Initiativen für eine Weiterentwicklung unserer Führungsphilosophie aufzunehmen und aufzuarbeiten. Die Ergebnisse dieses Prozesses müssen inhaltlich nachvollziehbar wieder in beiden Richtungen zurück kommuniziert werden und die Grundlage für eine erneute Auseinandersetzung bilden.

Mit der Einführung der „Inneren Führung" hat die Bundeswehr seinerzeit Neuland betreten, sich von bis dahin unverrückbar geltenden militärischen Grundsätzen verabschiedet und sich damit an die Spitze des gesellschaftlichen Fortschritts gestellt. Ich blicke voller Bewunderung auf die Weitsicht der Gründerväter unserer Führungsphilosophie zurück und bin mir aber auch der damit übertragenen Verantwortung bewusst, diese entsprechend dem gesellschaftlichen Wandel – mit Augenmaß – weiterzuentwickeln.

Ich sehe uns hier auf dem richtigen Weg; allerdings sehe ich auch noch jede Menge Diskussions- und Handlungsbedarf, der in der Rolle eines bloßen Konsumenten oder eines Zaungastes nicht leistbar ist.

Königsweg Kompetenzorientierung?! – Idealtypische Überlegungen zu einem erweiterten Rollenverständnis

Christian Prestele

Hinführung

Militärische Ausbildung zielte schon immer darauf ab, dass der Soldat in einer ganz konkreten künftigen (Gefahren-)Situation erfolgreich im Sinne des ihm gegebenen Auftrages handelt. Dieser Sachverhalt gehört zum überzeitlichen Bestand der Militärpädagogik, jenseits jeglicher methodischer Varianten, entsprechendes Handeln dem Soldaten in der Ausbildung gemäß dem Leitmotiv näherzubringen: *„Nicht für die Schule, sondern fürs (Über-)Leben lernt der Soldat".* Ausbildung – nicht minder Bildung und Erziehung! – zeichnet das Bild und Selbstverständnis des Soldaten und damit auch des Offiziers. Das Thema Ausbildung bildet seit jeher eines, dem sich Vorgesetzte und damit Verantwortliche in dringlicher Weise zu widmen hatten. Und dabei kam und kommt es ganz entscheidend darauf an, wie das Szenario aussah und aussieht, wofür ausgebildet wurde.

Was in allen linearen Konfliktszenarien quer durch die Zeiten relativ einfach als Zielbestimmung zu verstehen war, bedeutete in der Umsetzung des Weges zum Ziel dabei immer nur scheinbar ein einfaches Unterfangen. Bereits zu Beginn der Konzeptionierung von Ausbildung entwickelte es sich gerade dann zu einer Herausforderung, wenn unerwartete oder gar gänzlich neue Situationen eintraten, die die „bewährten" Rezepte bzw. Musterlösungen vergangener Zeit als obsolet, veraltet erscheinen oder gar erweisen lassen würden.

Stehen wir nicht an einer solchen Wende? Fundamentale Veränderungen im „Kriegsbild" verlangen auf jeden Fall entsprechende Antworten in der Ausbildung gerade dann, wenn es nach demokratischem Selbstverständnis darum geht, die eigenen potenziellen Verluste an Personal soweit es geht zu minimieren. Wie ist „Handlungssicherheit" als Überlebensgarantie in Zeiten der Veränderung zu erreichen? Globalen, multiperspektivischen Trends, die – auch und insbesondere im „Informationszeitalter" – gleichzeitig Chancen und Risiken bereithalten, kann und darf – sicherheitspolitisch gewendet – nicht mit alten „Gewissheiten" begegnet werden.

Ausbildung war und ist daher niemals Selbstzweck. Es gilt gerade **nicht** der Grundsatz *„Ausbildung um der Ausbildung willen"*, genau so wenig wie gelten darf *„Methodik um der Methodik willen"*. Ausbildung erhält ihre Sinnhaftigkeit im Ziel. Das heißt, eine Institution wie das Militär muss – in einer Demokratie unter dem Primat der Politik stehend! – eine Vorstellung von sich selbst haben, und der Soldat muss am Ende befähigt sein, immer situations- und lageabhängig richtig zu handeln.

Die Zunahme der Notwendigkeit, in unbekannte Sphären hinein als Soldat einer Einsatzarmee handeln zu müssen, reduziert im *„fog of war"* den Raum jener althergebrachten Fähigkeiten, die als grundlegend „klassische" soldatische Fertigkeiten den Soldaten als professionellen „Kämpfer" ausmachen. Sie erhöht zugleich die Bedeutung jener Fähigkeiten des militärischen Führers, die darin bestehen, auf zuvor vollkommen unvorhergesehene Situationen richtig zu antworten, um den Auftrag erfüllen zu können.

Pointiert formuliert: In Zeiten veränderter Herausforderungen sind die militärischen Führer in allgemein angenommenen asymmetrischen Szenarien nicht darauf vorzubereiten, die richtigen „Musterlösungen" parat zu haben, schon weil jeder Auslandseinsatz immer eine Herausforderung für sich selbst, d.h. mit eigener Qualität, bildet. Es gibt letztlich also keine „Musterherausforderung". Der Variantenreichtum der Auslandseinsätze in Kombination mit den sich verändernden Modalitäten der Landesverteidigung im „klassischen Sinn" bedingen für die Ausbildungsorganisation und die Ausbildungswege ganz Massives: Es geht nicht mehr nur um die Reproduktion eingeübter Fertigkeiten. Es geht darüberhinausgehend um viel mehr: Gefordert sind zu erwerbende Kompetenzen, die einen weiter gefassten Handlungsrahmen benötigen, in dem es um Erwerb und Erweiterung einer geistigen Grundhaltung geht, die Lösungsansätze grundsätzlicher Art zur Verfügung stellen kann, um in konkreten bekannten wie auch unbekannten Situationen nicht in „Schockstarre" zu verfallen. Ansonsten tritt der *„worst case"* militärischer Führung ein: die Handlungsunfähigkeit.

Die Sorge um das physische und psychische Bestehen des Soldaten angesichts derartiger Situationen erfordert selbstredend auch ein Überdenken bisheriger Ausbildungsgrundsätze vor allem für die nachwachsenden Generationen militärischer Führer quer durch alle Hierarchieebenen in einer Bundeswehr, die als Einsatzarmee bestehen soll und will. Es ist evident, dass dies gravierende Auswirkungen auf die „Trias" Ausbildung, Erziehung und Führung hat. Die Vorstellung vom „Bild des Offiziers" als militärische Verkörperung dieser Trias unterliegt einer modifizierten Bewertung. Selbst wenn die Tragweite dieser Veränderung im Moment noch nicht in allen Dimensionen abzusehen ist, so zeichnet sich bereits jetzt klar ab: Insbesondere Offiziere der Zukunft haben sich dieser neuen Herausforderung aktiv zu stellen – und dabei bleibt es nicht bei Fragen der Ausbildung! Die Eckstücke der Trias „Ausbildung – Erziehung – Führung" bedingen sich wechselseitig.

Was hier orientiert anhand der „Herausforderung Einsatz" kurz skizziert wurde, gilt gleichsam auch für die Bundeswehr in ihrer auf Landesverteidigung zielenden Grundorganisation. Sie gilt erst recht in einer rasant sich verändernden beruflichen Welt auch außerhalb der Bundeswehr. Hier wie da – im Zivilen wie im Militärischen – gilt, dass die Akkumulation von Wissen – auch auf neu entstandenen Wissensfeldern – und die in zeitlicher Dimension revolutionärer Aktualisierung von Wissen dazu beiträgt, die eine zentrale Frage zu stellen: Soll man dem „Wissens"-Fortschritt lediglich „hinterherhinken" oder soll ein Systemwechsel im Ausbildungsbereich dergestalt vorgenommen werden, dass Kompetenzen definiert, erworben und weiterentwickelt werden müssen, die dann ein tatsächliches „Zurechtfinden" ermöglichen und erleichtern? Wenn der Offizier der Luftwaffe gestalten will, kann es darauf nur eine Antwort geben. Sie hat allerdings für die zivile wie militärische Welt enorme Auswirkungen.

Angesichts der komplexen Anforderungen an den Offizier nicht nur der Luftwaffe, sondern der Bundeswehr überhaupt, sollen die nun folgenden Ausführungen dem interessierten Leser einen Eindruck vermitteln, wie die Ausbildungsorganisation der Luftwaffe darauf reagieren möchte. Die Luftwaffe übernimmt hierbei eine Vorreiterrolle, wohl wissend, dass die Umsetzung der kompetenzorientierten Ausbildung eine gewaltige, weil nicht widerspruchsfreie Herausforderung darstellt. Die nun folgenden, zur Veranschaulichung prägnant idealtypisch formulierten Ausführungen sollen kurz in die neue pädagogische Welt der Kompetenzorientierung einführen und einen Impuls dafür vermitteln, mit welchen „Pinselstrichen" das Bild des künftigen Offiziers der Luftwaffe gezeichnet sein dürfte.

Kompetenzorientierte Ausbildung als pädagogischer Paradigmenwechsel

Wo bisher zuvor in unseren Ausbildungseinrichtungen der Schwerpunkt in der Realität allzu oft auf „büffeln" und „auswendig lernen" (also Wissensvermittlung im hergebrachten Sinne) lag, sollen nun Erwerb, Erhalt oder Erweiterung der Kompetenz im Fokus stehen. Kompetenz wird dabei verstanden als Befähigung und Bereitschaft, individuelles Wissen, Fähigkeiten, Werte und Einstellungen in der Praxis erfolgreich anzuwenden, um neue und teils unbekannte Herausforderungen zu bewältigen. Kompetenzorientierte Ausbildung soll so eine nachhaltige und dauerhafte Handlungssicherheit erzeugen. Hierfür ist konzeptionell ausreichend Zeit einzuräumen. Damit beschreitet die Bundeswehr einen Weg, bei dem sie nicht „das Rad neu erfinden" muss. (Berufs-) Schulen, Wirtschaft und Industrie beschreiten ihn bereits – mit durchaus unterschiedlichen Erfahrungen, da an einem Basiswissensstand denn doch kein Weg vorbei führt.

Für kompetenzorientiertes Lehren und Lernen spricht vor allem, dass das Lernen auf anspruchsvollere Niveaus der Wissensbeherrschung und -nutzung ausgerichtet wird, die Lernprozesse und Prüfungen durch die beschriebenen Vorgehensweisen effektiver und zielgerichteter gestaltet werden, die Ausbildungsanforderungen transparenter für die Auszubildenden und diese besser befähigt werden, flexibler in ihrem zukünftigen Dienstumfeld zu handeln.

Ausbildung setzt daher Kenntnis darüber voraus, welche Kompetenzen Auszubildende auf ihren Dienstposten benötigen bzw. welche zukünftigen beruflichen Situationen der Auszubildende bewältigen muss. Ungeachtet dessen, werden Theorievermittlung und Wissenserwerb grundsätzlich in einen Praxisbezug gestellt. Praktisches Anwenden und die Eigenaktivität der Lernenden gewinnen dabei eine herausgehobene Bedeutung.

Kompetenz gilt folglich als erworben, wenn das beobachtbare Handeln (*Performanz*) des Auszubildenden wiederholt zeigt, dass er entweder die arrangierte (Lern-)Situation oder die Herausforderungen der beruflichen Praxis umfassend versteht, richtig beurteilt und Problemstellungen erfolgreich löst.

Lernen in der kompetenzorientierten Ausbildung stellt demnach grundsätzlich zwei Fragen in den Mittelpunkt:

Frage 1: Wie entwickeln sich erforderliche Kompetenzen?

Kompetenz stellt eine Verknüpfung von Denken und Handeln dar und zeigt sich in konkreten, beruflichen Handlungssituationen. Bei der Entwicklung von Kompetenzen haben Erfahrungen aus konkreten Handlungssituationen und deren Reflexion einen zentralen Stellenwert. Dabei ist zweierlei zu beachten:

(1) Erfahrung entsteht, wenn konkrete und/oder unbekannte Probleme und Herausforderungen gelöst werden. Die dabei angewandten Lösungsansätze führen zu bewussten und unbewussten Lernprozessen.

(2) Reflexion macht diese Lernprozesse bewusst. Durch Reflexion werden die angewandten Lösungsansätze analysiert, bewertet und für zukünftige Herausforderungen gezielt verfügbar gemacht. Reflexion unterstützt also das individuelle Lernen des Lernens.

Das Hervorheben dieser Faktoren leugnet indes nicht die Tatsache, dass Menschen – in unserem Falle „Offiziere" – für ein und dasselbe „Problem" verschiedene, zielführende Lösungen entwickeln können. Auch kann es sein, dass das mehrmalige Bewältigen der gleichen Herausforderung mit demselben Ansatz bei einer weiteren Herausforderung mit einer nuancenreichen Verschiebung des „Problems" nicht erfolgreich ist. Es kann nicht oft genug wiederholt werden: Selbstverständlich gründet kompetenzorientierte Ausbildung auf zuvor erworbenen Kenntnissen, Wissen und Beherrschen elementarer Bausteine des militärischen „Einmaleins". Gleichwohl: Es gilt unterdessen umso mehr, diese „*Basics*" zur Realisierung genereller Führungskompetenz auf höherer Ebene zielgerichtet zusammenzuführen und weiterzuentwickeln.

Hierfür ist es nicht minder unabdingbar, dass die Ausbilder, die diesen Lernprozess initiieren und „begleiten", nicht nur als Didaktiker und Methodiker gefragt sind, sondern in allererster Linie auch kompetentes Fachpersonal darstellen und verkörpern müssen. Ausbilder durch „Handauflegen", Jobholder und Universaldilettanten sind buchstäblich Gift für die kompetenzorientierte Ausbildung. Ohne fachliche Kompetenz und ohne Liebe für die Ausbildung entsteht keine Akzeptanz beim Auszubildenden! Die Personalauswahl in der Bundeswehr für entsprechende Dienstposten ist damit geforderter denn je!

Frage 2: Wie werden diese Kompetenz-Entwicklungsprozesse in der Ausbildung unterstützt?

Lernprozesse in der Ausbildung werden an den Prinzipien der „Vollständigen Handlung" und der „Ganzheitlichkeit" ausgerichtet:

- Vollständige Handlung bezieht sich auf Lernsituationen bzw. Arbeitsaufträge, die möglichst einen kompletten Handlungsablauf oder Bearbeitungsprozess umfassen. Sie besteht aus den Elementen: Informieren, Entscheiden, Planen, Ausführen, Kontrollieren/Bewerten und Reflektieren.

- Ganzheitlichkeit bedeutet, dass diese Arbeitsaufträge soziale, personale und fachliche Anforderungen an den Lernenden stellen.

Die Generalisierung dieser aktiv erlebten Lernsituation ermöglicht die gezielte Vorbereitung auf die Anforderungen der Arbeitswelt (dienstlicher Alltag). Das Handeln in unterschiedlich komplexen Problemsituationen, die sich eben nicht immer auf der Grundlage routinemäßiger Erfahrungen bearbeiten lassen, ist dabei als wesentlicher Treiber für Kompetenzentwicklung zu sehen.

Kompetenzorientierung in der Ausbildung setzt deshalb ein Verständnis des Lehr-/Lernprozesses voraus, bei dem die zu erreichenden Ergebnisse der Ausbildung ausgehend von den Auszubildenden gedacht und konzipiert werden. Lernende werden so zu aktiven (Mit-)Gestaltern ihres eigenen Lernprozesses. Dieser zielt auf den Erwerb von Kompetenzen, setzt dabei allerdings eine sehr große intrinsische Motivation bei den Auszubildenden voraus.

Kompetenzorientierte Ausbildung beim Militär

Im soldatischen Kontext ist Kompetenz als Befähigung zu definieren, in Anforderungsbereichen, die durch hohe Komplexität, Neuartigkeit und hohe Ansprüche an die Lösungsqualität gekennzeichnet sind, angemessen, verantwortlich und erfolgreich zu handeln. Die Befähigung zu einem solchen Handeln beinhaltet vor allem im Soldatenberuf integrierte Bündel von komplexem Wissen, Fertigkeiten, Fähigkeiten, Motivation, Normen und Werthaltungen in Bezug auf die militärische Tätigkeit – im „Friedens-Grundbetrieb" wie auch im Einsatz.

Sämtliche Faktoren erfahren hingegen eine „Begrenzung" im Hinblick auf die individuellen Vorprägungen einschließlich Prämissen wie (Vor-) Bildung und Charakter, Lebensalter und Erfahrung, Herkunft und Geschlecht sowie körperliche und psychische Leistungsfähigkeit. Kompetenzorientierte Ausbildung erfordert daher auch veränderte didaktische und methodische Kenntnisse, Fähigkeiten und Haltungen bei den Ausbildern.

Vor dem Hintergrund der zunehmenden Bedeutung selbstorganisierter Lernprozesse erweitert sich die Rolle des Ausbilders zum Lernbegleiter und Coach. Als solcher ist er Fachmann, Führer, Lehrer, Motivator, Organisator, Erzieher, Initiator und Moderator. Die Ausbilder werden diese neuen Rollen lernen, ja mittels sozialer Intelligenz verinnerlichen müssen, da sie sich grundsätzlich von der Rolle eines Ausbilders in einer bloß lernzielorientierten Ausbildung erheblich unterscheiden.

Dies heißt aber nicht, dass es nicht auch zukünftig Ausbildungsmethoden geben wird, die wir unter dem Namen „Drill", „Vortrag", „VENÜ" oder Referat kennen. Nur muss der Ausbilder dabei wissen, dass durch passives Verhalten der Auszubildenden dabei mehr angelerntes Wissen denn Kompetenz entwickelt wird. Und: Kompetenzen werden nicht in einer einzelnen Ausbildungsstunde erworben, sondern die Kompetenzentwicklung geschieht langfristig, nicht selten auch im Zusammenspiel mehrerer Lernfächer.

Mit einer praxisnahen Aufgabenstellung gibt der Ausbilder den Startschuss für die Aktivitäten der Auszubildenden. In **allen** Phasen während der „Vollständigen Handlung" der Auszubildenden nimmt der Ausbilder als Beobachter teil und greift nur im Ausnahmefall in den Lernprozess ein. So bei:

- Verstoß gegen Sicherheitsbestimmungen,
- Gefahr für Leib und Leben,
- Gefahr des Eintritts einer schwerwiegenden Folge,
- Nichteinhaltung von gesetzlichen Vorgaben,
- massiver Gefährdung der Zielerreichung.

In einer vom „neuen" Ausbilder zu schaffenden kompetenzorientierten Ausbildungslandschaft werden Lernsituationen generiert, in denen sowohl instruktive (z.B. aufgrund gesetzlicher Vorgaben oder Sicherheitsbestimmungen) als auch konstruktive Methoden zum Einsatz kommen, um Kompetenzerwerb zu ermöglichen. Diese Lernsituationen werden aus konkreten beruflichen Anforderungen abgeleitet. Hierzu dienen beispielsweise am militärischen Dienst angelehnte fachliche Fragestellungen, soziale Konfliktsituationen oder Lagen aus dem Einsatz. Der Transfer der Erfahrungen aus diesen aktiv erlebten Lernsituationen ermöglicht die gezielte Vorbereitung auf die Anforderungen des Dienstes. Das Handeln in verschiedenen, unterschiedlich komplexen Situationen ist dabei als wesentlicher Treiber für Kompetenzentwicklung zu sehen.

Grundlage hierfür sind die folgenden lern- und erziehungswissenschaftlichen Einsichten:

- Lernen vollzieht sich in selbst ausgeführten vollständigen Handlungen.

- Lernen braucht Lernräume, um zu handeln, Fehler zu machen und sich zu entwickeln.
- Selbstgesteuertes Lernen vollzieht sich in sozialem Kontext und sozialer Interaktion.
- Kompetenzen entwickeln sich, wenn Menschen handeln.
- Handlungen greifen Erfahrungen der Lernenden auf und reflektieren diese.

Der Ausbilder muss nun wissen, dass Selbstständigkeit, Selbstverantwortung und auch Fehler der Auszubildenden während ihrer Ausbildung von entscheidender Bedeutung für den Kompetenzerwerb sind. Er lässt gewähren, akzeptiert neue und kreative Lösungswege und wertschätzt gezeigte Leistungen. Diese widerspiegeln insbesondere: Selbstständigkeit, Eigenverantwortung, Aktivierung, Teamfähigkeit, Einsatzbereitschaft und Identifikation sowie letztlich Selbstvertrauen und Handlungssicherheit.

Prüfungen?!

Auch kompetenzorientierte Ausbildung setzt auf erkennbare – positive – Lerneffekte. Prüfungen sind und bleiben deshalb bedeutsame Elemente der Ausbildungsprozesse und besitzen eine zentrale Steuerungsfunktion; das heißt auf das Bestehen der Prüfung oder den Erhalt von Feedback ist immer ein hoher Anteil von Lernaktivitäten gerichtet. Prüfungssituationen sind daher angemessen in den Ausbildungskontext einzubetten, sodass eindeutige Hinweise und Anreize von der Prüfungssituation bzw. den Prüfungsanforderungen ausgehen.

Damit kompetenzorientierte Prüfungen einen effektiven Kompetenzerwerb unterstützen, müssen die Prüfungsaufgaben und -anforderungen sich eng an den angestrebten zukünftigen Handlungsfeldern der Auszubildenden orientieren. Die Prüfungsanforderungen und -formate sowie die Bewertungskriterien müssen transparent gemacht werden. Dies fördert nicht nur die Akzeptanz gegenüber den Prüfungsanforderungen und die Wahrnehmung von Fairness beim Prüfen, sondern auch eine vertiefende Auseinandersetzung mit den Anforderungen und der Qualität des kompetenzorientierten Lernprozesses. Letzteres wird auch gefördert durch den Einsatz von Selbsteinschätzungsinstrumenten zur Einschätzung des eigenen Kompetenzstandes bzw. -zuwachses vor, während und nach einer Ausbildung sowie durch sogenannte „*Peer Assessments*", bei denen Auszubildende die Lernleistungen von anderen Auszubildenden einschätzen und hierdurch ebenfalls intensiver in eine Auseinandersetzung

mit den Lernanforderungen involviert werden. Die Gestaltung der Prüfungs-
formen sollte daher auch lernförderliche Impulse geben.

Bei der Beobachtung der Ausbildungsgruppe kann sich der Ausbilder Fragen stellen, um die zu erreichenden Kompetenzen und Qualifikationen in der
Lernsituation herauszustellen. Auch wenn sie den Charakter einer geradezu
luftwaffen-spezifischen „Checkliste" haben, können folgende Fragestellungen
dabei den Ausbildungserfolg unterstützen:

- Wie wird der Auftrag ausgewertet?
- Wie informieren sich die Auszubildenden?
- Wie werden Quellen genutzt?
- Wie werden Informationen geteilt?
- Wie wird geplant?
- Wie werden die gewonnenen Informationen berücksichtigt?
- Wie werden die Ressourcen und Methoden bedacht, die zur Lösung der
  Aufgabe notwendig sind?
- Wie stimmen sich die Auszubildenden untereinander ab?
- Wie nutzt die Gruppe individuelle Kompetenzen und Interessen?
- Wie werden Rahmenbedingungen beachtet?
- Wie werden Handlungsoptionen erarbeitet?
- Inwiefern führt der Entschluss zur Aufgabenerfüllung?
- Wie verläuft die Entscheidungsfindung?
- Welche Kriterien werden dafür genutzt?
- Wie wird die Entscheidung kommuniziert und dokumentiert?
- Wie ist die Arbeit/Aufgabe organisiert?
- Wie wird geführt?
- Wie werden Informationen, Planungen und Entscheidungen umgesetzt?
- Wie werden Ressourcen genutzt?
- Wie ist das Kommunikations- und Informationsverhalten?
- Wie bewerten die Auszubildenden ihr Arbeitsergebnis?
- Wie werden ggf. Korrekturen vorgenommen?
- Wie sehen die Auszubildenden ihr Verhalten?
- Wie wird die zentrale Frage „Was lief gut, was lief schlecht" beantwortet?
- Inwieweit werden Ursachen für Erfolg und Misserfolg diskutiert?
- Wie werden Beiträge Einzelner zum (Gesamt-)Ergebnis analysiert?

- Welche Konsequenzen für künftige Handlungen werden gezogen?

Gerade bei der Beantwortung der letzten Frage geht es auch darum, die Anforderung an den Dienstposten der Auszubildenden zu erkennen und die Ausbildung darauf anzupassen. Bei der Nachbesprechung konzentriert man sich folglich auf das, was beeinflusst werden kann. Der Ausbilder spricht dabei Positives wie Negatives offen und deutlich an. Es wird der Lernfortschritt der Gruppe wie des Einzelnen beurteilt und der Bezug zur dienstlichen Praxis hergestellt; auch die Beobachtungen und Bewertungen der Auszubildenden fließen dabei mit ein. Eine derartige Nachbesprechung unterstützt die Auszubildenden darin, bewährte Lösungswege in die militärische Praxis zu übertragen.

Als integraler Bestandteil einer Nachbesprechung ist im Sinne einer Selbstreflexion auch das Handeln des Ausbilders zu thematisieren. Damit verdeutlicht sie den Auszubildenden wie auch dem Ausbilder, dass diese neue Form der kompetenzorientierten Ausbildung keine alte „Einbahnstraße" mehr ist und erhöht auf beiden Seiten das Bewusstsein dafür, dass der neue Ausbildungsweg auch Ab- bzw. Spiegelbild des Leitbildes „Team Luftwaffe" ist.

Fazit

Überall dort, wo in der Bundeswehr ausgebildet und die Ausbildung mit vielen Praxisanteilen durchgeführt wird, sind bei genauerer Betrachtung kompetenzorientierte Ausbildungsanteile zu erkennen. Für viele Ausbilder der Bundeswehr dürfte daher die Umstellung von Lernzielorientierung auf Kompetenzorientierung kein Problem darstellen.

Nach jetzigem Sachstand dürfte die Ausbildung in der Bundeswehr den „Königsweg" der Kompetenzorientierung lange beschreiten. Wir werden dabei feststellen, dass wir nicht die Einzigen sind, die diesen Weg eingeschlagen haben. Viele Verantwortliche, auch außerhalb der Bundeswehr (Berufsschulen, Firmen, Bildungsakademien), die sich mit Lern- und Lehrprozessen beschäftigen, gehen diesen Weg bereits. Wir sind also gut beraten, die gleichen Ausbildungsprozesse für uns anzuwenden. Die Gründe liegen auf der Hand. Erstens: Wir wollen aus den Erfahrungen – den positiven wie den negativen! – anderer lernen. Zweitens: Wir müssen unsere Angehörigen so ausbilden, dass eine Fluktuation zwischen militärischer und ziviler Sphäre problemlos möglich ist. Drittens: Wir werden anhand der kompetenzorientierten Ausbildung – so die Zielsetzung – die Erfahrung machen, wie unsere Angehörigen militärisch optimal ausgebildet werden können.

Kompetenzorientierte Ausbildung dokumentiert zweifellos, wie die Bundeswehr in die Gesellschaft integriert ist – hier zu ersehen anhand des Sektors „Bildungswesen". Die Bundeswehr als hierarchische Organisation sollte sich allerdings davor hüten, die kompetenzorientierte Ausbildung als nicht mehr hinterfragbares Dogma zu handhaben. In einer offenen Gesellschaft wie sie die deutsche abbildet, besteht diese Gefahr ohnehin nur für eine kurze Zeit. Doch Militär ist – strukturbedingt – nicht ganz so offen; denn es bildet ob seiner Hierarchie eine immer grundsätzlich strukturkonservative Organisation.

Genauso wenig verkörpert Militär eine virtuelle Realität, mit der beliebig umgesprungen werden kann, wenn Soldaten ihren Auftrag tatsächlich erfüllen sollen. Gutes Handeln sowohl in adäquater wie auch ethisch-moralisch einwandfreier Dimension setzt immer voraus, dass beim Soldaten eine Vorstellung von sich selbst als Handelndem existiert und dabei in Rechnung gestellt wird, dass menschliche Verhaltensweisen, d.h. die Summe von Handlungen, niemals eindimensional ablaufen. Wenn die kompetenzorientierte Ausbildung fruchten soll, so setzt dies immer voraus: (1.) ein hohes Maß intrinsischer Motivation, (2.) umfassendes Basiswissen und Kreativität sowie (3.) Identifikation mit dem, wofür man beruflich einsteht bzw. einstehen will. Nicht zuletzt gilt die gravierende Erkenntnis, dass Menschen prozesshaft handeln und dabei zwei weitere Faktoren niemals ausgeblendet werden dürfen: (4.) „Zeit" und (5.)„Fehlerkultur". Hier herrscht in der Tat noch sehr viel Erkenntnis- und Veränderungsbedarf.

Die Mühe ist es allemal wert. Es führt kein Weg mehr an der Kompetenzorientierung der militärischen Ausbildung vorbei!

Leitbild Führungskräfte im Einsatz: Folgerungen für die Offizierausbildung der Luftwaffe

André Tiburcio

In den letzten Jahrzehnten hat sich die Bundeswehr zu einer modernen Einsatzarmee entwickelt, die sich den komplexen und vielseitigen Herausforderungen in einer globalisierten Welt, einem veränderten Bedrohungsspektrum – weg von einer konventionellen, hin zu einer asymmetrischen - sowie der Reduzierung von Truppenstärken und Budget stellen muss. Hierbei gilt es – im Spagat – einerseits deutschen Interessen im europäischen und transatlantischen Rahmen zu dienen und andererseits der notwendigen (Bündnis-)Solidarität mit ihren Verpflichtungen durch die Bereitschaft und Fähigkeit zu einem gemeinsamen Beitrag im angemessenen Maße auch militärisch nachzukommen. Die Luftwaffe trägt mit ihren singulären Fähigkeiten und vielfältigen Einsatzoptionen zur Erfüllung dieses Auftrages bei.

Der Einsatz im In- und Ausland ist fester Bestandteil des Aufgabenspektrums der Luftwaffe und damit auch zu unserem beruflichen Selbstverständnisses geworden. Auch wenn der Einsatz inzwischen eine Konstante darstellt, so unterliegt er dem ständigen Wandel der Rahmenbedingungen und der Lage. Die Luftwaffe ist gut beraten, sich dabei nicht nur an den Erfahrungen „von gestern" zu orientieren. Sie muss sich vielmehr „zukunftsorientiert" an bereits absehbaren bzw. wahrscheinlichen Konfliktszenarien „von morgen" ausrichten. Um dies flächendeckend und nachhaltig zu ermöglichen, ist eine zielgerichtete, sich stets aktualisierende Ausbildung der Führungskräfte ein Schlüssel zum Erfolg. Im Folgenden sollen anhand eines realistischen Beispiels/Szenarios der Zusammenhang von Luftmacht und der Bedeutung eines Einsatzflugplatzes – vor dem Hintergrund von NATO-Anforderungen – sowie aus der Darstellung und Analyse Folgerungen für die Ausbildung des Führungsnachwuchses der Luftwaffe abgeleitet werden.

Grundlagen und Bedeutung von Luftmacht

In einem **d**ynamischen **u**nd **k**omplexen **E**insatzumfeld (DUKE), welches derzeit in den Einsatzgebieten herrscht und auch zukünftig zu erwarten ist, ist ein kollektiver, streitkräftegemeinsamer, ressortübergreifend und oftmals multinationaler Ansatz essentiell, um die Kampfkraft und Einsatzbereitschaft von Luftkriegsmittel zu erhalten, deren Verwundbarkeiten zu minimieren und um die Projektion von Luftmacht zu ermöglichen. Hierbei ist der Erhalt von Luftmacht durch die ständige Bereitstellung von Fähigkeiten im Verbund von Aufklärung, Führung, Wirkung und Unterstützung, modular ohne Zeitverzug aus einem möglichst einheitlichen Kräftedispositiv anzustreben.

Fundamental dafür ist ein umfassendes Verständnis hinsichtlich der Bedeutung, aber auch der Verwundbarkeiten von eingesetzten Luftkriegsmitteln bzw. Luftwaffenobjekten (DOB = *Deployed Operations Base*; hier i.d.R. der Einsatzflugplatz) sowie einheitlichen Verfahrensweisen, um im Falle gegnerischer Angriffe deren Wirkung auf ein Minimales zu reduzieren, damit die Auswirkung auf eigene Luftoperationen möglichst gering gehalten werden kann. Denn der Stillstand von Luftoperationen bedeutet immer den Erfolg des Gegners – mit Auswirkungen bis hin zur strategischen Ebene.

Luftmacht verkörpert die Fähigkeit zur Projektion staatlicher militärischer Gewalt in und aus der „dritten Dimension". Im Sinne der LDv 100/100 wird „Luftmacht" begriffen als *„die Gesamtheit aller Wirkungsmöglichkeiten, die in Luftoperationen durch den Einsatz von LuKM entfaltet oder angedroht werden können. Sie ist die Projektion aller militärischen Fähigkeiten, mit denen auf das Kräftepotenzial des Gegners im Luft-/Weltraum wie auch aus der „dritten Dimension" auf das Kräftepotenzial des Gegners am Boden und auf See gewirkt, seine Handlungsmöglichkeiten eingeschränkt bzw. sein Verhalten beeinflusst werden kann."*

Es ist mehr als wahrscheinlich, dass Luftmacht in einem zunehmend dynamischen und komplexen Gefechtsfeld vor dem Hintergrund eines sich verändernden Bedrohungsspektrums absehbar noch weitere Bedeutung gewinnen wird. Dafür spricht nicht zuletzt die mit „Luftmacht" verbundene besondere Fähigkeit, weltweit und aus der Distanz, präzise sowie der Lage angepasst wirken zu können.

Dabei ist die Wirksamkeit von Luftmacht der bestimmende Faktor: Geschwindigkeit, Reichweite, schnelle Schwerpunktbildung und Flexibilität sind die für die Projektion von Luftmacht unabdingbare Eigenschaften. Dabei dominiert Luftmacht die Faktoren Raum und Zeit und unterstützt die Operationsführung eigener Kräfte auf strategischer, operativer und taktischer Ebene zu Lande und zur See. Ziel ist es, im gesamten Einsatzraum Wirkung mit höchstmöglicher Effektivität und Effizienz zu erzielen. Wirkung bedeutet in diesem Zusammenhang nicht nur die Bekämpfung eines Zieles, sondern vielmehr die Erreichung eines beabsichtigten Effekts bei gleichzeitiger Begrenzung militärischer Gewaltanwendung und Vermeidung von „Kollateralschäden". Dabei kommt dem Kampf im Informationsumfeld um die Akzeptanz und die Unterstützung der Gesamtmission in der Bevölkerung sowohl in Deutschland als auch im Einsatzland besondere Bedeutung zu.

Verwundbarkeit von Luftmacht am Beispiel „Einsatzflugplatz"

Luftmacht ist im Umfeld eines Einsatzflugplatzes am verwundbarsten. Der Charakter gegenwärtiger Einsätze, aber auch zukünftiger Konfliktbilder erlauben es der Luftwaffe nicht mehr, ausschließlich aus gesicherten, gut geschützten Luftwaffenobjekten aus dem Heimatland heraus zu operieren. Obwohl Geschwindigkeit, Reichweite und Flexibilität die Eigenschaften von Luftkriegsmittel beschreiben, ist eine Abstandsfähigkeit nicht im vollen Aufgabenspektrum der Luftwaffe abbildbar. Die große Dislozierung von Konfliktgebieten dieser Welt zwingt auch dazu, mit Luftkriegsmitteln aus einem geographisch näheren Umfeld zu operieren. Dies kann aus unterstützenden, oftmals angrenzenden Anrainerstaaten erfolgen oder gar eine Stationierung im Einsatzland notwendig machen. In beiden Szenaren sind Luftwaffenobjekte ein lohnendes Ziel, gerade für asymmetrisch operierende Gegner, die das Ziel der Unterbindung oder Einschränkung von Luftmacht verfolgen (müssen).

Abhängig vom Maß der militärischen Beteiligung werden unterschiedliche Luftkriegsmittel wie Kampfflugzeuge, Transportflugzeuge, Hubschrauber und Aufklärungssysteme aus dem ISTAR-Verbund (*Intelligence, Surveillance, Target Aquistation und Recconaissance*) von dem Einsatzflugplatz (DOB) aus operieren. DOBs und der von ihnen an- und abfliegende Flugverkehr haben auf Grund einer meist unsicheren Sicherheitslage erhöhten Schutzbedarf. Der Schutz dieser Anlagen und Verkehrswege ist Vorrausetzung und Verstärkung der Wirkung von Luftmacht zugleich.

Ein Luftfahrzeug ist am verwundbarsten, wenn es sich im An-/Abflug auf einen Einsatzflugplatz befindet. In der finalen Landephase bzw. unmittelbar nach Abheben von der Startbahn ist ein Luftfahrzeug langsam, schwer zu manövrieren und leicht zu berechnen. Der Gefährdungsbereich, berechnet an der effektiven Reichweite der Feindwaffen, in vertikaler wie auch horizontaler Ausrichtung, zeichnet eine Gefährdungsschablone, die oftmals mehrere Quadratkilometer umfasst. Ein Angriff aus diesem Bereich ist für gegnerische Kräfte mit geringem Aufwand und einfachsten Mitteln umsetzbar und stellt daher eine große Gefahr für die eingesetzten Luftkriegsmittel dar.

Ein Einsatzflugplatz ist charakterisiert als ein starres, unbewegliches Objekt, das sich auch unter Berücksichtigung von Tarn- und Täuschmaßnahmen, nicht vor gegnerischer Aufklärung entziehen lässt. Die Größe und auffällige Frequentierung durch Luftfahrzeuge machen es zu einem weithin erkennbaren Ziel. Die darauf stationierten Luftfahrzeuge haben in der Regel Möglichkeiten, sich in der Luft zu verteidigen. Auf dem Boden sind sie dagegen wehrlos und leicht zu bekämpfen. Die strategische – aber auch im Kampf um das Informationsumfeld – politische Bedeutung eines Einsatzflugplatzes, wird auch zukünftig die Aufmerksamkeit des Feindes auf sich ziehen. Die besondere Verwundbarkeit ist historisch belegbar und wurde bereits in den Anfängen der militärischen Luftfahrt erkannt: *„It's easier and more effective to destroy the enemy's aerial power by destroying his nests and eggs on the ground than to hunt his flying birds in the air“* – so der italienische General Giulio Douhet, ein früher und bedeutender Theoretiker des Luftkrieges.

Ein Flugplatz ist nicht für die Verteidigung gebaut, sondern wird auf Basis von Funktionalität konzipiert und angelegt. In früheren Konflikten wurde diese Schwäche gerade von asymmetrischen oder konventionell unterlegenen Parteien verstärkt genutzt, um Luftmacht zu stören oder zu unterbinden. Die Herausforderung moderner Streitkräfte muss es daher immer sein, Luftmacht auch unter dieser Bedrohung entfalten zu können. Schließlich ist ein Einsatzflugplatz immer ein strategischer Knotenpunkt der Gesamtmission. Generell wird auf Grund guter Anbindung auch die Führung auf taktischer bis operativer Ebene dort positioniert, weshalb sie ein weiteres Ziel gegnerischer Kräfte darstellen. Weiterhin ist ein Einsatzflugplatz zugleich stets ein logistischer Knotenpunkt für die materielle wie auch sanitätsdienstliche Versorgung der eigenen, besonders der dislozierten Truppenteile der Landstreitkräfte. Gerade zu Beginn einer Mission wird meist ein Einsatzflugplatz als Brückenkopf genutzt, um von dort aus den Aufwuchs des Kontingents zu koordinieren und zu steuern – und: er ist oft Ausgangspunkt anschließender, weitreichender Landoperationen.

Eine DOB stellt im modernen Konfliktbild grundsätzlich eine enorme multinationale, ressortübergreifende Herausforderung dar. Ein Betrieb allein durch Kräfte der Luftwaffe bzw. Bundeswehr ist auf Grund mangelnder Ressourcen, gleichwohl jedoch notwendigerweise vorzuhaltender Fähigkeitsvielfalt i.d.R. nicht umsetzbar. Gesteuert vom politischen Entschluss, meist basierend auf Bündnisverpflichtungen, ist es unabdingbar auch auf Bedürfnisse anderer TSKs, der *Host Nation* (HN) und der Bündnispartner sowie deren womöglich abweichender Schwerpunktsetzung einzugehen. Dies erfordert viel Fingerspitzengefühl, Verhandlungsgeschick und letztlich Durchsetzungsvermögen auf allen Ebenen.

Es kann nicht immer sichergestellt werden, dass die genutzte Infrastruktur allein militärisch genutzt wird. Oftmals ist auch eine gemeinsame Nutzung mit zivilen Organisationen Bestandteil der Einsatzrealität. Die Schnittstellen zwischen militärischen und zivilen Anteilen benötigen gesonderte Aufmerksamkeit und stellen eine komplexe Herausforderung für das Sicherheitskonzept und die Betriebsabläufe auf beiden Seiten dar. Eine Störung im Betriebsablauf, auch ohne Einfluss des Feindes, verzögert das strategische Moment und beeinflusst womöglich die Gefechtsführung von Landstreitkräften bis hinab auf die taktische Ebene. Als Beispiel sind hierfür Operationsarten zu nennen, die zeitlich genau durchgeführt werden müssen und „TOT-Effekte" (TOT: *time on/over target*) erzeugen müssen, die ausschlaggebend für den Erfolg (und Misserfolg) sind. Jede Störung durch feindliche Kräfte ist bereits als Erfolg zu werten und hat oftmals mehr Wirkung auf die Gesamtmission als der direkte Angriff auf Landstreitkräfte.

Ein Einsatzflugplatz (DOB) ist gekennzeichnet durch seine auf Funktionalität ausgelegte, komplexe Infrastruktur. Eine DOB ist durchaus mit dem menschlichen Körper zu vergleichen. Die Gesamtoberfläche des Körpers ist dabei durch die operationelle Notwendigkeiten des Objekts vorgegeben und legt sich am Beispiel von Einsatzflugplätzen besonders an der Ausdehnung der Flugbetriebsflächen (*Main Air Operating Surfaces* = MAOS) an. Mit der baulichen Absicherung der Außengrenzen, ähnlich der menschlichen Haut, wird ein erster Schutzwall gegen gegnerische Aktionen geschaffen. Hierbei stellt die Dimensionen der Außengrenze das spezialisierte Sicherungspersonal regelmäßig vor Herausforderungen. Eine Sicherungslinie von bis zu 30 km Länge ist dabei keine Seltenheit und kann weder durch technische, noch militärische Sicherungsmaßnahmen vollständig beherrscht werden. Es wurde oftmals die Erfahrung gemacht, dass das Objekt schneller wächst als seine Sicherungsmaßnahmen und damit selbst die technische Absicherung gegenüber dem baulichen Fortschritt nicht mithalten kann. Eine Penetration der Zaunlinie und ein damit verbundenes Eindringen durch gegnerische Kräfte in das Objekt kann somit nicht ausgeschlossen werden. Hierbei gilt der Grundsatz der Verteidigung in der Tiefe (*defence in depth*). Verteidigung muss daher so angelegt sein, dass gegnerischen Kräften der Zugriff auf empfindliche Punkte oder Luftkriegsmittel verwehrt wird. Diese empfindlichen Punkte sind vergleichbar mit den vitalen Organen eines menschlichen Körpers und daher zwingend vor den Einwirkungen des Feindes zu schützen. Der Objektschutzplan muss gleich dem menschlichen Immunsystem jederzeit in der Lage sein, feindliche Angriffe abzuwehren oder deren Auswirkungen auf Auftrag und Einsatzbereitschaft zu minimieren.

Des Weiteren ist ein Betrieb eines Objektes in diesen Dimensionen niemals ohne Unterstützung von zivilen Vertragspartnern zu gewährleisten. Arbeitskräfte, oftmals lokaler Herkunft, sind ein bekanntes Bild aus den Einsätzen der jüngsten Vergangenheit. Streitkräfte im Sicherungsauftrag sind damit auch für deren Sicherheit verantwortlich. Oftmals hat sich gezeigt, dass auch von diesem Personal eine Bedrohung für Auftrag und Objekt ausgeht. Projekte wie „*Guardian Angel*" in Afghanistan waren das Resultat von Angriffen eigener Verbündeter oder Arbeitskräfte im Inneren eines Objektes auf eigenes Personal mit einer Vielzahl von Toten. Durch eine Abstellung zusätzlicher Sicherungssoldaten als „Schutzengel" wurde dieser Gefahr begegnet. Dies stellte die eingesetzten Kontingente vor weitere Herausforderungen. Schlüssel zum Erfolg ist hierbei eine gezielte Kommunikation mit der Bevölkerung im Umfeld von Einsatzflugplätzen mit dem Ziel, Spannung zu vermeiden und (potenzielle wie wirkliche) Gefährder als Arbeitskräfte auszuschließen.

Fähigkeiten und Potenzial gegnerischer Kräfte

Die Bedrohung in gegenwärtigen sowie in zukünftigen Konfliktfeldern wird geprägt sein durch einen asymmetrisch operierenden Gegner. Der Grad der Bedrohung lässt sich grundsätzlich durch den Dreisatz Motivation, Fähigkeit und Gelegenheit des Gegners zur Durchführung von Angriffen ableiten. Hierbei ist eine enge Zusammenarbeit zwischen Kräfte der Aufklärung (z.B. MilNW) und operierende Kräfte (Flgde Vbde, ObjSKr) – der so genannte Ops-Intel-Verbund – zu erzielen. Dabei ist zu beachten, dass jeder Einsatzraum und die dazugehörige DOB einzigartig sind und gesondert auf die sicherheitsrelevanten Herausforderungen im Einsatz betrachtet werden müssen. Die größte Bedrohung für eine effektive und effiziente Projektion von Luftmacht geht dabei von folgenden Gefahren aus:

(1) **Indirekte Angriffe**: Die Bedrohung der DOB und dessen Luftkriegsmittel mit Abstandswaffen unterschiedlicher Reichweite (z.B. Mörser, gelenkte und ungelenkte Raketen und Geschütze).

(2) **Intruder Threats**: Die Bedrohung für DOB/Luftkriegsmittel aus dem Inneren, geschaffen durch einen Innentäter, der sich unberechtigten Zutritt zum Objekt verschafft hat.

(3) **Direkte Angriffe**: Alle Gefahren, die direkt gegen die DOB/Luftkriegsmittel erfolgen; dies beinhaltet Angriffe mit Handwaffen, Angriffe mit Sprengfallen und besonders der Angriff mit Handwaffen und Fliegerabwehrwaffen vom Boden in den Luftraum (*Surface to Air Fire* = SAFIRE).

Force Protection und deren Bedeutung für Luftmacht

Die drei Säulen für die erfolgreiche Projektion von Luftmacht sind *Logistics, Air Operations* und *Force Protection,* die sich symbiotisch wechselseitig unterstützen bzw. ermöglichen. Der Schutz eigener Kräfte, Mittel und Einrichtungen wird in der NATO als *Force Protection* (FP) bezeichnet. FP ist dabei ein weit gefasster Begriff, der sowohl auf politischer, strategischer und operationeller als auch bis hin zur taktischen Ebene Bedeutung hat und in zahlreichen Vorschriften erfasst wird. FP beinhaltet alle Maßnahmen und Möglichkeiten zur Minimierung der Verwundbarkeiten von Personal, Einrichtungen, Material, Operationen und Aktivitäten durch Bedrohungen und Gefahren, um die Freiheit des Handelns und operationelle Effektivität zu erhalten und so zum Missionserfolg beizutragen. Die dafür benötigten Fähigkeiten sind vielfältig und nur multinational und ressortübergreifend darstellbar. Ihre Hauptaufgabenfelder, denen spezifizierte Tätigkeitsfelder nachgeordnet sind, benennt die *Allied Joint Publication (AJP) 3.14: Security, Force Protection Engineering, Air Defence, Health Protection, Concequence Management sowie Chemical, Biological, Radiological, Nuclear Defence.*

Risikomanagement

Schutz von Luftwaffenobjekten umfasst auch das Minimieren von Risiken, die den operationellen Ablauf bei der Projektion von Luftmacht stören bzw. verhindern. *Operational Risk Management* (ORM) ist ein Entscheidungsfindungsprozess, der den maximalen Nutzen eigener Fertigkeiten und Fähigkeiten bei der Auftragsdurchführung und -erfüllung bei gleichzeitiger Minimierung des Risikos unterstützt. Die Minimierung des Risikos erfolgt durch systematische Erkennung und Bewertung von Gefahren bzw. Verwundbarkeiten und fördert das Fällen bestmöglicher Entscheidungen bei gleichzeitiger Zuteilung von Verantwortungen.

Risikomanagement basiert auf einer fundierten Analyse des gegnerischen Potenzials (*Threat Assessment*, TA) und einer Analyse eigener Verwundbarkeiten (*Vulnerability Assessment*, VA). Dies ermöglicht eine Identifizierung bestehender Risiken und eine Bewertung mit Hilfe eines festgelegten Schemas. Jedem Risiko wird hierbei mittels Bestimmung der Eintrittswahrscheinlichkeit (*likelyhood*) und des zu erwartenden Schaden bzw. Einschränkung der Einsatzbereitschaft (*impact*), ein Wert von 1 bis 10 zugeteilt.

Nach Identifikation und Bewertung besteht die Möglichkeit bestehende Risiken durch FP-Maßnahmen zu minimieren bzw. zu eliminieren (*risk mitigation*). Besteht nach Ausschöpfung aller minimierenden Maßnahmen ein Restrisiko, gilt es abzuwägen, ob dieses vertretbar ist oder weitere Ressourcen genutzt werden müssen. Die Entscheidung dafür trägt der in Verantwortung stehende militärische Führer (*risk owner*).

Folgerungen für die Offizierausbildung

Die Anforderungen an Angehörige der Luftwaffe, insbesondere deren Führungskräfte, umfassen ein weites Spektrum physischer, psychischer sowie intellektueller Fähigkeiten. Fachkenntnisse über Führungs- und Einsatzgrundsätze von Luftmacht müssen Luftwaffenführungskräfte von der Pike auf zu einem vernetzten Denken und Handeln und zur Übernahme verantwortungsvoller Aufgaben im streitkräftegemeinsamen, ressortübergreifenden und oftmals multinationalen Verbund befähigen. Der (zukünftige) militärische Führer muss dabei seine Rolle im Verbund Aufklärung, Führung, Wirkung und Unterstützung verstehen und daraus seine wesentliche eigene Leistung ableiten können. Dabei sind Teamgedanke, Professionalität sowie Internationalität – incl. dem Beherrschen des Englischen als zweiter Muttersprache in der Luftwaffe – integraler Bestandteil der Identität der Luftwaffe.

Auf Grund der aufgezeigten Rahmenbedingungen, der zu erwartenden Faktoren und Herausforderungen muss eine zielgerichtete, moderne auf den Einsatzauftrag ausgelegte Ausbildung Führungspersonal befähigen, in diesem dynamischen und komplexen Einsatzumfeld zu bestehen und ihrem Führungsauftrag gerecht zu werden. Um dies gewährleisten zu können, müssen die Grundlagen hierfür bereits zu einem frühen Zeitpunkt der Ausbildung in diese zweckmäßig integriert werden. Daraus folgt, dass fortan im Zentrum der Ausbildung von Offizieren, die Projektion von Luftmacht als gemeinsames, höchstes Ziel, unabhängig von Verwendung und Werdegang des einzelnen Offizieranwärters oder Offiziers, erfasst werden muss. Schließlich bildet die Fähigkeit zur Ausübung von Luftmacht einschließlich. die Fähigkeit zu deren Aufrechterhaltung die Existenzgrundlage von Luftstreitkräften!

Hierbei sollte, beginnend im Themengebiet „Kompetenz in Luftmacht", neben der Darstellung von Konzeptionen und Doktrinen, der Bedeutung multinationaler Strukturen und Abstimmungsprozesse, Fähigkeiten und Waffensystemen, ein Schwerpunkt auf die Darstellung von Verwundbarkeiten eingesetzter Mittel und Kräfte mit einfließen, um den Führungsnachwuchs zu sensibilisieren. Jeder künftige militärische Führer in der Luftwaffe muss in der Lage sein, Verwundbarkeiten in seinem Verantwortungsbereich zu identifizieren, zu benennen und diese im Rahmen seiner Möglichkeiten zu minimieren bzw. zu eliminieren. Kann er dies eigenständig nicht gewährleisten, so muss er den Sachverhalt und die damit verbundenen Risiken gegenüber der übergeordneten Führung artikulieren können. Schlüssel zum Erfolg ist dafür die Konfrontation mit dem Themengebiet Risikomanagement, welches ebenfalls in die Ausbildung zu integrieren ist.

Das Spektrum der Ausbildung muss dabei auf die Gegebenheiten zukünftiger Konfliktbilder abgestimmt werden sowie den Schutz von Luftwaffenobjekten und Luftkriegsmittel in den Mittelpunkt rücken. Die Kernaussage dabei muss lauten, dass die **störungsfreie** Projektion von Luftmacht auch unter Feinddruck über allem steht. Dafür kennt der Offizieranwärter/-in die Maßnahmen *„Force Protection"* gem. gültiger NATO-Vorschriften und weiß diese in seinem Verantwortungsbereich anzuweisen und umzusetzen. Denn die Luftwaffe schützt ihre Kräfte, ihre Mittel, ihre Einrichtungen sowie die von ihr genutzten Anlagen grundsätzlich objekt- und raumbezogen selbst – wo immer möglich gewährleistet durch spezialisierte Kräfte der Luftwaffensicherungstruppe. Darüber hinaus muss sich aber jeder Soldat als Sensor verstehen, der Gefährdungen und Bedrohungen frühzeitig erkennt und diesen im Rahmen seiner Möglichkeiten und Fähigkeiten entschlossen entgegen tritt. Im praktischen Dienst beherrscht er daher infanteristische Grundfertigkeiten und Führungsgrundsätze, um Luftmacht auch unter Gefechtsbedingungen zu schützen.

Kompetenz in Führung, Organisation und Planung bildet die Grundlage von erfolgreichem Handeln. Durch Interaktion und Kommunikation mit dem unterstellten Bereich setzt der militärische Führer den Willen der übergeordneten Führung um und fördert strukturierte, teamorientierte Arbeitsprozesse. Dabei ist stets zurückzugreifen auf den Führungsprozess der Bundeswehr – verbunden mit dem Ziel, eindeutige sowie rechtmäßige und verbindliche Befehle geben zu können und deren Durchführung zu kontrollieren.

Die Ausbildung der zukünftigen Führungskräfte der Luftwaffe sollte daher kompetenzorientiert angelegt sein und sich an den zu erwartenden Handlungsbildern im Verantwortungsbereich orientieren. Dabei ist Ausbildung nicht nur eine Vermittlung von Kenntnissen, Einstellungen, Fertigkeiten und Fähigkeiten, sondern das Erlernen von kompetentem, lageorientiertem Handeln im fordernden Umfeld moderner Streitkräfte. Ziel muss es sein, hierzu erforderliche Kompetenzen präzise zu definieren und weiterzuentwickeln – nicht zuletzt auch, um einen einsatzwilligen und einsatzbereiten Soldaten zu formen, der in genauer Kenntnis des militärischen Rüstzeugs die Handlungsbilder beherrscht, ohne selbst von ihnen beherrscht zu werden.

Luftwaffen-Identität und Selbstverständnis an der Offizierschule der Luftwaffe aus Sicht eines Inspektionschefs

Dirk Egger

Die Offizierschule der Luftwaffe (OSLw) prägt wie kaum eine andere Institution die künftigen Offiziere der Luftwaffe. Denn jeder Offizier hat während seiner Dienstzeit mindestens einen, in der Regel mehrere Laufbahn- und Weiterbildungslehrgänge an der OSLw zu durchlaufen, und dies unabhängig davon, ob als Offizier des Truppendienstes oder des militärischen Fachdienstes. Allein diese Tatsache stiftet Gemeinsamkeit und ist folglich – bewusst oder unbewusst – identitätsstiftend.

Mit meinem nunmehr dritten Offizierlehrgang für Offizieranwärter des Truppendienstes konnte ich in den vergangenen Jahren einen mittlerweile recht guten Einblick in die Ausbildung des künftigen Offiziernachwuchses erhalten. Es liegt wohl in der Natur der Sache, dass ich dabei feststellen konnte, dass es oft Kritik von älteren Offiziersjahrgängen an der Ausbildung und an der Einstellung des Offiziernachwuchses gibt. Der jeweilige Zeitpunkt und Zeitraum des Offizierlehrgangs sowie die gegenwärtige Schwerpunktlegung der Ausbildung sind dabei oftmals die „Aufhänger".

Viele vertreten die Ansicht, dass früher mehr ge- und erlernt wurde als heute. Nach meiner Bewertung ist dies ein Generationenproblem, mit dem auch ich mich bereits 1998 als Fahnenjunker beim Offizierlehrgang konfrontiert sah. Die Kritik war damals insofern ungerecht, da ich glaube, dass auch aus uns einigermaßen gute und fähige Luftwaffenoffiziere geworden sind, die in ihren jeweiligen Fachverwendungen zur Erfüllung des Auftrags der Luftwaffe einen Beitrag geleistet haben und weiterhin leisten. Ich will damit kritische Worte nicht relativieren, aber mir scheint, dass oftmals trotz guter Argumente der Mut zu fehlen scheint, der neuen Generation zu vertrauen, deren Eigenschaften zu akzeptieren oder zumindest verstehen zu wollen und damit offen zu sein für Neues.

Setzen wir uns eigentlich ausreichend mit der jeweils neuen Generation auseinander? Beschäftigen wir uns überhaupt mit den jeweiligen Trends, die für die jüngeren Generationen quasi normal sind? Und zuletzt muss auch der Blick darauf gerichtet werden, ob unsere Bundeswehr darauf überhaupt reagiert, wenigstens eine adäquate Antwort hat oder vielleicht gar schon eine Lösung?

Besonders deutlich wird dies für mich am Beispiel „Kommunikation". Internet und Smartphone sind heute fast selbstverständlich. Hierzu gehören auch die Kommunikationswege wie z.B. WhatsApp-Gruppen. Diese sind zumindest für die Lehrgangsteilnehmer untereinander ein gern genutztes Medium, um schnell Informationen auszutauschen. Auf die Gefahren wie z.B. Mobbing oder andere Risiken möchte ich in diesem Zusammenhang nicht näher eingehen, aber auch die sind leider Realität und dürfen nicht ausgeblendet werden. Fakt ist und bleibt allerdings, dass die Streitkräfte sich insgesamt mit dieser Thematik noch zu wenig auseinandergesetzt haben, auch die Vorschrift der Inneren Führung klammert das Thema der Neuen Medien und des Umgangs damit *bis dato* noch aus. Diese und weitere Diskussionen sind aber nach meiner Bewertung wichtig, denn auch dies kann gewissermaßen identitätsstiftend sein.

Luftwaffen-Identität und Selbstverständnis

Bis heute fehlt es leider an einer klaren Definition oder Erläuterung, was wir unter der Luftwaffen-Identität konkret verstehen. Wir Luftwaffenangehörigen erfahren es immer dann genau, wenn wir mit der Führungskultur der anderen Teilstreitkräfte konfrontiert sind. Doch wir könnten es schon zuvor wissen. Lediglich eine Hilfestellung ist m.E. in diesem Zusammenhang das Leitbild „Team Luftwaffe". Es beschreibt die Merkmale der Luftwaffe und gibt darüber hinaus einen Verhaltenskodex wieder, an den sich jeder Luftwaffensoldat halten soll.

Doch kann dies von einer besonderen Dienstanweisung im Detail überhaupt geleistet werden? Auf Grund meiner Dienststellung als Inspektionschef an der OSLw stellt sich für mich zunehmend die Frage, ob wir eine Definition dessen, was Luftwaffen-Identität ausmacht, überhaupt im Detail benötigen. Reicht es nicht aus, den Gedanken des Leitbildes mit Leben zu füllen und gemeinsam den *„Spirit"* der Luftwaffe zu erleben, wie z.B. von älteren Kameraden zu lernen und im täglichen Dienst zu erleben, was Luftwaffe ausmacht?

Ähnlich wie die Konzeption der Inneren Führung selbst ist auch das Leitbild der Luftwaffe und die Luftwaffen-Identität etwas, das vom Vorleben, vom Erleben und vom Gestalten lebt, folglich von uns selbst abhängig ist. Bloße Definitionen oder Vorschriften sind meist starr und sehr behäbig, was Veränderungen angeht. Demgegenüber ist Vorleben, Erleben und Gestalten ständig im Fluss und erfordert kontinuierliche Feinjustierung.

Die Determinanten sind dabei die handelnden Personen, aber auch die jeweiligen Rahmenbedingungen in Lehre, Ausbildung und Menschenführung. Gerade letzteres kann an einer Schule wie der OSLw auch bürokratisch eingefahren und folglich wie starr wirken. Wenn die Luftwaffe sich als dynamische Teilstreitkraft weiterhin verstehen will, so wirkt „Bürokratie" gleichsam wie Gift. Allerdings geht es bei Dynamik natürlich immer um Kraftentfaltung in eine bestimmte Richtung. Und auf die Richtung kommt es an, wenn Energie nicht ziellos im Raum verpuffen soll. Dies gilt es im Auge zu behalten, wenn die OSLw als Mutterhaus aller Offiziere der Luftwaffe weiterhin eine gewichtige Rolle bei der Entwicklung einer Luftwaffen-Identität spielen will und spielen soll.

Die Rolle der OSLw mit Blick auf die Lehrgangsteilnehmer

Seit Jahren unterliegen die Bundeswehr und damit auch die Luftwaffe den unterschiedlichsten Reformansätzen, gekoppelt mit Reduzierungen. Zu den Rahmenbedingungen bei der Formierung einer Luftwaffen-Identität gehört auch der Umstand, dass über die Hälfte der künftigen Offiziere im Anschluss an die OSLw bzw. an das Studium nicht direkt im Bereich der Luftwaffe eingesetzt werden, sondern ihre militärische Heimat im Bereich der seit Oktober 2000 aufgestellten Streitkräftebasis finden. Dort müssen sie sich als Träger der Luftwaffenuniform so bewähren wie diejenigen Offiziere, die der TSK Luftwaffe erhalten bleiben.

Nach meiner Auffassung stärkt der Umstand, dass über 50% der Luftwaffenoffiziere in der Streitkräftebasis wirken, eindeutig die Bedeutung, welche die OSLw mit Blick auf die Bildung einer Luftwaffen-Identität zuzukommen hat. Konkret: Gerade im Lehrgang für Offizieranwärter des Truppendienstes ist es wichtiger denn je, dass alle künftigen Offiziere ein möglichst umfassendes Bild der Luftwaffe, ihrer Fähigkeiten, des „Spirits" und des Teamgedankens erhalten und diese in ihre künftigen Verwendungen mitnehmen.

Heutzutage wird dies deutlich mehr in der Ausbildung berücksichtigt als ich es beispielsweise selbst bei meinem Lehrgang erfahren habe. In der Regel sehr früh im Lehrgang erhalten die künftigen Offiziere einen ersten hautnahen Einblick in die Luftwaffe. Verbände werden im Rahmen der sogenannten „Luftwaffenwoche" besucht und in diesem Rahmen „Luftwaffe zum Anfassen und Erleben" geboten. Hier muss man unbedingt die Verbände selbst ausdrücklich loben. Sie haben es sehr schnell begriffen, dass sie diese Besuche nicht als Last, sondern als Chance sehen, um ihrem künftigen Nachwuchs die jeweiligen Aufgaben und Fähigkeiten, das Profil also, zu zeigen. Eine bloße Pflichtübung ist dies spürbar nicht. Es muss weiterhin eine Art der Kür für die besuchten Dienstteilbereiche und Einheiten der Luftwaffe sein, unsere jungen Offizieranwärter mit ihrer militärischen Heimat vertraut zu machen. Also: keine „Hausfrauenvorträge" und keine abstrakten *Briefings*, die nur dann sehr konkret sind, wenn man die entsprechende Zahl an Dienstjahren aufweist. Wir als Angehörige der OSLw müssen uns natürlich zuvor sehr genau überlegt haben, wie wir die „erste Konfrontation" unserer Offizieranwärter auf Schulebene arrangieren. Hier geht es also aus Sicht der OSLw um ein bewusstes „proaktives" Herangehen an die Truppe. Die Unterstützung durch die höheren Kommandobehörden sowie ein Transportieren dieses Gedankens sind dabei von zentraler Bedeutung.

Die Begeisterung der Lehrgangsteilnehmer ist regelmäßig sehr groß und bestätigt auch die Aussage, diese gerade dorthin gehen zu lassen *„wo es stinkt, wo es laut ist und wo die Luftwaffe erlebbar wird"*; also dorthin, wo *„action"* ist. Man darf in diesem Zusammenhang nicht vergessen, dass es für den überwiegenden Teil der Lehrgangsteilnehmer die erste Begegnung mit Luftwaffe jenseits von Grundausbildung und OSLw darstellt.

Ein weiteres griffiges Beispiel ist das Segelfliegen, welches nun anstelle des früheren Ausbildungsteils „Überleben See" in Decimomannu getreten ist. Dieser knapp einwöchige Ausbildungsabschnitt hat drei zentrale Ziele: Zum einen „das Team-Erleben", d.h. zu begreifen, dass man im Team mehr erreicht, dass der Pilot nur dann starten kann, wenn viele weitere Schritte vorher im Team erledigt wurden und dass jeder Einzelne mit seiner Aufgabe wichtig ist für das Erreichen des Ziels. Daneben geht es um das „Erleben der Dritten Dimension". Es gilt, jedem künftigen Offizier dieses Gefühl zu vermitteln und damit auch sein Verständnis für die Luftwaffe in der Dritten Dimension zu stärken. Und zuletzt darf neben all dem täglichen Lernen an der OSLw und den anderen teilweise anstrengenden Ausbildungsabschnitten auch der „Spaßfaktor" nicht zu kurz kommen, wobei „Spaß" kein Selbstzweck sein soll, sondern zu verstehen ist als „Freude in und an der Verantwortung, gekoppelt mit werdender Kameradschaft".

Sicher wird verschiedentlich gefragt, ob die Kosten für die Luftwaffenreise und das Segelfliegen überhaupt sinnvoll investiert sind und ob der hohe Aufwand im Hintergrund dies rechtfertigt. Dieses ist nicht gerechtfertigt, sofern es nur um „Spaß um des Spaßes willen" gehen sollte. Dann entsteht auch sehr schnell der Eindruck von „Lustreisen". Indes: Reisen bildet; die Frage ist nur das „*Wie?*". Den hoffentlich wohlmeinenden Kritikern an dieser Facette unserer Offizierausbildung sei entgegengehalten, dass eine mikroökonomische Herangehensweise vielleicht kurzfristig rentabel, langfristig jedoch absolut kontraproduktiv wirkt. Es gilt, sinnvoll in die Zukunft zu investieren, d.h. zielführend in unseren Nachwuchs. Zumindest sollte dies bis zu dem Zeitpunkt gelten, bis es nicht mehr Ziel sein sollte, Luftwaffen-Identität und Verständnis für die Luftwaffe zu schaffen. Gerade an diesen Ausbildungsabschnitten sollte festgehalten werden, ggf. ergänzt um weitere Exkursionen. Denn diese tragen maßgeblich zur zielgerichteten Vermittlung von Ausbildungs- und Erziehungszielen bei. Eine andere Frage ist, wann derartige Exkursionen sinnvoll durchgeführt werden. Eine nach meiner Bewertung zu kurze Offizierausbildung ohne Berücksichtigung der Tatsache, dass das Werden von Identität immer auch eine prozesshafte Entwicklung bedeutet, wirkt nicht zielfördernd, sondern steht dieser sogar entgegen.

Und dies gilt umso mehr für die mit dem Jahr 2014 erfolgte Umstellung bzw. Neuausrichtung hin zu einer kompetenzorientierten Ausbildung. Sie soll dem jungen Offiziernachwuchs mehr Eigenverantwortung übertragen, und damit hat die OSLw, stellvertretend für die Luftwaffe, einen mutig wirkenden Schritt vollzogen. Dabei geht es um einen Entwicklungsprozess, der inhaltlich regelmäßig angepasst und weiter optimiert werden muss, ohne dabei das Ziel einer soliden Offizierausbildung aus dem Auge zu verlieren. Sowohl bei Ausbildern und Fachlehrern als auch bei den vorgesetzten Dienststellen erfordert dieses Vorhaben allerdings ein fundamentales Umdenken i.S. des aufeinander Zugehens und Zuhörens – auch in Zukunft!

Gelingen kann dieser Weg nur, wenn die Ausbilder bewusst mitgenommen werden und ein gemeinsames Verständnis hinsichtlich dessen besteht, was Kompetenzorientierung bedeutet und was es vielleicht besser nicht bedeuten sollte. Erste Schritte dahin sind bereits durch die Schulung des Ausbildungspersonals erfolgt. Die Ressource „Zeit" spielt aber auch hier eine bedeutende Rolle, denn Knappheit an Zeit droht den Ausbildern oftmals ein zu enges Korsett mit Blick auf die Umsetzung der Kompetenzorientierung anzulegen.

Hinter dem Schritt zur Kompetenzorientierung steht die Idee einer modernen und zeitgemäßen Ausbildung, die nicht mehr getreu dem Motto *„fire and forget"* Wissen eintrichtert und in zahlreichen Prüfungen abfragt, sondern das Ziel verfolgt, Wissen „nachhaltig" in Handlungssituationen zu vermitteln, somit die Kompetenzen zu steigern, indem theoretisches und praktisches Wissen miteinander verwoben werden. Letzteres soll vor allem in der aktuellen

Ausrichtung durch die in der Anzahl deutlich reduzierten Prüfungen realisiert werden. Es wird sehr genau zu prüfen sein, ob dadurch tatsächlich Handlungssicherheit bei den Auszubildenden erreicht wird. Entscheidend ist hierbei die tatsächlich vorhandene Mündigkeit und Ernsthaftigkeit beim Lehrgangsteilnehmer sowie die Flexibilität, ja pädagogische Befähigung des Lehrpersonals einschließlich der Hörsaalleiter und Stationsausbilder.

Exemplarisch sei an dieser Stelle die Ausrichtung der neuen Prüfungslandschaft bei den Offizieranwärtern des Truppendienstes hervorgehoben. In einer dreitägigen praktischen Prüfung werden die Offizieranwärter in verschiedene Situationen, z.B. Kritikgespräch oder einen Planungsprozess, gebracht. Hier gilt es, das erlernte theoretische und praktische Wissen und insbesondere den Führungsprozess anzuwenden und zu verknüpfen. Hervorzuheben ist, dass diese Prüfung mittlerweile als Aufgabe der gesamten Offizierschule verstanden und umgesetzt wird. Dies verstehe ich auch als ernsthaftes Signal an den künftigen Offiziernachwuchs.

Über all dem stehen für mich i.S. unseres Erziehungsauftrages übergeordnet die Fragen: (1.) Wie sehe ich den künftigen Offizier, (2.) Welche Fähigkeiten soll er haben und (3.) Welches Bild soll er abgeben? Hier sehe ich derzeit noch eine Überakzentuierung der kognitiven Fähigkeiten. Geistige Motorik hat als Voraussetzung nicht nur den erforderlichen Intellekt, der das Bild des Luftwaffenoffiziers prägen muss, sondern auch die körperliche Belastbarkeit. Das Bild eines künftigen Luftwaffenoffiziers muss eine adäquate körperliche Leistungsfähigkeit und ebenso militärische Grundfertigkeiten umfassen.

Die höheren Kommandobehörden sind hier mit Blick auf ihre Vorgaben m.E. absolut in der Pflicht. Der Aspekt der körperlichen Belastbarkeit sollte anteilig in die Lehrgangsnote einfließen. Das reine Betonen dieses Aspekts in einer Beurteilung oder die Nennung im Zeugnis, ohne Einfluss auf die Lehrgangsnote greift zu kurz und setzt falsche Signale. Der Offizier(anwärter) ist verpflichtet, an sich geistig und körperlich zu arbeiten – auch jenseits der Lehrgangssituation! Dies ist nicht minder wichtig vor dem Hintergrund, welche Erwartungen und Mindestanforderungen die Luftwaffe an ihre künftigen Offiziere stellen muss angesichts der Herausforderungen, die auf dieses Land und seine Armee, die Bundeswehr, zukommen.

Die Argumentation der OSLw geht zum Glück in diese Richtung, und es bleibt zu hoffen, dass dieser Einschätzung auch vertraut wird und eine Umsetzung tatsächlich folgt. Denn nur ein körperlich leistungsfähiger Soldat wird beispielsweise bei Auslandseinsätzen oder bei Belastungsspitzen im täglichen

Dienst bestehen können. Und so sollten, gemäß dem Grundsatz *„Nicht für die Schule, sondern für das Leben lernen wir"*, die erbrachten sportlichen Leistungen wieder zum aussagekräftigen Bestandteil der Gesamtnote werden.

Das „Lernen für das Leben" lässt sich sicherlich am einfachsten am Beispiel des vermeintlichen Randthemas „Stil und Form" zeigen. Es hat ebenfalls eine gewichtige Funktion für die Identitätsstiftung. Mit großer Begeisterung planen und organisieren die Lehrgangsteilnehmer ein Hörsaal- oder Inspektionsdinner, welches im Offizierheim durchgeführt wird. Das in der Regel mehrgängige Menü ist unter dabei unter verschiedenen Aspekte zu betrachten: Der Lehrgangsteilnehmer verliert die Scheu, sich im stilvollen Rahmen zu bewegen und die gebotenen Verhaltensweisen praktisch anzuwenden. Er erlebt die Bedeutung und die Tradition, die hinter der Einrichtung eines Offizierheims steht. Ein weiterer Gesichtspunkt sind die in den Verbänden oder Kommandobehörden der Luftwaffe regelmäßig stattfindenden Bälle (z.B. der Ball der Luftwaffe), die zum Militär, aber im speziellen auch zur Luftwaffe und ihrer Tradition hinzugehören. Das hier erlernte bzw. erlebte prägt aber auch für das Auftreten im privaten Umfeld. Somit ist auch dieser Teil der Ausbildung wichtig für die Identitätsstiftung und das „Erleben Luftwaffe".

Zentrales Element ist und bleibt nach meiner Bewertung aber der tägliche Umgang miteinander. Zur Luftwaffen-Identität gehört praktizierte und erlebbare Innere Führung! Die Kernfragen dürften damit auf der Hand liegen: Wie wird Führung vorgelebt? Sind Entscheidungen überwiegend transparent und nachvollziehbar? Wird das vom Offiziernachwuchs Verlangte auch tatsächlich vorgelebt? Dies sind Fragen, die den Unterschied von „Schein" und „Sein" offenlegen, und damit zeigen, dass Verantwortung nur dort entstehen kann, wo glaubwürdig gelebt und gehandelt wird. Hier kommt nicht zuletzt den Inspektionen und dem dort eingesetzten Personal sowie darüber hinaus den Fachlehrern eine zentrale Bedeutung zu. Sie sind es, die täglich direkt mit dem Offiziernachwuchs zu tun haben, mithin die Schlüsselstellung einnehmen bei der Prägung und Identitätsstiftung.

Wichtiger und elementarer Bestandteil der Ausbildung für einen Offizier der Luftwaffe ist eine hohe interkulturelle Kompetenz. Selbst wenn diese zunächst noch nicht ausgeprägt sein mag, so beginnt auch diese Entwicklung nicht erst in Verwendungen bei multinationalen Verbänden oder in der Zusammenarbeit in der NATO oder EU; nein: auch diese nimmt ihren Ausgang an der OSLw. Allein durch die Integration zahlreicher ausländischer Kadetten in den Lehrgang, die Austauschlehrstabsoffiziere und die Vielzahl an internationalen Delegationen wird maßgeblich zur Stärkung der interkulturellen Kompetenz eines jeden beigetragen.

Daneben wird dies bei den regelmäßig stattfindenden internationalen Sportfesten an der OSLw oder an den Schulen der Partnernationen deutlich, wo sich Luftwaffenoffizieranwärter im internationalen Sportwettkampf messen und im Zuge des Rahmenprogramms ein reger Austausch stattfindet. Für die Luftwaffe und damit auch für ihre Identität gehören internationale Zusammenarbeit und das Beherrschen der englischen Sprache dazu – um nicht zu sagen: dies ist im Selbstverständnis der Luftwaffe tief verankert. Folglich ist es auch absolut richtig, damit bereits an der OSLw zu beginnen und die künftigen Offiziere damit frühzeitig zu konfrontieren.

In der Regel durchläuft ein Offizier während seiner Dienstzeit eine Vielzahl an Laufbahn-, Fach- und Weiterbildungslehrgängen; und dies nicht nur an der OSLw. Erstaunlich ist aber, dass insbesondere der Offizierlehrgang in Erinnerung bleibt. Und hier sind es dann zumeist die Namen des Hörsaalleiters, des Inspektionschefs und des Inspektionsfeldwebels, deren positives (aber auch negatives!) Verhalten im Kopf hängen bleiben.

Was heißt das konkret für die OSLw, ja für die Luftwaffe überhaupt? Nüchtern formuliert: Insbesondere die Personalauswahl und die Breite der unterschiedlichen Verwendungen an der OSLw sind von elementarer Bedeutung auch i.S. der Identitätsstiftung. Seitens der OSLw und dem Bundesamt für das Personalmanagement wird diesem Aspekt durchaus große Beachtung beigemessen, und es bleibt festzuhalten, dass die Personalauswahl im Regelfall gut erfolgt. Somit sind brauchbare Voraussetzungen geschaffen, um die Ausbildung möglichst zielführend zu gestalten, aber: In der Truppe existiert oft noch das (Vor-)Urteil, dass die OSLw eine – liebevoll formuliert – „spezielle" Ausbildungseinrichtung verkörpere. Das Prädikat „speziell" sollte nicht negativ belegt sein, sondern eine Auszeichnung darstellen: Für denjenigen, der diese Einrichtung durchläuft, und für denjenigen, der an ihr als Ausbilder und Erzieher – und damit als „Identitätsstifter" für unsere Luftwaffe – wirkt.

Die Rolle der OSLw mit Blick auf das Stammpersonal

Hauptauftrag der OSLw bildet die Durchführung der unterschiedlichen Lehrgänge, und damit stehen die Lehrgangsteilnehmer immer im Zentrum. Gelingen kann dies jedoch nur dann, wenn entsprechend gut ausgebildetes und erfahrenes Stammpersonal vor Ort ist. Hierzu gehört neben den Fachlehrern und den Ausbildungsinspektionen explizit auch das Personal des Stabes. Und natürlich gilt dies auch für die Zivilbeschäftigten an der OSLw.

Das wirklich einzigartige beim Stammpersonal der OSLw ist die sehr breite Streuung, was zum einen die unterschiedlichen (Vor-)Verwendungen betrifft, zum anderen aber auch das Alter und damit die Erfahrung eines jeden Einzelnen angeht. Nicht zu vergessen ist die an einer Schule notwendige enge Zusammenarbeit innerhalb des Stamms! Dies mag es im Bereich der Luftwaffe nochmals im Bereich der Unteroffizierschule geben. In den Stäben der Kommandobehörden findet dies nach meiner Bewertung und Erfahrung auf einer anderen, mit der OSLw nicht gleichzusetzenden Ebene statt.

Gerade aber das Zusammentreffen von verschiedenen Verwendungen und Erfahrungen sowie dann in notwendiger Konsequenz die sehr gute Zusammenarbeit untereinander sind für mich ein wesentlicher Faktor, der die OSLw nach innen, aber auch nach außen prägt. Außerdem sind sie für mich ein Zeichen, dass die OSLw tatsächlich eine Schule aller Luftwaffensoldaten und nicht auf einzelne Verwendungen beschränkt ist. Vielleicht müsste dieser Aspekt noch häufiger nach außen getragen werden und auch das Verständnis als „Mutterhaus aller Offiziere" noch deutlicher artikuliert werden. *De facto* hat die OSLw diese Rolle in der Luftwaffe.

Vielleicht mehr als in Fachverwendungen in den Verbänden erachte ich es an der OSLw als entscheidend, dass der Spagat zwischen personeller Kontinuität und Personalwechseln gelingt. Auch an der OSLw gibt es in allen Bereichen Stellen, bei denen eine lange Stehzeit sinnvoll ist, aber eben auch Stellen, bei denen ein Wechsel alle paar Jahre durchaus zielführend, weil notwendig ist. So kommen mit jedem Wechsel z.B. eines Inspektionschefs oder Hörsaalleiters regelmäßig neue Erfahrungen, Eindrücke und auch Ideen aus den Verwendungen an die OSLw. Und eines sollte auch bedacht sein: Derjenige, der in der Lehre stehend Fragen stellt, ist kein Gegenspieler, sondern Garant der Kreativität. Die OSLw kann ihrer Rolle als identitätsstiftende Instanz nur dann gerecht werden, wenn sie satte Selbstzufriedenheit bei sich selbst nicht zulässt. Fragen stellen und Antworten zu geben, gehört zu ihrem „Kerngeschäft". Und dies hat besonders zu gelten für die „pädagogische Schlammzone"!

Fazit

Die OSLw als „Mutterhaus der Offiziere" und als wichtiger Bestandteil bei der Bildung einer Luftwaffen-Identität spielt eine zentrale Rolle. Als Institution ist die OSLw wie viele andere Dienststellen grundsätzlich abhängig von Vorgaben und Entscheidungen der höheren Kommandobehörden. Sie sollte sich nicht „unter Wert verkaufen", sondern ihre Kompetenz bei dem hier hoffentlich immer gegebenen Spielraum in Ausbildung und Erziehung vervollkommnen. Dies bedeutet stets ein Ringen. Auch wenn Veränderungen in Planung, Umsetzung und Durchführung immer ein Zeitbudget erfordern, und es dabei gilt, Menschen als Mitstreiter nicht zu überreden, sondern zu überzeugen – die Aufgabe bleibt eine Herausforderung und eine Chance zugleich.

Es wäre jedenfalls fatal, wenn der Eindruck entstünde, man verhalte sich wie Don Quixote und kämpfte gegen Riesen in Form von Windmühlenflügeln. Der Luftwaffe und ihrer Suche nach Identität auf einem sicheren Fundament wäre damit nicht gedient. Aus meiner Sicht als Inspektionschef spielt eine zentrale Rolle immer das Stammpersonal. Nur wenn hier die Bereitschaft vorhanden ist neue Wege zu gehen, das vorzuleben und erlebbar zu machen, was die Luftwaffe ausmacht, nur dann kann auch künftig die OSLw ihrer Rolle gerecht werden und ihren Beitrag leisten.

Sage es mir, und ich vergesse es;
zeige es mir, und ich erinnere mich;
lass es mich tun, und ich behalte es.

Konfuzius

Führung lernen in Theorie und Praxis, oder: Warum machen wir eigentlich „kompetenzorientierte Ausbildung"? – Ein Appell an alle Beteiligten

Michael Traut

Das Ziel jeglicher militärischen Ausbildung – und dies mag sie durchaus von einer beliebig anderen Ausbildung unterscheiden – ist die Herstellung von Handlungssicherheit, d.h. die sichere Anwendung erworbener Kenntnisse und Fertigkeiten unter anspruchsvollen Rahmenbedingungen: Im Einsatz bis hin zum Gefecht und selbstverständlich im täglichen Dienst, wo immer er geleistet wird. Dies reicht vom schnellen Agieren in überraschenden wie belastenden taktischen Situationen bis hin zu klarem, professionellem Führen, Entscheiden und Kommunizieren in unübersichtlichen Lagen auf strategischer Ebene. Die Bandbreite von *„soft skills"* und *„hard skills"*, die hierzu notwendig ist, lässt sich kaum erschöpfend beschreiben. Als vereinfachte Beschreibung – eben als Modell – dient das Kompetenzmodell der Bundeswehr, das bereits in der Teilkonzeption Personalmanagement dargestellt wird.

Handlungssicherheit erfordert wesentlich mehr als „photographisch angeeignetes" Wissen für das „Ultrakurzzeitgedächtnis". Um sicher im Handeln zu werden, bedarf es des soliden Basiswissens, vermittelt durch die richtige Mischung verschiedenster Lernschritte und Lernmethoden zum Zwecke der Umsetzung dieses Wissens in konkretes Handeln. Um das obige Zitat nochmals zu bemühen: Praxisorientierung und hinreichend Gelegenheit zur Übung und Wiederholung im Vorfeld sichern den Erfolg und stellen Handlungssicherheit insbesondere dann her, wenn keine Zeit zum Untersuchen, Bewerten, Abwägen oder Nachdenken bleibt. Weiterhin schlägt das Zitat gleichsam die Brücke zur Eigenverantwortung („*lass es mich tun …*"). Genau dies sind wesentliche Schlüsselelemente einer modernen militärischen Ausbildung.

Das Thema „Eigenverantwortung" nimmt in den Überlegungen zur Frage „*Wie wollen wir den Menschen in der Bundeswehr etwas beibringen?*" einen großen Raum ein. Freiwillige Soldatinnen und Soldaten, die zielgerichtet angeleitet werden, denen moderne Ausbildungsmittel zur Verfügung stehen und die Lernerfolg durch selbst gesteuertes Erlernen, Erleben und eigenes Tun erzielen, lernen nachhaltiger und sind insgesamt motivierter.

Die Zeiten, in denen ein Ausbildungssystem sich der Herausforderung gegenüber sah, vielen Wehrpflichtigen Inhalte und Fertigkeiten in kurzer Zeit vermitteln zu müssen, sind mit der Aussetzung der allgemeinen Wehrpflicht Vergangenheit. Die Ausbildung der Ausbilder war *cum grano salis* in der Regel gerade darauf ausgerichtet, das zu können, was vor dem Hintergrund dieser Rahmenbedingungen auszubilden war.

Nun aber kann und muss auf einer grundsätzlich veränderten Ausgangssituation aufgebaut werden. Unsere Soldatinnen und Soldaten sind sämtlich Freiwillige. Ihr „Wollen" ist gezielt und aktiv zu unterstützen. Hierbei gilt es aber auch, deren Eigenverantwortung von Beginn der Dienstzeit an zu fördern und zu stärken. Verstanden als ein zeitgemäßes Mittel moderner Erwachsenenbildung, hilft es auch unserem Ausbildungssystem, das Selbstverständnis jeglicher Ausbildung zu modernisieren. Der Lehrende und der Lernende sind von Anfang an ein Team, das ein gemeinsames Ziel zu erreichen hat.

Voraussetzung für das Gelingen dieses Ansatzes ist, dass möglichst früh in der Laufbahn auch Methodenwissen, Methodenkompetenz und Lernmotivation vermittelt werden und dass hierauf aufbauend Eigenverantwortung entwickelt werden kann. Nur wer die Werkzeuge kennt, kann sie auch benutzen! Damit ist das „*Lernen lernen, lernen wollen und lernen können*" eine, wenn nicht die zentrale Forderung an eine neue Ausbildungsphilosophie. Diese Lernfähigkeit und -motivation zu wecken und zu fördern, ist die große Herausforderung für alle Lehrenden in der Bundeswehr. Hier gilt es, neben der Bereitstellung modernster, erstklassiger Lernwerkzeuge und Lerninfrastruktur auch Anreize zum Lernen so zu setzen, dass Erfolgserlebnisse und spielerische Anlagen zur Vermittlung von Wissen, Willen und Können flächendeckend genutzt werden.

Nur wer „will" **und** „kann", ist kompetent. Der Blick auf die spätere Kompetenz muss alle Planungen und alle Maßnahmen zur Ausbildung bestimmen. Die hierbei vorgenommene Akzentuierung der Stärkung von anzustrebenden Kompetenzen darf indes nicht so (miss-)interpretiert werden, dass die Formen der Ausbildung wichtiger seien als die Inhalte. Lediglich das Wollen in methodischen Variationen zu kultivieren, ohne letztlich auch etwas zu wissen und zu können, wäre am Ende nicht nur ein falscher Umgang mit kostbaren Ressourcen, sondern eben auch eine falsch vorgenommene Schwerpunktbildung.

Und was bedeutet das jetzt für die Ausbildung zum Offizier der Luftwaffe?

Das Wesen jeder kompetenzorientierten Ausbildung ist immer das Denken vom Ende her: Was muss der ehemalige Offizieranwärter (und jetzt Offizier) auf dem Dienstposten in der Truppe handlungssicher beherrschen, um dort seine bzw. ihre Aufgabe erfüllen zu können? Hieraus wird praktisch rückwärts abgeleitet, welche Lernfelder, welche Lernsituationen und welche Ausbildungsabschnitte erforderlich sind und genau diesem Ziel dienen. Das hört sich einfach an, stellt aber gegenüber der früheren Denkweise *„Was muss der Offizieranwärter am Ende seines Lehrgangs wissen?"* einen immensen Unterschied dar. Gleichzeitig bietet diese neue Herangehensweise auch die Grundlage, nicht unbedingt erforderlichen Wissensballast (verstanden als aktuelles, flüchtiges Faktenwissen) abzuwerfen und sich auf das Wesentliche und Erforderliche so zu konzentrieren auf, dass dieses auch nachhaltig bleibt.

Wir alle haben ein gemeinsames Ziel: die Offizieranwärter zum Profi zu machen. Sie sollen die Kompetenz entwickeln, um in der Luftwaffe und in der Bundeswehr erfolgreich ihre Aufgabe zu erfüllen. Dieses Ziel gilt für alle, die am Ausbildungsprozess beteiligt sind, gleichermaßen. Hörsaalleiter, „Spieß", Inspektionschef, alle Lehrstabsoffiziere und zivile Dozenten, Führung wie Stab der Offizierschule und alle anderen Unterstützer sind diesem einen Ziel verpflichtet. Das bedeutet, dass alles daran gesetzt werden muss, eine aktuelle, dem Bedarf entsprechende und nachhaltige Ausbildung zu gestalten. Dies schließt den regelmäßigen Austausch zwischen dem Bedarfsträger und der Ausbildungseinrichtung sowie deren Akteuren ein, sei es durch ständige Aktualisierung von Lerninhalten, das Einbinden aktueller Einsatzerfahrungen oder als Rückkopplung und Evaluation der durchlaufenen Ausbildung.

Die Offizieranwärter sind die Hauptpersonen, um die sich in der Ausbildung alles dreht. Das bedeutet Aufmerksamkeit und Investition, Beobachtung und Ansporn. Was aber viel wichtiger ist: Sie sind nicht nur Mitglied im Team „Ausbildungserfolg" – sie bestimmen ihren Erfolg selbst durch aktives Mitmachen, Mitgestalten, Nutzen der Möglichkeiten sowie Erkennen ihrer Stärken und Potenziale. Ausbildung darf dabei durchaus auch Spaß machen! Die Ausbildung darf und muss dabei auch auf Willen und Fähigkeiten der Offizieranwärter setzen. Ohne deren Einbeziehung kann eine gute Ausbildung junger Erwachsener nicht gelingen. Und: sie werden innerhalb weniger Jahre als Mitglieder des Offizierkorps der Luftwaffe mit prägen und führen.

An der Offizierschule der Luftwaffe geht es darum, *mit* ihnen den Grundstein für künftige Führungskräfte der Luftwaffe und der Bundeswehr zu legen. Natürlich kann das nur ein Anfang sein: Denn Kompetenz entwickelt sich erst auf der Zeitachse! Dennoch müssen sie von Anfang an bewusst gefordert werden; sie sind zu trainieren, um sie professioneller und belastbarer zu machen. Natürlich gibt es anstrengende Phasen, körperlich wie mental. Aber das gehört dazu! Jeder Sportler weiß: wird beim Training nicht das Limit erreicht, tritt kein Trainingseffekt ein. Und dass das Fordern in unserem Beruf etwas anderes bedeutet als in einer beliebigen Berufsausbildung, das liegt auf der Hand. Und wenn man es gemeinsam geschafft hat, ist der Erfolg umso erfreulicher.

Irgendwann – und das gilt für Soldaten und Sportler gleichermaßen – freut man sich auf die nächste Trainingsphase, auf die nächste Anstrengung und auf das Erfolgserlebnis danach. Es gibt kaum etwas Besseres, als neben einem Zeugnis, auf dem eine Note steht, das sichere Gefühl zu haben: *„Ich habe das geschafft – ich kann das!"* oder noch besser: *„Wir können das!"* Das hilft ungemein: Es gibt das Selbstvertrauen, in einer kritischen und unvorhersehbaren Situation ruhig, besonnen und erfolgreich zu handeln. Denn wir wissen nur eines sicher: Niemand weiß, wie der nächste Einsatz aussieht und wann er kommt. Es gilt daher, gut und umfassend vorbereitet zu sein. Es gilt, professionell sein Handwerk zu beherrschen: So zu beherrschen, dass man auch unter schwierigen, teils überraschenden Rahmenbedingungen bestehen kann.

Und *last, but really not least*: Disziplin gehört dazu. Das reicht vom Überwinden der eigenen Nachlässigkeitsschwelle, um dann doch ein groß und uneinnehmbar erscheinendes Arbeitspaket endlich anzugehen, über ein klares, respektvolles und selbstbewusstes Umgehen miteinander bis zu einem Erscheinungsbild, das keinen Zweifel an unserem Willen zum Erfolg lässt. Dies gilt für alle Angehörigen der Offizierschule. Denn: **Nur gemeinsam erreichen wir mehr. Willkommen also im Team „Ausbildungserfolg" – Gehen wir's gemeinsam an!**

Autorenverzeichnis

(Stand: 1. Juni 2016)

Ahrens, Hans-Werner	Generalmajor a.D.; Transportflugzeugführer; zuletzt: Kommandeur Lufttransportkommando (Münster i.W.)
Baumann, Nicola Sandra	Hauptmann; Jetpilotin; Taktisches Luftwaffengeschwader 31 „Boelke" (Nörvenich)
Becker, Christian	Major; Jetpilot; Offizierschule der Luftwaffe (Fürstenfeldbruck)
Birk, Eberhard	Dr. phil.; Oberregierungsrat und Oberstleutnant d.R.; Dozent für Militärgeschichte an der Offizierschule der Luftwaffe (Fürstenfeldbruck)
Bratzke, Kai	Oberstabsfeldwebel; 1./Objektschutzregiment der Luftwaffe Führungsgruppe (Schortens)
Dora, Johann-Georg	Generalleutnant a.D.; Jetpilot; ehem. Stellvertreter des Generalinspekteurs der Bundeswehr
Egger, Dirk	Major; Diplomstaatswissenschaftler; Inspektionschef an der Offizierschule der Luftwaffe (Fürstenfeldbruck)
Flemmig, Karl	Oberleutnant; Bachelor of Science (Betriebswirtschaftslehre); Transportoffizier in der Ausbildungsunterstützungsgruppe der Offizierschule der Luftwaffe (Fürstenfeldbruck)
Habersetzer, Klaus	Generalmajor; Dipl.-Ing. (Luft- und Raumfahrttechnik); Chef des Stabes Multinationales Kommando Operative Führung (Ulm)
Haslinger, Thomas	Dr.phil.; Hauptmann d.R.; Abteilung für Strategie- und Geschäftsfeldentwicklung der MBDA (Schrobenhausen/Bayern); CSU-Stadtrat und CSU-Fraktionsvorsitzender in Landshut/Niederbayern
Hell, Michael	Oberstabsfeldwebel; Fachlehrgruppe „Führungspraxis" an der Offizierschule der Luftwaffe (Fürstenfeldbruck)

Jantzen, Björn	Hauptmann; Fachlehrgruppe „Führungspraxis" an der Offizierschule der Luftwaffe (Fürstenfeldbruck)
K., Johannes Martin	Leutnant; Hubschrauberpilot der Luftwaffe
Kurczyk, Markus	Oberst; Diplompädagoge; Schulkommandeur der Unteroffizierschule der Luftwaffe (Appen)
Lübberstedt, Sabine	Hauptmann; Diplom-Politologin; Kompaniechef im Luftwaffenausbildungsbataillon Germersheim
Matthias, Benjamin	Major; Staffelchef in der Flugabwehrraketengruppe 26 (Husum)
Mehrtens, Lutz	Oberst i.G.; Jetpilot; Leiter Schulstab der Offizierschule der Luftwaffe (Fürstenfeldbruck)
Popp, Peter Andreas	Dr.phil.; Oberstleutnant; Lehrstabsoffizier in der Fachlehrgruppe „Innere Führung" an der Offizierschule der Luftwaffe (Fürstenfeldbruck)
Prestele, Christian	Oberst; Diplompädagoge; GrpLtr/HPM IndivAusb Kommando Streitkräftebasis (Bonn)
Schmitt, Florian	Hauptmann; Dipl.Ing. (Elektrotechnik); Leiter Einsatz Taktische Luftwaffengruppe Richthofen (Wittmund)
Schobesberger, Dieter	Major; Inspektionschef an der Offizierschule der Luftwaffe (Fürstenfeldbruck)
Semler, Peter-Jin	Oberleutnant; Master of Science (Luft- und Raumfahrttechnik); Technischer Offizier im Taktisches Luftwaffengeschwader 31 „Boelcke"(Nörvenich)
Tiburcio, André	Hauptmann; Hörsaalleiter an der Offizierschule der Luftwaffe (Fürstenfeldbruck)
Traut, Michael	Brigadegeneral; designierter Kommandeur der Offizierschule der Luftwaffe (Fürstenfeldbruck)
Trautvetter, Karl	Oberst i.G.; Transportflugzeugführer; Abteilungsleiter „Politische Bildung" im Zentrum Innere Führung (Koblenz)
Vogt, Marc	Oberstleutnant i.G.; Kommandeur I./Objektschutzregiment der Luftwaffe (Schortens)
Voyé, Gabriele	Oberstleutnant i.G.; Dipl.-Kauffrau; Kommando Luftwaffe (Berlin)

Wundrak, Joachim	Generalleutnant; Dipl.-Ing. (Elektrotechnik); Kommandeur Zentrum Luftoperationen (Kalkar)
Zimmermann, Tobias	Hauptmann; Diplom-Volkswirt; Hörsaalleiter an der Offizierschule der Luftwaffe (Fürstenfeldbruck)
Zschommler, Yvonne	Oberstabsärztin; Taktisches Luftwaffengeschwader 74 (Neuburg a. d. Donau)

Literatur (in Auswahl)
(zusammengestellt von Peter Andreas Popp)

ADAM, Dirk, und Manfred LÖRING, Volker SCHLECHTRIEM: Neuordnung der Offizier- und Unteroffizierausbildung in der Luftwaffe, in: Europäische Sicherheit & Technik 63 (2014), H. 2, S. 25-28.

Armee im Aufbruch. Zur Gedankenwelt junger Offiziere in den Kampftruppen der Bundeswehr, hg. von Marcel BOHNERT und Lukas J. REITSTETTER, Berlin (Miles) 2014.

BAACH, Werner, und Wolfgang FETT: Das Selbstverständnis des Offiziers im 21. Jahrhundert, in: Europäische Sicherheit & Technik, 2012, H. 3, S. 121-123.

BALD, Detlef: Der deutsche Offizier. Sozial- und Bildungsgeschichte des deutschen Offizierkorps im 20. Jahrhundert, München (Bernard & Graefe) 1982.

BALD, Detlef: Vom Kaiserheer zur Bundeswehr. Sozialstruktur des Militärs: Politik der Rekrutierung von Offizieren und Unteroffizieren, Frankfurt/M. u.a. (Peter Lang) 1981 (= Europäische Hochschulschriften, Reihe XXXI, Bd. 28).

BARGMANN, Jens: Ethik in der Offizierausbildung. Eine vergleichende Studie zu berufsethischen Anteilen in der Ausbildung zum Marineoffizier in Deutschland und den USA, Münster i.W. (Miles) 2004.

BECK, Hans-Christian: Menschenbild der Inneren Führung – und daraus abgeleitete Forderungen an Erziehung und Ausbildung in den Streitkräften. Vortrag im Seminar „Erziehung in der Luftwaffe" für Kommandeure A an der Offizierschule der Luftwaffe, Fürstenfeldbruck, am 13. Mai 1997.

BECK, Hans-Christian, und Christian SINGER: ‚Entscheiden – Führen – Verantworten. Soldat sein im 21. Jahrhundert, Berlin (Miles) 2011.

BIRK, Eberhard, und Peter POPP: Einsatz und militärhistorische (Aus-) Bildung – eine Kontradiktion? Überlegungen zu Notwendigkeit und Stellenwert, Inhalt und Vermittlung von Militärgeschichte in der Bundeswehr, in: „Vom Einsatz her denken!" Bedeutung und Nutzen von Militärgeschichte zu Beginn des 21. Jahrhunderts (= Potsdamer Schriften zur Militärgeschichte, Bd. 22), hg. von Dieter H. KOLLMER, Potsdam (ZMSBw) 2013, S. 73-91.

BIRK, Eberhard: Abschied vom Bild des Offiziers?, in: Einsatzarmee und Innere Führung (= Gneisenau Blätter 6), Fürstenfeldbruck 2007, S. 62-70.

BIRK, Eberhard: Perspektiven für eine zukunftsorientierte Tradition der Luftwaffe, in: Tradition und Traditionspflege in der Luftwaffe, hg. von Heiner MÖLLERS (= Potsdamer Schriften zur Militärgeschichte, Bd. 16), Potsdam 2012, S. 47-60.

BIRK, Eberhard: Reformieren und gestalten. Was Scharnhorst, Gneisenau und Baudissin heute verlangen würden..., in: IF – Zeitschrift für Innere Führung 1/2007, S. 33-36.

BIRK, Eberhard: Steinhoff und sein „Bild des Offiziers in der Luftwaffe", in: Die Luftwaffe zwischen Politik und Technik, hg. von Eberhard BIRK, Heiner MÖLLERS und Wolfgang SCHMIDT (= Schriften zur Geschichte der Deutschen Luftwaffe, Band 2), Berlin (Miles) 2012, S. 145-158.

BUCHNER, Peter: *Tailored to the Vision.* Ausbildung der Vorgesetzten in Innerer Führung, in: Jahrbuch Innere Führung 2012: Der Soldatenberuf im Spagat zwischen gesellschaftlicher Integration und sui generis-Ansprüchen. Gedanken zur Weiterentwicklung der Inneren Führung, hg. von Uwe HARTMANN, Claus von ROSEN und Christian WALTHER, S. 118-133.

Das deutsche Offizierkorps 1860-1960. Büdinger Vorträge 1977, in Verbindung mit dem MGFA hg. von Hans Hubert HOFMANN (= Deutsche Führungsschichten in der Neuzeit, Bd. 11), Boppard am Rhein (Hans Boldt) 1980.

De officio. Zu den ethischen Herausforderungen des Offizierberufs, hg. im Auftrag des Evangelischen Militärbischofs vom Evangelischen Kirchenamt für die Bundeswehr, Bonn, 2. Auflage der völlig neu bearbeiteten Auflage Leipzig (Evangelische Verlagsanstalt) 2000.

DEMETER, Karl: Das Deutsche Offizierkorps in Gesellschaft und Staat, 4. Auflage Frankfurt/M. (Bernard & Graefe) 1965.

Der Offizier der Bundeswehr. Heft 1: Herkunft – Bildung – Interessen. Grunddaten des Offizierkorps in historischer und soziologischer Sicht (= Schriftenreihe Innere Führung. Reihe „Führungshilfen". Wehrsoziologische Studien, H. 10), hg. vom Bundesminister der Verteidigung. Fü S I 7, 2 Bde., Bonn 1971

Der Offizier der Bundeswehr. Heft 2: Berufsbild und Motivation (= Schriften-reihe Innere Führung. Reihe „Führungshilfen". Wehrsoziologische Studien, H. 11), hg. vom Bundesminister der Verteidigung. Fü S I 7, 2 Bde., Bonn 1971.

Der Soldat in einer Welt im Wandel. Ein Handbuch für Theorie und Praxis, hg. Uwe HARTMANN und Christian WALTHER, München (Olzog) 1995.

Die Bundeswehr 1955 bis 2005. Rückblenden – Einsichten – Perspektiven (= Sicherheitspolitik und Streitkräfte der Bundesrepublik Deutschland, Bd. 7). Im Auftrag des Militärgeschichtlichen Forschungsamtes hg. von Frank NÄGLER, München (Oldenbourg) 2007.

Die Luftwaffe in der Moderne (= Schriften zur Geschichte der Deutschen Luftwaffe, Bd. 1), hg. von Eberhard BIRK / Heiner MÖLLERS / Wolf-gang SCHMIDT, Essen 2011.

Die Luftwaffe zwischen Politik und Technik (= Schriften zur Geschichte der Deutschen Luftwaffe, Bd. 2), hg. von Eberhard BIRK / Heiner MÖL-LERS / Wolfgang SCHMIDT, Berlin (Miles) 2012.

ELBE, Martin, und Florian H. MÜLLER: Berufsentscheidungen und Karrie-reverläufe von Offizieren der Bundeswehr, in: Ein Job wie jeder andere? Zum Selbst- und Berufsverständnis von Soldaten, hg. von Sabine COLL-MER, Baden-Baden (Nomos) 2005, S. 123-144.

ELBE, Martin: Der Offizier – Ethos, Habitus, Berufsverständnis, in: Hand-buch Militär und Sozialwissenschaft, hg. von Sven Bernhard GAREIS und Paul KLEIN, Wiesbaden (VS) 2004, S. 418-431.

ELBE, Martin: Offizier und Gesellschaft. Zur Entwicklung des Berufshabitus aufgrund von Bildungsprozessen, in: IF. Zeitschrift für Innere Führung 51 (2007), H. 1, S. 17-20.

FELFE, Jörg, und Martin SCHERM: Die Attraktivität einer Karriere als Be-rufssoldat aus Sicht studierender Offiziere, in: Der Soldatenberuf im Spagat zwischen gesellschaftlicher Integration und sui generis-Ansprüchen. Ge-danken zur Weiterentwicklung der Inneren Führung, hg. von Uwe HARTMANN, Berlin (Miles) 2012, S. 134-152.

FÖRSTER, Stig: Der Sinn des Krieges. Die deutsche Offizierselite zwischen Religion und Sozialdarwinismus, 1870-1914, in: „Gott mit uns". Nation, Religion und Gewalt im 19. und frühen 20. Jahrhundert (= Veröffentli-chungen des Max-Planck-Instituts für Geschichte, Bd. 162), hg. von Gerd

KRUMEICH und Hartmut LEHMANN, Göttingen (V&R) 2000, S. 193-211.

Friedensethik im Einsatz. Ein Handbuch der Evangelischen Seelsorge in der Bundeswehr, hg. vom Evangelischen Kirchenamt für die Bundeswehr. Red. Leitung Hartwig von Schubert, Gütersloh (Gütersloher Verl.-Haus) 2009.

Gneisenau-Blätter (im Auftrag der Geneisenau Gesellschaft an der Offizierschule der Luftwaffe herausgegeben von Eberhard BIRK):

Themenhefte:

- Militärische Tradition (= Gneisenau Blätter 3); 2004
- Erziehung und Streitkräfte (= Gneisenau Blätter 5); 2007
- Einsatzarmee und Innere Führung (= Gneisenau Blätter 6); 2007
- Militärisches Selbstverständnis (= Gneisenau Blätter 7); 2008

GRÄBER, Winfried: Der Offizier der Luftwaffe – Umrisse eines Anforderungsprofils als erzieherische Herausforderung, in: Gneisenau Blätter 5, S. 76-82.

HAGEN, Ulrich vom: Die protestantische Ethik als geistige Rüstung des deutschen Offizierskorps, in: Aufschwung oder Niedergang? Religion und Glauben in Militär und Gesellschaft zu Beginn des 21. Jahrhundert, hg. von Ines-Jacqueline WERKNER und Nina LEONHARD, Frankfurt/M. (Peter Lang) 2003, S. 349-362.

Handbuch Militärische Berufsethik, hg. Thomas BOHRMANN, Karl-Heinz LATHER, Friedrich LOHMANN, Bd. 1: Grundlagen, Wiesbaden (Springer) 2014.

Handbuch Militärische Berufsethik, hg. Thomas BOHRMANN, Karl-Heinz LATHER, Friedrich LOHMANN, Bd. 2: Anwendungsfelder, Wiesbaden (Springer) 2014.

HERBERG-ROTHE, Andreas: Demokratische Krieger. Das Leitbild des Soldaten im 21. Jahrhundert, in: IF. Zeitschrift für Innere Führung 54 (2010), H. 1, S. 26-30.

Jahrbuch Innere Führung 2010 (Themenausgabe: Die Grenzen des Militärischen), hg. von Helmut R. HAMMERICH, Uwe HARTMANN und Claus von ROSEN, Berlin (Miles) 2010.

Jahrbuch Innere Führung 2011. (Themenausgabe: Ethik als geistige Rüstung für Soldaten), hg. von Uwe HARTMANN, Claus von ROSEN und Christian WALTHER, Berlin (Miles) 2011.

Jahrbuch Innere Führung 2012. (Themenausgabe: Der Soldatenberuf im Spagat zwischen gesellschaftlicher Integration und sui generis-Ansprüchen. Gedanken zur Weiterentwicklung der Inneren Führung), hg. von Uwe HARTMANN, Claus von ROSEN und Christian WALTHER, Berlin (Miles) 2012.

Jahrbuch Innere Führung 2013. (Themenausgabe: Wissenschaften und ihre Relevanz für die Bundeswehr als Armee im Einsatz), hg. von Uwe HARTMANN und Claus von ROSEN, Berlin (Miles) 2013.

Jahrbuch Innere Führung 2014 (Themenausgabe: Drohnen, Roboter und Cyborgs – Der Soldat im Angesicht neuer Militärtechnologien), hg. von Uwe HARTMANN und Claus von ROSEN, Berlin (Miles) 2014.

Jahrbuch Innere Führung 2015 (Themenausgabe: Neue Denkwege angesichts der Gleichzeitigkeit unterschiedlicher Krisen, Konflikte und Kriege, hg. von Uwe HARTMANN und Cluas von ROSEN, Berlin (Miles) 2015.

KIESSLING, Günter: Staatsbürger und General, hg. von Ortwin BUCHBENDER, Frankfurt/M. (Verlag der Universitätsbuchhandlung Blazek und Bergmann) 2000.

KOLLMER, Dieter H.: Zwischen Feder und Schwert. Offizierausbildung in Deutschland von 1806 bis heute, in: Information für die Truppe 48 (2004), H. 2, S. 48-57.

KRACKLAUER, Alexander: Analyse der Möglichkeiten einer andauernden Sicherung eines hohen Amtsethos der Offiziere in den deutschen Streitkräften, Hamburg (Kovač) 1998.

KUTZ, Martin: Deutsche Soldaten. Eine Kultur- und Mentalitätsgeschichte, Darmstadt (Wiss. Buchgesellschaft) 2006.

Luftwaffe und Luftkrieg (= Schriften zur Geschichte der Deutschen Luftwaffe, Band 3), hg. von Eberhard BIRK und Heiner MÖLLERS, Berlin (Miles) 2015.

Maizière, Ulrich de: Die Bundeswehr: Neuschöpfung oder Fortsetzung der Wehrmacht?, in: Festschrift zum 25jährigen Bestehen der Reserve-Offizier-Gemeinschaft Oldenburg (1972-1997), Oldenburg 1997, S. 87-102.

MILLOTAT, Christian: Ausbildung, Bildung und Erziehung der Offiziere der Bundeswehr im Einsatz, in: Europäische Sicherheit 54 (2005), H. 4, S. 46-49.

MILLOTAT, Christian: Gedanken zum Berufsbild des Offiziers der Bundeswehr heute, in: Europäische Sicherheit 55 (2006), H. 7, S. 11-13.

MÜLLER, Florian, Martin ELBE und Ylva SIEVI: „Ich habe mir einfach einen kleinen Dienstplan für das Studium gemacht". Zur alltäglichen Lebensführung studierender Offiziere, in: Armee in der Demokratie. Zum Verhältnis von zivilen und militärischen Prinzipien, hg. von Ulrich vom HAGEN, Wiesbaden 2006 (Springer VS), S. 189-217.

NÄGLER, Frank: Zur „Kriegstüchtigkeit" des Staatsbürgers in Uniform in der Aufbauphase der Bundeswehr, in: 50 Jahre Bundeswehr – 50 Jahre Offiziersausbildung. Ein Beitrag der Helmut-Schmidt-Universität der Bundeswehr Hamburg, hg. von Eckardt OPITZ, Bremen (Edition Temmen) 2007, S. 44-60 (= Schriftenreihe des Wissenschaftlichen Forums für Internationale Sicherheit e.V. [WIFIS], Bd. 24).

NAUMANN, Klaus: Die Bundeswehr im Leitbilddilemma. Jenseits der Alternative „Staatsbürger in Uniform" oder „Kämpfer", in: Jahrbuch Innere Führung 2009: Die Rückkehr des Soldatischen, hg. von Uwe HARTMANN, CLAUS von ROSEN und Christian WALTHER, Eschede (Miles) 2009, S. 75-91.

NIEHUSS, Merith: Die akademische Offizierausbildung – ein erfolgreicher deutscher Sonderweg, in: Europäische Sicherheit 60 (2011), H. 9, S. 10-12.

OPITZ, Eckhardt: Festvortrag: Die Bildung des Offiziers. Von der Standeserziehung zum Streben nach Professionalität, in: 50 Jahre Bundeswehr – 50 Jahre Offiziersausbildung. Ein Beitrag der Helmut-Schmidt-Universität der Bundeswehr Hamburg, hg. von Eckardt OPITZ, Bremen (Edition Temmen) 2007, S. 24-39 (= Schriftenreihe des Wissenschaftlichen Forums für Internationale Sicherheit e.V. [WIFIS], Bd. 24).

OSTERTAG, Heiger: Bildung, Ausbildung und Erziehung des Offizierkorps im deutschen Kaiserreich 1871 bis 1918. Eliteideal, Anspruch und Wirklichkeit, Frankfurt u.a. (Peter Lang) 1990 (= Europäische Hochschulschriften, Reihe III, Bd. 416).

PAULI, Frank: Wehrmachtsoffiziere in der Bundeswehr. Das kriegsgediente Offizierkorps der Bundeswehr und die Innere Führung 1955-1970, Paderborn u.a. (Schöningh) 2010.

SCHEIDERHAN, Wolfgang: Das Bild des Offiziers im 21. Jahrhundert, in: Abschiedssymposium des Fachbereichsleiters Human- und Sozialwissenschaften an der Führungsakademie Professor Dr. Elmar Wiesendahl, Hamburg o.J. [2010], S. 10-25.

SCHLIECKAU, Jürgen: Politik und Offiziersbild. Die Offiziersausbildung in der Bundeswehr im Zeichen der Bonner Wende? (= Innenpolitik in Theorie und Praxis, Bd. 17), München (Minerva) 1988.

SCHMIDT, Wolfgang: Briefing statt Befehlsausgabe. Die Amerikanisierung der Luftwaffe 1955 bis 1975, in: Bernd LEMKE, Dieter KRÜGER, Heinz REBHAN und Wolfgang SCHMIDT, Die Luftwaffe 1950 bis 1970. Konzeption, Aufbau, Integration (= Sicherheitspolitik und Streitkräfte der Bundesrepublik Deutschland, Bd. 2), München (Oldenbourg) 2006, S. 649-691.

SCHUMACHER, Edgar: Vom Beruf des Offiziers, Zürich (Im Verlag der Arche) 1957.

Soldat – Ein Berufsbild im Wandel, Bd. 2: Offiziere, hg. im Auftrag des Deutschen Bundeswehr-Verbandes von Paul KLEIN, Jürgen KUHLMANN und Horst ROHDE unter Mitarbeit von Christian DEWITZ, Bonn – Dortmund (Deutscher Bundeswehr-Verlag) 1993.

Soldaten im Einsatz. Sozialwissenschaftliche und ethische Reflexionen, hg. von Stefan BAYER und Matthias GILLNER, Berlin (Duncker & Humblot) 2011.

Soldatentum. Auf der Suche nach Identität und Berufung der Bundeswehr heute, hg. von Martin BÜCKER, Larsen KEMPF und Felix SPRINGER, München (Olzog) 2013.

Staatsbürger in Uniform, in: Reader Sicherheitspolitik: Die Bundeswehr vor neuen Herausforderungen, hg. BMVg, Fü S I 4. Chefredaktion: Dieter BUCHHOLTZ, Bonn 1998, Erg.-Lfg. 1/98 vom 1.1.1998, Kap VII.2, S. 17-32.

STIEGLITZ, Klaus-Peter: Der Offizierberuf in der Luftwaffe. Neue Chancen und sich ändernde Anforderungen, in: Gneisenau Blätter 7, 2008, S. 20-28.

Streitkräfte im Wandel: Soldat – Schutzmann für den Frieden. Ein Arbeitsbuch, hg. vom Evangelischen Kirchenamt für die Bundeswehr (Bonn), Hannover (Luth. Verl.-Haus) 1990.

THARAU, Friedrich-Karl: Die geistige Kultur des preußischen Offiziers von 1640 bis 1806, Mainz (von Hase & Koehler) 1968.

Tradition für die Bundeswehr. Neue Aspekte einer alten Debatte, hg. von Eberhard BIRK, Winfried HEINEMANN und Sven LANGE, Berlin (Miles) 2012.

Tradition und Traditionsverständnis in der deutschen Luftwaffe. Geschichte – Gegenwart – Perspektiven. Herausgegeben im Auftrag des MGFA von Heiner MÖLLERS (= Potsdamer Schriften zur Militärgeschichte, Bd. 16), Potsdam (ZMSBw) 2012.

Unternehmen Bundeswehr? Theorie und Praxis (militärischer Führung), hg. von Arjan KOZICA, Kai PRÜTER und Hannes WENDROTH, Berlin (Miles) 2014

Verlagsreihen des Nomos-Verlages (Baden-Baden):

(1) Demokratie, Sicherheit, Frieden, hg. Prof. Dr. Michael Brzoska, Direktor des Instituts für Friedensforschung und Sicherheitspolitik an der Universität Hamburg (IFSH)

(2) Forum Innere Führung, hg. Karl-Theodor-Molinari-Stiftung e.V.

(3) Internationale Politik und Sicherheit, hg. Stiftung Wissenschaft und Politik, Berlin

(4) Militär und Sozialwissenschaften, hg. Arbeitskreis Militär und Sozialwissenschaften (AMS)

(5) Schriften der Akademie der Bundeswehr für Information und Kommunikation [Strausberg]

(6) Sicherheit. Polizeiwissenschaft und Sicherheitsforschung im Kontext

(7) Sicherheit und Gesellschaft. Freiburger Studien des Centre for Security and Society

Vielschichtige Dimension. Der Offizier im Spannungsfeld der beruflichen Werteorientierung. Arbeitsgruppe im Rahmen des Lehrgangs LGAN 2004 an der Führungsakademie der Bundeswehr, in: IF. Zeitschrift für Innere Führung 51 (2007), H. 1, S. 5-12.

WETTE, Wolfram: Befreiung vom „Schwertglauben" – Pazifistische Offiziere in Deutschland 1871-1933, in: Pazifistische Offiziere in Deutschland 1871-1933 (= Schriftenreihe ‚Geschichte & Frieden‘, Bd. 10), hg. Wolfram WETTE und Mitwirkung von Helmut DONAT, Bremen (Donat) 1999, S. 9-39.

Willensmenschen. Über deutsche Offiziere, hg. von Ursula BREYMAYER, Bernd ULRICH und Karin WIELAND, Frankfurt/M. (Fischer TB) 1999.

Carola Hartmann Miles-Verlag

Politik, Gesellschaft, Militär

Wolf Graf von Baudissin, *Grundwert Frieden in Politik – Strategie – Führung von Streit-kräften,* hrsg. von Claus von Rosen, Berlin 2014.

Wolf Graf von Baudissin, *Der Widerstand. „… um nie wieder in die auswegslose Lage zu geraten…",* hrsg. von Claus von Rosen, Berlin 2014.

Marcel Bohnert, Lukas J. Reitstetter (Hrsg.), *Armee im Aufbruch. Zur Gedankenwelt junger Offiziere in den Kampftruppen der Bundeswehr,* Berlin 2014.

Arjan Kozica, Kai Prüter, Hannes Wendroth (Hrsg.), *Unternehmen Bundeswehr? Theorie und Praxis (militärischer) Führung,* Berlin 2014.

Angelika Dörfler-Dierken, Robert Kramer, *Innere Führung in Zahlen. Streitkräftebefra-gung 2013,* Berlin 2014.

Eberhard Birk, Heiner Möllers (Hrsg.), *Luftwaffe und Luftkrieg,* Berlin 2015.

Phil C. Langer, Gerhard Kümmel (Hrsg.), *„Wir sind Bundeswehr." Wie viel Vielfalt benötigen/vertragen die Streitkräfte?,* Berlin 2015.

Jéronimo L. S. Barbin, *Imperialkriegführung im 21. Jahrhundert. Von Algier nach Bagdad. Die kolonialen Ursprünge der COIN-Doktrin,* Berlin 2015.

Dirk Freudenberg, *Counterinsurgency. Aufstandsbekämpfung als Phase zur Überwindung schwacher Staatlichkeit und zur Etablierung des Aufbaus einer stabilen Nachkriegsordnung,* Berlin 2016.

Marcel Bohnert, Björn Schreiber (Hrsg.), *Die unsichtbaren Veteranen. Kriegsheimkehrer in der deutschen Gesellschaft,* Berlin 2016.

Alois Bach, Walter Sauer (Hrsg.), *Schützen, Retten, Kämpfen – Dienen für Deutschland,* Berlin 2016.

Christian Göbel, *Glücksgarant Bundeswehr? Ethische Schlaglichter auf einige neuere Studien des ZMSBw im Kontext von Sinn und Glück des Soldatenberufs, Innerer Führung und Einsatz-Ethos,* Berlin 2016.

Jahrbuch Innere Führung

Uwe Hartmann, Claus von Rosen, Christian Walther (Hrsg.), *Jahrbuch Innere Führung 2009. Die Rückkehr des Soldatischen,* Eschede 2009.

Helmut R. Hammerich, Uwe Hartmann, Claus von Rosen (Hrsg.), *Jahrbuch Innere Führung 2010. Die Grenzen des Militärischen,* Berlin 2010.

Uwe Hartmann, Claus von Rosen, Christian Walther (Hrsg.), *Jahrbuch Innere Führung 2011. Ethik als geistige Rüstung für Soldaten,* Berlin 2011.

Uwe Hartmann, Claus von Rosen, Christian Walther (Hrsg.), *Jahrbuch Innere Führung 2012. Der Soldatenberuf zwischen gesellschaftlicher Integration und suis generis-Ansprüchen*, Berlin 2012.

Uwe Hartmann, Claus von Rosen (Hrsg.), *Jahrbuch Innere Führung 2013. Wissenschaften und ihre Relevanz für die Bundeswehr als Armee im Einsatz*, Berlin 2013.

Uwe Hartmann, Claus von Rosen (Hrsg.), *Jahrbuch Innere Führung 2014. Drohnen, Roboter und Cyborgs – Der Soldat im Angesicht neuer Militärtechnologien*, Berlin 2014.

Uwe Hartmann, Claus von Rosen (Hrsg.), *Jahrbuch Innere Führung 2015. Neue Denkwege angesichts der Gleichzeitigkeit unterschiedlicher Krisen, Konflikte und Kriege*, Berlin 2015.

Einsatzerfahrungen

Kay Kuhlen, *Um des lieben Friedens willen. Als Peacekeeper im Kosovo*, Eschede 2009.

Sascha Brinkmann, Joachim Hoppe (Hrsg.), *Generation Einsatz, Fallschirmjäger berichten ihre Erfahrungen aus Afghanistan*, Berlin 2010.

Artur Schwitalla, *Afghanistan, jetzt weiß ich erst… Gedanken aus meiner Zeit als Kommandeur des Provincial Reconstruction Team FEYZABAD*, Berlin 2010.

Uwe Hartmann, *War without Fighting? The Reintegration of Former Combatants in Afghanistan seen through the Lens of Strategic Thought*, Berlin 2014.

Rainer Buske, *KUNDUZ. Ein Erlebnisbericht über einen militärischen Einsatz der Bundeswehr in Afghanistan im Jahre 2008*, Berlin ²2016.

Standpunkte und Orientierungen

Daniel Giese, *Militärische Führung im Internetzeitalter – Die Bedeutung von Strategischer Kommunikation und Social Media für Entscheidungsprozesse, Organisationsstrukturen und Führerausbildung in der Bundeswehr*, Berlin 2014.

Dirk Freudenberg, *Auftragstaktik und Innere Führung. Feststellungen und Anmerkungen zur Frage nach Bedeutung und Verhältnis des inneren Gefüges und der Auftragstaktik unter den Bedingungen des Einsatzes der Deutschen Bundeswehr*, Berlin 2014.

Uwe Hartmann (Hrsg.), *Lernen von Afghanistan. Innovative Mittel und Wege für Auslandseinsätze*, Berlin 2015.

Fouzieh Melanie Alamir, *Vernetzte Sicherheit – Quo Vadis?*, Berlin 2015.

Hartwig von Schubert, *Integrative Militärethik. Ethische Urteilsbildung in der militärischen Führung*, Berlin 2015.

Uwe Hartmann, *Hybrider Krieg als neue Bedrohung von Freiheit und Frieden. Zur Relevanz der Inneren Führung in Politik, Gesellschaft und Streitkräften*, Berlin 2015.

Klaus Beckmann, *Treue.Bürgermut.Ungehorsam. Anstöße zur Führungskultur und zum beruflichen Selbstverständnis in der Bundeswehr*, Berlin 2015.

Militärgeschichte

Dieter E. Kilian, *Adenauers vergessener Retter – Major Fritz Schliebusch,* Berlin 2011.

Ingo Pfeiffer, *Gegner wider Willen. Konfrontation von Volksmarine und Bundesmarine auf See,* Berlin 2012.

Dieter E. Kilian, *Kai-Uwe von Hassel und seine Familie. Zwischen Ostsee und Ostafrika. Militär-biographisches Mosaik,* Berlin 2013.

Peter Heinze, *Berliner Militärgeschichten,* Berlin 2013.

Ingo Pfeiffer, *Seestreitkräfte der DDR,* Berlin 2014.

Ulrich C. Kleyser, *Lazare Carnot. "Le Grand Carnot". Ein Charakterbild,* Berlin 2016.

Eberhard Birk, *"Auf Euch ruht das Heil meines theuern Württemberg!" Das Gefecht bei Tauberbischofsheim am 24. Juli 1866 im Spiegel der württembergischen Heeresgeschichte des 19. Jahrhunderts,* Berlin 2016.

Erinnerungen

Blue Braun, *Erinnerungen an die Marine 1956–1996,* Berlin 2012.

Harald Volkmar Schlieder, *Kommando zurück!,* Berlin 2012.

Reinhart Lunderstädt, *Aus dem Leben eines Hochschullehrers. Persönlicher Bericht,* Berlin 2012.

Wulf Beeck, *Mit Überschall durch den Kalten Krieg. Mein Leben für die Marine,* Berlin 2013.

Jan Becker, *Aufgewühltes Wasser,* 3 Bde., Berlin 2014.

Klaus Grot, *So war's, damals. Dienstchronik eines Pionieroffiziers im Kalten Krieg 1954–1991,* Berlin 2014.

Gustav Lünenborg, *Bürger und Soldat. Innere Führung hautnah 1956–1993, 1993–2015,* Berlin 2015.

Adolf Brüggemann, *Als Offizier der Bundeswehr im Auswärtigen Dienst. Meine Erinnerungen als Militärattaché in Seoul (Republik Korea) 1978–83 und in Prag (Tschechoslowakei/Tschechien) 1988–1993,* Berlin 2015.

Rainer Buske, *Eine Reise ins Innere der Bundeswehr. Wundersame Geschichten aus einer anderen Welt,* Berlin 2016.

www.miles-verlag.jimdo.com